Klipp und klar
100 x Tierverhalten

Klipp und klar
Die neue Wissensbibliothek

Herausgegeben von den Fachredaktionen
des Bibliographischen Instituts

Band 1:
Klipp und klar – 100 x Energie

Band 2:
Klipp und klar – 100 x Umwelt

Band 3:
Klipp und klar – 100 x Raumfahrt

Band 4:
Klipp und klar – 100 x Kriminalistik

Band 5:
Klipp und klar – 100 x Kunst

Band 6:
Klipp und klar – 100 x Fernsehen und Hörfunk

Band 7:
Klipp und klar – 100 x Verbrauchertips

Band 8:
Klipp und klar – 100 x Luftverkehr

Band 9:
Klipp und klar – 100 x Technik im Alltag

Band 10:
Klipp und klar – 100 x Computer

Band 11:
Klipp und klar – 100 x Bürgerrecht

Band 12:
Klipp und klar – 100 x Tierverhalten

Band 13:
Klipp und klar – 100 x Tierwanderungen

in Vorbereitung sind unter anderem

100 x China
100 x Sowjetunion
100 x Indianer
100 x Moderne Biologie

Klipp und klar
100 x Tierverhalten

von Marielis Brommund

Bibliographisches Institut Mannheim/Wien/Zürich
Meyers Lexikonverlag

Redaktionelle Leitung:
Helmut Benze
Isabelle von Neumann-Cosel
Layout und Illustrationen:
Eduardo Gómez

CIP-Kurztitelaufnahme der Deutschen Bibliothek

Brommund, Marielis:
Klipp und klar 100 x [hundertmal] Tierverhalten / von
Marielis Brommund. – Mannheim, Wien, Zürich:
Bibliographisches Institut, 1980.
 (Klipp und klar; Bd. 12)
 ISBN 3-411-01716-3

© Bibliographisches Institut AG, Mannheim 1980
Satz: Beltz-Druck, Hemsbach
Druck und Bindearbeit: Druckerei Kaufmann, Lahr
Printed in Germany
ISBN 3-411-01716-3

Vorwort

Die Verhaltensforschung ist eine noch junge Disziplin, die in wenigen Jahrzehnten nicht nur überraschende Ergebnisse hervorgebracht, sondern auch das Interesse der Öffentlichkeit gewonnen hat wie kaum eine andere. Es war K. Lorenz, mit N. Tinbergen der Begründer der europäischen Verhaltensforschung, der von Anfang an die Erforschung des Menschen in die Wissenschaft mit einbezogen hat. Die Verwandtschaft zwischen Mensch und Tier, die in den Untersuchungsergebnissen der Verhaltensforscher zutage tritt, fasziniert Fachleute und Laien gleichermaßen. Kaum jemand kann sich der Frage entziehen, wie weit diese Verwandtschaft reicht, aber noch ist niemand imstande, diese Frage zu beantworten.

In diesem Buch steht das Sozialverhalten der Tiere im Mittelpunkt. Wo immer möglich, wird das Verhalten der Tiere dabei nicht nur beschrieben, sondern in seinem besonderen Nutzen für das Tier erklärt. Als Quellen dienen bevorzugt die Berichte der Freilandbiologie. Wo immer möglich, wurden dokumentarische Aufnahmen mit auf die Bildseiten übernommen. Dabei wird deutlich, daß die Welt der Tiere voller Ideen, Erfindungen und perfekter Problemlösungen steckt. Freilich – und das muß gleich besonders betont werden – sind das keine einsichtigen, zielgerichteten oder geplanten Leistungen der Tiere; die Baumeister dieses Reichtums an unterschiedlichen Überlebensstrategien heißen Vererbung und Auswahl (Selektion) des Geeigneten. Nur in wenigen Situationen handeln die höchstentwickelten Tiere einmal einsichtig.

Ausgehend von dieser Erkenntnis, konzentriert sich dieses Buch darauf, die wichtigsten der von den Tieren entdeckten Möglichkeiten des Überlebens zu beschreiben, ohne daraus vorschnelle Rückschlüsse auf menschliches Verhalten ableiten zu wollen.

Gerade im Sozialverhalten fällt auf, mit welcher Raffinesse Tiere oft vorgehen. Ich bewundere besonders ihr Geschick, sich rechtzeitig zurückzuziehen; ihre Kräfte sparsam einzusetzen; die Risiken einer Auseinandersetzung vorher einzuschätzen; mit Bluff und Trick zu arbeiten; mächtig anzugeben, um daraufhin doch lieber zu fliehen, statt zu kämpfen. Das ist nicht regelmäßig so – es gibt auch harte, tödliche Auseinandersetzungen. Aber ich bewundere dort, wo Tiere in Konfliktsituationen feige sind, diese Feigheit, weil sie niemand weh tut.

Mich rührt besonders an den Tieren die Hilfsbereitschaft und der Opfermut, mit dem sozialebende Tiere füreinander einstehen. Meine ausgesprochene Achtung und Zuneigung aber haben die Tiereltern, die sich hingebungsvoll um ihre Kinder kümmern. Soweit wir heute wissen, ist die Hilfsbereitschaft an verwandtschaftliche Bande geknüpft, und es gibt auch gegenläufige Tendenzen; aber Selbstlosigkeit hat ihre Wurzeln im Tierreich.

Ich formuliere hier mit Absicht meine persönliche Vorliebe für bestimmte Verhaltensweisen der Tiere. Im übrigen aber geht das einfache Gleichsetzen von Mensch und Tier immer schief.

Tiere sind weder die besseren oder schlechteren Menschen noch umgekehrt. In seinem biologischen Erbe ist der Mensch ein Teil der Tierwelt, aber er ist auch das intelligenzbegabte Wesen mit der Fähigkeit, die Natur zu beherrschen und nach seinen Plänen neu zu gestalten. Tiere müssen sich so verhalten, wie Erbe und Umwelt es ihnen vorschreiben; der Mensch kann sich auch anders verhalten – freilich nicht unbegrenzt und willkürlich. Biologisches Erbe und Anpassung an die Umwelt müssen in seine Entscheidungen mit einbezogen sein. Daß er sich selbst zerstören kann, wenn er sich gegen die Gesetze der Natur stellt, ist dem Menschen heute erschreckend bewußt.

Der Blick in den Spiegel des tierischen Verhaltens reicht also nicht aus, um das menschliche Verhalten zu begreifen. Die Menschen haben ethische Normen aufgestellt, die in der Tierwelt nicht vorkommen. Aber – und das macht die Verflechtung von Natur und Kultur deutlich – diese Normen dürfen, wenn sie funktionieren sollen, nicht im Widerspruch zu den Naturgesetzmäßigkeiten stehen. Dazu schreibt Verhaltensforscher Wolfgang Wickler: „Damit soll nicht behauptet werden, man dürfe vom Menschen aus nichts fordern, was über die erkannten Naturgesetze hinausgeht; schon das Hauptgebot der Nächstenliebe scheint mir weit darüber hinauszugehen. Aber jede Begründung für ein solches „höheres Ziel" muß auch auf der Ebene natürlicher Gesetzmäßigkeiten Argumente liefern, die erkennen lassen, warum man anstreben darf, den Bereich dieser Gesetzmäßigkeiten zu verlassen."

So sind die Antworten aus der Verhaltensforschung, die sie über den Menschen geben kann, nie vollständig; aber wer auf sie verzichtet, beraubt sich einer grundlegenden Erkenntnismöglichkeit über den menschlichen Handlungsspielraum.

Ich widme dieses Buch meinem Sohn Johannes und danke ihm für die Geduld, die er während der Arbeiten daran aufgebracht hat.

Marielis Brommund

1 Verband:
Einigkeit macht stark

Schutz vor Feinden: Ein einzelner Star sucht vor jedem Raubvogel sein Heil in der Flucht. Derselbe Star greift jedoch an, wenn er nicht allein ist. Starenschwärme verdichten sich bei Gefahr an der Spitze zu einer Art ‚Stoßpulk' und greifen Raubvögel in geschlossener Formation an. Antilopen – einzeln ebenfalls wehrlose Tiere – greifen in der Herde gelegentlich Raubtiere an. Ameisen, die volkreichen Staaten angehören, verteidigen ihren bedrohten Bau mit Bissen und Stichen. Ameisen, die in einem dünn besiedelten Bau leben, sind ängstlich und halten sich lieber versteckt. Einigkeit macht stark. Das ist einer der Gründe, warum Tiere sich zusammenschließen. Im Verband können sie sich besser vor ihren Freßfeinden schützen: entweder aktiv, indem sie gemeinsam angreifen, oder passiv, indem sie quasi in der Menge untergehen. Denn Fisch- und Vogelschwärme verwirren durch ihr Gewimmel und Gewoge ihren Gegner (Konfusionseffekt), der nur dann erfolgreich Beute macht, wenn er sein Opfer vorher fixieren kann. Ein Habicht fängt aus einem schwarzen Taubenschwarm die weiße, und aus einem weißen die schwarze heraus, weil er die von den übrigen abweichende Taube am besten mit den Augen verfolgen kann.

Fortpflanzung: Einige Fischarten strömen zur Fortpflanzungszeit scharenweise zusammen wie Lachse und Aale, die beide weite Strecken zu ihren heimatlichen Laichplätzen zu überwinden haben. Fortpflanzungsgemeinschaften werden auch von vielen Vögeln gebildet. Sie bleiben häufig nach der Paarung bestehen, um die Nachkommen im Schutz der Gemeinschaft aufzuziehen.

Flamingos schließen sich innerhalb großer Kolonien noch einmal zu kleineren Gruppen zusammen und stimmen Balz, Nestbau und Eiablage aufeinander ab, alle ihre Jungen schlüpfen dann zur gleichen Zeit. In solchen zeitlich aufeinander abgestimmten (synchronisierten) Gruppen haben die Jungen besonders gute Überlebenschancen.

In vielen Brutkolonien versetzt vielstimmiges, lautes Warngeschrei die gesamte Nachbarschaft in Alarmbereitschaft, und in einem gemeinsamen Angriff werden Störenfriede und Räuber vertrieben. Besonders eindrucksvoll sind die Abwehrmaßnahmen der Seeschwalben. Hunderte von Vögeln sind in Sekundenschnelle in der Luft, kreisen den Feind ein und stoßen auf ihn herab. Eine weiße Wolke wild durcheinander wirbelnder, wütend schreiender und angreifender Vögel steht dann über den Brutplätzen und reißt die gesamte Kolonie in die Angriffstimmung mit hinein. Der Vorteil des Koloniebrütens läßt sich besonders bei den Seeschwalben anschaulich machen. Dort, wo es Silbermöwen gibt, haben einzelne Paare oder kleine Kolonien unter 60 Paaren keine Chance, Junge aufzuziehen. Sie sind den Plünderungen der Räuber wehrlos ausgeliefert. In großen Kolonien gelingt es den Silbermöwen anfangs auch noch, Beute zu machen. Denn die Verteidigungsbereitschaft der Seeschwalben erwacht erst, wenn sie eigene Eier und Küken haben. So wehren sich anfangs nur vereinzelte Paare, die besonders früh dran sind, gegen die Räuber – und das ohne Erfolg. Mit fortschreitender Brutsaison aber haben immer mehr Paare etwas zu verlieren und sind bereit, für ihre Eier und Küken einzutreten. Dann sehen sich die Räuber der geballten Angriffswut einer ganzen Kolonie gegenüber, und dagegen sind sie machtlos. Die Kolonien müssen also groß sein, und das Brutgeschäft muß zeitlich gleichgeschaltet sein, dann erhöht sich die Überlebenschance für jedes einzelne Küken.

Schutz vor Überbevölkerung: Im speziellen Fall scharen sich Tiere zusammen, um sich vor Überbevölkerung zu schützen. Das mag paradox klingen, der Fall tritt aber bei den Wanderheuschrecken ein. Normalerweise leben sie als Einzelwesen (solitär). Nur in klimatisch günstigen Gebieten können sich ungeheure Massen zusammenballen. Sie schließen sich daraufhin zu Wanderschwärmen zusammen und verlassen ihr Gebiet. Schwarmbildung und Massenaufbruch werden ausgelöst durch die Dichte der Bevölkerung. Man kann sich das etwa so vorstellen: je häufiger eine Wanderheuschrecke eine andere sieht, desto stärker wird ihr Antrieb, sich enger an ihresgleichen anzuschließen und gemeinsam loszuziehen. Insektengifte könnten heute verhindern, daß es in den fraglichen Gebieten überhaupt zu einer solchen Bevölkerungsdichte kommt, die die Heuschrecken zu ihren berüchtigten Massenwanderungen aufbrechen läßt. Auch die Lemminge (kleine Nagetiere der nördlichen Breiten) kämpfen periodisch mit dem Problem der Überbevölkerung, auf das sie ebenfalls mit Abwanderung reagieren. Nur leben die Lemminge dauernd in Sippenverbänden und müssen nicht erst ihren Sozialstatus ändern, wenn es ihnen in ihrer Heimat zu eng wird. Aber wie manche Heuschreckenzüge führt ihr Weg ebenfalls häufig in den Tod, statt ihnen einen neuen Lebensraum zu erschließen. Hunger, Schwäche und ausbrechende Seuchen raffen sie scharenweise dahin, und ihre vielzähligen Feinde machen reiche Beute unter ihnen. Nicht selten enden ihre Wanderungen damit, daß sie geschlossen ins Meer ziehen und dort ertrinken. Wenn die Züge sich vor Hindernissen wie Fluß- oder Meeresufern stauen, dann drängen die Hinteren die Vorderen unaufhaltsam weiter, Schub um Schub werden sie ins Wasser gestoßen und müssen ertrinken.

Je größer ein Fischschwarm, desto geringer die Gefahr für jeden einzelnen, gefressen zu werden. Manche Schwarmfische wehren sich gegen Feinde, indem sie sie solange mit Scheinangriffen anpöbeln, bis diese entnervt sind und fortschwimmen. „Hassen" heißt diese Technik. Eine zweite Möglichkeit, im Schwarm zu überleben, ist es, den Raubfisch einzukreisen. Das Gewimmel vor seinen Augen bringt ihn völlig durcheinander, er kann sich nicht auf ein Opfer konzentrieren und gezielt zubeißen und muß schließlich ohne Beute abziehen.

2 Verband:
Ein Bedürfnis nach Gemeinschaft

Nutzung von Nahrungsquellen: An Orten mit günstiger Nahrungsversorgung bilden sich häufig größere Ansammlungen von Tieren: an Wasserlöchern, in der frisch grünenden Savanne, an fischreichen Gewässern oder in wildreichen Steppen. Ob die Tiere sich vorübergehend treffen oder dauernd beisammen bleiben – immer ist ihre soziale Organisationsform von ihrem Lebensraum abhängig. Für die afrikanischen Antilopen ist besonders gut erforscht, wie Nahrungsangebot und Schutz vor Feinden das soziale Leben formen. Die zahlreichen Arten besiedeln die unterschiedlichsten klimatischen Regionen vom Regenwald bis zur Wüste. In den Regenwäldern, die das ganze Jahr über reiche Pflanzennahrung und gute Versteckmöglichkeiten bieten, leben die Antilopen einzeln oder paarweise in eigenen Territorien, die durch Drüsenabsonderungen markiert werden. Eindringlinge der gleichen Art werden vertrieben. Die stärksten Böcke sichern sich die besten Plätze und drängen die anderen in die Randgebiete ab. Bei Gefahr verstecken sich die Wald-Antilopen.

Ganz anders die Bewohner von Halbwüsten und Wüsten. Die spärliche Vegetation und die seltenen und unregelmäßigen Regenfälle zwingen die hier lebenden Arten zu weiten Wanderungen. Die Männchen besitzen keine Territorien. Sie ziehen gemeinsam mit Weibchen und Jungen durch riesige Gebiete, die nicht verteidigt werden. Zur Paarungszeit kämpfen die Böcke miteinander, nur die Sieger dürfen sich mit den Weibchen paaren. Auch das Verhalten dem Feind gegenüber ist der Umwelt angepaßt: dort wo es keine Versteckmöglichkeiten mehr gibt, warnen sich die Tiere untereinander und fliehen gemeinsam, dicht aneinandergedrängt, über weite Strecken. Es kommt auch vor, daß sie angreifen. Zwischen Einzelgängertum und echtem Herdenleben liegen einige Zwischenstufen, die ihrerseits dem jeweiligen Lebensraum angepaßt sind.

Selbst innerhalb verwandter Arten also kann die soziale Organisationsform je nach den Bedingungen des Lebensraumes stark variieren. Gleichmäßig über das Jahr verteilte reichliche Nahrung und viele gut getarnte Schlupfwinkel lassen Einzelgänger und Paare innerhalb ihres verteidigten Reviers ein sicheres Auskommen finden. In Regionen mit sparsamer und zeitlich unregelmäßig auftretender Vegetation bewährt sich der Zusammenschluß zur Wanderherde, die keine festen Heimatgebiete mehr kennt. Da es hier keine Reviere mehr zu verteidigen gibt, tritt anstelle dessen der Rivalenkampf, der darüber entscheidet, welche Männchen sich fortpflanzen dürfen.

Arbeitsteilung: Der Zusammenschluß bringt auch dann Vorteile, wenn die Tiere Aufgaben gemeinsam in Angriff nehmen oder untereinander aufteilen. Einige Fische und Vögel jagen im Verband. Pelikane verfügen über äußerst wirkungsvolle Jagdmethoden. Sie ernähren sich von Fischen, die in Ufergewässern leben. Zum Fischen schließen sie sich zu Gruppen zusammen und bilden einen Halbkreis. So treiben sie ihre Beute – mächtig mit den Flügeln schlagend – vor sich her zum Ufer. Im seichten Wasser ist es für sie dann einfach, ihre Beute mit dem geräumigen Unterschnabelsack aus dem Wasser herauszuschöpfen. Oder sie kreisen die Fische ein und drängen sie in ihrer Mitte zusammen. Oder sie bilden Reihen in Art von Treiberketten und treiben sich ihre Opfer gegenseitig zu. Wölfe, Wildhunde und Löwen hetzen das Wild nicht nur gemeinsam, sie gehen dabei strategisch vor und stimmen ihre Aktionen aufeinander ab. Die Webervögel, die mit unseren Spatzen verwandt sind, tragen ihren Namen wegen der Webtechnik, die sie beim Nestbau anwenden, dabei stellen einige von ihnen höchst kunstvolle Bauwerke her. Manche von ihnen bauen sich in gemeinsamer Arbeit Gemeinschaftsnester. Am gewaltigsten fallen die Bauten der Siedelweber aus, in ihnen können zwanzig bis dreißig Paare wohnen. Arbeitsteilung im eigentlichen Sinne ist typisch für die Insektenstaaten. Die Gemeinschaftsaufgaben werden dabei unterschiedlich verteilt: die einen sind Bauarbeiter, die anderen Soldaten, die dritten Ammen, die die Babys füttern, auf diese Weise werden alle anfallenden Aufgaben auf einzelne Gruppen verteilt. Bei den Honigbienen ist die Art der Tätigkeit an das Lebensalter geknüpft, so sammeln nur die ältesten Bienen Nahrung, während die jüngsten die Waben säubern müssen.

Die Tiere ziehen ganz offensichtlich Nutzen aus ihrem vorübergehenden oder ständigen Zusammenschluß: Sie sammeln sich an Orten günstiger Lebensbedingungen oder meiden unwirtliche Plätze: Wasserstellen locken Antilopenherden an, Trockenzeiten zwingen zum Zusammenschluß riesiger Wanderzüge auf der Suche nach Nahrung und Wasser. Fische und Vögel finden Schutz im Schwarmgewimmel. Möwen greifen gemeinsam Räuber an und schützen so wirkungsvoll Gelege und Brut. Kaiserpinguine wärmen sich während der strapaziösen Brutzeit gegenseitig und gewähren später ebenso ihren kälteempfindlichen Kindern den bestmöglichen Schutz in der Mitte ihrer Kolonie. Jagdverbände sichern gute Beute. Wanderscharen brechen bei Überbevölkerung auf. Und schließlich scharen sich viele Tiere zur Fortpflanzung zusammen. Alle diese Tierverbände werden jedoch nicht ausschließlich durch lebensfreundliche oder -feindliche Umweltbedingungen zusammengeführt und zusammengehalten, auch ein Bedürfnis nach Gemeinschaft (soziale Attraktion) bindet die Tiere aneinander.

Ob ein Tier verheiratet und bodenständig lebt oder unstet und bindungslos durch sein Heimatgebiet zieht, hängt davon ab, was und wieviel es zu fressen findet. Soziale Organisationsformen sind bis in Einzelheiten der Umwelt angepaßt. Gut erforscht ist das für die afrikanischen Antilopen. Sie leben in den verschiedensten Regionen vom Regenwald bis zur Wüste. In den Wäldern finden sie reiche Nahrung an Blättern, Blüten und Früchten. Sie besitzen deshalb feste Territorien, die groß genug sind, ihre Besitzer zu ernähren, und leben darin allein oder zusammen mit einem Ehegefährten und mit ihren Jungen. Die Wüstenbewohner sind wegen des kärglichen Pflanzenwuchses ihrer Heimat gezwungen, ständig umherzuwandern. Dazu vereinigen sie sich zu lockeren Herden, in denen Weibchen, Männchen und Junge gemeinsam ziehen, ohne sich persönlich zu kennen. Wo es genug zu fressen gibt, werden Familien gegründet, wo die Herden aber auf der Suche nach Nahrung ständig in Bewegung sind, bleiben sich die Tiere fremd. Dazwischen stehen die Impalas (Photo). Die Weibchen ziehen umher, die Männchen haben feste Standorte. Zur Paarungszeit besuchen die Weibchen die Männchen.

3 Anonyme Gesellschaft:
Sie leben zusammen, aber sie kennen sich nicht

Heuschrecken, Heringe, Stare, Möwen oder Antilopen leben in anonymen Verbänden; damit ist gemeint, daß die einzelnen Mitglieder sich untereinander nicht kennen. Das schließt nicht aus, daß innerhalb der anonymen Ansammlung kleinere Gruppen leben können, in denen es sehr wohl persönliche Bekanntschaften gibt, so wie in den Brutkolonien der Vögel die Ehepartner sich und ihre Jungen kennen, und in diesen Bekanntenkreis auch noch die Nachbarn einbezogen sind, mit denen gemeinsam sie ihre Feinde vertreiben. Aber in ihrer Gesamtheit sind diese Ansammlungen anonym. Sie können offen oder geschlossen sein.

‚Offen' heißt: Es können jederzeit neue Tiere zu einer bestehenden Gruppe stoßen oder sich absondern, die einzelnen Tiere sind auswechselbar. So schließen sich Antilopen zu größeren oder kleineren Verbänden zusammen. Fischschwärme und Vogelschwärme sind ebenfalls typische Beispiele für solche anonymen Gruppen, in der einzelne Tiere unterschlüpfen und Gruppen sich vereinigen oder teilen können. Ganz einfache Signale genügen, um in den Schwarm oder die Herde aufgenommen zu werden. Im Fischschwarm der Elritzen zum Beispiel wird jeder Artgenosse akzeptiert, der ungefähr so lang ist wie die übrigen Mitglieder des Schwarms, er darf mit seiner Länge etwa einen Zentimeter von der Durchschnittslänge abweichen. Oder eine auffällig schwarz gezeichnete Flosse kann ein Signal sein, das einen Schwarm zusammenhält. Für die afrikanischen Huftierherden scheinen eine bestimmte Größe und im Verhältnis dazu lange Beine als Merkmale ausreichend zu sein, um jemanden in ihrer Mitte aufzunehmen.

‚Geschlossen' ist ein anonymer Verband, wenn zwischen Mitgliedern und Fremden genau unterschieden wird. Die Mitglieder selbst erkennen Freund oder Fremdling, wobei Fremde dann heftig angegriffen werden. Zwar sind sich die Angehörigen solcher Gruppen ebenfalls nicht individuell bekannt, aber an bestimmten Merkmalen, beispielsweise am Geruch, stellen sie genau fest, wer zu ihnen gehört und wer nicht. In Ratten- und Mäuseverbänden kennzeichnen (markieren) sich die Mitglieder gegenseitig mit Harn. Im Versuch hat man Mäuse mit dem Harn einer fremden Gruppe eingerieben. Sofort wurden die bis dahin vollgültigen Mitglieder angegriffen. Eine böse Überraschung für die Versuchsmäuse! Denn sonst leben Mäuse recht friedlich miteinander: Es gibt unter den Männchen keine Rangordnungskämpfe. Welchen Sinn sollte das auch haben, da sie sich nicht persönlich kennen? Der Sieger könnte von den anderen nicht einmal erkannt und respektiert werden. Ebenso verlaufen ihre Streitereien um Futter harmlos, und auch die Weibchen sind kein Grund zum Streit. Sie gehören allen Männchen. Alle putzen sich gegenseitig das Fell – das gilt im Tierreich allemal als freundliche und soziale Geste.

Auch Bienen haben einen eigenen gruppenspezifischen Geruch, den Stockduft.

Was bindet diese Gruppen nun zusammen? Sie sind einmal an bestimmte Orte oder Gegebenheiten gebunden, die ihnen das Leben ermöglichen: Der Zusammenschluß ist Anpassung an die Umwelt. Es besteht jedoch auch unter den Tieren selbst ein Band der Zusammengehörigkeit. Schmetterlinge, die sich an Tränken versammeln, bilden noch keinen Verband, ebensowenig wie Geier, die sich an einem Aas treffen. Denn es existiert zwischen ihnen keine andere Bindung als die an den Ort der Tränke oder Nahrungsquelle, während bei den echten Verbänden unter den Mitgliedern eine gegenseitige Anziehungskraft herrscht, die soziale Attraktion. Sie hält anonyme wie auch persönlich strukturierte Gruppen zusammen. Die Tiere im echten Verband brauchen die Gemeinschaft. Ein verlorengegangenes Küken hört auf zu fressen, sobald es merkt, daß es allein ist. Suchend und ängstlich piepsend läuft es umher und stürzt sich mit Vehemenz in die Schar zurück, sobald es sie wieder ausfindig gemacht hat. Versehentlich abseits geratene Tauben suchen mit erhöhter Geschwindigkeit wieder zu ihrem Schwarm zurückzukehren, ebenso streben isolierte Fische deutlich danach, wieder Anschluß an ihren Schwarm zu finden.

Bei manchen Tieren reicht die soziale Anziehung bis zum körperlichen Kontakt, andere achten streng auf Distanz. Schwalben und Möwen etwa lassen sich immer in gebührendem Abstand voneinander nieder, wenn sie ausruhen (Distanztiere). Der Abstand zwischen ihnen entspricht ungefähr der Reichweite ihres Schnabels (Individualdistanz). Soweit der Schnabel reicht, reicht auch der Raum um das Nest vieler in Brutkolonien nistender Vögel (Hackdistanz). Wenn ein Artgenosse diese Grenze nicht respektiert, wird er sofort bedroht. Starenschwärme halten selbst während des Fliegens die Individualdistanz ein, dadurch entsteht das so auffällig gleichmäßige Muster der Starenschwärme am Himmel. Andere Tiere suchen die körperliche Berührung (Kontakttiere). Schwanzmeisen und Goldhähnchen zum Beispiel kuscheln sich zum Schlafen eng aneinander, Pinguine wärmen sich gegenseitig. Für Affen ist der Körperkontakt Lebensbedürfnis. Sie siechen dahin, wenn sie isoliert leben müssen. Wanderheuschrecken sammeln sich auf engstem Raum, sobald die Wanderlust sie packt. Sie sind ein anschauliches Beispiel dafür, welche starke Kraft die soziale Attraktion darstellt. Die normalerweise isoliert lebenden Tiere drängen zu bestimmten Zeiten unaufhaltsam zueinander, sodaß die berüchtigten Wanderzüge entstehen.

Viele Tiere leben gern gesellig, eine gegenseitige Anziehungskraft bindet sie aneinander. Trotzdem achten die meisten von ihnen untereinander auf eine gewisse Distanz und halten deutlich Abstand, wenn sie – wie hier die Schwalben auf dem Telegraphendraht – sich irgendwo niederlassen. Sie scheuen die körperliche Berührung und werden aggressiv, wenn ihnen jemand zu nahe tritt. Der unsichtbare persönliche Freiraum um sie herum darf nicht verletzt werden.

Der verteidigte Kreis um das Nest herum ist genauso groß, wie der Hals lang ist. Hier bedroht gerade ein Nachbar den anderen, aber das ist mehr eine Routineangelegenheit. Der flugunfähige Kormoran der Galápagos-Inseln brütet in kleinen Gruppen von nur wenigen Paaren. Die Nester sind gerade so weit voneinander entfernt, daß die Nachbarn sich mit ausgestrecktem Hals nicht erreichen können. Sie leben auf Hackdistanz miteinander.

4 Individualisierte Gesellschaft: Jeder kennt jeden, und keiner darf fehlen

Kennen sich alle Mitglieder einer Gemeinschaft persönlich, sozusagen mit Namen, dann spricht der Verhaltensforscher von einem individualisierten Verband. Die typische Familienform der meisten Säugetiere ist die Mutterfamilie, in der die Mutter die Nachkommen ohne männlichen Beistand großzieht. Lösen sich die Kinder mit Beginn ihrer Selbständigkeit nicht aus der Familie, erweitert sie sich zu größeren Familien- oder Sippenverbänden, in denen alle Verwandten persönlich aneinander gebunden sind. Individualisierte Gesellschaften sind auch noch von Vögeln bekannt, berühmtestes Beispiel sind die von K. Lorenz beobachteten Dohlen.

Sie leben paarweise mit ihren Kindern in Kolonien, in denen auch die herangewachsenen Jungvögel verbleiben. Der Zusammenhalt der Mitglieder untereinander ist sehr eng. Geht eines von ihnen verloren, werden die anderen unruhig und ängstlich. Noch tagelang später rufen sie den „Kiu"-Ruf, das heißt: „Komm nach Hause." Mit demselben Ruf versuchen ältere Koloniemitglieder jugendliche Ausreißer nach Hause zurückzuholen. Das geschah zum Beispiel, als wandernde Vogelscharen sich in der Nähe der Lorenz'schen Kolonie niederließen und die Koloniemitglieder sich unter diese Scharen mischten. Besonders die jüngeren Vögel wären – von der Wanderlust mitgerissen – mit der fremden Schar davongezogen, wenn nicht die ranghöchste Dohle und andere unermüdlich darin gewesen wären, ihre verstreuten Gefährten aus der fremden Schar herauszulocken und heimzuführen. Sie flogen dazu jeden Vogel einzeln an und forderten ihn zum Mitfliegen auf. „Der Vogel glich darin einem gut geschulten Schäferhunde, der eine versprengte Schafherde zusammenbringen will" (K. Lorenz).

Wird ein Koloniemitglied von einem Räuber angegriffen, so gehen die übrigen wütend auf ihn los. Das Verhältnis der einzelnen Vögel zueinander ist in einer Rangordnung geregelt, in der der Körperkraft entsprechend die Männchen oben und die Weibchen unten stehen. Dohlen verloben sich früh und halten sich ein Leben lang die Treue. Jedes Weibchen steigt also mit seiner Verlobung im Rang. Witwen haben es schwer, einen neuen Partner zu finden, denn ein rangtiefes Männchen wird nie um ein überlegenes Weibchen werben, weil es ihm nicht zusteht, vor einer ranghohen Dohlendame zu imponieren. Im Imponieren besteht aber gerade die Balz. Ehepartner sind friedlich und zärtlich miteinander. Er füttert sie, und sie kraulen sich gegenseitig das Gefieder. Zur Brutzeit haben rangtiefere Paare manchmal Schwierigkeiten, ihre Nisthöhle gegen Übergriffe aus der Oberschicht zu behaupten. Mit einem besonderen Hilferuf „Jüb" ruft der bedrängte Gatte den Partner und die übrigen Gefährten zu Hilfe, und

gemeinsam rücken sie daraufhin dem Störenfried zu Leibe.

So stehen rangniedere Paare zur Brutzeit unter dem Schutz aller Koloniemitglieder. Im übrigen wird in einer Dohlenkolonie keinesfalls von oben nach unten getreten. Die Ranghohen sind freundlich zu den Rangtiefen, diese wiederum weichen den Ranghohen aus, so daß es kaum zu Spannungen kommen kann. Reibereien gibt es nur zwischen etwa gleichrangigen Vögeln.

Ein ungewöhnliches Bild bietet das Leben der Zwergmangusten aus der Gruppe der Schleichkatzen, die ebenfalls in individuellen Verbänden leben. An der Spitze steht ein Weibchen mit ihrem Ehegefährten. Nur dieses Paar pflanzt sich fort. Die Kinder reihen sich im Rang unter den Eltern ein. Die weiblichen stehen höher als die männlichen und die jüngeren höher als die älteren, so daß unmittelbar unter den Eltern die jüngste Tochter steht und an letzter Stelle der älteste Sohn. Da die Rangordnung der Freßordnung entspricht, bleibt in Notzeiten für die Letzten der Hierarchie nichts übrig. Davon abgesehen sind die Familienbande sehr eng. Die Zwergmangusten suchen die körperliche Nähe der anderen und äußern dabei ganz persönliche Zuneigungen, die sich darin zeigen, daß sie sich beim Ausruhen oder Schlafen jeweils an ihre Lieblingsgeschwister ankuscheln.

Außergewöhnlich ist ihre Krankenpflege. Ein krankes Tier wird besonders intensiv gewärmt und geputzt, am stärksten bemühen sich die Eltern um sein Wohlergehen. Kann es sich nur noch mühsam am Boden hinschleppen, dann verläßt die Familie ihre ansonsten bevorzugten, erhöhten Schlafplätze und legt sich am Boden eng um den kranken Familienangehörigen, um ihn warm zu halten. Die sonst gültige Futterordnung wird zugunsten des Kranken umgestoßen. Er darf sogar – ein unerhörtes Privileg – an demselben Futterbrocken wie der Vater nagen. Überhaupt wird er während seiner Krankheit niemals vom Futter weggejagt, ganz gleich, welchen Rang er bekleidet. Es gibt zwar auch unter anderen Raubtieren, beispielsweise bei Afrikanischen Wildhunden oder Wölfen, Rücksichtnahme auf kranke oder alte Tiere; daß aber ein krankes Tier die gesamte Rangordnung auf den Kopf stellen und als erstes ans Futter gelangen darf, das ist bisher einmalig.

O. A. E. Rasa, die sich eingehend mit den Zwergmangusten beschäftigt hat, meint, daß dieses Verhalten im Zusammenhang mit dem Schutz vor Raubvögeln stehen könnte. Je mehr Tiere beisammen sind, desto eher wird es ihnen gelingen, einen Raubvogel zu verwirren. Tatsächlich geraten Raubvögel über dem Gewimmel ihrer Beutetiere leicht in Konfusion, und so ist jedes einzelne Tier um so sicherer, je größer die Familie ist.

Die Zwergmangusten sind kleine Raubtiere, die in Afrika zu Hause sind. Sie leben in Gruppen, sind tagsüber aktiv und jagen ihre Beute gemeinsam, sie sind eigentlich nicht seßhaft, graben aber gelegentlich eigene Höhlen oder suchen Unterschlupf in alten Termitenbauten, hohlen Baumstämmen oder Felsspalten, in diesen Verstecken ziehen sie auch ihre Kinder auf. Ungewöhnlich sind ihre Familienverhältnisse. Die Eltern sind die Ranghöchsten in der Familie, in der Ehe aber dominiert die Frau, das ist sonst in dieser Konstellation nicht üblich. Auch die Töchter stehen im Rang über den Söhnen. In dieser Reihenfolge dürfen sie auch ans Futter, und wenn es nicht reicht, haben immer die Söhne das Nachsehen.

Der Familienzusammenhalt der Zwergmangusten ist sehr eng und stabil, auch die erwachsenen Kinder bleiben noch lange in der Familie. Die älteren Geschwister spielen jeweils die Babysitter für die Jüngeren, sie lecken die Kleinen sauber und wärmen sie mit ihrem Körper. Die Jüngsten sind besonders lebhaft, geschwätzig und verschmust. Ständig suchen sie den Kontakt zu anderen. Außergewöhnlich ist ihre Krankenpflege. Kranke Familienmitglieder werden von den anderen wärmend eingeschlossen, sie werden sauber gehalten, und sie dürfen bevorzugt von dem gemeinsamen Futter fressen. Zwar weiß man auch von einigen anderen Tieren, daß sie verletzten Gefährten helfen, aber die Regel ist eher, daß kranke Gruppenmitglieder ausgestoßen oder im Stich gelassen werden. Deshalb ist die unermüdliche, sorgfältige Krankenpflege der Zwergmangusten eine ganz besondere Ausnahme.

5 Individualisierte Gesellschaft: Die altmodischen Tugenden der Elefanten

Als die greise Elefantin sich zum Sterben niederlegte, wurde sie von ihrer ganzen Familie umringt. Alle versuchten, ihr beizustehen. Sie legten ihr den Rüssel ins Maul, stießen sie an, und mühten sich, ihr wieder auf die Beine zu helfen. Aber sie verendete kurz darauf – eines natürlichen Todes gestorben. Ihre Familie verharrte noch einige Stunden bei ihr, und als sie endlich doch zögernd weiterzog, blieb eine einzelne Kuh weiter bei der Toten zurück. Eine Tochter oder eine Schwester der Verstorbenen? Sie mußte wohl eine besonders enge Bindung an die Tote gehabt haben. – Als die Mutter zweier junger Kälber verschwand, übernahm ihre treueste Gefährtin – die zwei waren immer gemeinsam gezogen – die Kälber an Mutterstelle. – Als der junge Bulle vom Betäubungsgeschoß getroffen in die Knie ging, lief seine Mutter sofort zu ihm hin, trompetete laut und streckte ihm den Rüssel entgegen. Hingebungsvoll bemühten sich die anwesenden Familienmitglieder um den gestürzten Bullen, und als er schließlich wieder ganz bei Kräften und vollem Bewußtsein war und aufstehen konnte, drängten sich alle Kühe noch einmal um ihn, als wollten sie sich überzeugen, daß er wieder ganz in Ordnung war. Oder sie berührten ihn mit ihrem Rüssel. Die Absichten des Forschers J. Douglas-Hamilton, der dem Elefanten ein Halsband mit einem Radiosender hatte umlegen wollen, um dessen Wanderungen verfolgen zu können, wurden durch die gemeinsame Aktion der Kühe völlig vereitelt. In allen drei Szenen wird deutlich, daß der Familienzusammenhalt unter den Elefanten sehr eng ist und starke persönliche Bindungen zwischen einzelnen Mitgliedern bestehen.

„Viele altmodische Tugenden" besitzen die Elefanten, schreibt Frau O. Douglas-Hamilton: „Sie halten treu zusammen, beschützen sich gegenseitig und beweisen Zuneigung füreinander". Die festen Bindungen der Elefantenkühe machen die Familienverbände zu einer verschworenen Gemeinschaft, in der die Elefantenbabys ihre einzige Überlebenschance haben: Das Kind einer einzeln lebenden Mutter würde den Raubtieren – Löwen, Leoparden oder Hyänen – schnell zum Opfer fallen. Elefanten haben eine lange Entwicklungszeit. Mindestens zehn Jahre sind sie ganz abhängig von dem Schutz und der Zuneigung ihrer Familie.

In ihrer langen Jugendzeit lernen die Elefanten am Vorbild ihrer Verwandten, besonders der Mutter, was sie tun dürfen und was sie lassen sollen – bezogen auf Futter und Wasser, Suhlen und Wanderwege und auf die Reaktionen der Artgenossen. Elefanten sind fähig, aus Erfahrung zu lernen und auch, Erfahrungen an ihre Nachkommen weiterzugeben. So lehrt eine Mutter ihr Kind, ein bodenloses Schlammloch zu meiden oder einen Landrover zu fürchten. Und der kleine Elefant beobachtet seine Mutter und ahmt ihr Verhalten nach, bis es sein eignes wird. Oder er erkundet selbsttätig seine Umwelt, so nimmt er zum Beispiel seiner Mutter Futter aus dem Maul und lernt dabei den Geschmack der Pflanzen kennen, die die Elefantennahrung bilden.

Während die meisten Kühe ihr Leben lang in der eigenen Familie bleiben, werden die jungen Bullen zu Beginn der Geschlechtsreife gewaltsam aus der Familie gedrängt. Von da ab leben sie in losem Kontakt zu den Mutter-Familien und zu anderen Bullen. Unter den Bullen besteht eine Rangordnung, die durch Drohen, gelegentlich durch Kämpfe ermittelt wird. Die Familienverbände werden von einer Leitkuh geführt. Werden die Familien zu groß, spalten sie sich auf, bleiben aber weiterhin miteinander in einem größeren Sippenverband verbunden. Familien, deren Leitkühe verunglückt sind, gliedern sich wieder in eine verwandte Familie zurück.

So wie der Zusammenschluß der Elefanten in erster Linie ein Bündnis zum Schutz der Nachkommen ist, ist das Wolfsrudel primär eine Jagdgemeinschaft, weil die meisten Beutetiere des Wolfes nur gemeinsam überwältigt werden können. Die Beute ist Gemeingut, alle Rudelangehörigen dürfen gleichmäßig von ihr fressen, die Welpen haben jedoch Vortritt am Riß. Es besteht eine Rangordnung unter den Weibchen und eine unter den Männchen, die beide während der Jungenaufzucht im Sommer recht stabil sind. Wölfe verständigen sich mit Körperhaltung und Mimik. Ihre Körpersprache ist reich an Bedeutungen, die vom liebevollen Beriechen der Schnauze bis zum höchst aggressiven Knurren und Zähnefletschen reichen.

Während um die Spitzenpositionen ohne jede Hemmung blutig gekämpft wird – ein solcher Kampf endet meist mit der Vertreibung des Unterlegenen aus dem Rudel – verlaufen die Rangeleien um untere Rangordnungsplätze unblutig. Sie lassen sich mit Imponier- und Drohhaltungen einerseits und Demutsverhalten andererseits regeln. Im Normalfall pflanzen sich nur die Spitzentiere fort. Die ranghöchste Wölfin vertreibt läufige Wölfinnen während der Ranzzeit im Februar und März aus dem Rudel. Später sind sie dann als Babysitter wieder wohlgelitten. Es ist sinnvoll, daß nur die ranghöchste Wölfin Junge wirft. Zum einen konzentriert sich die ganze Anstrengung des Rudels auf diesen einen Wurf, und die Welpen wachsen vielfach beschützt und wohlversorgt heran. Zum anderen darf ein Wolfsrudel nicht unbegrenzt wachsen, denn seine Größe ist von der Zahl der Beutetiere in seinem Jagdgebiet abhängig und muß deshalb relativ konstant gehalten werden. Zur Zeit der Jungenbetreuung herrscht idyllischer Frieden unter den Wölfen. Gemeinsam versorgen sie die Welpen mit Futter und gehen mit den Kleinen wie auch miteinander betont liebenswürdig um.

Zu den altmodischen Tugenden der Elefanten gehört ihre Zuneigung zueinander: Zwei Kühe legen zärtlich den Rüssel übereinander.

Eine Kuh berührt eine andere zur Beruhigung mit dem Rüssel am Maul. Elefanten suchen und brauchen den körperlichen Kontakt zueinander und zeigen sich mit liebevollen Berührungen ihre Verbundenheit. Sie leben in engen verwandtschaftlichen Beziehungen; alle Elefantenkühe in einer großen Familie halten über Generationen fest zusammen. An die stabilen Bindungen ist ihre Sicherheit geknüpft, und das Überleben ihrer Kinder ist total abhängig von dem dauerhaften und verläßlichen Familienzusammenhalt.

6 Uneigennützigkeit:
Ein geringer Prozentsatz an Kriminalität

Altruistisches (uneigennütziges) Verhalten, das der Gemeinschaft, nicht aber unbedingt dem einzelnen nützt, zeigen viele soziallebende Tiere. Der Altruismus umfaßt dabei eine breite Palette von Verhaltensweisen: Warnrufe alarmieren die Gruppe. – Tiere übernehmen ein Wächteramt. – Freßfeinde werden gemeinsam vertrieben oder angegriffen. – Feinde werden durch Ablenkungsmanöver getäuscht und von der bedrohten Gruppe weggelockt. – Tiere gehen gemeinsam auf die Jagd und teilen die Beute. – Manche bauen sich gemeinsam eine Behausung. – Kundschaftertrupps machen Futterstellen ausfindig und benachrichtigen den Rest der Gruppe. – Kranke werden mit Futter versorgt. – Nachkommen werden auch von anderen als den Eltern betreut, gefüttert oder verteidigt. – Witwen werden mitversorgt oder Waisen adoptiert. – In Insektenstaaten sind die Gemeinschaftsaufgaben genau verteilt, es gibt Arbeiter, Soldaten, Geschlechtstiere. –

Daß ein Hering dem Raubfisch freiwillig ins Maul schwimmt, um den unbekannten Kameraden neben sich zu retten – das ist undenkbar; daß ein Pottwal bei der Hilfeleistung für einen verletzten Gefährten selbst getötet wird – das ist vielfach vorgekommen. Heringe schwimmen austauschbar und verwechselbar nebeneinander her. Pottwale aber leben im Haremsverband, (ein Bulle, Weibchen, Kinder und Halbwüchsige), kennen sich persönlich und stehen sich gegenseitig bei, wenn einer der ihren in Gefahr gerät. Uneigennütziges Verhalten ist aber nicht an den Grad persönlicher Bekanntschaft gebunden (obwohl oft damit gekoppelt). Denn auch Ratten, die sich untereinander nicht persönlich, sondern nur an einem gemeinsamen Gruppengeruch erkennen, verhalten sich gruppenfördernd, beispielsweise in der gegenseitigen Fellpflege oder der gemeinschaftlichen Aufzucht von Nachkommen. In ihren Gruppen herrscht ein ausgesprochen freundliches soziales Klima, und gegen Feinde, die ihr Wohngebiet bedrohen, stehen sie wie ein Mann zusammen.

Die kleinste soziale Einheit, in der man füreinander eintritt, ist die Eltern-Nachkommen-Gruppe, in der die Kinder ernährt, gewärmt, gereinigt, beschützt und bei manchen Tierarten auch erzogen werden: Diese Brutpflegebeziehungen bilden die Keimzelle sozialen Lebens. Alle Formen uneigennützigen Verhaltens konnten sich nur in Gesellschaften entwickeln, in denen solche Brutpflegebeziehungen bestehen.

Neben den zahlreichen Beispielen sozialer Hilfeleistung im Tierreich gibt es auch Fälle unsozialen Verhaltens. Tiere können lügen, stehlen und morden und sich auf verschiedenste andere Arten Schaden zufügen. Vögel stehlen sich beispielsweise Nistmaterial. Ein Kolibri zupfte Tag für Tag aus dem bewohnten Nest einer Artgenossin Moos heraus und baute es in sein eigenes Nest ein. Die winzigen Nestlinge des Kolibris brauchen besonders viel Wärme, deshalb gleichen ihre Nester dickwandigen, gut gepolsterten Wärmestuben. Aber nach einer Woche war nur noch ein letzter Fetzen davon übrig, an den sich einer der kleinen Kolibris noch eine Zeitlang anklammerte, bevor er abstürzte. Fregattvögel zerstören einander das Gelege und hacken Küken tot.

In den Nestern der Adler spielen sich regelmäßig Tragödien zwischen den Geschwistern ab, die das jüngere häufig nicht überlebt, beim Schreiadler sogar niemals. Das Weibchen legt im Abstand von drei bis vier Tagen zwei Eier und entsprechend schlüpfen die Jungen. Aber kaum ist das Zweite aus der Eischale gekrochen, krabbelt das Ältere auf seinen Rücken und bleibt dort hocken, bis dies tot ist. Das unglückliche Zweitkind kann sich unter der schweren Last des größeren Geschwisters nicht rühren und um Futter betteln und wird in wenigen Tagen von dem Erstgeborenen ausgehungert und erdrückt. Der Verhaltensforscher nennt Zweitkinder Reservekinder. Sie könnten eine Chance haben, wenn das Ältere umkommt, damit jedes Adlerpaar mit Gewißheit ein Junges durchbringt.

Die als außerordentlich friedfertig und liebenswürdig bekannten Afrikanischen Wildhunde leben in einer hochentwickelten Sozialgemeinschaft. Aber zwischen den Hündinnen gibt es gelegentlich um den Platz in der Rangordnung blutige Beißereien, bei denen von der sonst üblichen Schonung und Toleranz gegen die Rudelgefährten nichts zu merken ist. Die weibliche Rivalität kann bis zum Kindermord getrieben werden. Als in einem Rudel zwei Hündinnen gleichzeitig Junge geworfen hatten, tötete die eine die Welpen der anderen. Andererseits ist auch der Fall bekannt, daß zwei Hündinnen nach anfänglichen Spannungen ihre Jungen gemeinsam aufzogen. Schimpansen leben ebenfalls in überwiegend friedlichen Gruppen zusammen, in denen besonders die Kinder von allen behütet und beschützt heranwachsen. Und doch weiß man auch von ihnen, daß sie in Fehde mit fremden Gruppen Artgenossen angreifen und töten und daß sie dann sogar zu Kannibalen werden können, die die Babys fremder Trupps fressen.

Die Fälle unsozialen Verhaltens sind seltener als die Fälle von Altruismus. Sie könnten niemals zur Verhaltensnorm sozial lebender Arten werden, weil die Gemeinschaften sich selbst dadurch zuviel Schaden zufügen würden. In geringerem Maß aber wird gemeinschaftsschädigendes Verhalten im Tierreich als zwangsläufige Begleiterscheinung sozialen Verhaltens immer wieder auftreten – denn es gilt die bittere Erkenntnis: „Diese unsozialen Verhaltensweisen schaden zwar dem anderen und der Gemeinschaft, nützen aber im allgemeinen dem, der sie ausübt" (W. Wickler).

Eng aneinandergekuschelt sitzen die Mantelpaviane in der kühlen Morgendämmerung auf ihrem Schlaffelsen beieinander, um sich gegenseitig ein wenig zu wärmen. Mantelpaviane leben in streng voneinander getrennten Haremsgruppen. Auch wenn sie frieren. dürfen sie nicht alle zusammenrücken, obwohl es dann viel wärmer wäre, sondern jeder Harem bleibt für sich allein. Das Tier, das vorn links einzeln sitzen muß, ist ein sogenannter Mitläufer, es ist ein junges Männchen, das von dem Haremsbesitzer zwar geduldet wird, dem aber jede Annäherung an die Haremsweibchen verboten ist.

Afrikanische Wildhunde arbeiten wie ein gut eingespieltes Team während der Jagd zusammen. Oft richten sie sich nach dem Rudelführer. Manchmal splittert sich die Gruppe auf, wenn die Wildhunde große Herden vor sich haben. Sie achten genau aufeinander und geben ihre eigene Jagd auf, wenn die eines anderen erfolgreicher zu werden verspricht.

7 Uneigennützigkeit: Eine ererbte Eigenschaft

Wie kann sich uneigennütziges (altruistisches) Handeln bilden und von Generation zu Generation weitervererben, wenn doch das Tier, das sich entschieden gegen seine eigenen Interessen im Interesse der Gruppe verhält, am stärksten gefährdet ist? Stirbt jede Form des Altruismus nicht schon im Ansatz mit jedem Tier wieder aus, das sich für die anderen einsetzt und dabei selbst das Leben läßt? Denn wird nicht das Tier am ehesten gefressen, das einen Warnruf ausstößt und dabei seinen Standort verrät? Oder das Tier tödlich verletzt, das schwächere Mitglieder seiner Gruppe gegen Raubfeinde verteidigt? Wenn also Opferbereitschaft immer wieder ausgerottet wird, wie ist es dann möglich, daß in vielen Tiergruppen trotzdem ein uneigennütziges Zusammenarbeiten entstanden ist?

Mit dieser interessanten Frage haben sich verschiedene Verhaltensforscher beschäftigt, unter anderem W. Wickler, der in seinem Beitrag vorangegangene Diskussionen aufarbeitet: Jedes Individuum ist innerhalb seiner Population (Fortpflanzungsgemeinschaft) Träger einer bestimmten Genkombination (Genotyp) und muß als solcher versuchen, seine Erbeigenschaften in Konkurrenz mit seinen Artgenossen so erfolgreich wie möglich durchzusetzen. Erfolgreich ist ein Genotyp dann, wenn er mehr Nachkommen hat als ein anderer Genotyp.

Genotyp ist aber nicht gleich Individuum. Es wäre irrig anzunehmen, daß der Fortbestand einer Population nur dann gesichert ist, wenn darin jedes Individuum unbedingt am Leben erhalten bleibt und daß Tiere deshalb immer und unter allen Umständen versuchen müssen, ihr eigenes Leben zu retten. Das Gesetz, unter dem sie stehen, heißt anders. „Der Träger eines Genotyps muß alles tun, was einer Verbreitung seines Genotyps nutzt, und alles meiden, was dem entgegensteht. Es kann also für seinen Genotyp (nicht für ihn selbst) durchaus vorteilhaft sein, wenn er Brutverteidigung oder Brutpflege bis zur Selbstaufopferung treibt." (W. Wickler)

Eine Tiermutter, die ihre Jungen verteidigt und dabei ihr Leben läßt, kann sehr wirkungsvoll in ihren Jungen ihren Genotyp erhalten, auch wenn sie selbst als Individuum nicht überlebt. Daß das Überleben des Individuums nicht ausschlaggebend für die Erhaltung des Genotyps ist, erläutert Wickler an folgendem Beispiel: Es wäre in keiner Weise vorteilhaft, wenn ein frischgeschlüpfter Vogel schleunigst alle seine Geschwister aus dem Nest werfen würde, um die Fürsorge der Eltern ausschließlich auf sich allein zu konzentrieren. Die Anzahl der Nachkommen würde dadurch so drastisch verringert, daß alle Vögel mit einem solchen „Hinauswerfetrieb" anderen, die gleichzeitig mehrere Junge großziehen, schnell unterlegen und auf Dauer zum Aussterben verurteilt wären. So würde die Brutfürsorge für ein bevorzugtes Vogelkind sehr bald die gesamte Art ausrotten.

Wenn ein Genotyp alles tun muß, was seiner Verbreitung nützt, dann setzt er sich am besten für seine eigenen Nachkommen oder die allernächsten Verwandten wie zum Beispiel Geschwister ein, die ebenfalls einen Teil der eigenen Erbeigenschaften tragen. So wird das Vogelkind seine Geschwister eben nicht über den Nestrand werfen, sondern friedlich gemeinsam mit ihnen in einem Nest leben. Dadurch tut es mehr für die Vervielfältigung der eigenen Gene, als wenn es sich kraß egoistisch verhielte, denn in seinen Geschwistern sind seine Erbanlagen – jedenfalls zur Hälfte – ebenfalls vorhanden. Und duldet oder schützt ein Tier zwei Geschwister, dann tut es für den Fortbestand seiner Gene genausoviel, als rettete es sich selbst. Werden aber drei oder mehr Geschwister neben ihm groß, dann ist der Bestand an eigenen Genen sogar größer geworden. So läßt sich nun die Frage beantworten, wie sich Altruismus im Tierreich durchsetzen konnte. Das sich opfernde Tier opfert sich für Verwandte, die teilhaben an seinen eigenen Erbeigenschaften, damit auch teilhaben an seinem altruistischen Verhalten und dieses weitervererben.

Demnach müßte man folgern, daß der Opfermut desto größer ist, je enger die Verwandtschaft, und tatsächlich wird dies auch in der Eltern-Kind-Beziehung bestätigt. Das höchste Maß an Selbstlosigkeit bringen Eltern für ihre Kinder auf. Einen anderen wichtigen Beweis liefern die staatenbildenden Insekten. In den Staaten der Hummeln und Bienen haben alle Mitglieder die gleiche Mutter, die Königin, und durch eine besondere Eigentümlichkeit in der Vererbung (der Vater besitzt und vererbt nur einen Chromosomensatz) haben alle Schwestern mehr gemeinsame Erbeigenschaften als Schwestern sonst, weil sie vom Vater alle dasselbe Erbgut haben. Die enge Verwandtschaft der Insekten kann erklären, warum sie in hochentwickelten Sozialgemeinschaften leben und füreinander sorgen. Alles, was sie tun, tun sie für die Familie.

Nur für die nächsten Verwandten lohnt sich der Einsatz des Lebens, und so hat sich Altruismus zuerst um und für den Familienverband gebildet und bewährt und sich von dort aus im Laufe der Entwicklung auch in ausgeweiteten Familienverbänden durchgesetzt, so wie alle Formen sozialen Verhaltens aus der Familie hervorgehen. Aber Altruismus nimmt dementsprechend in größeren Verbänden mit schwindendem Verwandtschaftsgrad auch wieder ab, was der britische Genetiker J. B. S. Haldane in einem Aphorismus auf die Formel bringt: „Ich bin bereit, mein Leben herzugeben für zwei Brüder oder acht Vettern."

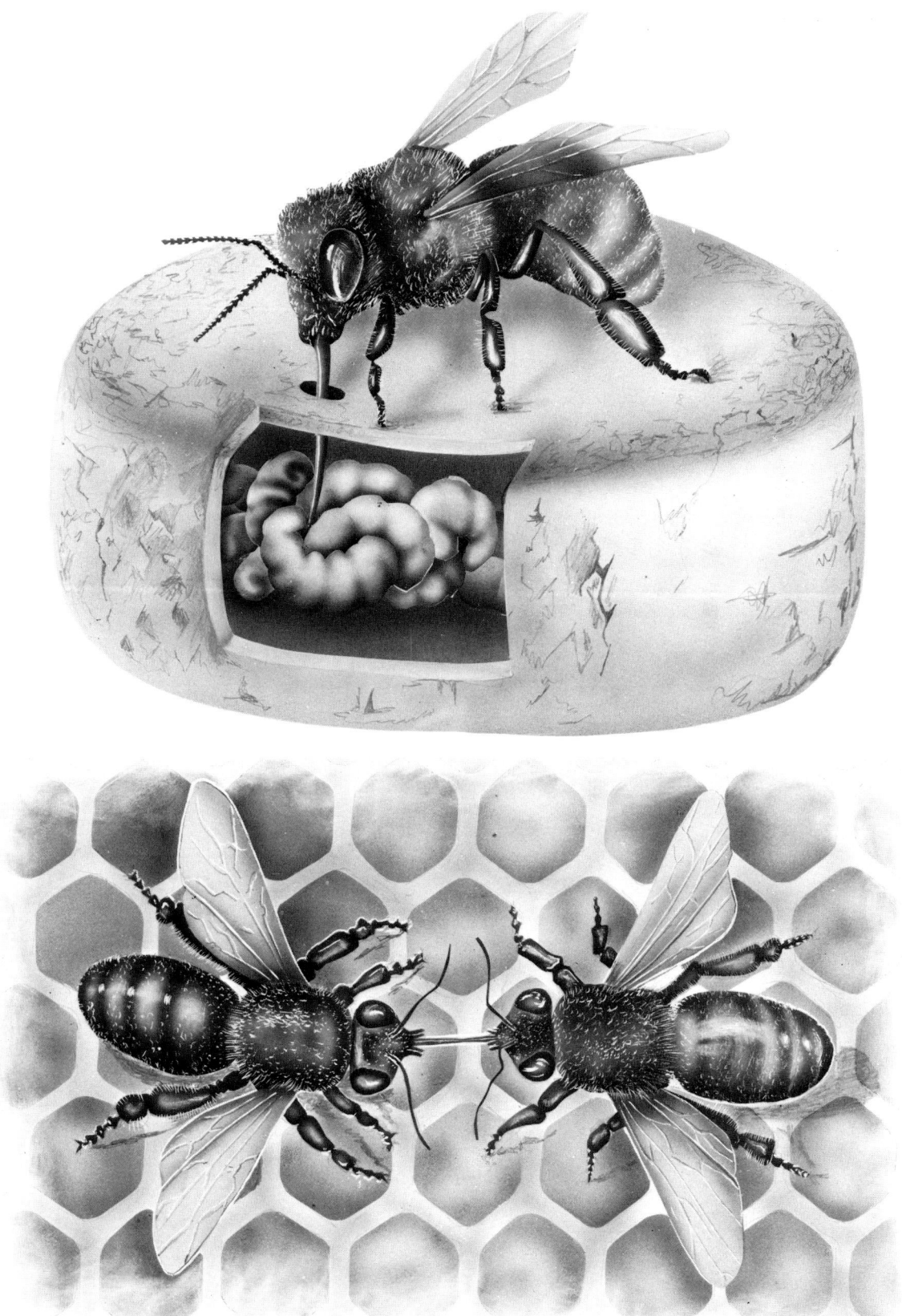

Die Staaten der Hummeln und Bienen sind eigentlich Großfamilien mit nur einer Mutter. Und da Hilfsbereitschaft an den Grad der Verwandtschaft gebunden ist, sind staatenbildende Insekten besonders soziale Wesen, die ihr Leben im Dienste der Gemeinschaft verbringen. Oben: eine Steinhummel ist mit der Kinderpflege beschäftigt. Sie füttert Larven mit Futtersaft von Mund zu Mund. Unten: Auch erwachsene Bienen füttern sich noch auf dieselbe Weise von Mund zu Mund. Die Fütterung bindet alle Bewohner eines Bienenstocks fest aneinander.

8 Uneigennützigkeit:
Die Verteidigung steht wie ein Mann

Viele Vögel stoßen Warnrufe aus und alarmieren die Vögel der Umgebung, die daraufhin sofort ins nächste Versteck streben. Dabei erreicht die Warnung nicht nur die Vögel der eigenen Art. Der Buchfink beispielsweise, wie viele andere Singvögel auch, versteht die Warnung fremder Arten ebenfalls. Manche Vögel kennen die Bedeutung des arteigenen Warnrufes bereits im Ei, während andere ihn erst lernen müssen. Hühnerküken im Ei hören auf, zu piepsen und sich zu bewegen, sobald die Glucke den Warnlaut äußert. Ungeschlüpfte Silbermöwen dagegen antworten auf alle Rufe, auch auf den Angst-Laut ihrer Art.

In der Herde löst der Warnruf des Leittieres die erhöhte Wachsamkeit aller Mitglieder aus. Mit einem gesonderten Signal gibt das Leittier häufig auch das Zeichen zur Flucht. Die Leitgeiß der Gemsen beispielsweise stampft mit dem Vorderfuß auf.

Die schnellste Art der Warnung ist die Flucht. Im Fischschwarm kann das hastige Davonschwimmen eines einzelnen Fisches die Flucht des gesamten Schwarmes auslösen. In den afrikanischen Huftierherden zieht der fluchtartige Aufbruch eines Tieres häufig die Flucht der ganzen Herde nach sich. Sogar sich spielerisch jagende Jungtiere können einen solchen plötzlichen Massenaufbruch auslösen.

In den Alpen sieht man manchmal im Sommer ein einzelnes, aufrecht sitzendes Murmeltier. Etwas erhöht hat es sich auf einem Stein oder einer Bodenwelle postiert und blickt aufmerksam um sich. Sobald es den Wanderer erblickt, ertönt ein gellender Pfiff, und in Sekundenschnelle liegt der Berghang verlassen da. Bei den im Familienverband lebenden Alpenmurmeltieren übernimmt ein meist älteres Tier das Wächteramt. Die Murmeltiere sind lebhaft und spielfreudig. Die Jungen balgen sich oft stundenlang herum. Gern kollern sie einzeln oder zu zweit im Spiel den Hang hinunter. Ertönt aber der Pfiff, dann ist die Schar blitzschnell im Bau oder in eigens dafür angelegten Fluchtröhren verschwunden. Genauso verhalten sich die Präriehunde (in Nordamerika heimische Nagetiere). Biber schlagen mit dem platten Schwanz aufs Wasser, um die Mitglieder ihrer Kolonie zu warnen.

Dohlen warnen sich mit schnarrenden Drohlauten und rufen damit gleichzeitig auch zum gemeinsamen Angriff auf. K. Lorenz hat beobachtet, daß Dohlen jeden Menschen angreifen, der eine Dohle in der Hand trägt. Sobald sie das Signal „Kumpan, vom Raubtier gepackt" erhalten, setzt ihre Verteidigungsbereitschaft ein; dabei genügt es bereits, ein schwarzes Tuch in der Hand zu schwenken, um ihren gemeinsamen Angriff auszulösen.

Viele an sich wehrlose Vögel haben eine besondere Form der gemeinsamen Verteidigung, das sogenannte Hassen, entwickelt. Singvögel setzen sich so gegen Raubvögel zur Wehr. Mit besonderen Haßlauten stoßen sie von allen Seiten gegen den Feind vor und attackieren ihn mit Scheinangriffen. Fast immer läßt sich der Raubvogel von der lärmenden, zudringlichen Schar vertreiben. Größere Vögel können bei solchen gemeinsamen Abwehraktionen den Feind auch tätlich angreifen und gelegentlich sogar töten. Kolkraben, Krähen und Elstern haben dafür ihre eigene Technik. In dem Augenblick, in dem der Räuber auf einen Vogel zustürzt und ihn packen will, wird er von einem anderen in den Schwanz gezwickt. K. Lorenz beobachtete einmal vierzehn Elstern, die einem Wiesel auf diese Weise übel mitspielten. Sogar Fische können auf Raubfeinde hassen. Zum ersten Mal machte I. Eibl-Eibesfeldt diese Beobachtung an einem Schwarm von Füsilieren. Sie tauchten unablässig zu einer Muräne hinab und schwammen knapp über sie hinweg. Das trieben sie solange, bis der Raubfisch aufgab und ohne Beute davonschwamm.

Auch in verschiedenen Rudeln und Herden unterstützen sich die Mitglieder bei der Abwehr ihrer Feinde, so etwa Tüpfelhyänen und Zebras. Elefanten, Moschusochsen und gelegentlich auch Gnus igeln sich bei Gefahr ein, das heißt, sie nehmen ihre Kälber in die Mitte und bilden nach außen gegen den Raubfeind eine geschlossene Abwehrfront. Das Abwehrsystem der Moschusochsen hat eine traurige Berühmtheit erlangt. Gegen ihre Feinde Wolf und Eisbär hatte es sich seit Jahrtausenden bewährt, es versagte aber vollständig als die Tiere mit dem Menschen in Berührung kamen. Das geschah vor gut 250 Jahren zum ersten Mal. Den Gewehren waren sie schutzlos preisgegeben. Dicht aneinandergepreßt versuchten sie in ihrer bewährten Formation dem Angriff standzuhalten und wankten und wichen nicht, während einer nach dem anderen von ihnen getroffen zu Boden stürzte. Wo nur die Flucht sie hätte retten können, konnten sie nicht anders, als sich an ihr ererbtes Verhaltensschema zu halten.

Jahrhundertelang hat die Schlächterei gedauert, Pelzjäger, Wal- und Robbenfänger versorgten sich mühelos mit frischem Fleisch; besonders schlimm wüteten die Tierfänger, die die Zoologischen Gärten mit Kälbern versorgten. Um an die jungen Tiere heranzukommen, mußten erst alle Tiere im äußeren Verteidigungsring abgeknallt werden. Heute stehen die Moschusochsen unter Naturschutz. Nicht immer wird es übrigens so augenfällig wie hier, wie ein Verteidigungssystem an die Umwelt angepaßt ist. Was gegen Eisbär und Wolf wirksamen Schutz bot, schlug vor den Gewehren ins Gegenteil um: es führte in den sicheren Tod.

Als Geschöpfe der Eiszeiten haben es die Moschusochsen über Jahrtausende verstanden, sich dem rauhen Klima der arktischen Tundren anzupassen und ihren Feinden Wolf und Eisbär zu trotzen. Gegen diese haben sie eine uneinnehmbare Abwehrstellung entwickelt: In geschlossener Front, die gewaltigen Hörner nach außen gerichtet, treten sie ihren Feinden entgegen. Ihre Kälber sind hinter dem lebendigen Wall verborgen, oder werden von den wehrhaften Kühen und Bullen eingeigelt. Was sich seit Jahrtausenden bewährt hatte, versagte aber vollständig, als die Tiere mit dem Menschen in Berührung kamen. Sie ließen sich widerstandslos bis auf das letzte Stück zusammenschießen, ohne zu begreifen, daß nur die Flucht sie vor dem neuen Feind hätte retten können. Stattdessen rückten sie näher zusammen, wenn einer nach dem anderen zwischen ihnen fiel. Heute stehen Moschusochsen unter Naturschutz.

9 Uneigennützigkeit: Mit dem Knüppel in der Hand

Der Notruf eines angegriffenen Artgenossen löst bei einigen Tierarten mit absoluter Sicherheit einen Angriff aus. Von in Gefangenschaft lebenden Pavianen, Rhesusaffen oder Schimpansen weiß man, daß sie selbst den ihnen vertrauten Pfleger angreifen, sobald nur ein Tier, das er gepackt hält, den Notruf ausstößt. Manche Tiere reagieren so automatisch auf den Notruf ihrer Art, daß es dabei zu widersinnigen Reaktionen kommt. Wildenten oder Seeschwalben beispielsweise verteidigen ein Küken, das den Notruf ausstößt, blindlings. Erkennen sie hinterher, daß es nicht ihr eigenes ist, können sie es nun selbst angreifen, denn sie gehören zu den Tieren, die normalerweise nur die eigenen Nachkommen akzeptieren, andere aber wegjagen und weghacken.

Von dem Zoologen A. Kortlandt stammen einige berühmt gewordene Versuche zu dem Verteidigungssystem der Schimpansen. Er konstruierte einen künstlichen Leoparden, der – elektrisch gesteuert – Kopf und Schwanz bewegen und aufstehen konnte. Als er sich zum ersten Mal unvermutet vor einer Schimpansengruppe aus dem Gras aufrichtete, war es einen Augenblick totenstill, und dann brach die Hölle los. So schildert es Kortlandt: Unter lautem Geschrei gingen die Schimpansen auf den Feind los. Mit abgebrochenen Stöcken und jungen Bäumen oder mit bloßen Händen bedrohten sie ihn oder schleuderten ihre Waffen gegen ihn. Sie trommelten mit Händen und Füßen auf den Boden und auf Baumstämme. Sie kletterten in die Bäume und schüttelten wild die Äste, oder sie benützten biegsame Bäume als wippende Peitschen. In dem ganzen Aufruhr wurde der Leopard jedoch nicht getroffen oder berührt, alle drohend erhobenen oder geschleuderten Knüppel sollten offensichtlich den Feind eher vertreiben als vernichten. In späteren Versuchen mit anderen Schimpansengruppen griffen die Schimpansen den Leoparden allerdings tätlich an. Ein echter Leopard hätte einen solchen Angriff nicht überlebt. Besonders wild gebärdeten sich bei allen Attacken die Mütter, deren Kinder tatsächlich die eigentlich Gefährdeten sind, denn ein ausgewachsener Schimpanse hat von einem Leoparden kaum etwas zu befürchten.

Während bei den Schimpansen die Mütter selbst tatkräftig ihre Kinder mitverteidigen, hat beispielsweise bei den Husarenaffen nur ein einziges Tier, der männliche Führer, die Aufgabe übernommen, seine Gruppe zu schützen. Die Husarenaffen sind Steppenbewohner, die in kleinen, voneinander isolierten Einmann-Gruppen leben, die jeweils aus einem Männchen sowie mehreren Weibchen mit Jungen bestehen. Der beste Schutz für diese Tiere ist es, sich leise und unauffällig zu bewegen und sich bei Gefahr still auf den Bauch ins hohe Gras zu drücken. Nur das Männchen klettert dann in die Bäume, um die Bedrohung zu erkunden und von

seiner Gruppe abzuwenden. Die helle Färbung seiner Schenkel schimmert weithin sichtbar durch das Geäst, dazu benimmt es sich betont auffällig, es springt so heftig umher, daß knackende Zweige und schwankende Äste es auf jeden Fall verraten müssen. Das möchte es gerade erreichen, um die Aufmerksamkeit von der Gruppe fort auf sich zu lenken.

Unter Umständen klettert das Männchen sogar von seinem Baum herunter und rennt knurrend nahe an dem störenden oder gefürchteten Eindringling vorbei, oder es galoppiert geradewegs in die Steppe hinein – fort von der Bedrohung und der Gruppe. Es erfüllt in seiner Gruppe die doppelte Funktion des Wächters und des Beschützers. Helfen übrigens alle seine Ablenkungsmanöver nichts, dann rettet ihn und seine Gruppe immer noch die Schnelligkeit. Über fünfzig Stundenkilometer wurden bei den Husarenaffen schon gestoppt, damit ist er wohl von allen Primaten (Ordnung Herrentiere) der schnellste.

Bei den Pavianen haben ebenfalls die Männchen den Schutz der Gruppe übernommen. Aber anders als bei den Husarenaffen teilen die stärksten Männchen die Aufgabe unter sich auf. Dschelada-Herden gruppieren sich zum Beispiel so, daß die Männchen immer an der Seite laufen, von der am ehesten Gefahren drohen könnten. Ziehen zwei Mantelpavianmännchen gemeinsam mit ihren Gruppen, dann reihen sie Weibchen und Jungtiere zwischen sich auf. Oft setzt sich ein Pavianmann auch an den Schluß der Herde, nachdem die schwächeren Mitglieder an ihm vorbeigezogen sind. Die Anubis-Paviane umstellen mit ihren wehrhaften Männern schützend die Gruppe, wenn Raubtiere in ihrer Nähe auftauchen. Neben diesen eher vorbeugenden Maßnahmen greifen die Männchen Raubfeinde wie Schakale, Hunde oder Leoparden aktiv an, wenn es not tut. Bellend und ihr starkes Gebiß drohend entblößt, schieben sie sich zwischen den Raubfeind und ihre Schützlinge. Und reicht diese Drohung noch nicht aus, dann preschen einige von ihnen gegen ihn vor.

Wie schon beobachtet worden ist, treibt eine solche gemeinsame Attacke selbst einen Leoparden in die Flucht. In einem solchen Fall wurden drei Paviane verletzt, keiner von ihnen jedoch tödlich. Auch die Bären-Paviane – die größten und stärksten unter den Pavianen – stellen sich vor die bedrohte Gruppe. Hunde werden von ihnen vertrieben oder angegriffen, wobei sie ihre Feinde schwer verletzen oder töten können. Bei ihnen stellt sich ein ranghohes Männchen auch einzeln zum Kampf, während die Herde weiterzieht.

Schimpansen wehren sich im Zoo gegen Menschen, die sie aus irgendwelchen Gründen als Feinde empfinden, mit Stöcken oder Wurfgeschossen. Ob sie sich in der Wildnis ebenso verteidigen, war lange Zeit unbekannt. Erst eine Versuchsreihe aus den sechziger Jahren – aus der auch dieses Photo stammt – gab Antwort darauf. Für die Versuche wurde ein ausgestopfter Leopard angefertigt, der über elektrische Drähte mit dem Schwanz wedeln und mit dem Kopf wackeln konnte. Die Schimpansen wehrten sich gegen das Stofftier mit Stöcken und allen verfügbaren Wurfgeschossen wie Erdklumpen, Steinen oder Knüppeln. Für die Schimpansen der offenen Savannen kann der Knüppel in der Hand die letzte Rettung sein.

10 Uneigennützigkeit: Delphine als Lebensretter

Über den Gemeinsinn der meisten Wale gibt es erstaunliche Berichte, die früher oft als Seemannsgarn abgetan wurden, heute aber sehr viel ernster genommen werden. Aus Erfahrung kalkulierten die Walfänger früherer Zeiten bei ihren Manövern das Informationssystem der Wale ein, die sowohl Warnbotschaften als auch Hilferufe ausschicken können. Entweder löst das die allgemeine Flucht oder eine Hilfsaktion für gefangene Tiere aus.

Der Meeresforscher J.-Y. Cousteau berichtet über das Warnsystem der Delphine: „So habe ich selbst vor der afrikanischen Küste miterlebt, wie ein weithin verstreut dösender Schwarm von einer solchen Wache gewarnt wurde: Das Tier stieß beim Auftauchen der Calypso, des Forschungsschiffs, einen Schrei aus, und im Nu geriet die ganze Schule in Bewegung." Die Hilferufe verletzter oder gefangener Pottwale rufen Gefährten auf den Plan, die den Bedrohten zu helfen versuchen, besonders Jungtiere und Weibchen genießen diesen Schutz der Gruppe. Die Walfänger, denen dieses Verhalten bekannt war, zogen ihren Nutzen daraus. Sie brauchten nur ein einziges Tier, ein junges Pottwalkälbchen, zu fangen, um gleichzeitig mehrere Kühe vor die Harpune zu bekommen: die Rettungsmannschaft, die versuchte, das Kälbchen aus den Fangseilen zu befreien.

Seit dem Altertum gilt der Delphin als Inbegriff des hilfsbereiten Tieres, das nicht nur seinen Artgenossen, sondern auch dem in Not geratenen Menschen beisteht. Plutarch (1. Jahrhundert n. Chr.) schrieb: „Dem Delphin hingegen hat die Natur als einzigem jene Gabe verliehen, nach der die größten Philosophen streben – die uneigennützige Freundschaft." Eine ganze Reihe von antiken Quellen überliefern Berichte von der engen Beziehung zwischen Mensch und Delphin, und bis auf den heutigen Tag reißen solche Erzählungen über wundersame Begegnungen zwischen beiden nicht ab. Delphine haben Schiffbrüchige und an Badestränden Verunglückte gerettet. Oder sie haben sich badenden Kindern angeschlossen, mit denen gemeinsam sie im seichten Wasser spielten und die sie sogar auf ihrem Rücken reiten ließen.

Ihre Hilfsbereitschaft und gelegentliche Zutraulichkeit gegenüber dem Menschen gründet aber wohl nicht in einem geheimnisvollen Bündnis zwischen Mensch und Delphin, sondern in dem ihnen eigenen Sozialverhalten. Delphine sind sehr gesellige Tiere, die die Einsamkeit nicht ertragen, ja an ihr zugrunde gehen können. Von frisch gefangenen Delphinen weiß man, daß der Kontakt zum Menschen von den verängstigten Tieren gern akzeptiert wird, aber ebenso wählen sie sich in Gefangenschaft andere Tiere zu Gefährten, um sich über die Einsamkeit hinwegzuhelfen. Der Mensch nimmt da keine Sonderstellung ein. Delphine neigen dazu, mit im Wasser treibenden Gegenständen, ob das nun Treibholz ist, eine alte Matratze oder ein Mensch, zu spielen und sie an die Wasseroberfläche zu stoßen. In Gefangenschaft lebende Delphine haben auf dieselbe Weise versucht, tote Gefährten tagelang an der Oberfläche zu halten.

Dieses Verhalten teilen sie mit vielen anderen Walarten. Auch das war griechischen und römischen Naturforschern schon bekannt. Aristoteles überliefert, daß ein Delphin ein totes oder sterbendes Junge an der Wasseroberfläche gehalten habe. Aus zahlreichen Beobachtungen weiß man heute sicher, daß Delphine sich gegenseitig bei Krankheit oder Verletzung helfen. Delphine müssen regelmäßig zum Atemholen an die Wasseroberfläche kommen. Sobald sie verwundet oder geschwächt im Wasser wegsacken, sind sie vom Erstickungstod bedroht. Hier setzt nun die Rettungsaktion der Gefährten ein.

Von beiden Seiten unterschwimmen sie das betroffene Tier und halten es so über Wasser, daß sein Atemloch frei bleibt. Die Gruppe der übrigen Tiere – Schule genannt – bleibt in der Nähe des Verletzten. Kommt das geschwächte Tier nach einiger Zeit wieder zu Kräften, ziehen sie gemeinsam weiter. Wenn es sich allerdings trotz aller stützenden Maßnahmen nicht mehr erholen kann, wird es von der Schule aufgegeben. Das bedeutet dann den sicheren Tod.

Es scheint aber so zu sein, daß die Hilfe nicht unterschiedslos für alle Mitglieder der Gruppe geleistet wird, selbst nicht bei Delphinen, die uns so gern als Inbegriff der Hilfsbereitschaft gelten. Aber ihr Sozialverhalten hat nichts mit ethischen Maßstäben zu tun. In diesem Zusammenhang stellt J.-Y. Cousteau zwei Beobachtungen einander gegenüber. Während einer seiner Expeditionen war es gelungen, einen Grindwal aus der Familie der Delphine zu fangen. Es sind besonders mißtrauische, aber auch besonders intelligente Tiere. Der Gefangene schrie in seiner Not aus Leibeskräften, worauf zwei seiner Gefährten neben ihm auftauchten, ihn von beiden Seiten stützten und mit sich fortzuziehen versuchten. Es gelang ihnen schließlich, ihn zu befreien, und gemeinsam glückte allen dreien die Flucht.

Im zweiten Fall wurde ein junges Grindwalmännchen von einer Harpune getroffen, von der es sich allein nicht mehr befreien konnte. Obwohl auch dieses Tier laut schrie, kam ihm keiner der Gefährten zur Hilfe. Sie waren sogar in großer Zahl um das Schiff versammelt, trotzdem kümmerte sich niemand um den Gefangenen. Hilft die Gruppe bevorzugt Weibchen, Jungtieren und eventuell auch dem Leittier, nicht aber rangniederen Tieren? Cousteau läßt die Frage offen.

Delphine halten einen verletzten Gefährten an der Oberfläche, damit er nicht ersticken kann. Die Darstellung ist nach einer echten Begebenheit im westlichen Mittelmeer im Juli 1967 angefertigt worden. Andere Walarten helfen sich ebenfalls auf diese Weise, und nach verbürgten Berichten sind auch schon Menschen von Delphinen gerettet worden.

11 Uneigennützigkeit: Toleranz oder Tötung des Kranken?

Das Walroß leistet ebenso wie die Wale gefährdeten Artgenossen Beistand und Hilfe. Nach A. Pedersen, einem guten Kenner dieser Tiere, machen sie bei ihren Hilfsmaßnahmen keinen Unterschied zwischen den einzelnen Mitgliedern einer Familie; jeder genießt die aktive Anteilnahme der ganzen Familie. Verwundete werden wie bei den Delphinen von unten gestützt; ein starkes Tier lädt sich den Verletzten so auf den Nacken, daß dessen Kopf über Wasser bleibt. An Land angeschossene Tiere werden ins Wasser geschoben und gezogen. Um die Jungtiere kümmern sich die Mütter, sie klemmen sie sich unter den Arm und verschwinden mit ihnen im Wasser. Mehrere Walrosse können auch zusammenhelfen, wenn es gilt, ein besonders schweres Tier zu stützen. A. Pedersen erzählt von einem Fall, in dem zwei jüngere Tiere einen alten Bullen über eine Stunde lang betreuten.

Ähnlich wie sich bei Walen und Walrossen die Retter und Helfer selbst in Gefahr bringen, tun dies auch die Elefanten. Elefantenjäger haben oft gewaltige Auftritte der Kolosse miterlebt, sobald ein Tier aus deren Mitte getroffen zu Boden sinkt. Trompetend und kreischend stürmen sie vor und wirbeln Steine, Äste und Grasklumpen auf. Der Ansturm ist oft als Angriff mißdeutet worden, er dient aber wohl eher dem Schutz des Verletzten, denn seine Gefährten scharen sich um ihn, versuchen ihn aufzurichten, zu stützen und mit sich fortzuziehen. Selbst Toten versuchen sie noch auf diese Weise zu helfen. Und während sie sich so um ihre zusammengebrochenen Gefährten bemühen, bieten sie sich den Jägern völlig ungeschützt als leichte Beute an.

„Hilfreich und gut" könnte man geradezu das Zusammenleben der Afrikanischen Wildhunde nennen. Sie leben in Rudeln bis zu zwanzig und mehr Tieren zusammen. Bei ihnen herrscht eine Art Arbeitsteilung: Die einen gehen auf die Jagd, die anderen übernehmen die Wache bei den Wohnhöhlen, solange die Welpen noch klein sind. Wächter müssen nicht immer nur die Weibchen sein. Die Männchen übernehmen die verschiedensten Rollen im Rudel: Jäger, Wächter, im Notfall sogar die Mutterrolle für verwaiste Jungtiere. Kehren die Jäger erfolgreich von der Jagd zurück, dann erbetteln sich die Zurückgebliebenen ihren Anteil. Die heimkehrenden Jäger würgen daraufhin einen Teil der Beute, den sie eigens für die übrigen Rudelmitglieder im Magen gespeichert haben, wieder hervor. Bei der Fütterung werden die Welpen bevorzugt. Diese stoßen und beißen die Jäger in die Lefzen und schnappen nach deren Beinen. Die Erwachsenen lassen das über sich ergehen und retten sich höchstens mit einem steilen Satz aus der wilden Welpenmeute, sobald sie ihr Fleisch hervorgewürgt haben. Und später, wenn die Welpen dem jagenden Rudel bereits folgen können, lassen ihnen die erwachsenen Hunde an der Jagdbeute den Vortritt und warten, bis die jungen Hunde sich satt gefressen haben. Auch unter den Erwachsenen gibt es gewöhnlich keinen Streit um die Beute. Die Wächter oder erfolglos gebliebene Jäger werden ebenso wie die Welpen mit vorgewürgtem Futter versorgt – wenn auch nicht ganz so bereitwillig. Die Erwachsenen müssen ganz besonders heftig betteln, um ihren Anteil zu erhalten. Auf diese Weise bildet das Rudel eine Freßgemeinschaft, in der alle von den erfolgreichen Jägern ernährt werden, und dabei fällt dann auch für die schwächeren Mitglieder, für Verletzte, Kranke oder Altersschwache etwas ab.

Es gehört zu den Besonderheiten des Wildhundrudels, daß es gegen Verkrüppelte oder alternde Tiere tolerant ist oder sie sogar schützt: Ein Rudel verjagte eine Hyäne aus der Nähe eines lahmen Rüden, der an einem Tierkadaver fraß, und dasselbe Rudel verteidigte den behinderten Gefährten gegen eine Schar wütender Gnubullen. Trotzdem ist das Leben der Afrikanischen Wildhunde keine Sozial-Idylle, es gibt bösartige Kämpfe um die Rangordnung besonders unter den Hündinnen, und die Toleranz gegenüber den schwächeren Mitgliedern kann auch versagen. Verallgemeinern lassen sich die Beispiele der Hilfe für Verletzte oder Gebrechliche nicht. Denn es gibt Tiergruppen, in denen Kranke ausgestoßen oder getötet werden (Ausstoßreaktion).

Hühner hacken nach Gruppenmitgliedern, wenn sie durch ein körperliches Gebrechen oder durch ein absonderliches Aussehen auffallen. Im Versuch genügt ein künstlicher Farbfleck am Kamm eines Huhnes, um es zum Außenseiter zu stempeln, auf den die anderen losgehen. Küken stürzen sich manchmal auf ein einzelnes schwaches und hacken es zu Tode. Bei Vögeln kann schon eine Feder, die bei der Mauser schief aus dem Gefieder steht, dazu führen, daß ein solches auffallendes Tier angegriffen wird. Fliegt ein Vogel im Schwarm unsicher – und das geschieht am ehesten bei einem Jungvogel – so kann er bedrängt und zum Absturz gebracht werden. Junge Silbermöwen hackten auf einem Geschwister herum, weil es einen verklebten After hatte, und drei abnorm gefärbte Pinguine, unter ihnen ein Albino, hatten unter den fortwährenden Quälereien ihrer Gruppengefährten zu leiden. Schimpansen fürchten sich vor Kranken und Gebrechlichen, sie meiden sie auffällig oder greifen sie sogar an. Der biologische Sinn der Ausstoßreaktion kann darin liegen, die Gruppe vor Krankheiten, besonders vor ansteckenden, zu schützen, und da Tiere nicht zwischen harmlosen Absonderlichkeiten wie einer herausstehenden Feder und einem abnormen Verhalten auf Grund einer Krankheit unterscheiden können, müssen sie alles aus ihrer Gemeinschaft vertreiben, was von der Norm abweicht.

*Eine Elefantenmutter versucht, ihr
sterbendes Kind wieder aufzurichten.*

*Zwei Afrikanische Wildhunde begrüßen
sich, sie lecken einander das Gesicht und
stoßen mit der Schnauze in die Lefzen
des Gegenüber. Mit derselben Geste
betteln sie einander auch um Futter an,
die Begrüßung ist aus der Bettelbewegung
abgeleitet. Das Gruppenklima ist ausgesprochen freundlich bei ihnen. Die
jungen Welpen sind besonders beliebt
und werden oft mit stürmischer Zärtlichkeit beschnüffelt und abgeleckt, aber
auch die Erwachsenen gehen meist sanft
und friedfertig miteinander um. Kehren
die Jäger erfolgreich von der Jagd heim,
so werden alle Rudelmitglieder, die nicht
selbst an der Jagd teilnehmen konnten,
mit Futter versorgt: allen voran die
Welpen, dann die Mutter und andere
Wächter, und auch Alte und Kranke
erhalten ihren Teil. Die Jäger würgen
einen Teil der Beute, den sie eigens für
die Zurückgebliebenen im Magen
gespeichert haben, wieder hervor.*

12 Soziale Brutpflege:
Vögel füttern leidenschaftlich gern

Vögel bebrüten in der Regel nur ihre eigenen Eier und füttern nur ihre eigenen Jungen, aber es gibt eine Fülle von Ausnahmen. So können in den dichtgedrängten Brutkolonien der Seeschwalben oder der Kormorane elternlose Küken scharenweise verhungern. Nur zufällig wird es einem der verlassenen Jungvögel einmal gelingen, einem Altvogel, der selbst seine Jungen verloren hat, einen Fisch abzunehmen. Küstenseeschwalben dagegen füttern in Notzeiten, wenn viele Eltern ihre eigenen Kinder verlieren, auch fremde Küken mit. Die Trottellummen, die ihre Kolonien in Felswänden über dem Meer anlegen, nehmen Nachbarskinder unter die Flügel und tragen ihnen Futter hin, wenn sie ihr eigenes Kind verloren haben, und manchmal betreuen sie Nachbarsküken sogar neben ihrem eigenen Kind. Das geschieht aber alles weder verläßlich noch regelmäßig und kann ein verwaistes Vogelkind kaum vor dem Tod retten.

Die gelegentliche Betreuung hängt mit dem bei Vögeln außerordentlich stark ausgeprägten Füttertrieb zusammen. Er kann sich schon im Nestlingsalter regen, so daß selbst noch völlig hilflose Nestgeschwister sich gegenseitig Futter in den Schnabel stopfen. Es gibt Beobachtungen über ungeduldige Vogelväter, die es nicht erwarten konnten, bis ihre Küken geschlüpft waren, und bereits versuchten, die Eier zu füttern. Von einem Blaumeisenpaar wird berichtet, daß es seine eigenen halbbebrüteten Eier mit Federn bedeckte und im Stich ließ, als bei einem benachbarten Rotkehlchenpaar die Jungen schlüpften. Die Blaumeisen fütterten gemeinsam mit den echten Eltern die Rotkehlchen, bis diese flügge waren, und zogen daran anschließend noch eine eigene Brut hoch. Ihre Eier legten sie in ihr altes Nest als zweite Lage über die verdorbenen. Eine Dohle in der Obhut von K. Lorenz versuchte ihrem Pflegevater Futter in den Mund oder in die Ohren zu stopfen, und ein gefangener Rabe fütterte durch die Gitterstäbe hindurch einen wild lebenden Rabengeier. Aber die kurioseste Begebenheit in dieser Reihe ist die des Kardinals, der über mehrere Tage hinweg sieben Goldfische mit Futter versorgte. Er stand dazu am Beckenrand und stopfte Futter in die aus dem Wasser gereckten Goldfischmäuler. Alle Geschichten zeigen gerade in ihrer Kuriosität, wie stark der Füttertrieb bei Vögeln ist. Er erlischt auch nach dem Verlust der eigenen Kinder nicht gleich, das kann Stunden bis Tage dauern. In dieser Zeit füttern die beraubten Eltern fremde Küken, aber eine verläßliche Fürsorgeeinrichtung für Vogelwaisen ist das nicht.

In einem anderen Punkt arbeiten manche Vogelkolonien besser zusammen: sie richten Kinderkrippen ein, in denen die Jungvögel gemeinsam beaufsichtigt werden. Das ist zum Beispiel von den Flamingos bekannt. Flamingos haben eine sehr lange Entwicklungszeit, während der sie von der Fütterung der Eltern abhängig sind (etwa zehn Wochen). Nach der ersten Lebenswoche treffen sich die Jungen immer häufiger mit ihren Altersgenossen in Gruppen nach Art einer Krippe, um die nun ständig einige Altvögel versammelt sind. Trotzdem werden sie bis zur Selbständigkeit von ihren Eltern – und zwar ausschließlich – gefüttert. Die Eltern erkennen ihr Junges an der Stimme, und nur für dieses haben sie Nahrung übrig. Auch die Kaiserpinguine brüten in Kolonien, und auch bei ihnen werden die jungen Pinguine in eine Art Kindergarten gesteckt. Die ersten fünf Wochen verbringen die Küken auf den Füßen ihrer Eltern, über sich gestülpt eine warme Bruttasche, die sowohl die Mutter als auch der Vater besitzen. Wenn sie allmählich zu eng wird, versammeln sich die Küken mit ihren Altersgenossen in der Brutkolonie. Sie werden dort noch weiter von den Eltern gefüttert und beaufsichtigt. Diese erkennen ihr Kind an der Stimme und finden es unter Hunderten von jungen Pinguinen ohne Schwierigkeiten heraus. In älteren Berichten liest man, die Kaiserpinguine würden unterschiedslos alle Küken füttern, ob eigene oder fremde. Aber das stimmt nicht. Ein Küken, das seine Eltern verliert, muß verhungern. Nur Schutz und Wärme erhalten die jungen Pinguine von der Gemeinschaft. Auf den antarktischen Brutplätzen der Kaiserpinguine herrschen bei eisigen Schneestürmen Temperaturen bis minus 60 Grad. Immer stehen einige erwachsene Pinguine und jüngere, noch nicht brutfähige bei der Kinderschar. Bricht ein Sturm los, dann schließen sich die Erwachsenen zu einem dichten Ring um den Kindergarten und schützen die Kleinen vor dem Erfrieren. Rückt der Sommer näher, wandert die gesamte Kolonie mit den nun selbständig gewordenen Jungen zum Meer, denn nur dort finden sie ihr Futter. Von diesem Zeitpunkt an können sich die Jungvögel selbst versorgen.

Trotz des bisher Gesagten sind aber gerade Vögel sehr häufig eifrige Helfer, die Eltern in allen ihren Pflichten unterstützen und sogar verwaiste Vogelkinder adoptieren. Es gibt so zahlreiche Berichte von Vögeln, die anderen entweder beim Nestbau helfen, deren Eier bebrüten oder fremde Vogelkinder wärmen, die Futter heranschaffen, verwaiste Nester übernehmen oder verwitwete Vogelweibchen und deren unselbständige Nestlinge betreuen, daß der Regelfall dahinter fast verschwindet. Diese ausgeprägte Hilfsbereitschaft ist jedoch an verschiedene Bedingungen geknüpft (siehe nächstes Kapitel).

Kaiserpinguine ziehen ihre Kinder unter außergewöhnlichen Belastungen groß. Mitten in der antarktischen Winternacht, in Schneestürmen, Eis und extremer Kälte gehen sie auf Freiersfüßen, balzen sie und paaren sie sich. Das einzige Kind eines Pinguin-paares wird von Vater und Mutter aufopfernd versorgt. Und wenn der Sommer naht und das Eis wegschmilzt, hat das Küken es nicht weit zum Meer, das ihm von nun an reiche Nahrung bietet. Dieser Zeitpunkt ist wichtig: damit die Küken sich in der günstigsten Jahreszeit, im Sommer, selbstständig machen können, müssen die Pinguine den Winter über auf ihren Brutplätzen ausharren.
Das Ei und das frischgeschlüpfte Küken bewahren die Eltern in einer Bauchtasche auf. Wenn sie für das heranwachsende Küken zu eng wird, versammeln sich die Kleinen mit ihren Altersgenossen in der Mitte der Kolonie in einem Kindergarten. Immer halten einige Altvögel Wache bei ihnen, und wenn ein Sturm aufzieht, schließt sich der Ring der Erwachsenen eng um die Kleinen, um sie vor dem Erfrieren zu bewahren.

13 Soziale Brutpflege:
Im geselligen Leben gedeihen die Kinder

Die Hilfsbereitschaft unter Vögeln ist einmal verbreitet bei gesellig lebenden Arten. Manche von ihnen leben in so engen Gemeinschaften, daß sich die Erwachsenen untereinander füttern. In diesen Gruppen werden Vogelkinder gemeinsam gefüttert und Waisenkinder selbstverständlich mitversorgt. Bei anderen Arten sind es die älteren Geschwister, die ihren Eltern helfen, die zweite und dritte Brut eines Jahres großzuziehen. Bedingung dafür ist eine besondere familiäre Verträglichkeit, die Eltern und selbständige Jungvögel noch beisammen hält. Das ist nicht selbstverständlich; es geschieht sehr häufig, daß Eltern ihre flügge gewordenen Jungen vom Nest vertreiben. Ein weiterer Teil der Helfer setzt sich aus Jungvögeln zusammen, die noch nicht selbst brutfähig sind. Und das ist wiederum beschränkt auf Arten, bei denen die Jungvögel eine lange Entwicklungszeit durchmachen. Und schließlich stehen Helfer auch noch bei den Arten bereit, bei denen Weibchen oder Männchen in der Überzahl sind. In Ermangelung eines eigenen Partners schließen sie sich einem anderen Vogelpaar an und nehmen ihm einen Teil der Elternpflichten ab.

Unser heimischer Feldsperling ist ein geselliger, im Schwarm lebender Vogel, der unter günstigen Bedingungen auch gern in Kolonien brütet. In seinem Gemeinwesen ist eine ganz besondere Form der Fürsorge für Hinterbliebene entstanden. Er lebt normalerweise in unauflöslicher Ehe. Die Weibchen sind absolut treu, die Männchen sind es eigentlich auch, sie leben trotzdem häufig in polygamen Verhältnissen: Der Feldsperling hat sehr viele Feinde, so daß ein Paar selten das Glück hat, zwei Jahre miteinander zu leben und Junge großzuziehen. In der Regel kommt einer der Partner vorher ums Leben, und der verlassene muß sich dann einen neuen Ehegefährten suchen. Die Männchen der Umgebung merken schnell, wenn ein Weibchen verwitwet ist, und sehr bald bemüht sich dann ein Nachbar um das Weibchen und die Nesthöhle. Ist er selbst Junggeselle oder Witwer, dann kann er sich sozusagen ins gemachte Nest setzen, wenn seine Werbung angenommen wird. Ist er aber schon verheiratet, dann lebt er von nun an mit zwei, manchmal mit drei Weibchen zusammen und führt ein äußerst strapaziöses Leben. Denn die Männchen verlassen ihre bisherige Partnerin nie, wenn sie um ein verwitwetes Weibchen werben. „So kann es geschehen, daß ein Männchen drei Weibchen zu begatten, drei Nester für die nächste Brut auszubessern, auf einem Gelege schon zu brüten und dann noch in drei Nestern Junge zu füttern hat. Solch einen Vogel sieht man den ganzen Tag nicht ruhen" (G. Deckert).

Übriggebliebene Väter oder Mütter schaffen es allein, ihre Jungen großzuziehen, allerdings sterben dann manchmal die schwächeren Nestgeschwister an Futtermangel. Die Fürsorge des Nachbarn kommt also im allgemeinen nicht mehr den Waisen zugute, sondern bei der nächsten Brut dann schon seinen eigenen Kindern. Es kommt aber auch vor, daß ein Nachbar in der unermüdlichen Pflichterfüllung für seine Frauen und Kinder auch Stiefkinder mitversorgt. Die Hinterbliebenenfürsorge funktioniert nur in der nächsten Nachbarschaft, denn den verwitweten Weibchen ist die Werbung und die Unterstützung des bekannten Nachbarn lieber als die eines fremden Männchens.

Auch die Schwalbenstare des indoaustralischen Raumes sind gesellige Vögel. Sie sind sogar extrem kontaktfreudig. Sie lieben es, dicht aneinandergedrängt auszuruhen und sich gegenseitig im Gefieder zu kraulen. Kommt ein Neuer in eine solche trauliche Versammlung, dann begrüßt er die bereits Anwesenden. Die Begrüßung ist abgeleitet aus dem Futterbetteln des Jungvogels, und manchmal erhält der Neue auf seine Begrüßung hin tatsächlich Futter. Das gegenseitige Füttern macht einen wichtigen Teil des Gemeinschaftslebens aus. Sie tun vieles andere ebenfalls gemeinsam: Auffliegen, Futtersuchen, Körperpflege, Angriffe auf andere Vögel und Schlafen. Und besonders die Jungenaufzucht ist eine Gemeinschaftsaufgabe. Jedes Paar brütet zwar für sich, aber die Nachbarn besuchen sich gegenseitig und füttern reihum ihre eigenen und alle Nachbarskinder, die Elternpaare füttern sich ebenfalls untereinander, und auch die Kinder stecken sich Futter zu. Ältere Geschwister versorgen jüngere im eigenen Nest und auch die Nachbarskinder in den umliegenden Nestern. Und in diesem allgemeinen Geben und Nehmen werden auch Kranke mitgefüttert.

Die erstaunlichste Form der gemeinschaftlichen Aufzucht hat der in Amerika heimische Ani aus der Kuckucksfamilie hervorgebracht. Zwei bis sechs Paare tun sich zu einer Brutgemeinschaft zusammen. Sie verteidigen ihren Brutbezirk gegen Artgenossen und bauen sich gemeinsam ein großes Nest, in das alle Weibchen ihre Eier hineinlegen. Abwechselnd sitzen sie dann auf den Eiern und bebrüten sie, und wenn eines allein nicht alle Eier bedecken kann, sitzen sie auch zu mehreren nebeneinander. Für die Nacht werden sie von den Männchen abgelöst. Die übrigen, dienstfreien Mitglieder der Brutgemeinschaft halten sich gern nah beim Nest auf. Eng aneinandergeschmiegt sitzen sie dann beieinander und leisten den Brütenden Gesellschaft. Nach dem Schlüpfen füttern die Eltern alle Nestlinge gleichmäßig, ohne ihr eigenes überhaupt erkennen oder bevorzugen zu können. Im Verlauf der Brutsaison helfen auch die älteren Geschwister bei der Kinderbetreuung mit. Diese Ballung sozialer Verhaltensweisen, die sonst nur vereinzelt bei der einen oder anderen Art vorkommen, ist einmalig unter den Vögeln.

Der Bienenfresser verrät im Namen seine Lieblingsspeise: Bienen. Mit Bienen gewinnt das Männchen immer wieder aufs neue die Zuneigung seiner Frau, vor jeder Paarung bietet er ihr eine als Geschenk an. Erst wenn sie diese verschluckt hat, gibt sie ihre Bereitschaft zu erkennen und läßt das Männchen auffliegen. Bienenfresser brüten in langen Wohnröhren, die sie selbst in Lehmwände graben. Die Eltern füttern ihre Jungen anfangs am Eingang der Röhre. Sobald die jungen Vögel die Röhre verlassen, erhalten sie auch von anderen Erwachsenen Futter. Etwa drei Wochen dauert es, bis sie es gelernt haben, selbst Bienen, Wespen oder Hummeln zu erbeuten.

14 Soziale Brutpflege: Geburtshilfe

In aller Regel ist es im Tierreich so eingerichtet, daß Eltern sich ausschließlich um ihre eigenen Kinder kümmern, weil naturgemäß die Bindung an die eigenen Nachkommen am stärksten ist. So hat jedes Kind in seinen Eltern eine einzige, unverwechselbare und absolut zuverlässige Schutzbasis, die für alle Existenzfragen wie Nahrung, Wärme und Schutz zuständig ist. Dieses Prinzip hat nur den einen Fehler, daß noch unselbständige Kinder, die ihre Eltern verlieren, dem Tod preisgegeben sind. In Tiergemeinschaften kann dieser Nachteil zum Teil ausgeglichen werden. Zwar gilt auch hier im allgemeinen, daß Eltern nur die eigenen Kinder betreuen, aber es gibt Geschwister, Tanten und Großmütter, die immer gern ein wenig „miterziehen" und die dann im Notfall auch die Mutterstelle einnehmen können. Und in einigen Gruppen ist die Betreuung der Jungen vollständig zur Gemeinschaftsaufgabe geworden, wie bei den Wölfen und Afrikanischen Wildhunden, bei denen das gesamte Rudel das Futter für die Welpen herbeischafft.

Gruppengefährten springen den Eltern auch dann bei, wenn sie allein nicht ausreichend für den Schutz ihrer Kinder sorgen können. Das geschieht zum Beispiel in einigen Gemeinschaften bei der Geburt; die Gebärende und das Neugeborene werden dann besonders betreut und bewacht. Delphine bringen ihre Jungen im Meer zur Welt. Die Weibchen helfen einander bei der Geburt. Das Neugeborene, das mit dem Schwanz zuerst austrat, muß schleunigst die Wasseroberfläche erreichen, um seinen ersten Atemzug zu tun. Ist es dazu zu schwach, wird es von der Mutter oder einer Hebamme nach oben getragen. Anders würde es ertrinken. Durch Beobachtungen in Gefangenschaft, in der die Beziehungen der Tiere zueinander besser geklärt werden konnten, als dies im freien Meer je möglich war, konnte in einem Fall die Geburtshelferin als die Mutter des gebärenden Weibchens identifiziert werden. Die Geburtshelferin übernimmt auf jeden Fall die Patenrolle für das Neugeborene, sie betreut das Junge wie ihr eigenes, sobald die Mutter abwesend ist – zum Beispiel gerade in einer Delphinshow auftritt – und nimmt es ganz in ihre Obhut, wenn die Mutter verunglückt. In einem Aquarium, in dem Delphine und Haie gemeinsam gehalten wurden, bildeten die Delphine um die Gebärende einen Kreis, um sie und das Junge vor den Haien zu schützen, die durch das Blut angelockt worden waren.

Hebammendienste leisten auch die Elefantenkühe einander. Sie säubern das Neugeborene und stützen es bei seinen ersten Versuchen, sich aufzurichten. Zieht die Herde weiter, wird der Neuankömmling von seiner Mutter und einer anderen Kuh in die Mitte genommen und mit den Rüsseln so aufrechtgehalten, daß er mitlaufen kann. Elefantenkälber werden sehr lange gesäugt – in Einzelfällen bis zu neun Jahren – und erst allmäh-lich abgestillt, während sie schon längst Pflanzenfutter fressen. Sie dürfen nicht nur an den Zitzen der Mutter, sondern auch ihrer Großmutter, Tanten und erwachsenen Schwestern trinken. Elefanten leben in Mutterfamilien, von denen sich die herangewachsenen Bullen absondern. Die Kühe in einem solchen Familienverband sind alle miteinander verwandt. In den ersten Lebensmonaten lebt das Kalb in engem körperlichen Kontakt mit der Mutter. Es trinkt, reibt seine Flanken an ihren Beinen, steht oder läuft unter ihrem Bauch, oder es wird von der Mutter mit dem Rüssel berührt und betastet. Die älteren Schwestern kümmern sich besonders gern um das Neugeborene, stützen das anfangs wacklig auf seinen Beinen stehende Baby, stellen sich schützend über es, warten, wenn es der Gruppe nicht folgen kann, oder behüten seinen Schlaf. Später spielen und raufen sie mit ihren jüngeren Geschwistern, sie lassen sie auf sich herumtrampeln und halten den Rüssel zwischen sich balgende junge Kälber, wenn es für diese bedrohlich zu werden beginnt. Alle Familienmitglieder gehen sanft und nachsichtig mit den Kälbern um und behandeln sie fürsorglich und mütterlich. Eine Waise hat in einer solchen Familie gute Überlebenschancen. Es kann von einer Verwandten adoptiert werden oder, wenn es größer ist, auch allein im Schutze des Verbandes überleben. Ein Kalb, dessen Mutter abgeschossen worden war, wurde sogar von einer fremden Familie aufgenommen, und einige der Kühe ließen es saugen.

Bei Gefahr bildet die Herde den sogenannten „Igel", eine geschlossene oder halboffene Mauer, hinter der die Kälber sich verstecken. Zu ihren Feinden zählen Raubkatzen und Hyänen, die wohl einem einzelnen Muttertier ihr Junges wegnehmen können, gegen die gesamte Herde aber keine Chance haben.

Ausgerechnet die höchsten Tiere dieser Erde, die Giraffen, bringen ihre Kinder im Stehen zur Welt. Jedes Giraffenkind beginnt sein Leben mit einem Sturz aus etwa zwei Meter Höhe. Es tritt zwar mit dem Kopf nach vorne aus, dreht sich im Fallen aber so, daß es auf dem Rücken landet. Nach etwa einer halben Stunde steht es staksig auf den Beinen – schon etwa zwei Meter groß. Bis es richtig laufen kann, vergehen noch einmal zwei bis drei Tage. Normalerweise haben Giraffen sich vor keinem Feind zu fürchten, mit den mächtigen Schlägen ihrer Hufe können sie sich selbst gegen Löwen verteidigen. Ein Giraffenkalb ist in den ersten Lebensstunden und -tagen natürlich stärker gefährdet. Einmal konnte im Krüger-Nationalpark eine Geburt beobachtet werden, bei der die Gebärende in den schützenden Kreis des Rudels genommen worden war. Das Giraffenbaby machte seine ersten Schritte rund um die Mutter herum. Alle umstehenden Rudelmitglieder berührten das Neugeborene mit der Nase.

Giraffen werden inmitten der Herde geboren, einige Tiere stellen sich dann schützend um die Gebärende. Nach anderen Berichten sondert sich die Mutter zur Geburt von der Herde ab und bringt ihr Kind in einem dichten Gebüsch zur Welt. Das Band zwischen Mutter und Kind ist locker. Die Kälber beginnen schon nach den ersten Wochen, Blätter zu fressen, und werden deshalb nach wenigen Monaten unabhängig von der Muttermilch. Sie schließen sich gern mit ihren Altersgenossen zusammen, das sieht dann so aus, als hätten ihre Mütter sie in den Kindergarten gesteckt. Und wenn die jungen Giraffen nicht mehr gesäugt werden, schlendern sie eines Tages zu einer Gruppe fremder Giraffen hinüber und ziehen mit ihr fort. Vielleicht treffen sie schon am nächsten Tag wieder auf den mütterlichen Trupp und wechseln wieder zu ihm zurück. Die Bindung unter den Herdenmitgliedern ist lose, und sie schließen sich mal der einen und mal der anderen Gruppe an.

15 Soziale Brutpflege: Alle sind für die Kinder da

Erstaunliches berichtet der Zoologe F. Dieterlen von der in Afrika und Vorderasien beheimateten Stachelmaus, die er in Gefangenschaft gezüchtet hat. Auch sie gehört zu den Tieren, bei denen die Weibchen sich Geburtshilfe leisten. Die Neugeborenen werden schon von anderen Weibchen beleckt und gesäubert, wenn sie den Mutterleib noch gar nicht vollständig verlassen haben. Und sobald sie frei atmen und sich bewegen können, werden sie von den hilfsbereiten „Hebammen" geraubt. Wenn diese selbst gerade kleine Kinder haben, versuchen sie das Neugeborene an sich zu nehmen, zu säugen und es der Mutter streitig zu machen. Das läßt die Mutter wiederum nicht zu, und so gibt es in den ersten Tagen Rangeleien um die Kinder, wobei sich Mütter und Hebammen gegenseitig die Kinder stehlen. Später herrscht dann Frieden, denn nun werden alle Jungen von allen Müttern oder Hebammen unterschiedslos gesäugt und betreut. Dieterlen schreibt: „Wenn mehrere Weibchen fast gleichaltrige Junge haben, geht alles durcheinander; bei Jungen verschiedenen Alters halten die Mütter und Kinder besser zusammen. Kurz, jedes Junge kann von jedem Weibchen des Rudels gepflegt, gesäugt und – wenn nötig – auch adoptiert werden. So werden die Jungen auch nach einem Verlust der Mutter kaum je verhungern."

Wanderratten leben in großen Sippen, die je ein gemeinsames Stammelternpaar haben. Eine solche Großfamilie kann bis zu 2000 Köpfen stark sein. Es gibt in einem Rudel keine Rangordnung, keinen Streit, keinen Futterneid und keinen Sexualneid. Die Großen lassen sich von den Kleinen gutmütig das Futter wegnehmen, und auch um die Weibchen entsteht kein Streit. Alle anfallenden Aufgaben werden gemeinsam bewältigt: die Verteidigung des Reviers, das Heranschaffen von Nahrung und auch die Pflege der Jungen. In einem Nest liegen die Kinder verschiedener Weibchen, die von allen gemeinsam betreut werden.

Walrosse leben in Familien, die sich aus mehreren Kühen und Jungtieren zusammensetzen und von einem Bullen als Oberhaupt geführt werden. In solch einem Familienverband können weibliche Mitglieder die Mutterstelle vertreten, wenn die Mutter selbst stirbt. Der Polarforscher A. Pedersen hat beobachtet, daß jüngere Kühe Waisen mitnehmen, wenn die Familie von einem Lagerplatz aufbricht. Sie nehmen das Kleine mit einer oder beiden Vorderflossen, drücken es an die Brust und drehen sich zum Schwimmen auf den Rücken.

Im Wolfsrudel ist die Aufzucht der Jungen eine Gemeinschaftsaufgabe. Die ranghöchste Wölfin bringt mehrere Junge zur Welt. Solange sie die Welpen säugt, wird sie von dem Vater und anderen Rudelgenossen mit Fleisch versorgt. Wenn die Wolfsjungen feste Nahrung aufnehmen können, erhalten auch sie ihren Teil von der Beute. Beteiligt sich die Mutter wieder an den gemeinsamen Jagdzügen, dann übernehmen es andere Wölfinnen, auf die jungen Wölfe aufzupassen. Den Sommer über ist das Rudel mit der Aufgabe, die Jungen großzuziehen, voll beschäftigt.

Ein ähnliches Gemeinschaftsleben mit Wächteramt, gemeinsamer Jagd und gemeinsamer Fütterung der Jungen haben die Afrikanischen Wildhunde. Es hat sogar den Fall gegeben, daß die Welpen aus zwei Würfen von beiden Müttern gemeinsam gestillt worden sind. Da die Aufgaben der Kinderaufzucht so weitgehend auf das Rudel verteilt sind, reißt die Fürsorge nicht ab, wenn die Mutter verunglückt. Tatsächlich ist in freier Wildbahn eine Adoption in allen Einzelheiten beobachtet worden. In einem Rudel von fünf Rüden und einem Weibchen wurden neun Junge geboren. Einige Wochen nach der Geburt starb die Mutter. Die Rüden zerrten die Leiche aus der Höhle. Für den Verlauf der nächsten Wochen übernahmen sie die Aufzucht der Jungen. Einer von ihnen blieb stets als Wache zurück, wenn die anderen zur Jagd zogen. Nach erfolgreicher Jagd würgten die Heimgekommenen ihre Beute wieder hervor und fütterten damit die jungen Hunde. Den Rüden gelang es, alle verwaisten Tiere großzuziehen. Sie versorgten und bewachten sie solange in ihrer Höhle, bis sie dem Rudel folgen konnten.

Die Paarungsbereitschaft der Löwinnen in einem Rudel scheint ansteckend zu sein. So geschieht es häufig, daß mehrere Weibchen gleichzeitig Junge werfen. Die jungen Löwen werden von allen Müttern gemeinsam bewacht und gesäugt, und später gehen alle für sie auf die Jagd und bringen ihnen Fleisch mit. In der Serengeti brachten sieben Löwinnen eines Rudels gleichzeitig achtzehn Junge zur Welt und zogen sie gemeinsam auf. Zwei Mütter verloren ihre Kinder, aber sie gaben weiterhin Milch und säugten vier Monate lang andere Junge aus der gemeinsamen Kinderschar des Rudels. In diesem Fall hatten es die Löwenbabys ausgesprochen gut. Viele von ihnen sterben sonst in den ersten Lebensmonaten den Hungertod. Auch für ein verwaistes Löwenkind stehen die Chancen weniger gut. „Ein zurückgelassenes Junges schloß sich zwei Müttern an, die selbst zwei Junge hatten. Es stapfte hinter der Gruppe her, von der es wegen der Nahrung und des Schutzes abhängig war; ein trauriges, kleines Geschöpf, dessen offene Freundschaftsangebote geduldet, aber übersehen wurden. Dann verschwand es eines Tages" (G. B. Schaller). In einem anderen Fall lehnte eine Mutter ihre erst fünfzehn Monate alte Tochter ab, als sie wieder trächtig wurde. Dieses zurückgestoßene Löwenmädchen konnte jedoch bei einer anderen Mutter mit einer gleichaltrigen Tochter unterschlüpfen und wurde von dieser mitbetreut. Die Pflegegeschwister schlossen Freundschaft und blieben lange beisammen.

Ein Afrikanischer Wildhund würgt für einen Welpen seines Rudels Fleisch aus dem Magen hervor. Das ist die übliche Art, die jungen Hunde zu füttern. Gierig schiebt der junge Hund seinen Kopf tief in die Schnauze des großen Hundes und frißt den ergatterten Fleischbrocken hastig, bevor ihn eines der Geschwister wegschnappen kann. Die Welpen betteln recht stürmisch und mit zunehmendem Alter immer aggressiver um das Fleisch. Sie beißen die Alten in die Lefzen, springen sie an und schnappen ihnen nach den Beinen. Die alten Hunde lassen das anfangs geduldig über sich ergehen, sie weichen aus und ziehen sich zurück, aber sie beißen die Welpen nicht, solange diese noch klein sind. Später halten sie sich die zudringliche Schar durch Drohungen, manchmal auch durch Bisse vom Leibe. Wenn die Welpen soweit sind, daß sie den Jägern bei ihrer Jagd einigermaßen folgen können, lassen die Alten von der Beute ab, wenn die Welpenmeute erscheint. Die Jungen haben unbedingten Vortritt am Riß und dürfen sich sattfressen, während die Erwachsenen derweil im Hintergrund warten und die Hyänen abwehren, die ebenfalls auf ein gutes Mahl hoffen.

16 Soziale Brutpflege: Affenliebe

Rangeleien um die Jungen gibt es bei verschiedenen Primaten (Ordnung Herrentiere, zu der alle Halbaffen, Affen und auch der Mensch gehören). Geradezu fasziniert zeigen sich manche Affenarten bei der Ankunft eines neuen Artgenossen, und zwar sind es nicht nur die Weibchen verschiedener Altersstufen, die eine ausgesprochene Vorliebe für die Babys anderer Weibchen entwickeln, sondern zuweilen auch die Männchen. Sie halten sich gern in der Nähe der jungen Mutter auf und beobachten interessiert und ausdauernd Mutter und Kind. Geduldig machen sie wieder und wieder den Versuch, das Baby zu berühren oder zu beriechen. Glückt es ihnen, das Baby an sich zu nehmen, tragen sie es mit sich herum, spielen mit ihm oder säubern ihm das Fell von Schmutz und Ungeziefer. Nicht immer jedoch ist die Mutter mit der Unterstützung durch die selbsternannten Pflegemütter einverstanden. Hulmanmütter lassen es zu, daß ihre neugeborenen Kinder in der Gruppe von Hand zu Hand gehen, Paviane, Makaken und Husarenaffen dagegen nehmen ihr Kind sehr schnell wieder an sich und bedrohen zudringliche Weibchen. Diese sind nun allerdings recht erfindungsreich, um weiterhin den begehrten Kontakt zu dem Baby halten zu können. Beispielsweise lausen sie die Mutter, um dann ganz allmählich auch das Kind mit einzubeziehen.

In einer Kolonie von gefangenen Anubis-Pavianen hatte schließlich fast jedes Kind nicht nur eine Mutter, sondern auch eine „Tante", die sich diese Rolle über die beharrliche Hautpflege an Mutter und Kind erworben hatte. Sie durfte nun das Baby halten und lausen und behüten, wenn die Mutter sich Futter suchte. Als eines dieser Kinder verwaiste, wurde es von seiner „Tante" adoptiert. So ist das starke Interesse der fremden Weibchen in doppelter Weise vorteilhaft für das Kind: Es ist durch zwei Pflege- und Schutzpersonen natürlich wirksamer geschützt als durch eine einzige, und es hat im Todesfall der Mutter überhaupt nur Überlebenschancen, wenn eine „Tante" die Mutterstelle an ihm vertritt.

Bei den Mantelpavianen kann die Pflegschaft auch von einem Männchen übernommen werden, die gelegentlich genauso wie die Weibchen in die Babys vernarrt sind. Nicht selten tragen sie ein Junges in ihrer Rückenmähne. Die kleinen Paviane suchen auch von sich aus gern die Gesellschaft der Männchen, von denen sie sich bereitwillig einfangen und in den Arm nehmen lassen. Von der Gruppe junger erwachsener Männchen können Waisen denn auch am ehesten Schutz erwarten. Sie nehmen das verwaiste Kind an, tragen es während ihrer Märsche auf dem Rücken, lassen es in ihrem Bauchfell schlafen und hindern es daran, fortzulaufen. Der Grund für diese Fürsorge liegt wohl darin, daß eine solche Adoption den Grundstein für eine eigene Familie legt. Mantelpaviane bilden Ein-

mann-Gruppen aus mehreren Weibchen und Jungtieren und eventuell einem bis zwei halberwachsenen Männchen. Besonders die Adoption eines jungen mutterlosen Weibchens ist interessant, kann es doch für einen jungen Pavianmann den Anfang eines eigenen Harems bedeuten.

In diesem Fall ist beiden geholfen: das junge Männchen steigt in der sozialen Rangordnung, und die Waise hat eine reelle Überlebenschance. Daß man die Beliebtheit eines Säuglings zu seinem eigenen Vorteil nutzen kann, haben auch die Japanischen Makaken herausgefunden. Bei ihnen tragen untergeordnete Männchen gern einen Säugling bei sich, um ihren sozialen Rang zu erhöhen. Die Rangordnung der Makaken drückt sich unter anderem in ihrer Sitzordnung aus, im äußeren Kreis sitzen die jungen erwachsenen Männchen, die noch ohne Rang und Namen sind, im inneren die Ranghohen, zu denen alle Mütter mit ihren Kindern sowie einige führende Männchen gehören. Ein junges Männchen, das ein Kind mit sich trägt, kann seinen Sozialstatus vorübergehend so weit verbessern, daß es sich relativ gefahrlos den Führern des inneren Kreises nähern darf.

Die Jungen genießen bei vielen Arten der Primaten eine unbegrenzte Toleranz, sie werden normalerweise von keinem Gruppenmitglied angegriffen, von vielen aber freundlich, ja zärtlich behandelt. Ihre Spiele und Neckereien werden von allen Gruppenmitgliedern geduldet, manchmal beteiligen sie sich sogar daran. Ein Gorillamann erträgt es gelassen, wenn die Kleinen auf ihm herumklettern. Hulman-Männchen spielen die Fangspiele der Jungen mit. Colobuskinder dürfen ihre Väter an den Haaren ziehen, ihnen die Nahrung aus dem Mund stehlen und ihnen ins Gesicht patschen. Oft greifen Gruppenangehörige in kritischen Situationen helfend ein, sie ziehen ins Wasser gefallene Kinder aufs Trockene, bewahren andere bei waghalsigen Kletterkunststücken vor dem Absturz oder unterbrechen Zankereien in den Spielgruppen der Affenkinder.

Bei den Meerkatzen verläuft die Rettung bedrohter Babys äußerst dramatisch. Ihre Kinder sind bis etwa einschließlich des vierten Monats völlig von der Mutter abhängig. Geraten sie in dieser Zeit in Gefahr, springen ihnen alle Erwachsenen helfend bei. Besonders große, wehrhafte Männer scheuen sich nicht einmal davor, Menschen anzugreifen, wenn sie ein Baby an sich genommen haben. Eine Mutter, die von den Kugeln eines Jägers tödlich getroffen wird, versucht vor dem Sturz in die Tiefe, ihr Kind von sich zu schieben, so daß es gezwungen wird, sich an einem Ast festzuklammern. Es wird von dort sofort von einem der Erwachsenen geholt und in Sicherheit gebracht.

Pavianbabys haben im Gegensatz zu den Erwachsenen ein schwarzes Fell. Solange sie dieses Babyfell tragen, sind sie bei allen Erwachsenen besonders beliebt. Beim Mantelpavian sind die halbwüchsigen Männchen die besten Babysitter. Pavianmütter haben es in der ersten Zeit aber nicht gern, wenn ihre Kinder von anderen angefaßt werden. Verliert ein Kind seine Mutter, dann kann es am ehesten von einem dieser jungen, erwachsenen Männchen Schutz und Hilfe erwarten. Sie adoptieren das mutterlose Junge, tragen es auf ihren Wanderungen im Rückenfell, lassen es sich zum Schlafen in ihr Bauchfell kuscheln und passen auf, daß es sich nicht zu weit fortbewegt. Auf dem Photo trägt ein junges Männchen ein mutterloses Junges, das es adoptiert hat.

17 Soziale Brutpflege: Kidnapping aus Zuneigung

Dank der langjährigen Freilandforschungen der englischen Zoologin J. van Lawick-Goodall und ihrer Mitarbeiter ist das Gemeinschaftsleben der Schimpansen besonders gut erforscht. Sie leben in lockeren Gruppen, die nach außen gegen Fremde abgegrenzt sind. Die festeste Beziehung über Jahre hinaus ist die zwischen Mutter und Kind. Bei den Schimpansen (wie bei vielen Primaten) ist die Ankunft eines Babys ein großes Ereignis, das allgemeine Neugier auslöst. Die Mutter reagiert darauf mit höchster Vorsicht, sie hält ihr Kind eng umschlungen an ihren Bauch gedrückt und läßt es möglichst von niemand berühren. Eine besondere Neigung zu dem Baby zeigen die älteren Geschwister. Ein Schimpansenjunge, dem seine Mutter nicht erlaubte, das neugeborene Baby anzufassen, versuchte daraufhin mit einem Stöckchen nach seinem Bruder zu stochern. Dann hielt er es sich unter die Nase und roch daran, um den Geruch des Neugeborenen zu erschnuppern.

Die älteren Geschwister sind es auch, die ein verwaistes Affenkind adoptieren. In drei beobachteten Fällen war es einmal der Bruder und zweimal die Schwester. Ein und einhalbes Jahr verfolgte J. van Lawick-Goodall die Entwicklung der verwaisten Geschwister Miff (sechs Jahre) und Merlin (drei Jahre). Ihr ältester Bruder Pepe war beim Tod der Mutter fast erwachsen. Die Familie war etwa drei Monate verschwunden, dann tauchten eines Tages Pepe, Miff und Merlin ohne die Mutter wieder in ihrer Gruppe auf. Der kleine Merlin war sichtlich krank. Müde und matt schleppte er sich dahin. Seine Augen lagen tief in den Höhlen, und sein Bauch war unnatürlich aufgetrieben. Beim unverhofften Erscheinen der Geschwister liefen die anwesenden Schimpansen auf Merlin zu und begrüßten und umarmten ihn, wie es unter den Mitgliedern einer Gemeinschaft üblich ist.

Die Schwester Miff sorgte von nun an, so gut sie konnte, für ihren Bruder. Dazu gehörte, daß sie ihn fast nie allein ließ, nachts ihr Schlafnest mit ihm teilte, ihm regelmäßig das Fell putzte und ihm Nahrungsbrocken abgab, wenn er sie anbettelte. Auch der große Bruder Pepe kümmerte sich um Merlin, er versuchte ihn gegen die Angriffe anderer Gruppenmitglieder zu verteidigen und nahm ihn nach aggressiven Zwischenfällen schützend in die Arme. Trotz aller Fürsorge kümmerte Merlin jedoch dahin und zeigte mehr und mehr ein absonderliches Verhalten: Bewegungslos hing er kopfunter von einem Ast herab, oder er schaukelte sich zusammengekrümmt monoton hin und her, er riß sich selbst Haare aus und hatte kein Interesse mehr an den Spielen der anderen. Er verhielt sich zunehmend auch sozial unangepaßt, entweder durch zu unterwürfiges oder zu aggressives Verhalten, und er wurde auffällig oft das Opfer von Angriffen. Physisch und psychisch geschwächt fiel er schließlich als einer der ersten einer Polioepide-

mie zum Opfer, die in seiner Gemeinschaft ausbrach. Der unglückliche Ausgang dieser Adoption mag daran liegen, daß die Schwester Miff zu jung und körperlich zu schwach war, um ihrem Bruder die körperliche Geborgenheit zu geben, die ein Schimpansenjunges braucht, und zu unerfahren, um ihn vor den Übergriffen der Gruppenmitglieder zu bewahren und aus aggressiven Situationen zu retten.

Ein Widerspruch scheint in der Geschichte zu stecken, einerseits wird Merlin von den Gruppenmitgliedern freundlich begrüßt, andererseits heftig angegriffen. Normalerweise gilt für die Schimpansengesellschaft dasselbe, was für viele Primaten gilt: Kinder genießen den Schutz und die Toleranz der gesamten Gruppe. Sie werden liebevoll getätschelt, umarmt und geküßt. Und sie erhalten Hilfe bei ihren ersten Kletterversuchen und Erkundungszügen durch die Bäume. Schimpansenkinder dürfen sich gegen Erwachsene einiges herausnehmen. Sie kitzeln die Erwachsenen, kugeln sich auf ihnen herum, reißen sie an den Haaren oder spielen Fangen mit ihnen. Die Gruppenmitglieder greifen auch in den seltenen Momenten ein, in denen die Mutter bei Gefahr nicht selbst zur Stelle ist.

J. van Lawick-Goodall erzählt von einem solchen Fall. Eine junge Schimpansenmutter verwechselte bei einem fluchtartigen Aufbruch ihr Kind und brachte ein fremdes in Sicherheit, während ihr eigenes schreiend am Boden zurückblieb. Der ranghöchste Schimpanse hob es auf, drückte es gegen seine Brust und trug es mit sich fort, er ließ es in einem Baum herumklettern und verscheuchte andere Schimpansen, die sich ihm nähern wollten. Als nach etwa zehn Minuten die Mutter zurückkehrte, übergab er ihr wohlbehalten ihr Kind.

Es gibt nun allerdings eine Ausnahmesituation, in der das alles nicht gilt und in der auch der verwaiste Merlin besonders oft unter seinen Artgenossen zu leiden hatte. Dieser Ausnahmezustand tritt ein, wenn erwachsene Männchen ihre sogenannte Imponierveranstaltung geben, um ihre Kraft und Gewandtheit vor den anderen darzustellen. Im Grade höchster Erregung greifen sie nach allem, was ihre Schaustellung wirksam unterstreichen kann: Äste, Büsche, Gras, Zweige werden durch die Luft geschleudert, auf den Boden geschlagen oder mitgeschleift. Wenn es das Unglück will, daß sich zufällig ein kleines Kind in ihrer Reichweite befindet, dann kann auch dieses gepackt und ebenso schonungslos herumgewirbelt werden. In einem solchen Fall griff in ihrer Not die Mutter ein, während ein Männchen sich um das schreiende Kind kümmerte. In der übrigen Gruppe funktioniert also in dieser Extremsituation weiterhin die unter Schimpansen übliche Schutz- und Hilfsbereitschaft für die Jungen ihrer Gemeinschaft.

Die große Schwester versucht, ihren kleinen Bruder zu berühren, aber die Mutter wehrt sie ab. Für Schimpansen ist jedes neugeborene Kind ein besonderes Ereignis. Besonders die älteren Schwestern und andere Schimpansenweibchen sind hingerissen. Manchmal geht das so weit, daß sie das Baby regelrecht kidnappen. Auf dem unteren Photo hat die ältere Schwester es geschafft, nach vielen hartnäckigen Versuchen über Wochen hin darf sie nun den kleinen Bruder auf ihrem Rücken tragen.

18 Entwicklung des Soziallebens: Die Wurzeln liegen in der Familie

Soziale Zusammengehörigkeit und gegenseitige Hilfeleistung in der Tiergesellschaft haben ihren Ursprung in der Familie. In der Familie entsteht das Sozialverhalten, das auf die Gruppe ausgedehnt und übertragen werden kann. Das trifft nicht auf jede lockere oder zufällige Ansammlung von Tieren zu; nur beständige Gruppen von Jungtieren, Heranwachsenden und Erwachsenen sind aus Familienverbänden hervorgegangen.

Der Verhaltensforscher liest das an einer Vielzahl von Verhaltensweisen ab, die aus der Eltern-Kind-Beziehung oder aus der Paarbeziehung stammen und in das Sozialverhalten der gesamten Gruppe übernommen worden sind: Junge Afrikanische Wildhunde betteln Erwachsene um Futter an, indem sie ihnen mit der Schnauze an die Lefzen stoßen, die Erwachsenen lassen daraufhin Nahrungsbrocken fallen. Die Bettelgeste des jungen Hundes wird auch unter Erwachsenen noch in dieser Bedeutung angewandt, fungiert nun aber auch als Begrüßungsgeste, die dem sozialen Kontakt, der Bestätigung von Zusammengehörigkeit und Friedfertigkeit dient. Was im Falle der Wildhunde zum Bindemittel ihres hoch entwickelten Sozialwesens geworden ist, ist es bei vielen anderen Tiergruppen ebenso: Fütterungszeremonielle sind vielfach zu sozialen Begrüßungsgesten geworden. In allen Insektenstaaten werden die Larven von erwachsenen Tieren mit Futtersaft von Mund zu Mund gefüttert. In vielen dieser Staaten füttern sich die erwachsenen Tiere untereinander in der gleichen Weise und bekräftigen damit fortlaufend das Band ihrer Zusammengehörigkeit.

Bei vielen Vögeln kehrt das charakteristische Futterbetteln des Jungvogels in der Paarbeziehung der erwachsenen Vögel wieder, oder es ist für gesellig lebende Vögel zum sozialen Gruß geworden. Viele Vogelpaare füttern sich tatsächlich gegenseitig oder haben im „Schnabelflirt" die Fütterung zu einem Ritual abgewandelt, das dann ohne Futterübergabe abläuft.

Am interessantesten für den Menschen ist in diesem Zusammenhang das Mund-zu-Mund-Füttern unter den Menschenaffen. Schimpansenmütter füttern ihre Kinder auf diese Weise mit vorgekauter Nahrung, und in der Gesellschaft der erwachsenen Schimpansen stellt der Kuß auf den Mund eine besonders freundliche Spielart des sozialen Grußes dar. So kann man wohl annehmen, daß auch der Kuß, den Menschen tauschen, sich aus der Fütterung von Mund zu Mund ableitet und in seiner ursprünglichen Bedeutung der sozialen Kontaktpflege diente. Bei einigen Völkern füttern bis auf den heutigen Tag die Mütter ihre Kinder von Mund zu Mund.

Bei Primaten, wie bei vielen anderen Tieren ebenfalls, ist ein anderes Brutpflegeverhalten ausgeprägt, das im Sozialverhalten der Gruppe eine bedeutende Rolle spielt. Es handelt sich dabei um die Körperpflege, bei der die Tiere sich gegenseitig das Fell und die Haut von Ungeziefer und Schmutz befreien. Schimpansenmütter lausen ihre Kinder häufig und werden auch von diesen gelaust, zuerst spielerisch im Baby-Alter und später dann gekonnt und effektiv. In Zeiten der Ruhe sitzen Schimpansen regelmäßig beisammen und putzen einander lange und andauernd das Fell. Ganz eindeutig haben die Tiere ein ausgeprägtes Bedürfnis nach dieser Art der Hautpflege und des körperlichen Kontaktes und genießen die damit verbundene geruhsam-friedliche Gemeinschaftlichkeit. Die Fellpflege dient außerdem der Beruhigung oder Beschwichtigung von erregten, verängstigten oder auch angriffslustigen Tieren und nimmt in dieser komplexen Funktion eine zentrale Stelle im Sozialleben der Schimpansen ein. Ähnlich haben andere Affen die Fellpflege aus der Brutpflege in ihr soziales Verhalten übernommen. Für Mäuse und Ratten ist die Fellpflege ebenfalls Teil des Gemeinschaftslebens und erfüllt in ihrer Sippe teils hygienische, teils sozial-zärtliche Funktionen.

Betrachtet der Verhaltensforscher also heutige Formen des Soziallebens, so entdeckt er darin Reste kindlichen und mütterlichen Verhaltens und das zeigt ihm, daß ein Teil des Verhaltens, das die Gruppenmitglieder aneinanderbindet, aus der Mutter-Kind-Beziehung stammt. Das kann eigentlich auch gar nicht anders sein, die Mutter-Kind-Beziehung ist die stärkste Bindung, die es im Tierreich gibt; ihre Kraft reicht auch noch aus, um größere Gruppen zusammenzuhalten. Futterbetteln, Füttern und Körperpflege werden in gleicher Form übernommen, oder sie werden abgewandelt: so wird zum Beispiel aus dem Füttern das Schnäbeln oder der Kuß. Als soziale Zeremonielle dienen sie nun der Begrüßung, der Beteuerung von Friedfertigkeit oder der Beschwichtigung, und sie stärken in dieser Funktion den Zusammenhalt der Gruppe und regeln das Zusammenleben.

Ein Teil der kindlichen Gebärden taucht auch im Paarungsverhalten wieder auf und hat für das Paar die gleiche stabilisierende Wirkung wie für die Gruppe. Aber es gibt noch eine zweite Quelle, aus der Tiergesellschaften schöpfen können, um ihr Sozialverhalten aufzubauen: das ist die sexuelle Paarbeziehung selbst. Auch sie steuert einige Verhaltensweisen bei, die im Sozialleben regulierend und stabilisierend wirken. „In der Evolution (Entwicklung) entsteht Neues immer aus schon wenigstens in Anfängen Vorhandenem. Zumindest die Tierklassen, die ein Gruppenleben hervorgebracht haben, hatten alle schon ein Paarungsverhalten, das zwei Individuen wenigstens für einige Zeit beisammenhielt, oder ein Brutpflegeverhalten, das die Jungen mit einem oder beiden Eltern zusammenhielt, oder beides" (W. Wickler).

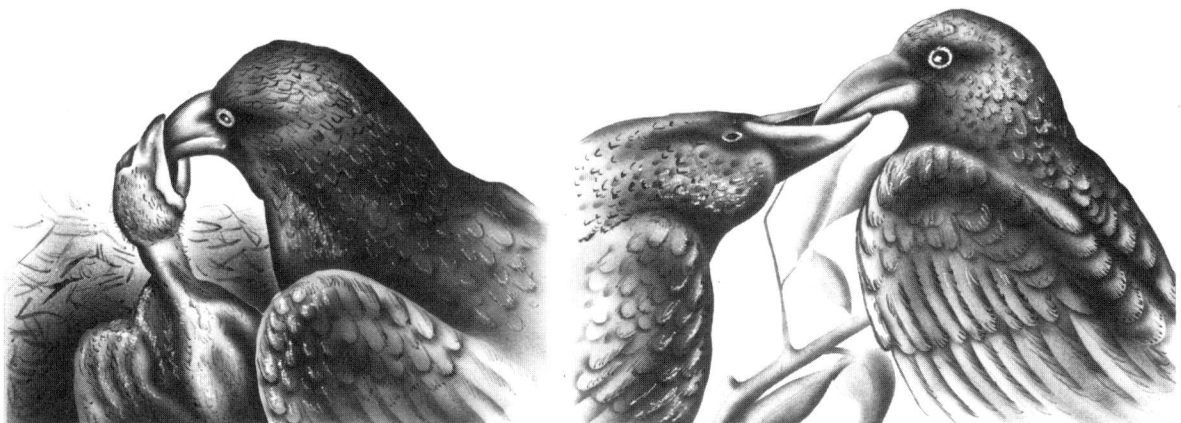

Wenn Schimpansen sich gut sind, geben sie sich einen Kuß. Das ist nicht sexuell getönt, sondern eine Geste der Zuneigung, die auch unter Schimpansenmännern üblich ist. Gelernt haben sie das in frühester Kindheit von ihrer Mutter, die sie damals mit vorgekauter Nahrung gefüttert hat. Erwachsene stopfen sich nichts mehr ins Maul, aber die gegenseitige Zuneigung beim Küssen ist erhalten geblieben. So ist hier wie in vielen anderen Fällen auch ein Verhalten aus der Mutter-Kind-Verbindung in das Gemeinschaftsleben übertragen worden. Oben: eine Mutter füttert ihr Kind von Mund zu Mund. Unten: ein Männchen begrüßt ein Weibchen.

Kolkraben leben ein Leben lang in fester Ehe. Der Ehemann füttert seine Frau das ganze Jahr über, besonders eifrig aber in der Balzstimmung des Frühlings und während der Brutzeit. Das Weibchen bettelt ihn dann mit verdrehtem Schnabel an, es ist dieselbe Drehung, die auch die jungen Raben im Nest vollführen, damit ihnen die Eltern das mitgebrachte Futter tief genug in den Schlund stecken können. Das verrät, daß die eheliche Zärtlichkeit, wichtiger Bestand des Ehelebens, aus der Betreuung der jungen Raben entliehen worden ist.

19 Entwicklung des Soziallebens: Sexuelle Signale stimmen versöhnlich

Der im Tanganjika-See beheimatete Brabant-Buntbarsch bildet geschlossene Gruppen. Fremde werden auf das heftigste bekämpft. In der Gefangenschaft, wenn diese keine Fluchtmöglichkeit besitzen, müssen sie verhungern, oder sie werden zerbissen und umgebracht. Aber auch in den beständigen Gruppen, in denen alle Mitglieder sich kennen, ist die Angriffsbereitschaft ständig am Siedepunkt. Nur regulieren die einander vertrauten Buntbarsche ihr Zusammenleben durch ein bestimmtes Verhalten, das ihnen den Frieden sichert: Der Bedrohte stellt sich quer zum Angreifer, bietet ihm seine Breitseite dar und zittert heftig mit dem ganzen Körper; er „rüttelt", sagt der Verhaltensforscher. Der Brabant-Buntbarsch ist normalerweise schwarz, in dieser kritischen Situation aber leuchtet sekundenschnell eine gelbrote Leibbinde auf, und das macht es dem Angreifer unmöglich zuzubeißen. Rütteln und leuchtender Farbgürtel wirken beißhemmend.

Diese wirkungsvollen Beschwichtigungsgesten stammen aus dem männlichen Balzverhalten, beides zeigt ein Männchen, wenn es um ein Weibchen wirbt und beim Besamen der Eier. In der aggressionsgeladenen Atmosphäre des Buntbarsch-Trupps aber rütteln auch Männchen vor Männchen, Weibchen vor Weibchen und Weibchen vor Männchen: das sind drei Konstellationen, die mit der männlichen Balz nichts zu tun haben können. Die Buntbarsche borgen sich die sexuellen Signale aus, um den Angreifer zu beschwichtigen und von sich abzulenken. Der läßt daraufhin auch regelmäßig seine unfreundlichen Absichten fallen und schwimmt seiner Wege. Die Übernahme sexueller Verhaltensweisen in den sozialen Bereich geht bis zur Nachahmung körperlicher Merkmale. Denn auch die Weibchen besitzen den gelbroten Farbgürtel und lassen ihn zur Beschwichtigung aufleuchten, obwohl sie nicht balzen und kein Prachtkleid anzulegen brauchen, um einen Partner anzuwerben. Die Weibchen setzen die Mittel des Rüttelns und des Farbgürtels nur dann ein, wenn sie einen Angriff abwehren. So wird männliches Balzverhalten im Sinne einer friedenstiftenden Handlung von beiden Geschlechtern angewandt.

Tiere benutzen die Sprache der Sexualität, um soziale Konflikte zu lösen. Diese Übersetzung des Sexuellen ins Soziale zeichnet dem heutigen Beobachter den Weg nach, der zu den gegenwärtigen Tiergesellschaften geführt hat: Sexuelle Verhaltensweisen waren vorhanden und konnten zu Umgangsformen für das gesellschaftliche Leben umgebildet werden. Das Paarungsverhalten ist eine der Wurzeln, aus denen das Gruppenleben erwachsen konnte. Diese Entwicklung ist bei den verschiedensten Tiergruppen zu beobachten, unter anderem bei manchen Vögeln und bei fast allen Affen Afrikas und Indiens.

Brünstige Affenweibchen fordern ein Männchen zur Paarung auf, indem sie ihm ihre Kehrseite zuwenden und den Schwanz wegbiegen oder hochheben. Diese Haltung wird ‚Präsentieren' genannt. Sie wird nun in sehr vielen Affengruppen unabhängig von ihrer ursprünglichen sexuellen Bedeutung von Mitgliedern aller Altersstufen und von beiden Geschlechtern benutzt. Sie zählt zu den wichtigsten sozialen Umgangsformen in einer Affengesellschaft, denn von ihr hängt das friedliche Zusammenleben der Ranghohen mit den Rangtiefen ab. Dabei gibt es verschiedene Grade der Intensität, das Präsentieren kann ganz beiläufig erfolgen; wie ein flüchtiges „Guten Tag" etwa kann ein Rangtiefer es ausführen, um schnell an einem Ranghohen vorbeizukommen. Es kann aber auch sehr langsam, sehr sorgfältig ausgeführt werden, wenn es darum geht, sich ein ranghohes Tier gewogen zu machen. Und es kann in aggressionsgeladenen Augenblicken mit allen Zeichen der Angst und Unterwerfung, zum Beispiel mit eingeknickten Beinen und tief zum Boden gebeugt, dargeboten werden, um eine drohende Attacke von oben von sich abzuwenden. Ein rangtieferes Tier, das auf diese Weise präsentiert, kann nicht angegriffen werden, denn die Geste wirkt auf das ranghöhere Tier mit ziemlicher Sicherheit angriffshemmend. Das sexuelle Signal des Präsentierens ist in den Dienst des friedlichen Gruppenlebens getreten.

Die Mantelpaviane sind darin sogar noch einen Schritt weiter gegangen. Sie haben nicht nur das Präsentieren als Verhaltensweise aus dem sexuellen Zusammenhang entlehnt, sie haben sogar ihr körperliches Aussehen verändert. Ihre Weibchen entwickeln wie andere Affenweibchen in der Brunstzeit eine große rote Schwellung der Genitalpartie. Sie ist manchmal so enorm ausgeprägt, daß die Weibchen kaum sitzen können. Dieses leuchtend rot gefärbte Hinterteil zeigt den Männchen die Paarungsbereitschaft der Weibchen an und übt deshalb eine starke Faszination auf die Männchen aus. Bei den Mantelpavianen tragen auch die Männchen ein leuchtend rotes Hinterteil, das dem der Weibchen in ihrer Brunstschwellung sehr ähnlich sieht. Diese Attrappe benutzen sie aber nur im sozialen Zusammenhang. Sie spekulieren sozusagen auf die sexuelle Faszination, die von einem brünstigen Weibchen ausgeht, und wollen einen Teil davon auch auf sich ablenken, wenn sie ihre Attrappe herzeigen. Und das gelingt auch. Die körperliche Nachbildung der weiblichen Brunstschwellung schützt den Präsentierenden vor Angriffen; augenfällig unterstützt sie jede Ergebenheitsadresse an einen Ranghöheren. Die Parallele zum Brabant-Buntbarsch wird hier ganz deutlich. Nicht nur sexuelle Verhaltensweisen, sondern auch körperliche Merkmale werden in den Dienst des friedlichen Zusammenlebens gestellt.

Wenn ein Brabant-Buntbarsch angegriffen wird, stellt er sich quer vor den Angreifer, spreizt die Brustflossen und zittert mit dem Körper. Dazu strahlt in Sekundenschnelle sein rotgoldener Farbgürtel auf. Er zeigt das perfekte Balzverhalten des Männchens – nur meint er es in diesem Fall ganz anders. Er will den Angreifer daran hindern zuzubeißen. Und das gelingt auch.

Mantelpavian-Weibchen präsentieren grüßend vor dem ranghohen Männchen (rechts im Bild). Die sexuelle Verhaltensweise ist zur sozialen geworden. Der männliche Mantelpavian ahmt sogar mit seinem leuchtend rot gefärbten Hinterteil die rote Brunstschwellung des Weibchens nach.

20 Rangordnung:
Die Führung ist autoritär und privilegiert

Alle Tiergesellschaften, in denen die Mitglieder sich persönlich kennen und fähig sind, aus Erfahrungen zu lernen, bilden Rangordnungen aus. Solange ein Tier sich nicht merken kann, von wem es gerade Hiebe bekommen hat, um denjenigen in Zukunft zu meiden, kann sich keine Hierarchie ausbilden. Oft ist die Rangordnung an der räumlichen Anordnung einer Tiergruppe zu erkennen: Die stärksten Böcke der Grantgazellen laufen am Schluß eines Wanderzuges. Zur Fortpflanzungszeit stehen sie vereinzelt im Gelände, denn nur die Stärksten ihrer Gruppe errichten und verteidigen Territorien und versuchen, durchziehende Geißenherden vorübergehend bei sich einzugemeinden. Alle Paarungen finden innerhalb dieser Gebietsgrenzen statt. Jüngere oder rangtiefere Böcke leben am Rand der Paarungszonen. Auf den Wanderungen der Steppenpaviane und der Japan-Makaken ziehen die Ranghöchsten im Zentrum des Zuges, und in den Ruhepausen sitzen sie im Mittelpunkt der Herde. Indische Flughunde hängen entsprechend ihrer Rangordnung von oben nach unten in ihren Schlafbäumen, und der Rang eines Robbenbullen nimmt mit der Entfernung seines Reviers vom Wasser ab.

Im einfachsten Fall ist eine Rangordnung linear. Die lineare Anordnung wird häufig von Dreiecksverhältnissen unterbrochen: Max dominiert Norbert, Norbert dominiert Otto, aber Otto dominiert Max. Max muß nur bei der letzten Auseinandersetzung mit Otto einen schlechten Tag gehabt haben, das wird dann auf längere Zeit in der Rangordnung festgeschrieben, denn Max merkt sich die Niederlage und weicht Otto künftig aus, bis sich das Verhältnis bei einem neuen Zusammenstoß wieder ändern kann. Koalitionen können unter anderem Rhesus-Affen, Paviane oder Schimpansen eingehen. Eine Führungsschicht bilden Japan-Makaken, im Einzelfall auch der Hulman, aus.

Der Ranghohe kann durch bestimmte äußere Abzeichen gekennzeichnet sein: Färbung bei Fischen und Vögeln, Größe des Geweihs oder Gehörns bei Horntieren. Mantelpaviane haben lange, graue Schulterhaare, Gorillas haben einen silbern gefärbten Rücken, ganz allgemein kann Körpergröße oder aufrechte, selbstbewußte Haltung (wie beim Wolf) Rangzeichen sein. Totenkopfäffchen zeigen den erigierten Penis als Rangsymbol. Ranghohe Hulmans drohen gegen menschliche Störenfriede mit erigiertem Penis, bei den Meerkatzen drohen die Wächter in der gleichen Weise gegen Gruppenfremde.

Die Stellung des Ranghohen offenbart sich in bestimmten Konkurrenzsituationen. Begegnen sich zwei Tiere auf einem schmalen Pfad oder einem dünnen Ast, wird einer von beiden den Weg freigeben; das ist der im Rang tiefer Stehende. Ein ranghohes Tier kann immer alles haben, was es will. Es hat bei allen begehrenswerten Gütern den Vortritt. Man kann den Rang eines Japan-Makaken oder eines Schimpansen jederzeit bestimmen, wenn man zwei Tieren eine Frucht anbietet. Ganz selbstverständlich wird sie sich der Ranghöhere nehmen. Man kann die Frucht sogar zwischen die Füße eines Rangniederen legen oder in eine Gruppe von Tieren werfen (alle diese Versuche wurden bei den Makaken gemacht), jedesmal wird sich der Ranghöchste die Frucht holen, ohne daß ein anderer ernsthafte Ansprüche anmeldet. Und so ist es mit allem: ob Fruchtbaum oder Wasserloch, Schlaf- oder Ruheplatz und nicht zuletzt die Frauen – immer hat der Ranghohe die ersten Rechte.

Ranghohe beanspruchen mehr Raum um sich (Individualdistanz), der von niemandem ungebeten betreten werden darf. Bei einigen Affenarten ist Drohen und Angriff nur von oben nach unten zulässig. In den autoritär geführten Gruppen des Hulman darf ein untergeordnetes Männchen in Gegenwart des Bosses nicht imponieren – Hulmans imponieren mit wuchtigen Sprüngen, lauten Rufen und kräftigen Blähungen. Es darf weder den Kontaktlaut äußern, der die Gruppe zusammenhält, noch drohend mit den Zähnen knirschen. Alle diese Rechte nimmt der Boß für sich allein in Anspruch. Wagt es einer doch, endet das damit, daß der Boß drohend aufgerichtet mit erhobenem Schwanz vor dem in sich zusammengesunkenen Übeltäter steht, der ihm ergeben sein Hinterteil hinstreckt. Das besänftigt den erzürnten Boß, eventuell reitet er dem Unterwürfigen auf, oder er legt ihm die Hand auf den Rücken.

Das Aufreiten hat für viele Affenarten die Bedeutung einer Rangdemonstration, während das Präsentieren ein Akt der Unterwerfung ist. Will beispielsweise ein ranghoher Japan-Makake einem anderen erlauben, sich die Frucht zu nehmen, auf die er selbst gerade keinen Appetit hat, dann besteigt er ihn kurz. Erst daraufhin wagt der Rangniedere die Frucht zu nehmen. Der gestrenge Mantelpavian bestraft sein Weibchen bei der geringsten Aufmüpfigkeit, sie muß nur ein wenig hinter den anderen herbummeln oder schnell mal aus einem Wasserloch trinken, schon kann sie sicher sein, daß sie angedroht oder gebissen wird. Das ist nun kein reiner Willkürakt des allmächtigen Paschas. Das Überleben der Weibchen hängt daran, daß sie bei der Gruppe bleiben – wie allgemein die Rangordnungen nicht den Mächtigen allein Vorteile verschaffen, sondern wichtige biologische Funktionen für die gesamte Gruppe haben (siehe Artikel 22 u. 23).

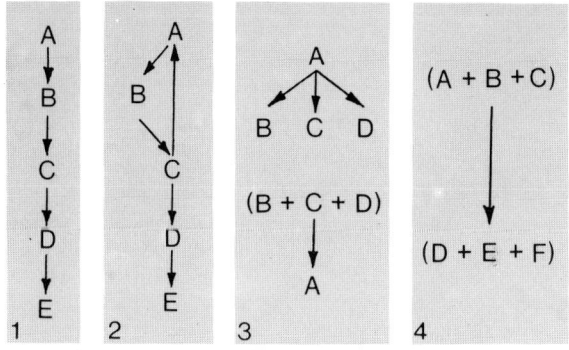

Rangordnungen: linear (1); linear mit Dreiecksverhältnis (2); Koalitionsbildung: gemeinsam sind B, C und D A überlegen, einzeln ist jeder von ihnen A unterlegen (3); Klassenschichtung: Die Mitglieder der obersten Schicht A, B und C sind den Mitgliedern der folgenden Schicht D, E und F sämtlich überlegen (4).

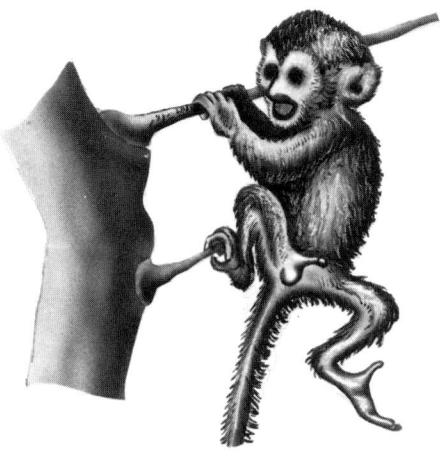

Eine achtunggebietende Erscheinung ist der Steppenpavian, wie er hochaufgerichtet da sitzt und seinen Penis zur Schau stellt, während er auf Wachtposten sitzt und seine Gruppe gegen Eindringlinge abschirmt.

Das Totenkopfaffen-Kind imponiert mit seinem erigierten Penis. Es beherrscht schon das Imponiergehabe der Erwachsenen. Denn in der Gesellschaft der Totenkopfaffen zeigen sich die Erwachsenen auf dieselbe Weise ihren Rang an oder drohen gegen Fremde.

Wie sich die Bilder gleichen, obwohl es sich einmal um eine Kopulation, das andere Mal um eine Rangdemonstration handelt. Links reitet ein Mantelpavian einem Weibchen auf, rechts springt ein Mantelpavian auf den Rücken eines erwachsenen, aber schwächeren Männchens und macht damit unmißverständlich klar, wer hier der Überlegene ist. Bei sehr vielen Affen dient das Aufreiten beim Unterlegenen zur Demonstration von Rang und Namen.

21 Rangordnung:
Wer den Rang hat, hat auch die Frau

Von allen Privilegien, die Ranghohe genießen, ist das Vorrecht auf die Weibchen das begehrteste. Bei Primatengruppen wird dieses Recht nicht immer klar erkennbar ausgeübt, aber im Prinzip läuft die sexuelle Sonderstellung der Ranghohen darauf hinaus, daß nur sie allein sich fortpflanzen dürfen, solange sie auf der Höhe ihrer Kraft sind und ihre Spitzenposition behaupten können. Auf diese Weise wird die Auswahl der Tüchtigsten für die Fortpflanzung sichergestellt. Alle Eigenschaften, die die Führer in ihre Position gebracht haben, leben in ihren Kindern weiter und behaupten und verbreiten sich im Laufe der Zeit innerhalb der gesamten Art – zum Wohle aller. Obwohl ein ranghohes Tier eigentlich nur darauf aus ist, sich selbst möglichst oft zu reproduzieren und folgerichtig die ihm Nachgeordneten an der Fortpflanzung zu hindern versucht ('Eigennutz der Gene' nennt W. Wickler dieses Prinzip), dient sein Verhalten auf die Dauer gesehen der gesamten Art, weil sich dadurch alle zum Überleben günstigen Eigenschaften wie körperliche Stärke, Geschick, Schnelligkeit, Klugheit und viele andere gegenüber ungeeigneten Verhaltensweisen durchsetzen und vermehren.

Eindeutig sind die Besitzverhältnisse in Harems-Gruppen, in denen einem Männchen alle Weibchen gehören. Der Mantelpavian ist bekannt dafür, daß er seinen Harem streng zusammenhält. Das zeigt diese typische (von H. Kummer geschilderte) Szene: Auf einem sonnigen Hang sitzen die Paviane und pflegen sich gegenseitig das Fell, wobei der Haarmantel des Paschas – ein Zeichen seiner Würde – von seinen Weibchen besonders sorgsam geputzt wird. Ein Weibchen sitzt etwas abseits und laust das Fell eines sogenannten Mitläufers, der die Gruppe in untergeordneter Stellung ständig begleiten darf. Aber schon stoppt ein Blick des Paschas die verbotene Zärtlichkeit (als die das Lausen bei den Primaten sehr wohl gilt). Der Mitläufer entwischt, und das ertappte Weibchen läuft zum Pascha und kehrt ihm beschwichtigend ihr Hinterteil zu: sie präsentiert. Trotz der gespannten Aufmerksamkeit des Paschas gelingt es den beiden später, sich hinter einem Felsen zu paaren, wo sie den Blicken des Paschas entzogen sind. Er erwischt die beiden aber doch in flagranti, und während der Mitläufer fliehen kann, wird das ungetreue Weibchen zur Bestrafung fest in den Nacken gebissen, und es folgt daraufhin schreiend und dicht aufgeschlossen seinem Herrn.

Ähnliches berichtete Ch. Vogel vom Indischen Hulman. Mehrmals trieb der Ranghöchste das Paar auseinander und versuchte seinerseits, das Weibchen zu besteigen. Das sträubte sich dagegen und fand immer wieder den Weg zu dem favorisierten Männchen zurück. Aber schließlich mußte sie sich doch unterwerfen und wurde von dem Spitzentier bestiegen. Oft wird das Weibchen auch mit einem Biß in den Nacken oder in die Schwanzwurzel für seine Untreue bestraft. Und auch die Kopulation könnte eine Art von Bestrafung sein; zugleich ist sie auch eine Demonstration der bestehenden Rangordnungsverhältnisse, und falls diese Ordnung in solchen illegitimen Paarbildungen erschüttert worden ist, wird sie durch diese Kopulation wieder hergestellt.

Im Harem des Dschelada wehrt nicht nur der Besitzer Übergriffe anderer Männchen auf seine Weibchen ab, sie unterstützen ihn selbst aktiv dabei. Und ist der Eroberer seinerseits Haremsbesitzer, dann versuchen auch dessen Weibchen eifersüchtig, ihn am Kontakt mit der potentiellen Rivalin zu hindern.

Bei den Japanischen Makaken bilden sich während der Fortpflanzungszeit von November bis März Paare. Sie sind im Gegensatz zu vielen anderen Primaten nicht das ganze Jahr über sexuell aktiv. Diese Affen werden von einer Führungsschicht beherrscht, die von mehreren erwachsenen Männchen gebildet wird. Die Führer haben bei der Wahl ihrer Frauen freie Hand, und niemand wagt es, sie während ihrer kurzen Ehe (vier bis sieben Tage) zu belästigen oder ihnen die Partnerin streitig zu machen. Sie erheben jedoch keinen Anspruch auf alle Weibchen, so daß die anderen Männchen sich ebenfalls eine Partnerin suchen dürfen. Trotzdem greifen die Führer häufig in diese Beziehungen ein, wenn sie ein Paar beisammen sehen, und schleppen das Weibchen mit sich fort. Fest versprochene Makakenweibchen behelfen sich deshalb mit Diplomatie. Sobald ein Mitglied der Führungsschicht in die Nähe kommt, läßt es seinen Partner allein und macht sich schleunigst davon, während er ruhig sitzen bleiben kann, ohne daß ihm etwas geschieht. Ist der Mächtige wieder fort, kehrt die Frau zu ihrem Mann zurück.

Ranghohe Schimpansen haben ebenfalls sexuelle Vorrechte, aber sie scheinen sie nicht immer wahrzunehmen. Es kann vorkommen, daß sie geduldig und friedlich bei einem besonders begehrenswerten Weibchen anstehen, um sich mit ihm zu paaren. Auf dem Höhepunkt ihrer Brunst schließen sich die Weibchen manchmal fest an ein einziges Männchen an, das es dann auch eifersüchtig von den anderen fernzuhalten sucht. Jüngere Schimpansenmännchen werden von den Ranghohen häufig bedroht und vertrieben und suchen die Nähe der brünstigen Weibchen deshalb eher in aller Heimlichkeit, wo ihnen ab und zu auch eine ungestörte Paarung glückt. Bei den Gorillas schließlich scheint es überhaupt keine sexuelle Eifersucht zu geben. Der Führer der Gruppe toleriert Sexualkontakte seiner Weibchen mit anderen Männchen, gleichgültig ob es sich um Gruppenangehörige oder sogar um fremde Besucher handelt.

Ein Japan-Makaken-Paar bei der Fellpflege. In den verschiedensten Tiergesellschaften ist der Besitz der Weibchen das alleinige Vorrecht der Ranghohen. Japan-Makaken machen davon bei der Wahl der eigenen Partnerin unbeschränkt Gebrauch. Im übrigen machen sie ihre Rechte eher symbolisch geltend. Sie trennen andere Paare und ziehen die Weibchen mit sich fort. Das ist aber nicht so ernst gemeint, so daß sich auch im Rang tiefer stehende Männchen verheiraten dürfen. Die Ehe dauert ohnehin nur vier bis sieben Tage, und manchmal ist das eheliche Glück schon am selben Tag wieder zu Ende.

Die afrikanischen Steppenpaviane leben in gemischten Herden. Sobald ein Weibchen den Zeitpunkt des Eisprungs (Oestrus) erreicht, daß heißt also empfängnisbereit wird, sucht es die Nähe der Männchen und hat während eines Oestrus nacheinander mehrere untergeordnete oder jüngere Begleiter. Die ranghohen Männchen melden erst dann Besitzansprüche an, wenn das Weibchen den Höhepunkt der Brunst erreicht. Seine Genitalregion ist dann dick angeschwollen und zeigt die Empfängnisfähigkeit an. Trotz der sexuellen Freizügigkeit ist also sichergestellt, daß vornehmlich die Ranghohen sich fortpflanzen. Babys wirken sehr anziehend auf die Männchen. Sie halten sich gern in ihrer Nähe auf (Photo) und übernehmen den Schutz der Mütter und Kinder.

22 Rangordnung:
Adel verpflichtet

Rangordnungen werden nicht nur von oben nach unten durchgesetzt, sondern ebenso von unten nach oben aufrechterhalten. In vielen Affengruppen suchen Weibchen und Kinder auffällig die Nähe der Ranghohen, die Weibchen pflegen ihnen das Fell, und die Jungen fühlen sich besonders stark zu ihnen hingezogen; sie spielen gern um sie herum und versuchen auch, sie zum Mitspielen zu bewegen. Die dominanten Tiere stehen ständig im Mittelpunkt der Aufmerksamkeit, oft drückt sich das schon im zentralen Sitzplatz des Gruppenchefs inmitten seiner Gruppe aus. Jede Bewegung und jede Stimmungslage wird von den Gruppenmitgliedern registriert.

Müssen Entscheidungen getroffen werden, dann achten alle auf den oder die Ranghöchsten. Steht beispielsweise eine Mantelpavianherde kurz vor dem Aufbruch, dann schlagen die jüngeren Männchen zwar verschiedene Marschrouten vor, indem sie sich probehalber in die eine oder andere Richtung bewegen. Die älteren Männchen entscheiden aber schließlich, welcher der Wege tatsächlich genommen wird. Wenn sich in dieser Phase ein altes Männchen bewegt, richten sich alle Augen auf ihn, geht ein junges Männchen los, achtet niemand darauf. Und erst wenn mehrere alte Männer entschlossen aufstehen, ist das für die gesamte Herde das Zeichen zum Aufbruch. In den Herden der Dscheladas haben die Weibchen ihren Pascha ständig im Auge und folgen ihm auf der Stelle, wenn er aufbricht. Genauso wird der Hulman-Chef fortwährend beobachtet. Sein Sitzplatz ist besonders beliebt, kaum hat er ihn verlassen, sitzt schon das nächste Tier – meist das zweite im Rang – darauf, so als wäre mit dem Platz auch die Würde verbunden. In den autoritär geführten Gruppen des Hulman kann sich kein untergeordnetes Mitglied frei verhalten, ständig versichert es sich durch Blicke zum Boß hin, was dieser tut oder wie er reagiert. In gespannten Situationen beziehen die Gruppenmitglieder geradezu Habacht-Stellung.

In einer Studie über gefangene Paviane heißt es: „Das rangniedrigste Tier beobachtet die Hierarchie sorgfältig und erhält sie aufrecht, während ein dominantes Tier geradezu dadurch charakterisiert werden könnte, daß es in einer sozialen Situation nicht denkt, bevor es handelt." (T. E. Rowell). Schimpansenmütter sind wahre Meister darin, bevorstehende Wutausbrüche ranghoher Tiere oder sich anbahnende Streitigkeiten frühzeitig zu erkennen und sich mit ihren Kindern vorher in die rettenden Bäume zu flüchten. Durch zahlreiche Gesten der Unterwürfigkeit, der Beschwichtigung, des Grüßens oder der Körperpflege erweisen die Rangniederen in Affengruppen den Ranghöheren eifrig und unermüdlich ihre Reverenz. Und sie tun das natürlich auch zu ihrem eigenen Nutzen, weil sie im allgemeinen ungeschoren davonkommen, solange sie die Position des Dominanten respektieren. Auch die Ranghohen wenden sich oft beschwichtigend und beruhigend einem verängstigten Tier zu. Und damit kommen wir zu den Pflichten der Spitzentiere, die sie neben ihren zahlreichen Privilegien auch haben.

Mit der Ranghöhe kann das Amt des Führers, des Verteidigers, des Wächters, des Schlichters oder die Entscheidungsinstanz verbunden sein. Im Dreiklassensystem der Japan-Makaken sind die Aufgaben genau verteilt: „Die Führer leiten und beaufsichtigen die Gemeinschaft, entscheiden bei Streitigkeiten, halten Wache vor starken Feinden, denen sie gegebenenfalls entgegentreten, und kümmern sich während der Zeit der Neugeburten anstelle der Mütter um die im Vorjahr geborenen Kinder. Die Aufgaben der Unterführer sind mehr oder minder die gleichen; sie scheinen den Führern bei der Erfüllung ihrer Pflichten zu helfen, dürfen sich aber nicht in der Mitte niederlassen. Die Männchen des äußeren Kreises betätigen sich als Kundschafter und Anführer, wenn die Herde weiterwandert, halten als Wächter Ausschau nach Gefahren und greifen Feinde an" (J. Itani).

Ranghohe Steppenpaviane erfüllen ihre Führungsaufgabe selbst dann noch, wenn sie nicht mehr im Vollbesitz ihrer körperlichen Stärke sind. In einem Fall spürte ein alter Mann den Standort eines Löwen auf, während die übrige Herde sich schützend um die schwächeren Tiere gruppierte. Er führte dann die Herde in einem weiten Bogen um den Löwen herum. Auch Mantelpaviane behalten ihre Führerrolle bis ins hohe Alter hinein, selbst nachdem sie längst ihren Harem an jüngere Männchen verloren haben. Denn diese Alten verfügen über einen Erfahrungschatz, der sie für ihre Führungsaufgaben qualifiziert. Die Jüngeren können durch Beobachtung der Alten und durch eigene Erlebnisse erst allmählich in diese Führungsrolle hineinwachsen. Dazu gehören Kenntnisse über Schlafstellen, Wasserlöcher und Futterquellen und über die Schlupfwinkel und Gewohnheiten der Raubtiere.

In einer extrem langen Dürreperiode ist vielleicht ein Alter der einzige, der ein nie versiegendes Wasserloch außerhalb des gewohnten Streifgebietes der Herde kennt und sie dorthin führen kann, weil er in seiner Jugend eine ebensolche Dürre miterlebt hat und Zeuge war, wie auch damals ein alter Pavian die Herde an diese Wasserstelle geführt hat. Und ein junger Pavian, der diesmal noch ohne Rang und Namen mitläuft, wird vielleicht in vielen Jahren wieder der Retter der Herde sein. Das ist ein echter Fall von Tradition im Tierreich, wenn Wissen auf diese Weise von Generation zu Generation weitergegeben wird.

Der Schimpanse „Goliath" (links im Bild) hat den höchsten Rang in seiner Gruppe. Der junge Schimpanse „Figan", der in Demutsstellung vor ihm kauert, fürchtet sich. Schon allein die bloße Anwesenheit der Autoritätsperson kann ihn in eine angespannte Erregung versetzen. Außerdem ist der Boß als ein launischer, alter Griesgram bekannt, vor dem man sich in Acht nehmen muß. Aber Goliath legt ihm hier mit einer väterlichen Geste die Hand auf den Rücken. Figan hat für diesmal nichts zu fürchten. Erleichtert richtet er sich wieder auf (unten). Es geschieht häufig, daß ranghohe Schimpansen verängstigte Gruppenmitglieder berühren oder umarmen, um sie zu beruhigen.

23 Rangordnung:
Schutz nach außen, Frieden nach innen

In einer Wollaffen-Kolonie prüfte der Anführer alle Kletterwege und brach morsche Äste ab, bevor er seinen Gruppenangehörigen erlaubte, diese Wege zu benutzen. Ein besonders sorgsamer Wächter und Hüter seiner Gruppe ist der Chef einer Hulman-Gruppe. Häufig setzt er sich an die Spitze der Marschformation. An gefährlichen Wegstellen bleibt er stehen und läßt alle Weibchen und Kinder an sich vorbei passieren, und am Abend läßt er sie zuerst alle den Schlafbaum ersteigen, bevor er als letzter nach oben klettert. Er bestimmt Richtung und Tempo eines Marsches und hält seine Gruppe durch Kontaktlaute in unübersichtlichem Gelände zusammen. Vor dem Aufbruch sammelt er alle Tiere um sich, und erst wenn er aufspringt und sich in Marsch setzt, darf die Gruppe losziehen. Da die hochrangigen Tiere für den Zusammenhalt und den Schutz der Gruppe eine so wichtige Rolle spielen, ist es notwendig, daß sie ständig im Mittelpunkt des Interesses und der Aufmerksamkeit stehen. Es könnte das Leben kosten, die Signale der Gruppenführung nicht zu beachten. Deshalb muß der Führungsanspruch auch rigoros durchgesetzt werden. Und im alltäglichen Gruppenleben erspart man sich Knüffe und Püffe, wenn man alle Anordnungen der Obrigkeit sorgfältig befolgt. Je nach Situation und der jeweiligen Stimmungslage des Übergeordneten ist es in einem Fall vielleicht ratsam, eilfertig heranzuspringen und eine Ergebenheitsadresse nach oben zu richten und in einem anderen Fall, sich zurückzuziehen und sich möglichst unsichtbar zu machen. In jedem Fall muß man den, der das Sagen hat, fortwährend im Auge behalten und auf seine Äußerungen reagieren. Sonst wird man bestraft.

Diese lebenswichtige Orientierung nach oben zeigt sich auch in Laborversuchen. Schimpansen und andere Affen ahmen nur ranghöhere Tiere nach. In einem Versuch hatte ein rangniederer Schimpanse gelernt, wie er aus einem Futterapparat Bananen herausholen konnte. Niemand der ranghöheren Tiere zeigte sich daran interessiert, ihm das nachzumachen, sie nahmen ihm höchstens seine Bananen weg. Als dann aber das Spitzentier darauf trainiert worden war, den Apparat zu bedienen, lernten es nach ihm alle anderen Tiere ebenfalls sehr schnell. Im übrigen ist jedoch beim Schimpansen im Unterschied zu vielen anderen Affen nicht klar, welche Bedeutung die Dominanz für die wild lebenden Gruppen hat. Die Ranghöchsten sind weder immer die Führer der Gruppe, noch Wächter oder Verteidiger. Sie wären zwar auf Grund ihrer Kraft und ihrer Intelligenz dazu in der Lage, Gefahren abzuwehren, aber dazu sind alle erwachsenen Männer ihrer Gruppen befähigt. Es scheint so, als genießen die ranghohen Schimpansen alle Privilegien ohne Pflichten.

Dohlen fliehen sofort, wenn der Alarmruf eines Altvogels ertönt, den Schreckensruf eines jungen Vogels beachten sie dagegen kaum. In einer Dohlenkolonie treten die Ranghohen auch – wie in vielen anderen Tiergruppen ebenfalls – als Friedensstifter auf. Sie entscheiden jeden Streit zugunsten des Schwächeren, indem sie den stärkeren der beiden Streithanseln angreifen. Das ist nun keine besondere Geste der Ritterlichkeit, sondern erklärt sich aus dem Aufbau einer Rangordnung. Sehr hoch- und sehr tiefstehende Tiere streiten normalerweise kaum miteinander, die Unterschiede zwischen ihnen sind zu deutlich. Je näher sich zwei Tiere aber im Rang stehen, desto größer wird die Rivalität, weil jeder den Inhaber des nächst höheren Ranges am liebsten verdrängen möchte und den des nächst unteren am meisten fürchtet. Wenn Dohlen also den Ranghöheren in einem Streit zurechtweisen, profitiert der Schwächere zwar davon, es ist aber eigentlich gar nicht so gemeint, denn der Friedensstifter versteht den Streit als eine Herausforderung, seine Ranghöhe zu demonstrieren. Für den Frieden in der Gruppe wirkt sich das trotzdem positiv aus.

Bricht in der Gruppe des Hulman unter den rangniederen Mitgliedern ein ernsthafter Streit aus, dann kommt der Chef mit gewichtigen Sprüngen daher und trennt die Streitenden, die sich eilig zerstreuen. Dieselbe Funktion haben die Ranghohen in anderen Affengruppen ebenfalls (Rhesusaffe, Japan-Makake, Steppenpavian, Gorilla). Bedrängte Mantelpavianweibchen flüchten sich zu ihren männlichen Beschützern. Auch in Schimpansengruppen suchen gelegentlich angegriffene Tiere bei einem Ranghöheren Schutz, oft versuchen sie dann, ihn zu einem Racheakt gegen ihren Widersacher zu provozieren. Die Ranghöheren unterbinden Streitigkeiten unter Jüngeren, sie können aber auch einen der Beteiligten angreifen oder gar das Opfer verprügeln. Das Bild ist hier nicht eindeutig.

Im allgemeinen lebt eine Tiergruppe mit einer gut eingespielten Rangordnung friedlicher als eine mit instabilen Verhältnissen. Kampf hat nicht nur für den einzelnen, sondern ebenso für die Gruppe große Nachteile: die Gruppe könnte sich auflösen oder zerstreuen. Die Aufmerksamkeit der Gruppe gegen Feinde kann sinken, Kraftreserven werden verbraucht, und Zeit wird verschwendet. Und schließlich gedeihen auch Tiere in einer streitsüchtigen und zänkischen Umgebung schlechter als in einer friedlichen. Im Zoo kann es passieren, daß ein Tier, das unter den dauernden Angriffen eines Rivalen zu leiden hat, ohne dem entrinnen zu können, sich buchstäblich zum Sterben hinlegt und erst wieder aufleben kann, wenn es aus dem Käfig genommen wird. Hühnerscharen mit stabilen Rangordnungen sind leistungsfähiger als ihre Artgenossen in einer unfriedlichen Gruppe. Sie hacken weniger, fressen mehr, werden schwerer und legen mehr Eier.

Zu den Pflichten der Führungskräfte in einer Gruppe gehört es, für Ruhe und Ordnung zu sorgen und Frieden zu stiften, wenn ein Streit aufflackert. Sie tun das schon deshalb, weil jeder Unruheherd in der Gruppe eine Herausforderung an sie darstellt, ihre Autorität in die Waagschale zu werfen und zu zeigen, wer eigentlich der Boß ist. Sie erfüllen damit aber auch wichtige Schutzfunktionen für ihre Gruppe. Einmal schützen sie schwächere Tiere, zum anderen halten sie die Gruppe beisammen. Ein umsichgreifender Streit könnte die Gruppe auseinandertreiben, einzelne Tiere könnten abgesprengt werden und die leichte Beute von Raubtieren werden. Oder ein Haremsbesitzer könnte seinen kostbarsten Besitz, seine Weibchen, verlieren. Der Mantelpavian führt zum Beispiel ein strenges Regiment in seinem Harem, er greift regelmäßig in jede Auseinandersetzung ein. Er geht einfach dazwischen, wenn zwei sich streiten, oder er bedroht sie und jagt sie auseinander. Die obige Szene zeigt einen Sonderfall: die sogenannte gesicherte Drohung. Dabei mißbrauchen die Mantelpaviane auf durchtriebene Weise die Schlichterfunktion des Paschas für ihre eigenen Interessen und richten es so ein, daß ein mißliebiger Konkurrent von dem Pascha bestraft wird. Sie bedrohen ihren Widersacher, indem sie dem Pascha in voller Berechnung das Hinterteil zukehren. Diese Stellung ist die Unterwerfungsgeste, ein Tier, das sich unterwirft, darf normalerweise nicht mehr angegriffen werden. Nach dieser Regel ist der Pascha nun gezwungen, das eigentlich unschuldige Tier anzugreifen und zu vertreiben. Dieses Verhalten zeigen Mantelpaviane seltsamerweise nur in Gefangenschaft, während die gesicherte Drohung von anderen Pavianen auch in der Freiheit ausgeführt wird.

24 Rangordnung:
Karriere durch Heirat oder Beziehungen

Allseits anerkannte Rangordnungen wirken mildernd auf das soziale Klima einer Gruppe. Das mag zwar überraschen, weil man eher geneigt ist anzunehmen, Kämpfe um die begehrten oberen Positionen würden die Gruppen ständig erschüttern, aber das Gegenteil ist der Fall.

Ein Tier, das seinen Platz in der Gruppe genau kennt, braucht ihn nicht jeden Tag aufs neue zu erkämpfen. Rangordnungen werden sehr häufig bereits unter jungen Tieren in spielerischen Kämpfen „ausgehandelt". Typisch dafür ist die Hühnerschar, an der das Phänomen der Rangordnung oder Hackordnung überhaupt zum ersten Mal (1922) untersucht wurde. In der siebenten Woche eines Kükendaseins, wenn die Glucke ihre Küken schon zeitweise allein läßt, werden aus einem bis dahin spielerischen Hick-Hack die ersten ernsthafteren Kämpfe. „Die Junghennen weichen meist bald der nun schon eigenartigen Kampfweise der Hähnchen, beißen sich untereinander oft auch hartnäckig und besiegen vereinzelt schwächere Hähnchen. Wer abgeschlagen ist, findet neue Gegner unter seinesgleichen. Schließlich ringen nur noch einzelne Junghähne in einem Wuttaumel, ermüdet, durchnäßt und blutverschmiert miteinander, bis Erschöpfung den Ausgang entscheidet. An den nächsten Tagen kosten die Sieger ihre Stellung aus, alles Schwächere wird drangsaliert, und dann kehrt wieder Ruhe und Frieden ein. In der nächsten Zeit sind die Jungtiere wenig streitlustig, aber sowie eines gegen den jetzt bestehenden Rang aufbegehrt, wird es von jedem höheren zurechtgewiesen" (E. Baeumer).

Die Hennen stehen in der Rangordnung normalerweise unter den Hähnen. Sobald sie aber brüten, gliedern sie sich aus der Rangordnung aus, verteidigen ein eigenes Revier und folgen dem Locken des Hahnes nicht mehr. Wenn die Küken sich von der Glucke lösen, fügt sie sich wieder an ihren alten Platz in der Rangordnung ein. Bei einigen Affenarten steigen die Weibchen mit kleinen Kindern in der Rangordnung nach oben. Wieder anders können Weibchen während kurzer (beispielsweise Paviane) oder lebenslanger (Dohlen) Partnerschaft den Rang ihres Partners annehmen. Da in den meisten Gruppen die Weibchen unter den Männchen stehen, verbessern diese Weibchen regelmäßig ihren Status in der Kurz- oder Langzeitehe. Man kann also schon im Tierreich eine gute Partie machen. Oder man kann in die gesellschaftliche Stellung seiner Mutter hineinwachsen. Rhesusaffen- und Japan-Makaken-Mütter geben ihren Rang an ihre Töchter weiter.

Die männlichen Rhesusjungen besitzen bis zur Pubertät ebenfalls den Rang der Mutter, später können sie dann auf- oder absteigen. Während die Weibchen in ihrer Familie bleiben, wechseln die jungen Männchen gelegentlich zu fremden Gruppen über. Anfangs halten sie sich am Rand der neuen Gruppe auf, und nehmen vorsichtig Kontakt auf, indem sie vielleicht einem der Mitglieder das Fell putzen. Allmählich werden sie auf niedriger Stufe als neue Gefährte akzeptiert, haben jedoch die Chance, in der neuen Gruppe aufzusteigen. Der Rang eines Rhesusaffen ist nicht allein von körperlicher Stärke abhängig, sondern von der Fähigkeit, Freunde zu gewinnen und Bündnisse schließen zu können. Für mehrere Affen ist die Bildung einer Koalition ein bewährtes Verfahren, um kurzfristig oder längerfristig bestimmte Ansprüche durchzusetzen oder die Herrschaft aufrechtzuerhalten.

Dauerhafte Regierungskoalitionen bilden Japan-Makaken und Paviane. In einem Fall hielten drei alte Paviane gemeinsam die Spitzenposition, die kein einziger von ihnen allein hätte behaupten können, denn in Einzelkämpfen war jeder von ihnen einem bestimmten stärkeren Männchen unterlegen. Da die Senioren aber fest zusammenhielten, führten sie die Gruppe, obwohl ihr gemeinsamer Rivale eigentlich der Ranghöchste war. In einem Bündnis unter ungleichen Partnern wird der Rang des Tieferstehenden verbessert, weil die anderen der Gemeinschaft wissen, daß er von einem Ranghohen protegiert wird und ihn deshalb nicht so leicht behelligen. Umgekehrt kann Mut und Zuversicht eines Ranghohen gestärkt werden, wenn er seinen Verbündeten in der Nähe weiß.

Schimpansenmänner halten lebenslang Freundschaft miteinander. Vermutlich sind es immer Bruderpaare, die so unverbrüchlich zueinander stehen. Gemeinsam greifen sie an, gemeinsam wehren sie sich, der eine holt den anderen zu Hilfe, oder er verschiebt eine Revanche, bis der vorübergehend abwesende Freund wieder da ist. Eine solche Männerfreundschaft bildet oft die Voraussetzung für die Führungsposition. Viermal konnte bisher bei den Schimpansen am Gombe-Strom (Tansania) ein Führungswechsel beobachtet werden, dreimal errang und hielt das Alphatier die Spitze gemeinsam mit einem Freund. Berühmt wurde Mike, der sich von einer unteren Stufe hauptsächlich mit Hilfe eines Tricks nach oben arbeitete. Er lernte es, leere Paraffinkanister der dortigen Forschungsstation vor sich her zu stoßen, und veranstaltete damit für die Ohren der lärmempfindlichen Schimpansen einen solchen höllischen Krach, daß sie alle flohen. Mike errang die Spitzenposition kraft Intelligenz und Mut, denn er gehörte nicht zu den stärksten und größten seiner Gruppe. Nach der Machtübernahme verschworen sich die anderen ranghohen Männer gegen ihn und versuchten gemeinsam, ihn wieder zu entthronen. Aber das gelang ihnen nicht, denn Mike war dank seiner Intelligenz ein Meister des Bluffs und er hatte einen Freund, auf den er sich verlassen konnte.

Ein Schimpanse, der von dem Pavian im Hintergrund angegriffen worden ist, umklammert schutzsuchend seinen Freund und versucht, ihn zu einer Gegenattacke zu bewegen (Photo oben). Sein Freund tut ihm den Gefallen und verscheucht den wütenden Pavian, während der ängstlichere von beiden sich hinter seinem mutigen Freund verschanzt und in Deckung bleibt. (Photo unten).

Freunde halten fest zusammen bei den Schimpansen. Beide profitieren von diesem Bündnis. Zusammen sind sie allemal stärker, und selbst das Spitzentier braucht die freundschaftliche Unterstützung eines Gefährten. Mit einem Freund an der Seite lassen sich die hohen und höchsten Rangplätze leichter erringen und verteidigen. Wer allein steht, kann allzuschnell entmachtet werden.

25 Aggression:
Eine aggressionsgeladene Kontroverse

Aggression wird unterschieden in innerartliche (intraspezifische) und zwischenartliche (interspezifische), je nachdem, ob sie zwischen Artgenossen oder Artfremden wie Raubtier und Beutetier auftritt. Im allgemeinen wird nicht nur der Angriff, sondern auch das Drohen zum aggressiven Verhalten gerechnet. Das Thema „Aggression" macht aggressiv: In den letzten Jahren hat sich der zum Teil öffentlich ausgetragene Streit wieder und wieder an der Frage nach den Triebkräften der Aggression entzündet. Ist sie angeboren oder erlernt? Entsteht sie als übermächtiger, innerer Drang oder wird sie durch die Umwelt herausgefordert? Viele Verhaltensforscher setzen es als selbstverständlich voraus, daß bei so komplexen Verhaltensweisen wie denen der Aggression Angeborenes und Erlerntes gleichermaßen mitwirken. Sie werden immer antworten: Aggression ist angeboren *und* erlernt.

Die Diskussion bewegt sich zwischen den beiden völlig entgegengesetzten Theorien von K. Lorenz und P. Marler. Nach Lorenz ist die Aggression ein Trieb. Triebe besitzen eine eigene innere Erregungsproduktion, die nicht von Außenreizen gesteuert wird, sie wird deshalb endogen-spontan genannt. Mit wachsender Erregung steigt die Bereitschaft zu handeln an, bis schließlich entsprechende Reize die sogenannte Endhandlung auslösen, die zur Triebbefriedigung führt. Wird der Trieb nicht befriedigt, entsteht ein Triebstau. Das Tier beginnt, nach der Befriedigung zu suchen, es zeigt das sogenannte Appetenzverhalten. Schließlich können die Reize, die die Endhandlung auslösen, immer unspezifischer werden (Reizschwellenerniedrigung). Wenn sie ganz ausbleiben, kann das Tier die Triebbefriedigung sogar im Leerlauf suchen.

Wenn ein Tier Hunger verspürt (endogen-spontan), geht es auf die Suche nach etwas Freßbarem (Appetenzverhalten). Je größer der Hunger (Triebstau), desto geringer die Ansprüche (Reizschwellenerniedrigung), bis das hungrige Tier sogar Abfälle frißt, die es sonst nicht anrühren würde. Dieses Triebkonzept ist gültig für die Nahrungsaufnahme und für die Fortpflanzung. Lorenz und seine Schule übertragen es auch auf die Aggression. Demnach ist die Aggression ein Trieb mit dem spontan innerlich wachsenden Bedürfnis nach Kampf, das um so stärker wird, je länger der letzte Kampf zurückliegt. Schließlich wird das Tier losgetrieben, um den Kampf zu suchen. Findet es keinen geeigneten Gegner, nimmt es auch einen Ersatz an und kämpft schließlich im Leerlauf allein gegen einen eingebildeten Feind.

Bis auf die Leerlauf-Aggression, für die es keine Beweise gibt, läßt sich das Triebkonzept von der Aggression durch Untersuchungen und Beobachtungen untermauern, aber alle diese Belege sind auch auf Kritik gestoßen und abgelehnt worden.

Die total entgegengesetzte Position nimmt P. Marler ein: Aggression ist die angeborene Antwort auf störende Außenreize, die von einem Individuum ausgehen. Ein solcher Außenreiz ist zum Beispiel die Verletzung der Individualdistanz oder die Färbungen mancher Tiere oder der Geruch: die rote Brust des Rotkehlchens, die blauen Streifen an den Flanken des Zaunleguans oder der Gruppengeruch einer Maus. Einen Außenreiz kann auch das Drohverhalten darstellen oder der schmerzende Schlag eines anderen Tieres. Die Kampfbereitschaft erlischt, wenn das störende Individuum vertrieben, eingeschüchtert, verletzt oder getötet, der Außenreiz also beseitigt worden ist. Eine davon unabhängige Kampfbereitschaft entsteht nicht. Das Anwachsen des Kampfbedürfnisses und das Suchen nach Kampf kann es unter diesen Bedingungen nicht geben. Aggression ist an die aktuelle Situation geknüpft, die sie hervorruft, und erlischt wieder, sobald die Situation nicht mehr besteht. Einen inneren Anteil an der Aggression gibt es nur insofern, als Tiere zu bestimmten Zeiten sensibler auf Außenreize reagieren; zum Beispiel wächst die Aggressivität der Männchen zu Beginn der Fortpflanzungszeit, dafür sind hormonelle Veränderungen verantwortlich.

Der Amerikaner J. Dollard stellte 1939 für den Menschen die Frustrations-Aggressions-Hypothese auf. Sie wurde in die Verhaltensforschung übernommen, und für sie gibt es ebenfalls beweiskräftige Untersuchungen. Unter Frustration versteht man den aufgezwungenen Verzicht auf Triebbefriedigung. Frustriert zeigen sich zum Beispiel Tiere, wenn sie ihr gewohntes Futter nicht erhalten oder wenn ein Tier die Nähe seiner Gefährten sucht und abgewiesen wird. Solche Enttäuschungen führen häufig zu Angriffen. Man nimmt an, daß ein Tier die Energie, die es antreibt, seine Triebe wie Hunger oder Sexualität zu befriedigen, teilweise in Aggression umwandeln kann, um die versagte Befriedigung durch den Angriff doch noch zu erzwingen. Aggression erfolgt jedoch nicht zwangsläufig auf Frustration, sondern nur mit hoher Wahrscheinlichkeit.

Eine vierte Forschungsrichtung sagt, aggressives Verhalten sei im wesentlichen erlernt.

In jeder dieser Theorien steckt Wahrheit, aber keine besitzt alleinige Gültigkeit. Viel vorurteilsfreies, sorgfältiges Forschen wird noch nötig sein, bis es eine allgemein anerkannte Theorie der Aggression geben wird. Es wird dazu notwendig sein, viele Arten gesondert auf ihr Aggressionsverhalten hin zu untersuchen und dann jeweils nach den Funktionen wie etwa Revierverteidigung, Rangordnungskämpfe, Sicherung von Fortpflanzungschancen, Hunger, Schmerz oder Angst zu fragen. Vermutlich wird sich herausstellen, daß die zahlreichen unterschiedlichen Aggressionsformen und -funktionen jeweils eigene Antriebe besitzen.

Wenn sich zwei Flußpferde mit aufgerissenem Maul gegenüberstehen, wird es bitterernst. Sie zeigen sich zwar gerade noch ihre furchtbaren Hauer, um sich gegenseitig einzuschüchtern, aber es bleibt nicht beim Drohen, und im nächsten Augenblick schlagen sie sich bereits ihre Eckzähne in den Körper und bringen sich tiefe Wunden bei, die stark bluten. Das sieht allerdings meist schlimmer aus, als es ist. Die Verletzungen sind zum großen Teil harmlos, weil sie im dicken Haut- und Fettgewebe liegen und schnell heilen. Alte Bullen haben einen von tiefen Narben übersäten Körper. Aber es gibt bei ihren Kämpfen auch Tote. Trotzdem artet ihr Kampf nicht zu einem sinnlosen Gemetzel aus. Der Unterlegene darf aufgeben, ohne dann weiter gequält zu werden. Klappt ein Flußpferd zum Zeichen seiner Niederlage das Maul zu (es versteckt seine Waffen) und senkt es den Kopf, dann läßt der Sieger von ihm ab und wartet nur mit weiterhin drohend aufgerissenem Maul, bis der Verlierer abgezogen ist.

26 Aggression:
Tiere sind keine Helden

Die Funktion aller Kämpfe liegt darin, daß die Stärkeren und Gesünderen in der Konkurrenz um Weibchen, Reviere oder soziale Positionen für die Fortpflanzung ausgelesen werden und ihre Lebenstüchtigkeit an die nächste Generation weitergeben können. Diese von Charles Darwin gefundene Erklärung für den Sinn innerartlicher Kämpfe hat bis heute ihre Gültigkeit behalten, sie ist aber wesentlich – nämlich genau um ihr Gegenteil – erweitert worden. Denn das Heil liegt nicht nur im Angriff, sondern mindestens ebenso in der Flucht.

Tüchtigkeit im Kampf ist nicht die einzige Fähigkeit, die Tiere brauchen, um zu überleben und sich fortzupflanzen. Wären im Verlauf der Entwicklung kämpferische Tugenden das einzige Auslesekriterium in der Tierwelt gewesen, dann wären heute alle Tiere viel aggressiver, als sie es tatsächlich sind. Tiere sind aber zu ihrem eigenen Vorteil in der Mehrzahl eher kampfesunlustig. Bei ihren Auseinandersetzungen ist letzten Endes auch nicht der Sieg entscheidend, sondern ob sie in den Besitz der begehrten Güter wie Weibchen, Revier oder sozialen Rang kommen, ohne die sie von der Fortpflanzung ausgeschlossen sind.

In der Tierwelt sind Nachkommen allemal wichtiger als Siege. Das Auslesekriterium ist die Zahl der Nachkommen, daran mißt sich Erfolg oder Erfolglosigkeit des einzelnen Tieres wie der gesamten Art. Angesichts dieses Zieles ist es viel vorteilhafter, einen aussichtslosen Kampf rechtzeitig abzubrechen und das Weite zu suchen, statt sich sinnlos zu erschöpfen oder zu Tode kämpfen. Und darin wird eine Funktion der innerartlichen Aggression sichtbar, die wesentlich bedeutsamer und umfassender ist als die Auslese des Stärkeren im Kampf: es ist ihre Sprengkraft, die die Kämpfenden auseinander zwingt und dadurch eher zu einer Art Chancengleichheit für Sieger und Besiegte führt.

Der Unterlegene hat immer noch gute Aussichten auf Heim, Frau und Kind, solange er unbeschädigt davonkommt. Ein Stück weiter entfernt von dem Revier, das er nicht erobern konnte, kann er sich vielleicht doch noch niederlassen und eine Frau erringen. Kämpfen und Fliehen bringt die Artgenossen auf Distanz. Könnten sie sich alle kampflos an einem Ort niederlassen, wären alle günstigen Umweltfaktoren schnell ausgebeutet: Nahrungsgebiete kahl gefressen, Brutstellen überbesetzt und Schlupfwinkel übervölkert, während ringsum günstige Gebiete mit reichlichen Futterquellen, guten Brutstellen und versteckten Zufluchtsorten brachliegen würden.

Für das Fortbestehen einer Art ist es notwendig, sich über größere Räume zu verteilen, damit die vorhandenen günstigen Lebensbedingungen gleichmäßig genutzt werden. Es ist die eigentliche und wichtigste Leistung der innerartlichen Aggression, diese Streuung zu bewirken. Der Kampf ist ebenso wie die Flucht ein Mittel, um die Tiere im Raum zu verteilen. So ist bei einem Revierkampf eben nicht nur wichtig, daß der eine seinen Besitz erfolgreich verteidigt, sondern ebenso, daß der andere gezwungen ist, sich ein neues Revier zu erschließen. Im Verlauf der Entwicklung konnten sich die Tiere am besten behaupten, die es verstanden, günstige Bedingungen für ihre Nachkommen zu schaffen. Und das konnten sie am besten erreichen, indem sie sowohl zum Angriff fähig waren wie auch zur Flucht. „Um dies nochmals zu betonen: ein Männchen, das durch etwaiges Fehlen des Fluchttriebes seine Zeit in fortwährendem fruchtlosen Kampf verschwenden würde (anstatt zu fliehen und sich anderswo anzusiedeln), hätte keine Aussicht auf ein Nestrevier und somit auf ein Weibchen. Die Auslese hat also nicht die am stärksten kämpfenden Männchen begünstigt (wie es Darwin glaubte), sondern die Männchen mit ausbalanciertem Gleichgewicht zwischen Angriffs- und Fluchtneigung. Der dumme Draufgänger ist nicht ein Ideal, nicht einmal in der Tierwelt" (N. Tinbergen).

So schaffen es manche Tiere auch mit friedlichen Mitteln, sich über den vorhandenen Raum auszubreiten, Vögel zum Beispiel mit ihrem Gesang, Fische mit bunten Farben und Säugetiere mit Duftstoffen. Aggression zwingt die Tiere auseinander, aber Kampf ist längst nicht das einzige Mittel, es gibt daneben auch andere wie Gesang, Farben, Düfte – und Feigheit.

Kampf und Flucht treiben die Tiere auseinander. Das ist notwendig, damit sie sich gleichmäßig über den geeigneten Lebensraum verteilen und alle vorhandenen Nahrungs- quellen, Schlupflöcher und Wohnmöglichkeiten voll ausnutzen. Was passieren würde, wenn es die sprengenden Kräfte des Kampfes und der Flucht nicht gäbe, wird hier an zwei erdachten Situationen anschaulich gemacht: Vor einem Raubfisch versuchen alle Fische sich in dieselbe rettende Felsspalte zu flüchten, statt sich über das Felsenriff zu verteilen. Viel zu viele Füchse machen Jagd auf die gleiche Maus, statt ihr Jagdgebiet auszudehnen und aufzuteilen.

Alle Zufluchtsorte wären übervölkert und alle Nahrungsquellen erschöpft, wenn zu viele Tiere sich an demselben Ort zusammendrängen würden.

27 Aggression:
Worüber Tiere sich streiten

Am häufigsten kämpfen Tiere miteinander um Reviere, erst danach um einen Partner, um Nahrung und um die soziale Stellung in der Gruppe. Die meisten Kämpfe stehen im Dienste der Fortpflanzung, denn die umstrittenen Objekte wie Revier und Weibchen oder das Vorrecht des Ranghöheren auf die Weibchen bilden die Voraussetzungen für eigene Nachkommen. Naturgemäß konkurrieren nur Artgenossen miteinander, nur sie können Anspruch auf das gleiche Gebiet, die gleiche Futterstelle oder das gleiche Weibchen erheben. Ein Eichhörnchen stören Hase oder Maus nicht im eigenen Revier, ein anderes Eichhörnchen aber wird vertrieben. Kämpfe zwischen Artfremden (interspezifisch), wie zwischen einem Raubtier und seinem sich wehrenden Opfer, sind sehr viel seltener als die zwischen Artgenossen (intraspezifisch).

Reviere werden von einzelnen, von Paaren oder von Gruppen beansprucht. Sie können das ganze Jahr über bewohnt werden oder nur saisonweise zur Fortpflanzungszeit. Es gibt eine Reihe guter Gründe, warum um Reviere so häufig rivalisiert wird. An ihren Besitz sind viele Überlebens- und insbesondere Fortpflanzungschancen geknüpft: Bei sehr vielen Arten besetzen die Männchen das Revier und sind überhaupt erst als Revierbesitzer für die Weibchen interessant – Grundbesitz macht sinnlich – wer kein Revier vorzuweisen hat, kann sich nicht fortpflanzen. Und das erscheint im Hinblick auf die Jungenaufzucht sehr sinnvoll: Tiere, die mit ihrem Gebiet vertraut sind, entkommen einem Angreifer leichter, weil sie das Gelände und die Schlupfwinkel kennen, und sie wissen genau, wo sie in ihrem Gebiet Futter oder Wasser finden. Partner finden nach einer Trennung (zum Beispiel Futtersuche oder Flucht) leichter wieder zusammen. Balz, Paarung, Nestbau und Jungenaufzucht sind empfindlich gegen Störungen und brauchen deshalb eine befriedete Zone. Nach den anfänglichen Kämpfen bei der Revierverteilung werden die Grenzen von allen Artgenossen respektiert, das Revier ist dann wirklich so etwas wie der Intimbereich der Familie.

Einige Vögel, Horn- und Huftiere errichten vorübergehend dicht nebeneinander kleine Hoheitsgebiete, die verteidigt werden. Es entsteht eine sogenannte Balzarena, in der die Männchen balzen und sich mit den herbeigelockten Weibchen paaren. Im übrigen werden Reviere dort gegründet, wo es geeignete Plätze für die Jungenaufzucht, ausreichende Nahrung und Zufluchtsorte gibt, aber die drei Bedingungen müssen nicht gleichzeitig erfüllt sein. Anemonenfische verteidigen ihre Seeanemone nur als Zufluchtsort. Während sie selbst unempfindlich sind gegen das Gift der Seeanemonenarme, sind es ihre Angreifer nicht und lassen sie dort in Ruhe. Viele Vögel, die in Kolonien brüten, wie Möwen oder Flamingos, besitzen kaum mehr als den Nistplatz als eigenes Gebiet und suchen ihr Futter außerhalb der Brutstätten. Andere Vögel haben Gebiete, die groß genug sind, um ihre Besitzer zu ernähren.

Für sehr viele Arten ist am Revier hauptsächlich der Brutplatz wichtig, das trifft insbesondere auf Arten zu, die in unwirtlichem Gelände brüten wie die Dreizehnmöwe, die ihre Nester auf schmalen Felsgesimsen anlegt, oder wie die Meerechsen der pazifischen Insel Hood, die ihre Eier im Sand vergraben. Sie müssen oft heftig um die wenigen Sandplätze kämpfen, weil die Insel überaus felsig ist. Das Zentrum eines Reviers wird am intensivsten verteidigt, ja die Kampfkraft nimmt zu, je näher am Mittelpunkt ein Tier kämpft. Und sie läßt nach, je weiter es von diesem Mittelpunkt entfernt ist. So richtet sich zum Beispiel bei Hähern die Rangordnung danach, wie weit sie von ihrem Territorium entfernt sind, je näher an „zu Hause" sie sind, desto eher haben sie an einer Futterstelle das Recht, als erste zu fressen (das ist ein Rangordnungsmerkmal). Grundbesitz macht stark – das weiß man besonders gut vom Stichling. In seinem eigenen Revier bleibt er immer Sieger, wohingegen er immer zum Unterlegenen wird und die Flucht ergreift, sobald er die Grenze zu einem fremden Revier überschreitet. Sieger und Besiegter tauschen bei jedem Grenzübertritt die Rollen.

Oft werden solche Grenzstreitigkeiten allerdings gar nicht in einem Kampf entschieden, es genügt, wenn der Revierbesitzer sich vor dem störenden Nachbarn drohend aufpflanzt: er richtet seine Stacheln am Rücken auf, und stellt sich mit dem geöffneten Maul nach unten senkrecht. Je weiter er im Grenzbereich der Reviere steht, desto mehr schwankt er zwischen der Neigung anzugreifen oder zu fliehen hin und her. Aus lauter Verlegenheit beginnt er dann im Sand zu graben, als wollte er eine Nestgrube ausheben. Diese Verlegenheitsgeste heißt Übersprunghandlung. Viele Tiere verfallen darauf, wenn sie zwischen zwei Stimmungen hin und hergerissen sind und nicht wissen, was sie tun sollen.

Eine Erklärung für die häufig zu beobachtende Überlegenheit des Grundbesitzers liegt vielleicht darin, daß er mehr zu verteidigen hat als der Besitzlose und deshalb überzeugender kämpft. Außerdem würde bei einem ständigen Besitzerwechsel keiner der Beteiligten je zur Ruhe kommen. Und schließlich ist es auch für den Eindringling günstiger, vor so viel entschlossenem Verteidigungswillen zu kapitulieren und sein Glück gefahrloser an anderer Stelle zu versuchen.

Um Reviere wird nicht ständig gestritten. Sind Besitz und Grenzen einmal festgelegt, dann wird beides respektiert. Gesang oder Gebrüll, Duftmarken, auffällige Schaustellung oder gutnachbarliches Androhen über den „Zaun" hinweg reichen dann aus, um den Besitzstand zu sichern.

Reviergrenze
○○○○○○○○○ Schonzone
Wechsel
▭ ▬ ▭ ▬ ▭ Nebenwechsel

H₁, H₂, H₃: Heim nach dem Grad der Sicherheit und Geborgenheit numeriert; H: Hindernis; HK: Harn- und Kotstelle; K: Komfortstelle (z. B. Scheuerbaum); B: Badeplatz; F: Freßstelle; V: Vorratsstelle; M: Markierungsstelle (Duftmarken).

Das Revier ist der häufigste Streitpunkt unter Tieren. Aber ist das Revier einmal errungen und sind seine Grenzen abgesteckt, dann hat der Revierbesitzer in der Regel Frieden. Er muß seinen Besitz nur ständig kontrollieren, Eindringlinge vertreiben (das ist viel einfacher als kämpfen) und die Grenzen und Wege immer wieder neu markieren, um die Rechte an seinem Besitztum jedermann deutlich zu machen. Säugetiere tun dies mit Duftstoffen, die sie an Pflanzen, Steine und andere Punkte hinreiben oder mit Kot und Urin. Die Duftmarken werden von durchziehenden Tieren so respektiert, als stünde der Besitzer selbst vor ihnen. Er muß also nicht überall zu gleicher Zeit sein. Dadurch würde der Revierbesitz auch seinen Sinn verlieren. Er soll ja gerade ein friedliches Leben garantieren und ein geschützter Heimplatz für die Nachkommen sein.

28 Kampf:
Angeben ist das halbe Leben

Der Kampf ist ein Hilfsmittel (neben anderen), um sich im Wettbewerb um die knappen „Güter" wie Futter, Wasser, Nistplatz, Partner oder Lebensraum einen ausreichenden eigenen Teil zu sichern. Nur Artgenossen konkurrieren miteinander, denn nur sie beanspruchen die gleichen Güter. In diesem Sinne kämpft ein Löwe nicht gegen eine Gazellengeiß, er schlägt sie als Freßbeute, aber zwei Gazellenböcke können um ihren Besitz kämpfen.

Da der Kampf unter Artgenossen aber ein problematisches Hilfsmittel ist, haben Tiere eine große Anzahl Techniken erfunden, um die schädlichen Folgen einer kämpferischen Auseinandersetzung auf ein Minimum zu beschränken. Kampf kann reine Zeitverschwendung sein, wenn ein Tier sein Ziel (Futter, Wasser etc.), dadurch nicht erreichen kann. Kämpfer können so abgelenkt sein, daß sie ein nahendes Raubtier nicht bemerken, oder der Kampf kann so erschöpfen, daß sie später nicht mehr die Kraft zur Flucht haben und dann ebenfalls dem nächsten Räuber zum Opfer fallen. In Herden würden sich die Mitglieder durch dauernde Kämpfe so verausgaben, daß diese Kräfte bei der Nahrungssuche, der Wanderung oder der Flucht fehlen würden. Und im schlimmsten Fall bleiben Kämpfer schwer verletzt oder tot auf dem Schlachtfeld zurück.

Tiere suchen aus diesen Gründen den Kampf nicht, und es ist in der Regel nicht ihr Ziel, den Gegner zu töten. Es reicht, den Konkurrenten so weit zu vertreiben, daß er die eigenen Ansprüche nicht mehr gefährden kann. Es liegt eher im Interesse des Tieres, mit möglichst geringem Aufwand möglichst viel Wirkung zu erzielen. Dem entspricht ein differenziertes System von Verhaltensweisen, die Tiere anwenden, um einen Kampf überhaupt zu vermeiden oder doch wenigstens möglichst unversehrt zu überstehen. Dazu gehören: Drohen oder Imponieren, Kommentkampf, Beschädigungskampf ohne tödlichen Ausgang. Wenn sich der Schwächere unterwirft oder rechtzeitig flieht, kann der Kampf unterbrochen werden, ohne daß es zu lebensgefährlichen Zusammenstößen kommt. Der Sieger schont den Unterlegenen oder läßt den Fliehenden entkommen. Jede Auseinandersetzung zwischen Rivalen beginnt normalerweise mit gegenseitigem Imponieren und Drohen, und oft wird sie bereits in diesem Stadium entschieden, ohne daß die Gegner sich überhaupt berührt haben. Jeder versucht dabei, sich so imposant, so groß, so mutig und so gefährlich wie nur möglich darzustellen und sein Gegenüber dadurch einzuschüchtern. Bei balzenden und kampfbereiten Truthähnen ist die Haut an Hals und Kopf leuchtend rot gefärbt, dazu erwarten sie den Gegner mit aufgeblasenem Kropf und aufgeplustertem Gefieder und zum Rad geschlagenen Schwanzfedern. Buntbarsche imponieren ebenfalls in eigens dafür geschaffenen farbigen Prachtkleidern. Sie drohen breitseits oder frontal und spreizen dabei die Flossen oder die Kiemendeckel, um jeweils durch größeren Körperumfang Eindruck zu machen. Farbmuster auf den Flossen und den Kiemendeckeln, die dabei sichtbar werden, unterstützen die Wirkung.

Gemsen, die sehr heftig aneinandergeraten können und in der Hitze des Kampfes blindwütig auf den Gegner einstoßen, bauen vor einem solchen Kampf ein ausgiebiges Imponieren ein, um dem Schwächeren Gelegenheit zu geben, sich noch rechtzeitig zurückzuziehen. Dazu stehen die Gegner umgekehrt parallel nebeneinander, recken die Köpfe hoch, machen einen Buckel, stellen den Gamsbart, ihre hintere Rückenmähne, auf und umkreisen einander steifbeinig.

Spießböcke umkreisen einander ebenso mit hochgereckten Köpfen. Ist einer der Gegner unterlegen, senkt er den Kopf. Aus dieser Stellung heraus kann er sich wohl noch verteidigen, aber nicht mehr angreifen. Er räumt dann meistens kampflos das Feld, ohne vom Sieger verfolgt zu werden. Das Imponieren durch Körpermasse – hoch aufrichten, Haare sträuben, Federn aufplustern, Mähnen und Hautkämme, Flossen und Kiemendeckel spreizen – ist weit verbreitet. Farbkleider und Muster erfüllen denselben Zweck und ebenso auch Laute. Hunde knurren, Hirsche röhren, Truthähne kollern, der Specht hämmert. Gesangsduelle können Auseinandersetzungen entscheiden. Wehrhafte Tiere präsentieren ihre Waffen und richten sie drohend auf den Gegner. Imponierverhalten zwischen Rivalen kann sowohl einschüchternd als auch aggressionsauslösend auf das Gegenüber wirken. Das erschreckte Tier wendet sich ab, das aufgereizte greift an. (Auf Weibchen wirkt männliches Imponieren häufig anziehend und leitet deshalb die Balzspiele ein.)

Im Drohen überlagern sich zwei Antriebe: das Tier möchte sowohl fliehen als auch angreifen, in den Drohgebärden halten sich beide Antriebe die Waage. So drücken sie recht genau die Funktion des Drohens aus: Der Gegner soll kampflos aufgeben, dann kommt man selbst auch ungeschoren davon. Tatsächlich werden viele Auseinandersetzungen bereits in einem solchen Droh-Duell entschieden. Drohen erfüllt seinen Zweck besonders gut bei sehr ungleichen Gegnern oder in eingeschliffenen Rivalenbeziehungen wie zum Beispiel in Gruppen mit festen Rangordnungen oder zwischen altbekannten Nachbarn. So stehen Seelöwenbullen sich hochaufgerichtet und brüllend gegenüber, während genau zwischen ihnen die Grenze verläuft. Sie berühren sich nicht und trennen sich nach dieser Demonstration friedlich. Die Nördlichen Seebären schliddern sich auf dem Bauch entgegen, dort wo ihre Schnauzen sich berühren, liegt die Reviergrenze, die keiner überschreitet.

Die Bartagame lebt in den Savannen und Wüsten Australiens. Fühlt sie sich bedroht, dann bläst sie sich auf, öffnet den Mund und entfaltet ihren mit spitzigen Stacheln besetzten Kehlsack. Durch möglichst viel Körpermasse zu imponieren und den Gegner einzuschüchtern ist ein weit verbreitetes Mittel in der Tierwelt.

Der Anolis, ein südamerikanischer Leguan, stülpt seine Kehlhaut aus und stellt seinen Rückenkamm auf, wenn er sich Respekt verschaffen will. So tritt er dem Gegner entgegen oder auch der Leguanfrau, der er imponieren will. Gibt es dagegen nichts zu verteidigen oder zu erobern, sieht er schmal und bescheiden aus.

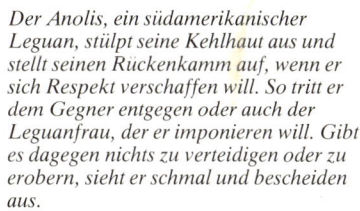

Der Tintenfisch legt zu besonderen Gelegenheiten ein buntes Zebrakleid an: Weiß und purpurfarben gestreift versucht er einen Rivalen einzuschüchtern oder die Gunst eines Weibchens zu erringen. Besonders breit und schön gezeichnet ist sein vierter Arm auf der rechten Seite. Rivalen strecken sich ihre Prachtarme entgegen und versuchen sich gegenseitig in puncto Schönheit auszustechen. Auf Weibchen aber wirkt der Prachtarm ausgesprochen anziehend.

Zwei afrikanische Spießböcke umkreisen sich hoch erhobenen Hauptes. Bei gleich starken Rivalen führt dieses Drohen unweigerlich zum Kampf. In einem ungleichen Kräfteverhältnis senkt der Schwächere den Kopf und trollt sich, ohne daß ihm etwas geschieht.

29 Kommentkampf:
Was du nicht willst, das man dir tu ...

Wenn eine Auseinandersetzung durch Drohen nicht entschieden werden kann – weil etwa die Kontrahenten ebenbürtig sind – leitet das Drohduell zum Kampf über. Der Kampf läuft entweder nach festen Regeln unter Schonung des Unterlegenen ab, dann handelt es sich um einen Turnier- oder Kommentkampf, oder es wird ohne Rücksicht auf den Gegner gekämpft, dann spricht man von einem Beschädigungskampf, aber auch dieser Kampf endet in der Regel nicht mit dem Tod des Besiegten, sondern mit Unterwerfung oder Flucht. Der Kommentkampf „zielt darauf ab, die wichtigste Leistung des Rivalenkampfes zu erfüllen, nämlich zu ermitteln, wer der Stärkere sei, ohne dabei den Schwächeren wesentlich zu beschädigen" (K. Lorenz).

Berühmt sind die Turniere der Meerechsen der Galápagosinseln, weil sie – anzusehen wie die Drachen unserer Märchenbücher – mit betonter Ritterlichkeit kämpfen. Die Männchen besitzen Reviere, die sie gemeinsam mit mehreren Weibchen bewohnen. Die Grenzen des Besitztums werden bewacht und mit Droh-Zeremoniellen gegen Nachbarn und Fremde verteidigt. Bleibt das Drohen wirkungslos, kommt es zum Kampf. Die Gegner stürzen mit gesenkten Köpfen aufeinander los, stoßen mit den Schädeln zusammen und versuchen, sich gegenseitig vom Platz zu drängen. Ihre scharfen Zähne, mit denen sie dem anderen tiefe Wunden schlagen könnten, werden in einem solchen Turnier nicht eingesetzt. Nach mehreren solcher Kraftproben gibt der Schwächere auf. I. Eibl-Eibesfeldt, Augenzeuge vieler derartiger Kämpfe, berichtet: „Da löste sich der Unterliegende unvermutet vom Gegner und warf sich mit einem Ruck flach vor den Überlegenen hin. Er sackte dabei in sich zusammen wie ein Gummitier, dem die Luft entweicht. Klein, niedergeduckt, mit angelegtem Rückenkamm und seitlich weggestreckten Beinen lag er auf dem Bauch, das armselige Gegenstück der prahlerischen Drohstellung! Und der Sieger? ... Er respektierte die Demutsgebärde des sich Unterwerfenden! In steifer Drohstellung wartete er, bis sich sein Gegner entfernte!"

Solche Kämpfe nach Regeln, die beide Konkurrenten vor Verletzung und Tod schützen und insbesondere den Unterlegenen schonen, sind weit verbreitet. Sie sind besonders von Tierarten entwickelt worden, die mit derart gefährlichen Waffen ausgestattet sind, daß sie jeden Kampf in ein blutiges Gemetzel verwandeln könnten. Ritterlichkeit wird also speziell von den Tieren geübt, die mit Zähnen, Klauen, Giftstacheln, Geweihen oder Hörnern jederzeit zum tödlichen Kampf fähig wären. Wehrhafte Arten mußten im Verlauf der Entwicklung wirksame Tötungshemmungen aufbauen, andernfalls hätten sie sich selbst ausgerottet.

Nicht jeder unblutig verlaufende Kampf ist ein Kommentkampf. Viele Tiere sind gar nicht fähig, sich etwas zuleide zu tun, weil sie keine Waffen besitzen oder weil sie gegen Angriffe gut gewappnet sind. Hirschkäfer beispielsweise tragen einen so starken Panzer, daß ihnen die geweihartigen Kiefer des Gegners nichts anhaben können. Von einem Kommentkampf spricht man nur bei solchen Tieren, die auch fähig wären, im Kampf zu verletzen und zu töten. Es wäre deshalb nicht richtig, die Tiere nach ihrer Kampfweise in ritterliche und unritterliche einzuteilen. Dieselben Tiere, die gewöhnlich kommentmäßig den Gegner schonen, können ihn auch verletzen oder umbringen. Die ritterlichen Meerechsen, die streng nach Komment kämpfen, greifen einander sofort ernsthaft an, wenn diese Regeln verletzt werden. Bei künstlich provozierten Kämpfen – I. Eibl-Eibesfeldt setzte Meerechsen mitten in bewohnte Reviere hinein – stürzte der Revierbesitzer augenblicklich auf den Eindringling los, biß ihn heftig in den Nacken und schüttelte ihn hin und her.

Es ist auch möglich, daß ein Turnierkampf in einen Beschädigungskampf übergeht. So kämpft beispielsweise der Rote Buntbarsch. Er imponiert frontal in seinem Prachtkleid, Flossen und die Kiemendeckel mit den auffälligen Augenflecken gespreizt. Er mißt seine Kräfte am Gegner, indem er umgekehrt parallel zu ihm steht und mit dem Schwanz nach ihm schlägt, allerdings ohne ihn zu berühren. Fische sind imstande, an der Wucht des Wasserschwalls, der ihre Flanke trifft, die Kraft des Gegners abzuschätzen. Weicht keiner nach dieser Kraftprobe, folgt die nächste Runde. Die Kämpfenden packen sich an den Kiefern, die mit dicker, strapazierfähiger Haut überzogen sind, und ziehen einander mit aller Kraft hin und her. Steht das Ringen danach immer noch unentschieden, beginnen sie mit dem Beschädigungskampf. Sie rammen sich die Schnauzen in die empfindlichen und leicht verletzlichen Flanken und schlagen sich dabei schwere Wunden und zerfetzen sich die Flossen. Es ist jedoch unwahrscheinlich, daß der Kampf dieses Stadium erreicht. Normalerweise gibt einer der Kämpfenden vorher auf; zum Zeichen dessen faltet er die Flossen zusammen, seine strahlenden Farben verblassen, und er verläßt das Revier des Siegers.

Unter natürlichen Bedingungen enden die Kämpfe des Roten Buntbarsches nicht mit dem Tod des Besiegten. Nur im Aquarium, wenn der Unterlegene das fremde Revier nicht verlassen kann, muß der Sieger ihn bis zum Tod bekämpfen. Das bleibt jedoch die Ausnahme unter den unnatürlichen Bedingungen der Gefangenschaft. Im Normalfall fällt bei allen Kommentkämpfern die Entscheidung im Kampf nach festen Regeln, obwohl und gerade weil sie alle auch imstande sind, Beschädigungskämpfe zu führen.

Die Meerechsen der Galápagos-Inseln haben als ritterliche Turnierkämpfer Berühmtheit erlangt. Sie leben das Jahr über friedlich auf den Lavafelsen am Meer, sobald sich aber ihr Fortpflanzungstrieb regt, gibt es Streit.
Dann grenzen die Männchen Reviere ab, in denen sie gerne viele Weibchen um sich scharen, aber keinen männlichen Nebenbuhler mehr dulden. Nun muß gekämpft werden, aber das geschieht auf ritterliche Art.
Das unblutige Turnier wird durch ein Imponiergehabe eröffnet. Die Gegner richten den Nacken- und Rückenkamm auf und wenden einander die Breitseite zu, dadurch erscheinen sie größer.
Sie reißen das Maul auf, als wollten sie zubeißen, und sie nicken mit dem Kopf.

Läßt sich der Eindringling durch das Imponiergehabe nicht einschüchtern und vertreiben, dann stürzt der Revierbesitzer auf ihn los. Die Kämpfenden senken die Schädel, drücken sie gegeneinander und versuchen, sich gegenseitig vom Platz zu schieben. Glückt das einem der beiden, so ist der Kampf entschieden.
Die spitzen, scharfen Zähne, mit denen sie sich tiefe Wunden reißen könnten, werden bei diesem Kampf nicht eingesetzt.

Wenn der Schwächere merkt, daß er seinem Gegner nicht gewachsen ist, gibt er einfach auf. Er legt sich in Demutsstellung flach auf den Bauch mit seitlich weggestreckten Beinen und angelegtem Rückenkamm – jeder Zoll das Gegenteil des prahlerischen Imponiergehabes vor dem Kampf.
Der Sieger akzeptiert die Unterwerfung, ohne dem Besiegten ein Leid anzutun. Er wartet in Drohstellung, bis dieser das Feld räumt.

30 Kommentkampf:
...das füg auch keinem andern zu

In den unterschiedlichsten Tiergruppen haben wehrhafte Tiere Hemmechanismen gegen die Tötung des Rivalen im Kampf entwickelt oder den gesamten Ablauf des Kampfes in eine faire und ungefährliche Kraftprobe verwandelt. So kennen viele Fische den Kommentkampf. Der berüchtigte Raubfisch des Amazonas und des Orinoko, der Piranha, beißt niemals einen Rivalen. Er kämpft mit einer bei vielen Fischen üblichen Technik. Die Rivalen tauschen Schwanzschläge und messen die Kraft des Gegners am Druck des Wasserschwalls, der sie in die empfindlichen Flanken trifft.

Eine besondere Variante hat ein Zwergbuntbarsch entwickelt. Er schießt unter seinen Gegner. Dadurch entsteht ein Wassersog, der den Gegner nach unten absacken läßt. Buntbarsche schieben oder ziehen sich gegenseitig am Maul, andere klatschen die Mäuler aufeinander. Schmetterlingsfische versuchen einander – Stirn an Stirn gedrückt – wegzuschieben. Pfiffig erscheint die Kampfweise eines Schleimfisches, der seinen Rivalen in eine so ausweglose Situation manövriert, daß dieser schnell aufgeben muß. Sobald es ihm gelungen ist, seinen Gegner fest am Kopf zu packen, kriecht er rückwärts in seine eigene Wohnhöhle und läßt den anderen draußen hilflos zappeln. Am Beispiel der Giftschlangen leuchtet unmittelbar ein, wie vernichtend es wäre, die eigenen tödlichen Waffen im Rivalenkampf einzusetzen: keiner der Kämpfenden würde den Kampfplatz lebend verlassen. Die Giftschlangen hätten sich auf diese Weise schon längst selbst ausgerottet. So ringen sie nach genauen Regeln, ohne einander zu beißen. Zauneidechsen dulden den Biß des Gegners in den gut gepanzerten Nacken und beurteilen danach dessen Stärke. Wenn der Schwächere kapituliert, nimmt er die Demutshaltung ein. Er legt sich flach auf den Boden und tritt schnell mit allen vier Füßen auf der Stelle, sozusagen im Leerlauf. Dieses sogenannte Treteln wird als ritualisierte Flucht gedeutet. „Schau, wie ich schon vor dir fliehe", soll das etwa heißen, und erst dann flieht er wirklich. Lava-Eidechsen verprügeln sich mit ihren Schwänzen. Invaliden ohne Schwanz aber kämpfen – und dann ganz und gar gegen das Reglement – mit den Zähnen. Truthähne packen den Rivalen bei der nackten Haut an Kopf und Hals und an dem vom Schnabel baumelnden Fleischlappen und versuchen dann, ihn wegzuschieben oder zu Boden zu drücken. Die rote Signalfarbe der Haut soll die Schnabelhiebe auf sich ziehen, denn die Haut ist äußerst widerstandsfähig und übersteht die Rauferei ohne Schaden, während das empfindlichere Gefieder arg zerrupft würde. Hörner und Geweihe sind im wesentlichen Waffen für die intraspezifische (innerartliche) Auseinandersetzung, denn sie werden nur von ganz wenigen Arten unter den Hornträgern gegen Raubfeinde, von allen aber gegen Rivalen gerichtet. Das Problem ist nun aber, daß Spieße, Hörner und Geweihzacken zum Teil gefährliche Mordwerkzeuge sind; würden die Kämpfenden sie ohne Hemmung einsetzen, bedeutete das für die Beteiligten in vielen Fällen den Tod. So besitzen gerade Hornträger eine Fülle von Sicherungen gegen die Rivalentötung. Dickhornschafe meiden den Kampf in vielen Fällen gänzlich. Ihr Rang in der Gruppe hängt von ihrer Hornstärke ab, die mit wachsendem Alter zunimmt. Sie tragen sozusagen Rangabzeichen am Kopf, die jeder sehen kann und die von jedem respektiert werden. Neu hinzukommende Schafe finden danach ihren Platz in der Hierarchie. Höchstens die Besitzer gleichstarker Hörner messen sich miteinander.

Zum Teil sind die Gehörne und Geweihe geschwungen, gewellt oder gekrümmt, oder sie tragen Wülste, Leisten und Rillen und können schon deshalb nicht wie spitze, alles durchdringende Dolche eingesetzt werden. Ein übriges bewirken die Kampfmethoden. Hornträger zielen mit ihren Hörnern nicht auf den Körper des Gegners, sondern auf die unempfindlichste Körperpartie, auf die Hörner selbst. Im Prinzip kämpfen sie auf zwei Arten, entweder ringen sie, wie es für Antilopen typisch ist, oder sie rammen einander, wie es Büffel und Schafe tun. Der Spießbock kreuzt sein Gehörn mit dem des Gegners, so daß die Stirnen sich berühren, schiebt und drängt mit aller Kraft und versucht, den anderen wegzudrücken. Der Spießbock gehört zu den wenigen Hornträgern, die sich fast regelmäßig gegen Raubfeinde wehren. Er kann einen Hund beispielsweise mit einem einzigen Stoß glatt durchbohren. Das geschieht im Rivalenkampf nicht, dort entscheidet die Kraft im Stirndrängen. Grantgazellenböcke klemmen den Kopf des Gegners zwischen die Hörner und stemmen sich gegeneinander, oder sie verhaken ihre Hörner ineinander und versuchen, dem Gegner durch Hin- und Herhebeln die eigene Bewegung aufzuzwingen. Steinböcke richten sich auf den Hinterbeinen auf, laufen auf den Gegner zu, stürzen sich buchstäblich kopfüber in den Zusammenprall und schlagen ihre Hörner zusammen. Moschusochsen und viele Wildschafe lassen ihre mit Hornplatten bedeckten Stirnen gegeneinanderprallen. Beim Ringen wie beim Rammen kann es Unfälle geben. Kudubullen verhaken sich zuweilen so unglücklich mit ihren gewaltigen, mehrfach gewundenen Hörnern ineinander, daß sie nicht mehr voneinander loskommen und zugrunde gehen müssen. Und wenn Moschusochsen in der Kampfeshitze lostürmen und mit voller Wucht zusammenprallen, dann kann es geschehen, daß Hornplatte und Schädel bersten. Aber beides sind, wie gesagt, Unfälle und keine Kampfziele. Rammen, Stoßen, Ringen, Hebeln und andere Techniken sind die geeigneten Mittel für Kämpfe, in denen ein Sieger ermittelt, nicht aber ein Verlierer verletzt oder getötet werden soll.

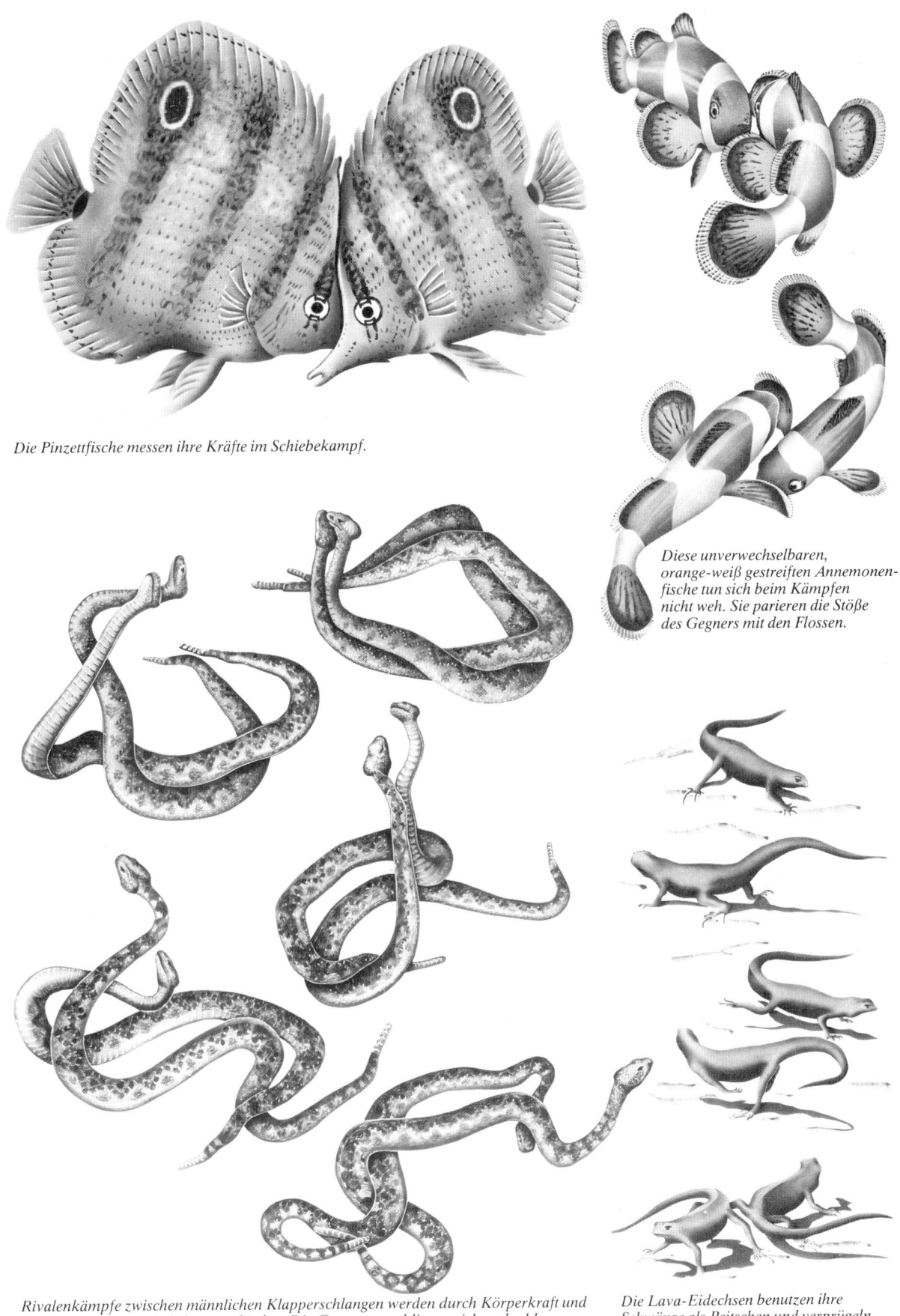

Die Pinzettfische messen ihre Kräfte im Schiebekampf.

Diese unverwechselbaren, orange-weiß gestreiften Annemonenfische tun sich beim Kämpfen nicht weh. Sie parieren die Stöße des Gegners mit den Flossen.

Rivalenkämpfe zwischen männlichen Klapperschlangen werden durch Körperkraft und Ausdauer – nie durch Gift – entschieden. Die Gegner umschlingen sich und schlagen die Köpfe abwechselnd gegeneinander.

Die Lava-Eidechsen benutzen ihre Schwänze als Peitschen und verprügeln sich gehörig damit.

31 Beschwichtigungsgebärden: Sprache des Friedens

Zahlreiche Arten gehen nach dem einleitenden Drohen dazu über, sich tätlich anzugreifen, zu beißen, zu kratzen, zu schlagen und zu stechen – was die Waffen hergeben. Aber selbst dann noch sind im allgemeinen genügend Sicherungen eingebaut, damit der Beschädigungskampf nicht mit einem Mord endet. Einige Tiere, wie beispielsweise Wildschweine, sind für einen Kampf körperlich gut gerüstet. Sie tragen an der Seite einen Schild, eine Platte aus derber, dichtbehaarter Haut, mit der sie die gefährlichen Stöße des Gegners abfangen. Löwen parieren Bisse und Prankenschläge mit ihrer Mähne. Andere, körperlich weniger gut ausgestattete Tiere, fliehen, sobald der Kampf bedrohlich zu werden beginnt. Für soziallebende Tiere ist Flucht keine Lösung eines Konfliktes, denn „für ein geselliges Herdentier gibt es kaum etwas Schlimmeres, als wirklich allein zu sein. Daß jedesmal jeder Angegangene in alle Welt hinausflicht, ist also so ziemlich das letzte, was sich diese Tiere wünschen" (F. Walther).

Für gesellig lebende Tiere genügt es deshalb oft, dem Überlegenen aus den Augen zu gehen, außerdem haben sie eine Fülle von Beschwichtigungs- und Demutsgebärden, die es ihnen ermöglichen, trotz Rivalitäten zusammenzubleiben. Auch Tiere, die sich bei einer sich abzeichnenden Niederlage nicht schnell genug in Sicherheit bringen können, haben das sogenannte Demutsverhalten entwickelt. Es beendet den Kampf ebenso schlagartig und unfehlbar wie ein geflohener, nicht mehr vorhandener Gegner. In beiden Fällen ist der Anreiz zum weiteren Kampf urplötzlich ausgeschaltet. Denn ein sich unterwerfendes Tier zeigt in allen Verhaltensweisen das genaue Gegenteil eines herausfordernden Tieres. Flucht oder Unterwerfung können sowohl einen Kommentkampf wie einen Beschädigungskampf beenden.

Wölfe führen einen Beschädigungskampf, sobald sich aber der Unterlegene unterwirft, ist der Sieger mit ziemlicher Sicherheit unfähig, noch einmal zuzubeißen. Dies ist die berühmte Schilderung eines Wolfskampfes von K. Lorenz: „Die furchtbaren Brechscheren der Gebisse flitzten in blitzraschem Wechsel von Biß und Gegenbiß, das Auge vermochte nicht zu folgen. Noch war eigentlich nichts Ernstes geschehen, stets traf das Schnappen des einen Wolfes nur auf die weißen Zähne des anderen, die den Biß parierten. Doch der kleinere Wolf wurde mehr und mehr zurückgedrängt. Tatsächlich stolperte der Jüngere, und schon war der Alte über ihm. Der alte Wolf hat sein Maul dicht, ganz dicht am Hals des jüngeren. Und dieser hält seinen Kopf abgewendet, er bietet die Krümmung seines Halses, die verwundbarste Stelle seines Körpers, schutzlos dem Feinde dar! Jeden Augenblick ist man gewärtig, daß der Stärkere zubeißt, daß seine Zähne die Halsvene des Besiegten zerreißen. Der überlegene Wolf oder Hund beißt aber in dieser Situation sicher nicht zu. Man sieht ihm an, daß er es eigentlich gern möchte, aber einfach nicht kann!" Was Lorenz hier beschreibt, gilt nur für die alltäglichen Auseinandersetzungen in einem Wolfsrudel. In den sehr viel selteneren Kämpfen um die Führungsposition können sich Wölfe hemmungslos beißen. Die Wirkung der Demutsgebärde liegt im Wegwenden des Gebisses, der Waffe also.

Demutshaltungen sind das genaue Gegenstück zur Drohhaltung. Macht sich ein Tier beim Drohen groß und gefährlich, läßt es sein Prachtkleid glänzen und zeigt es seine Waffen vor, so wird es in der Demutshaltung klein, die Farben verblassen, und es verbirgt die Waffen vor dem Gegner. Gorillas beispielsweise fixieren den Gegner mit starrem Blick, Wegsehen und Kopfschütteln als Gegenteil des Anstarrens bedeuten Beschwichtigung. Die Silberrückenmännchen, die jeweiligen Gruppenführer bei den Gorillas, tragen untereinander regelrechte Blickduelle aus: „Diese Giganten des Waldes, von denen jeder so stark war wie mehrere Männer zusammen, kämpften nicht miteinander, um die Frage des Vorrangs zu klären, sondern wollten sie dadurch regeln, daß sie einander ansahen, bis einer von ihnen wegblickte. Drohend standen sie sich zwanzig bis dreißig Sekunden lang gegenüber, aber da keiner nachgab, trennten sie sich wieder" (G. B. Schaller).

Gorillas kennen eine weitere Unterwerfungsgeste, sie kauern sich auf dem Boden nieder und bieten dem Ranghöheren den Rücken dar. Das ist ein wirksamer Schutz gegen einen Angriff, auf den die Tiere sich blindlings verlassen. Sie sind deshalb nicht fähig, dieses Schema in Situationen zu variieren, in denen es ihnen nichts nützt, zum Beispiel in der Begegnung mit dem Menschen. Gorillaweibchen verharren in ihrer Unterwerfungsgeste, die Arme über den Kopf erhoben, und lassen sich so wehrlos vom Menschen erschlagen. Das Gleiche kann passieren, wenn zwei Tierarten aufeinander treffen, die nicht die gleiche „Sprache" sprechen wie Pfau und Truthahn. Der Truthahn legt sich flach auf den Boden, die Flügel eng angelegt und den Hals vorgestreckt, wenn er den Kampf aufgibt. Jeder Truthahn versteht den Sinn einer solchen Demutsgebärde und läßt daraufhin den am Boden Liegenden ungeschoren, nicht so der Pfau, der diese Gebärde überhaupt nicht versteht und deshalb auch keine Hemmung verspürt, weiter auf den am Boden Liegenden einzuhacken. Der Truthahn wiederum vertraut so sehr auf die Wirksamkeit seiner Unterwerfungsgeste, daß er liegen bleibt und sich weiter mißhandeln läßt.

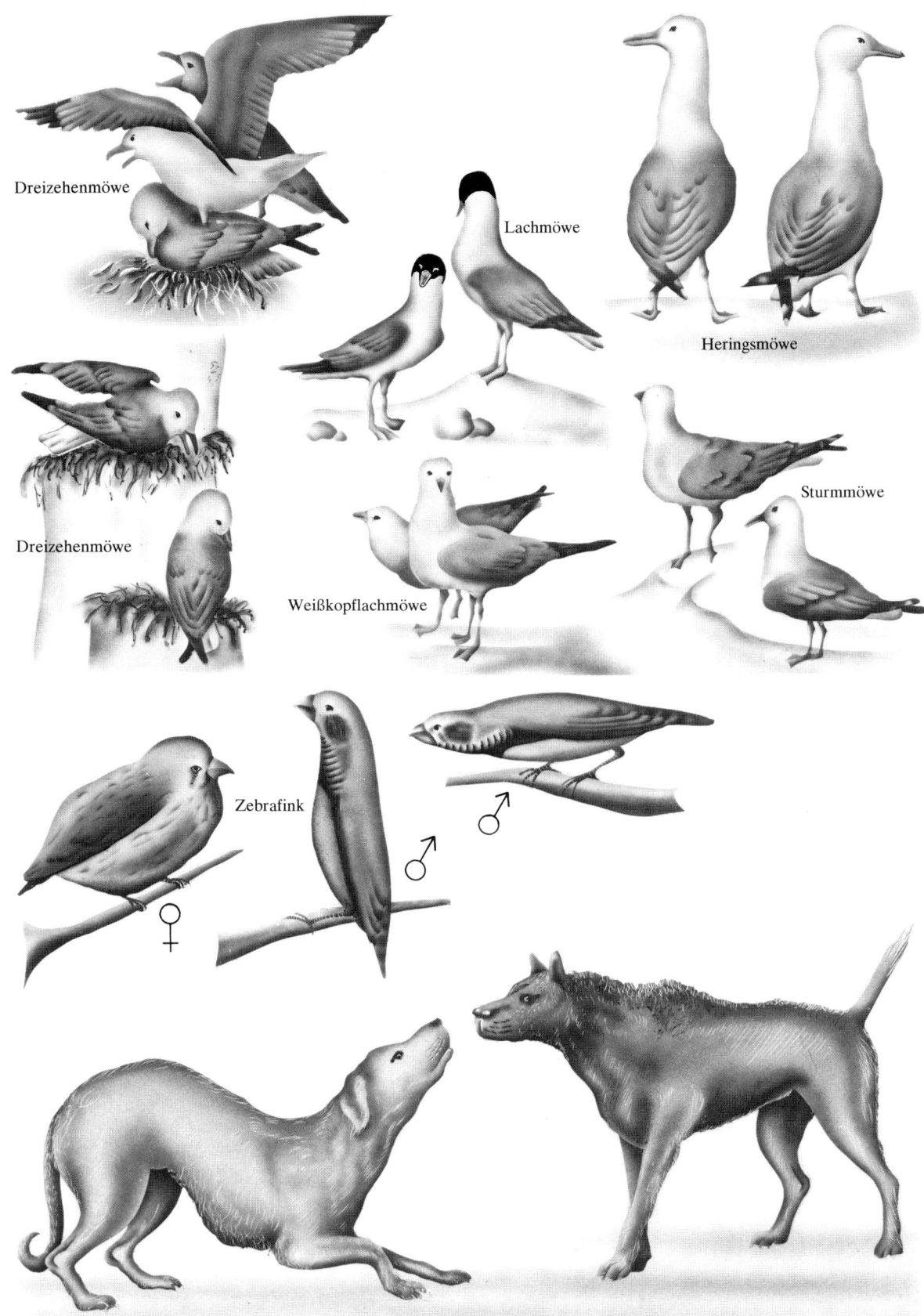

Dreizehenmöwe

Lachmöwe

Heringsmöwe

Dreizehenmöwe

Weißkopflachmöwe

Sturmmöwe

Zebrafink

♀

♂

♂

Wenn Tiere in einem aussichtslosen Kampf um Schonung bitten wollen, dann machen sie sich klein und unauffällig und wenden ihre Waffen vom Gegner fort, so daß sie mit ihrer ganzen Haltung ausdrücken: „Ich habe verloren, ich will nicht mehr kämpfen".
Ihre Demutshaltung ist in allem das Gegenteil der Droh- und Angriffshaltung. Oben: Viele Möwen drehen zur Beschwichtigung den Kopf weg und verbergen den Schnabel vor dem Gegner. Mitte: Der männliche Zebrafink legt in drohender Haltung die Federn eng an den Körper. Im Kontrast dazu plustert das hingekauerte Weibchen die Federn in der Demutsgebärde auf. Unten: Der Hund links zeigt die Beschwichtigungsgebärde, der Hund rechts die Drohhaltung.

32 Beschwichtigungsgebärden: Kindlichkeit und Sexualität

Viele Rivalenkämpfe werden dadurch beendet, daß einer der Kämpfer mit allen Zeichen der Unterwürfigkeit aufgibt. Solche Demuts-, Befriedungs- oder Beschwichtigungsgebärden tauchen nun in vielen anderen, mehr oder minder aggressiv aufgeladenen Situationen ebenfalls auf, ohne daß dabei gleich gekämpft wird: Der andere soll nur ein wenig zur Seite gehen am Futterbaum oder am Wasserloch, er soll den engen Pfad freimachen oder am Sitzplatz ein Stück weiterrücken. Er soll vielleicht nicht gerade da spielen, wo man ausruhen will, oder nicht immer in die falsche Richtung laufen, wenn der Trupp aufbricht. Er soll die Banane liegen lassen, sich den Weibchen nicht nähern, die Grenze nicht überschreiten oder einem schlicht drei Schritt vom Leibe bleiben. Solche und andere strittigen Punkte werden in Tiergruppen in den allermeisten Fällen kampflos geregelt.

Schimpansen beispielsweise verfügen über ein sehr differenziertes Verständigungssystem. Diese Tiere können in paradiesischem Frieden miteinander leben. Da sie aber leicht erregbar sind, flammt doch häufig Streit in ihren Gruppen auf, dem sie vorbeugen oder ausweichen oder den sie zumindest gütlich beizulegen versuchen – alles mit Hilfe ihrer nuancierten Befriedungsgebärden. Typisch ist folgende Szene: Eine Schimpansengruppe sitzt in der Sonne und laust sich reihum, ein paar kleinere Kinder kullern durchs Gras. Plötzlich steht der ranghöchste Affe am Waldrand. Sein Freund geht auf ihn zu und umarmt ihn. Eine junge Mutter mit ihrem Baby im Arm streckt die Hand aus und berührt ihn am Arm, ein junger Affe kommt gebückt daher und verbeugt sich eifrig. Der alte Affe umarmt seinen Freund ebenfalls und küßt ihn, er drückt die ausgestreckte Hand der Mutter, streicht dem Baby über den Kopf und klopft dem Jungen freundlich auf den Rücken.

Das Ganze kann aber auch ganz anders aussehen: Der Alte kommt, einige laufen auf ihn zu, die Hand zum Gruß ausgestreckt oder gebückt dienernd, ein kleines Kind faßt an ihm hoch. Diesmal packt der Alte den jungen Affen, reißt ihn vom Boden hoch und schüttelt ihn wild, die Mutter kann gerade noch das kleine Kind an sich ziehen, dann wird sie zu Boden geworfen und mit Fußtritten traktiert. Aber fast im gleichen Atemzug legt der Alte schon wieder versöhnlich den Arm um sie, und wenig später legt er dem jungen Affen, der schreiend und unterwürfig vor ihm kauert, beruhigend die Hand auf den Rücken. Jederzeit können in einer Schimpansengesellschaft Stimmungen so aggressiv explodieren. Viele Gesten sollen deshalb dämpfend und beschwichtigend wirken.

Auch die Angreifer wenden sie an. Denn meistens versöhnen sie sich rasch mit den von ihnen Malträtierten und versuchen, ihnen die Angst zu nehmen. Viele dieser Gesten stammen aus der Mutter-Kind-Beziehung. Das Ausstrecken der Hand mit den vielerlei Bedeutungen für die Erwachsenen (Gruß, Bitte, Beschwichtigung, Unterwerfung, Versöhnung, Tröstung u. a.) kann sich aus der Bittgebärde des kleinen Kindes herleiten, das die Mutter und andere Gruppenmitglieder um Futter anbettelt. Lausen – wichtigstes Mittel der Kontaktpflege – beruhigt verängstigte oder erregte Tiere. Es geht zurück auf die mütterliche Körperpflege des Kleinkindes. Und Körperberührungen und Umarmungen sind Verständigungsmöglichkeiten aus den frühen Kindertagen, da der kleine Schimpanse sich in jeder kritischen Situation an den Körper der Mutter flüchten konnte oder schützend von ihr dort geborgen wurde.

Viele Tiere benutzen kindliche Verhaltensweisen, wenn sie eine Attacke abwenden oder einen Kampf beenden wollen. Sie können sich dabei auf die besonders starke Hemmung verlassen, sich an Kindern zu vergreifen. Ein im Kampf unterlegener Wolf beispielsweise rollt sich auf den Rücken und zieht die Pfoten an – ganz so wie er als kleiner Wolf vor der Mutter lag, wenn sie ihn sauber leckte. Tatsächlich leckt ihn dann häufig auch der Sieger in der gleichen Weise ab. Und so kann der Kampf ganz versöhnlich enden und vielleicht sogar in einem freundlichen Spiel ausklingen. Die kindlichen Appelle in Demutsgebärden hemmen bei Kämpfen nicht nur jeden weiteren Angriff, sie stimulieren auch zu der freundlichen Zuwendung, die Kinder in Tiergesellschaften allgemein erfahren. So kann die Demutsgebärde zu friedlichen Umgangsformen überleiten wie beispielsweise bei den Dohlen. Wendet der Unterlegene in der Demutsgebärde seinen Kopf vom Gegner ab, kann es geschehen, daß der Sieger ihm das Gefieder am Hinterkopf krault und putzt – und das ist in der Dohlenkolonie eine Geste des sozialen Kontakts.

Ebenso wie kindliches kann auch sexuelles Verhalten der Demutsgebärde beigemischt sein. Bestes Beispiel ist das Präsentieren vieler Affen: Die Weibchen fordern zur Paarung auf, indem sie ihr Hinterteil präsentieren und den Schwanz wegbiegen. Im Gruppenleben wird diese Stellung von beiden Geschlechtern benutzt, sie hat dann die Bedeutung des Grüßens über alle Abstufungen bis hin zur völligen Unterwerfung. Gelegentlich kann die Beimischung sexueller Verhaltensweisen in der Demutsgebärde sogar zu Mißverständnissen führen. Bei der Zauneidechse beispielsweise ist die Demutsgebärde so identisch mit der Paarungsaufforderung, daß der Sieger tatsächlich darauf mit einem Kopulationsversuch antworten kann.

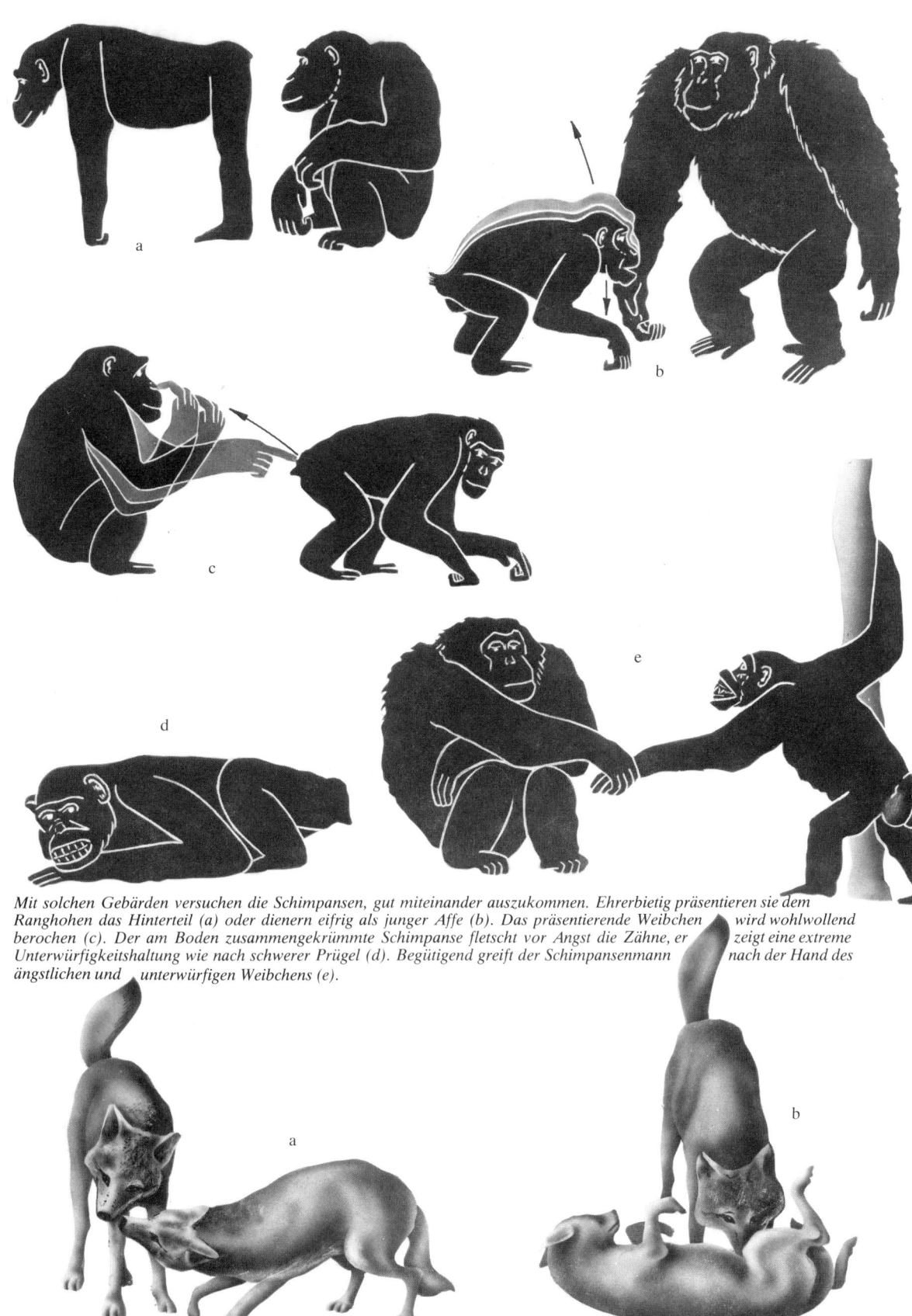

Mit solchen Gebärden versuchen die Schimpansen, gut miteinander auszukommen. Ehrerbietig präsentieren sie dem Ranghohen das Hinterteil (a) oder dienern eifrig als junger Affe (b). Das präsentierende Weibchen wird wohlwollend berochen (c). Der am Boden zusammengekrümmte Schimpanse fletscht vor Angst die Zähne, er zeigt eine extreme Unterwürfigkeitshaltung wie nach schwerer Prügel (d). Begütigend greift der Schimpansenmann nach der Hand des ängstlichen und unterwürfigen Weibchens (e).

Der unterlegene Wolf bittet um Schonung und benimmt sich dabei wie ein Kind: er bettelt um Futter (a) oder er rollt sich auf den Rücken und läßt sich ablecken (b).

33 Mord:
Sind Tiere fähig, einen Artgenossen zu töten?

Im Zuge der Auseinandersetzung zwischen zwei Löwenrudeln wurde einer der Anführer vertrieben und ein anderer getötet. – Sechs Löwenjunge wurden von fremden Eindringlingen umgebracht. – Eine Löwin belauerte das Junge ihrer Rivalin und fraß es. – Ein Löwe biß einer Löwin, die Anteil an der Beute beanspruchte, das Genick durch. – Ein Löwenjunges, das hungrig auf eine frisch erbeutete Gazelle zulief, wurde von einem Löwen mit einem Prankenhieb tödlich verletzt. Solche und ähnliche Meldungen über das Töten von Artgenossen haben die Fachwelt aufgeschreckt, ließen sie sich doch nicht einordnen in die bisher gültige Lehre, nach der Tiere der gleichen Art sich nicht umbringen. (Eine Art umfaßt jeweils alle Tiere, die gemeinsame Erbanlagen besitzen und sich fruchtbar miteinander paaren können).

Ein Löwe tötet danach keinen Löwen, ein Elefant keinen Elefanten und eine Gazelle keine Gazelle. Das hat zur Ausbildung des Kommentkampfes geführt, in dem der Unterlegene geschont wird. Je gefährlicher die Waffen wie Zähne, Klauen oder Gift, desto stärker die Hemmung, sie gegen einen Artgenossen einzusetzen, lehrte K. Lorenz. Artgenossen schonen sich nicht nur im Kampf, sie helfen einander auch aktiv. Alle sozialen Hilfeleistungen vom Warnruf bis zum Einsatz des eigenen Lebens für den anderen stehen ebenfalls im Dienste der Arterhaltung. Fairneß für den Gegner, Hilfe für den Gefährten: das bedeutet, daß das Gemeinwohl – der Fortbestand der Art – über dem Eigenwohl steht. Deshalb konnten sich die Arten, deren Vertreter nicht nur für sich, sondern im Sinne der Erhaltung der Art handelten, erfolgreich über lange Entwicklungszeiten halten. So sagt es die Lehre von der Arterhaltung.

Fand aber ein Freilandbiologe einen von einem Stoßzahn durchbohrten Elefanten, ein zu Tode gebissenes Affenkind oder einen im Kampf tödlich verletzten Wolf, so waren das Beobachtungen, die in diese Lehre nicht paßten. Nicht etwa, weil dogmatische Wissenschaftler die Augen vor der Wirklichkeit verschließen wollten, sondern weil der Schlüssel zum Verständnis der Tötung von Artgenossen fehlte. Die Fälle von Kindes- und Rivalenmord sind viel seltener als die Fälle von Schonung und Hilfe, aber auch seltene Fälle bedürfen einer wissenschaftlichen Erklärung, und die kann in diesen Mordfällen nicht die Arterhaltung sein. Wenn aber Löwen und andere ihr Verhalten nicht am Fortbestand der Art und am Wohlergehen des Artgenossen ausrichten, was ist dann der Angelpunkt ihres Verhaltens? Es ist der „Egoismus der Gene" (Gen-Selektion), der unter bestimmten Umständen in der Tötung eines Artgenossen durchschlagen kann, sich in der Regel aber in einem stark ausgeprägten Familiensinn der sozial lebenden Tiere äußert. Dieser Widerspruch wird gleich aufgeklärt:

Jeder Organismus trägt seine Erbanlagen, seine Gene, in sich und ist bestrebt, sie in der Fortpflanzung weiter zu geben und zu vermehren. Man muß sich vorstellen, daß die Gene einen unbändigen Willen zum Leben und zur Vermehrung in sich tragen und daß sie deshalb jeden Organismus antreiben, sich in ihrem Interesse zu verhalten. Viele Beobachtungen über selbstloses soziales Verhalten einerseits und Mord andererseits lassen sich aus diesem einen Prinzip widerspruchslos erklären. Danach tut ein Tier alles für die Erhaltung und Verbreitung seines eigenen Erbgutes, und wenn es diesem Ziel dienlich ist, tötet es dafür auch einen Artgenossen. Nicht die Erhaltung der Art, sondern die Verbreitung der eigenen Gene bestimmen das Gesetz des Handelns.

Gene sind dann erfolgreich, wenn das Individuum als ihr Träger möglichst viele Nachkommen hat. Da sie aber auch in Geschwistern, Enkeln, Nichten und Neffen fortleben, zählen diese ebenfalls in der Erfolgsbilanz mit. Das Ergebnis ist der häufig zu beobachtende, stark ausgeprägte Familiensinn vieler sozial lebender Tiere. Tiere setzen sich immer dann füreinander ein, wenn sie miteinander verwandt sind. Der Einsatz ist um so höher, je enger die Verwandtschaft ist – ganz im Sinne der auf Vervielfältigung bedachten Gene. Ein Kind erhält jeweils die Hälfte seiner Erbanlagen vom Vater und die andere Hälfte von der Mutter, deshalb haben Eltern mit ihren Kindern und Geschwister untereinander jeweils zur Hälfte die gleichen Gene. Ein Enkel hat noch ein Viertel der Gene seiner Großeltern. Vettern ersten Grades tragen 12,5 Prozent gemeinsames Erbgut.

Der Egoismus der Gene schützt also nicht nur die unmittelbaren Nachkommen, sondern auch noch die nächste Verwandtschaft. Denn es wäre widersinnig, Träger der eigenen Gene in der Fortpflanzung zu produzieren, während diese gleichen Gene in nahverwandten Familienangehörigen durch mangelnde Pflege oder tödliches Rivalisieren wieder umgebracht werden. Nach dieser Theorie ist also Altruismus und Mord – beides! – gekoppelt an den Egoismus der Gene. Dient es der Verbreitung der eigenen Gene, dann arbeiten Tiere selbstlos zusammen wie in der Familie, oder sie bilden auch Hilfsgemeinschaften unter Nichtverwandten. Steht ein Artgenosse der Verbreitung der eigenen Gene aber im Weg, besteht keine grundsätzliche Hemmung, ihn zu töten.

In vielen Kapiteln dieses Buches wird das Verhalten der Tiere im Hinblick auf den arterhaltenden Wert dargestellt. So war es in der Verhaltensforschung bisher üblich. Die Theorie von der Gen-Selektion ist neu. Sie wurde zwar erstmals 1964 von W. Hamilton formuliert, aber erst in den letzten Jahren durch eine Reihe wichtiger Beobachtungen und Berechnungen gestützt. Vieles bleibt aber noch zu tun. So stehen im Augenblick zwei Theorien nebeneinander, die sich ausschließen: Eigennutz der Gene oder Gemeinnutz der Art? Steht die Tötung des Artgenossen unter Hemmung oder nicht? Das sind fundamentale Fragen. Dieses Buch spiegelt den Stand der Forschung wider, in der der neue und der bisher gültige Erklärungsversuch nebeneinanderstehen.

Ein junger Elefant zeigt Imponiergehabe (links), ein anderer bedroht eine Kuh (unten). Die Bullen messen ihre Kräfte ein Leben lang in Kampfspielen, die relativ friedlich ablaufen. In vielen Scheingefechten lernen sie ihre eigene Stärke und die des Gegners kennen und ordnen sich in der Rangordnung der Bullen dort ein, wo ihr Platz ist. Die Hierarchie wird auf diese Weise laufend überprüft und korrigiert. Die Rangordnung gründet sich auf Größe und Alter, und oft genügen Drohen und Imponieren, um sie aufrechtzuerhalten. Viele Drohungen sind bloßer Theaterdonner. Sie reichen meistens, um Streitigkeiten über Wasser oder Futter oder die Weibchen im Sinne des Ranghöheren zu entscheiden. Manchmal jedoch wird aus den Kampfspielen Ernst. Zwischen Altersgenossen, die im Rang nah beieinanderstehen, werden ab und zu schwere Kämpfe ausgetragen, in denen die Gegner sich klaffende Wunden schlagen oder mit einem unglücklich geführten Stoß tödlich verletzen können. Der tödliche Ausgang allerdings ist die ganz seltene Ausnahme. Viele andere Tiere kämpfen ebenfalls wie die Elefanten unter Schonung des Gegners. Warum verhalten sie sich so? Gibt es ein Tabu, einen Angehörigen der eigenen Art zu töten? Oder schützt jeder Kämpfer nur sein eigenes Leben, wenn er nicht auf Tod und Leben kämpft?

34 Mord:
Die Mörder sind auch die Opfer

Nach der bisherigen Lehrmeinung steht der Kommentkampf, der ritterliche Kampf, in dem die Gegner sich schonen, im Dienst der Arterhaltung. Diesem übergeordneten Prinzip genetisch verpflichtet, besitzen Tiere eine Hemmung, einen Artgenossen zu töten, und haben deshalb friedliche Formen des Zweikampfes entwickelt, in dem kein Artgenosse verletzt oder getötet wird. In der Theorie der Gen-Selektion erscheint der Kommentkampf in einem anderen Licht. Und zwar ändern sich nicht die Fakten, denn den schonenden Kampf gibt es bei vielen Tieren, sondern nur die Erklärungsversuche.

Darwin ging davon aus, daß sich der Tüchtigste in der Konkurrenz mit seinen Artgenossen durchsetzt und der Erfolg sich an der Zahl seiner Nachkommen mißt. Wer also in der Schar seiner Kinder und Enkel weiterlebt, hat den Kampf ums Dasein erfolgreich geführt. Wer kinderlos stirbt, hat diesen Kampf verloren, er ist aus dem Entwicklungsgang des Lebendigen ausgeschieden. Dies Überleben oder Aussterben nennt der Biologe Selektion (natürliche Auslese). Darwin nahm noch an, daß es das Individuum ist, das den Überlebenstest der Natur zu bestehen hat und zwar allein gegen alle (Individual-Selektion). Das Prinzip der Schonung von Artgenossen gab es bei ihm nicht. Die neue Theorie setzt an die Stelle des Individuums die Erbanlage, das Gen. Und neu im Vergleich zu Darwins Thesen ist auch die Erkenntnis, daß für die Ausbreitung des eigenen Erbgutes nicht nur das Durchsetzungsvermögen jedes einzelnen Individuums wichtig ist, sondern ebenfalls der enge Familienzusammenhalt, weil nicht nur die eigenen Nachkommen, sondern auch die nächsten Verwandten Träger der eigenen Erbanlagen sind. Deshalb wird die Gen-Selektion auch Sippen-Selektion genannt.

In einem Punkt treffen sich die alte und die neue Theorie. Jedes Individuum trägt in sich den unbändigen Drang, sich fortzupflanzen, und versucht, sich zugunsten der eigenen Nachkommen durchzusetzen. Das geschieht auf Kosten anderer, die dadurch von der Fortpflanzung ausgeschlossen werden. Die Gen-Selektion ist (was für die Individual-Selektion auch gilt) aggressiv und egoistisch. „Denn Selektion ist das Anwachsen der Anzahl der Träger eines Gens auf Kosten der Träger eines anderen Gens. Wenn es einem Individuum möglich ist, einen Rivalen von der Fortpflanzung auszuschließen, so wird sich das dazu geeignete Verhalten durchsetzen. Die natürliche Selektion bietet keine Möglichkeit für die Entwicklung von Mechanismen, welche den Schutz des Artgenossen über den Eigen-Vorteil des kämpfenden Individuums stellen." (W. Wickler) Trotzdem ist das Ergebnis nicht Mord und Totschlag. Denn dieselbe Selektion, die das hemmungslose Kämpfen des Individuums zuläßt, verhindert gleichzeitig, daß dieses

Verhalten ganze Gruppen erfaßt. Diese Gruppen würden sich selbst ruinieren und von der Selektion getilgt werden. Das wird im folgenden erklärt. Vorher muß noch betont werden, daß sich die Durchsetzungsfähigkeit eines Individuums nicht nur in der Konkurrenz mit Artgenossen erweist, sondern weit mehr in der Anpassung an Klima, Vegetation, Schutz vor Feinden und vielen anderen Überlebensstrategien, die über den Fortpflanzungserfolg entscheiden. Die Konkurrenz mit Artgenossen macht nur einen Teil dieser Überlebensstrategien aus, und sie wird fast immer unblutig entschieden.

Warum eigentlich, fragt man sich, wenn es doch keine grundsätzliche Hemmung gibt, den Artgenossen zu töten? Aus reinen Nützlichkeitserwägungen, heißt die Antwort. Die Rivalentötung ist ein zweifelhaftes Mittel, um Konflikte zu lösen, weil das Risiko für beide Gegner gleich hoch ist, in einem Ernstkampf den Tod zu finden. So sind zwei Kommentkämpfer, die sich gegenseitig schonen, immer im Vorteil gegen zwei Beschädigungskämpfer, die ohne Hemmung töten. Folgt man diesen Gedankengängen, dann wird ein Artgenosse nicht deshalb vom Tode verschont, weil er ein Artgenosse ist, sondern weil es zu gefährlich ist, ihn umzubringen. Der eben noch überlegene Mörder könnte schon im nächsten Augenblick das Opfer eines noch überlegeneren Mörders werden. In Gruppen, in denen alle Kämpfe auf Leben und Tod geführt würden, würden sich die Fortpflanzungschancen für jedes einzelne Mitglied ganz drastisch reduzieren.

Das ist leicht vorauszusehen: Nehmen wir einmal an, in einer Gruppe, in der nur unblutige Kommentkämpfe ausgetragen werden, taucht plötzlich ein Tier auf, das hemmungslos tötet, um seine Interessen durchzusetzen. Bei jedem Streit um ein Weibchen beispielsweise tötet der Beschädigungskämpfer den Rivalen. Selbstverständlich bleibt er gegen einen Kommentkämpfer, der nie ernstlich angreift, immer Sieger. So wird er zahlreiche Nachkommen haben. Im Laufe der Generationen aber werden immer mehr hemmungslose Kämpfer geboren werden, so daß sich schließlich nur noch Beschädigungskämpfer gegenüberstehen, die sich gegenseitig umbringen. Über lange Zeiträume gesehen erweist sich also die Ermordung des Rivalen als ein Bumerang. Die Mörder sind dann auch die Opfer. Die Selektion verhindert die schrankenlose Ausbreitung der Beschädigungskämpfer, weil sie untereinander zuviel Schaden anrichten und ihre Fortpflanzungschancen dadurch selbst verringern. Sie kann aber nicht verhindern, daß es immer einige von ihnen geben wird, denn wie unser Beispiel zeigt, haben sie anfangs in einer friedlichen Gruppe von Kommentkämpfern große Erfolge.

Diese junge Taube hat das Unglück gehabt, sich zu einem fremden Nest zu verirren. Die Taubeneltern, die dort ihre eigenen Jungen liebevoll betreuten, gingen auf sie los, und weil sie sich nicht wehren konnte, wurde sie so übel zugerichtet, wie es das Bild zeigt. Lachtauben pflegen ihre eigenen Jungen sehr sorgfältig, gegen fremde aber sind sie ausgesprochen grausam. Solche Beispiele können die neue Theorie von der Gen-Selektion untermauern. Frieden unter Artgenossen gibt es nur, wenn das der Ausbreitung der eigenen Gene nützlich ist, deshalb wird auch gehegt und gepflegt, was zur nächsten Verwandtschaft gehört. Fremde dagegen sind gleichgültig, sie können verletzt oder sogar getötet werden, wenn sie der Ausbreitung des eigenen Erbgutes im Wege stehen. Eine grundsätzliche Hemmung, einen Artgenossen zu töten, gibt es danach nicht. Damit ist einer der fundamentalen Lehrsätze der Verhaltensforschung ins Wanken geraten.

35 Mord:
Kindermord im Harem

Indische Hulmans leben in unterschiedlich organisierten Gruppen, unter anderem auch im Harem. Die Haremsbesitzer werden regelmäßig von jüngeren, rivalisierenden Männchen oder Horden vertrieben. Die Hordenmitglieder kämpfen ihrerseits um die Führerschaft, bis einer als unbestrittener Sieger den Harem übernimmt. Nach einem solchen Besitzwechsel geht der neue Pascha daran, die im Trupp vorhandenen Babys umzubringen. Die Mütter wehren sich verzweifelt dagegen. Manchmal schließen sie sich zur Verteidigung zusammen, oder sie verlassen den Trupp zur Zeit des Regierungswechsels. Der neue Haremsbesitzer tötet nur die Kinder seines Vorgängers, für die eigenen ist er ein guter Vater, der sie gegen jede Bedrohung von außen heftig verteidigt. Verliert eine Hulman-Mutter ihr Kind durch Krankheit, Unfall oder – wie in diesen Fällen – durch Mord, wird sie nach wenigen Tagen wieder brünstig. Der neue Pascha kopuliert mit ihr, und sie zieht dann unter seinem Schutz seine eigenen Nachkommen auf.

Die afrikanischen Weißnasen-Meerkatzen leben in Revieren, die ständig von Weibchen und Jungtieren bewohnt werden. Nur der männliche Anführer wechselt, er wird etwa alle zwei Jahre von einem Rivalen verdrängt. Schwangerschaft und Pflege der Kinder dauern ebenfalls zwei Jahre. In dieser Zeit ist das Weibchen nicht empfängnisfähig. Trifft ein neuer Haremsbesitzer also auf kleine Kinder in seinem eroberten Harem, dann könnte er während seiner Herrschaft gerade miterleben, wie die Kinder seines Vorgängers großgezogen werden, ohne daß er selbst die Chance hätte, mit den Müttern Kinder zu zeugen.

Was nun bei einem solchen Besitzwechsel passiert, ist in einem Fall genau beobachtet worden. Der neue Pascha griff im Abstand von einigen Wochen je eine Mutter an, die ein neugeborenes Kind im Arm trug. Die eine wehrte sich vier Tage lang und trug Wunden an den Armen davon. Auf einer wilden Flucht durch die Bäume entriß der Neue der Mutter das Kind und trug es – bereits tot – im Maul davon. Die andere verlor ihr Kind wenige Stunden nach der Geburt, als der Neue es völlig überraschend angriff und tötete. Jedesmal brachte er sich mit dem Kadaver in einiger Entfernung von der Gruppe in Sicherheit und fraß ihn auf. Nicht nur die Mütter wehrten sich und verfolgten ihn, auch andere Weibchen der Gruppe griffen ihn an. Nach dem Machtwechsel paarte sich der neue Pascha mit mehreren Weibchen; alle später geborenen Kinder blieben verschont.

Gut bekannt sind die Verhältnisse im Löwenrudel; es besteht aus mehreren Weibchen mit ihren Jungen und einem bis mehreren Männchen, die in der Regel Brüder sind. Wegen der engen Verwandtschaft entsteht zwischen ihnen kein Streit. Die Männchen sind verantwortlich für die Verteidigung des Reviers gegen eindringende fremde Löwen. Das Revier dient dem Rudel als Jagdgebiet; und sie sorgen für die Sicherheit der Jungen. Die Löwinnen übernehmen die Jagd, sie jagen gemeinschaftlich, weil sie damit erfolgreicher sind bei Beutetieren, die dem Löwen an Schnelligkeit oder Ausdauer überlegen sind. Gewöhnlich müssen die Jägerinnen den körperlich stärkeren Männchen den Vortritt an der Beute lassen; auch schon die jungen Löwen müssen um ihren Anteil kämpfen.

In Notzeiten, wenn es nicht genug Fleisch gibt, sorgen die Väter dafür, daß die Jungen auch ihren Teil von der Beute erhalten. Trotzdem verhungern viele Löwenkinder, zum Teil werden sie von der Mutter noch als Säuglinge im Stich gelassen, zum Teil reicht die knappe Beute in der Trockenzeit nicht für das ganze Rudel. Aber die Überlebensquote der Löwen erscheint ausreichend.

Löwinnen werfen ihre Jungen häufig zur gleichen Zeit und teilen sich die Mutterpflichten. Gemeinschaftlich werden die Jungen gesäugt, bewacht und später mit Fleisch versorgt. Die ersten zwei Monate bleiben die Löwenbabys noch gut versteckt im Dickicht liegen und werden nur gesäugt, später folgen sie der Mutter, fressen auch schon ein wenig Fleisch, erhalten aber bis zum achten Monat Muttermilch. Bis zu ihrem dritten Lebensjahr sind sie abhängig vom Schutz des Rudels. Bei der gemeinsamen Fürsorge und Toleranz aller Mütter und Väter verleben sie eine wohlbehütete Kindheit.

Nur wenn die Haremsbesitzer wechseln, überleben das die Babys des Rudels nicht. Denn wieder entsteht der Konflikt zwischen der langen Aufzuchtphase und der kurzen Herrschaft der Männchen, die sich wegen zahlreicher Rivalenstreitigkeiten mit fremden Löwen nicht länger als zwei bis drei Jahre in ihrer aufreibenden Position halten können. Mütter, deren Kinder erwachsen sind oder sterben, werden kurz darauf wieder brünstig. Also ist die Konsequenz daraus, die Kinder der Vorgänger zu töten und eigene Kinder zu zeugen. Vom Standpunkt der neuen Haremsbesitzer ist der Babymord im Interesse der eigenen Fortpflanzung zweckmäßig. Gemeinsam ist allen Mordfällen, daß sie sich in Harems-Familien abspielen, in denen die Kinder lange gepflegt werden, die Haremsbesitzer sich aber unter dem starken Druck der Konkurrenten rasch fortpflanzen müssen. Alle Fälle lassen sich durch das Wirken der Gen-Selektion erklären, die die Individuen dazu zwingt, die eigenen Fortpflanzungschancen auf Kosten anderer durchzusetzen, ohne dabei das Leben von Artgenossen zu schonen (siehe auch Artikel 33 und 34).

In einigen Tiergesellschaften, beispielsweise bei Löwen und Affen (Photo links ein Berg-Guereza), werden regelmäßig Kinder ermordet. Diese schrecklichen und scheinbar ganz widersinnigen Beobachtungen angesichts der Tatsache, daß im Prinzip alle Lebewesen ausschließlich mit ihrer eigenen Vervielfältigung beschäftigt sind, ließen sich bisher nicht erklären. Perversion oder unglückliche Zufälle oder zum Aussterben verurteilte Fehlentwicklungen oder Bevölkerungskontrolle? Alle Erklärungsversuche scheiterten; erst die Theorie vom 'Egoismus der Gene' liefert eine befriedigende Antwort: Die Kinder werden immer dann umgebracht, wenn sie der eigenen Fortpflanzung der Mörder im Wege stehen. Der Kindermord ist selten, weil die besonderen sozialen und biologischen Umstände, die dazu führen, selten sind.

36 Balz:
Anlocken und sich nahe kommen

Im engeren Sinne ist die Balz das Werbespiel zweier ungleichgeschlechtlicher Partner bis zur Paarung. Da aber nicht jede Werbung mit der Kopulation endet, sondern häufig eine länger dauernde Partnerbeziehung einleitet, zählt auch die Entstehung einer Paarbindung zur Balz, und schließlich kann auch die Bekräftigung einer Paarbindung noch mit Balzhandlungen ausgeführt werden. Somit umreißt der Begriff ‚Balz' die drei Bereiche Kopulationsvorspiel, Paarbildung und Paarbindung.

Die Balz hat eine Reihe wichtiger Aufgaben zu erfüllen. Die Geschlechter, die oft das ganze Jahr über räumlich getrennt voneinander leben, müssen zu Beginn der Fortpflanzungsperiode zusammengeführt werden. Insektenweibchen machen durch Duftstoffe auf sich aufmerksam. Vögel- oder Heuschreckenmännchen locken die Weibchen mit Gesängen an. Leuchtkäfer, auch Glühwürmchen genannt, senden Blinkzeichen aus. Das Klopfen des Spechtmännchens im Frühjahr ruft Weibchen herbei. Die Männchen einiger Fischarten werben ebenfalls geräuschvoll um eine Partnerin. Ihre „Werbegesänge" ähneln Trommelwirbeln, Krächzlauten, Tuten, Klicken oder Pfeifen. Das Quaken der Froschmännchen zeigt den suchenden Weibchen den Weg an.

Die Locksignale haben sehr häufig eine doppelte Funktion. Während sie auf Weibchen anziehend wirken sollen, sollen Rivalen oder Reviernachbarn gewarnt oder ferngehalten werden. In den Ordnungen der Kriechtiere, Lurche und Fische verändern viele Männchen zur Fortpflanzungszeit ihr Aussehen. Fische bilden auffällige Farbmuster aus. Eidechsen fallen auf durch eine farbige Kehlhaut oder leuchtende Flanken, Molche tragen farbige Rückenkämme. Die Männchen einiger Arten tragen ihr Prachtkleid sogar das ganze Jahr, beispielsweise Paradiesvögel oder Pfauen. In der Regel tragen nur Männchen diese Hochzeitskleider. Auch die Prachtkleider haben doppelte Funktion: auf Männchen wirken sie aggressionsauslösend und fordern Rivalen zum Kampf heraus, auf Weibchen üben sie eine anziehende Wirkung aus. Außerdem dienen Prachtkleider wie alle anderen Signalreize nicht nur der Anlockung eines Partners, sondern auch der Art- und Geschlechtserkennung.

Durch ein besonders auffälliges Balzverhalten ist der Fregattvogel bekannt. Er kann seinen roten Kehlsack zu einem prall gespannten Ballon aufblasen, um damit ein leuchtendes Signal für die am Himmel kreisenden Weibchen zu setzen. Sobald ein Weibchen über ihm erscheint, schlägt er mit ausgebreiteten Flügeln, schüttelt den Kopf nach beiden Seiten und verfällt in einen schnarrenden Gesang. Ein solch auffälliges Gehabe zeigen auch viele andere Tiere, um die Aufmerksamkeit auf sich zu lenken. Die schönen Männchen der Para-

diesvögel Neuguineas gehören zu den prachtvollsten Vögeln der Welt. Sie vollführen gemeinsam Balztänze auf Bäumen oder am Boden und stellen dabei ihr farbenprächtiges Gefieder zur Schau. Um auf jeden Fall zur Geltung zu kommen, hängen zum Beispiel der Weiße oder der Blaue Paradiesvogel kopfunter an den Ästen, wenn sie ihr Federkleid entfalten. Sie balzen sogar in spiegelbildlichen Anordnungen: während der eine auf einem Ast sitzend sein ausgebreitetes Gefieder zeigt, hängt ein zweiter im voll entfalteten Federschmuck kopfabwärts unter ihm. Auch unsere heimischen Birkhähne und Auerhähne stellen sich einzeln oder in einer gemeinsamen Imponierbalz zur Schau. Die herbeigelockten Hennen sind von den aufgeplusterten und kollernden Hähnen nach kurzer Zeit so beeindruckt, daß sie sich niederducken und zur Kopulation auffordern.

Ist es geglückt, einen Partner anzulocken oder sich ihm zu nähern, dann muß zumeist erst noch ein Prozeß der Gewöhnung einsetzen. Einzelgänger, die das Jahr über allein leben, aber auch gesellige Tiere, die im Schwarm oder Rudel ziehen, haben oft eine angeborene Scheu vor dem körperlichen Kontakt mit Artgenossen, sie wahren deshalb immer gebührenden Abstand zueinander. Wird die kritische Distanz durchbrochen, dann reagieren diese Distanztiere mit Angriff oder Flucht. Beide Reaktionen müssen aber im Interesse der Fortpflanzung unterbunden werden, weil die Paarung bei den meisten Tieren den Körperkontakt erfordert. Um die Aggressivität des umworbenen Partners auszuschalten, bieten zum Beispiel Seeschwalben ihren Weibchen einen Fisch an. Auch der flugunfähige Kormoran der Galápagos-Inseln versucht es mit Geschenken. Beide Partner besänftigen sich mit Tangbüscheln oder Hölzchen, Graureiher bringen zur Beschwichtigung einen Schilfhalm mit. Seidenschwänze tragen eine Beere im Schnabel, nimmt das Weibchen das Geschenk an, dann hat es damit sein Ja-Wort gegeben.

Viele Tiere benehmen sich im wahrsten Sinne des Wortes wie kleine Kinder, um die Aggressivität des umworbenen Partners zu hemmen. Hamster zum Beispiel versuchen, sich ein Weibchen gewogen zu machen, indem sie fiepen wie ein Nestling in Nöten. Das weibliche Rotkehlchen bettelt sein Männchen in der gleichen Weise um Futter an, wie es auch die jungen Vögel bei ihren Eltern tun. Ihr bettelnder Ruf ist scharf und hoch, mit leicht eingeknickten Beinen stehen sie da und zittern mit den hängenden Flügeln. Auf dieses Betteln reagieren Eltern und Ehemann gleich: sie schleppen Futter herbei. Bettelbewegungen und -rufe, Partnerfüttern und Schnäbeln (Futter wird dabei nur noch symbolisch übergeben) gehören zu den Verhaltensweisen, die nicht nur der Werbung dienen, sondern auch bei bereits verpaarten Tieren der Festigung der Partnerbindung.

Schönheit ist Trumpf, und doppelt hält besser: Die Weißen Paradiesvögel stellen sich in spiegelbildlicher Anordnung zur Schau, um die Weibchen auf sich aufmerksam zu machen.

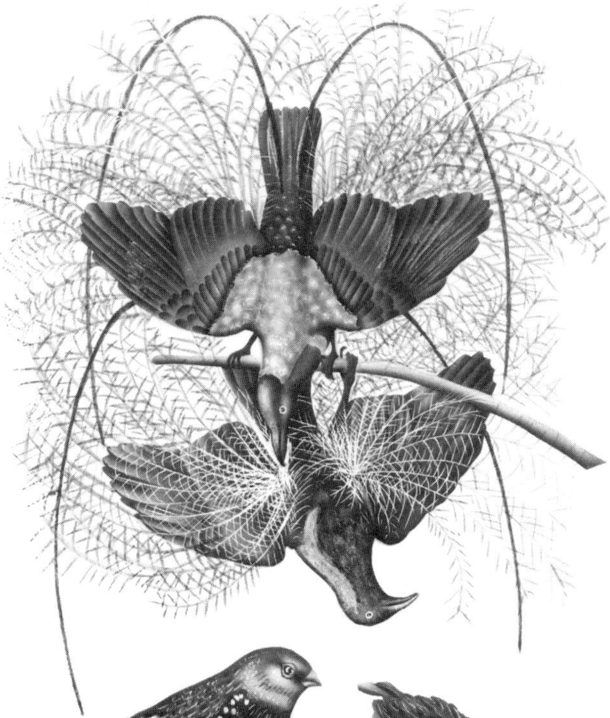

Der Fregattvogel bläst seinen roten Kehlsack zu einem prall gespannten Ballon auf. Damit versucht er, die am Himmel kreisenden Weibchen zu sich herabzulocken.

Viele Tiere benehmen sich wie Kinder, wenn sie verliebt sind. Der junge Diamantfink bettelt mit derselben Drehung des Kopfes um Futter wie später der erwachsene Vogel um die Gunst seines Weibchens. Er trägt sogar ein Geschenk im Schnabel, einen Halm zum Nestbau.

Jedesmal, wenn ein Kormoran zu seinem Nest zurückkehrt, bringt er dem Daheimgebliebenen ein Geschenk mit. Kommt er mit leerem Schnabel, wird er vertrieben. Hier trägt er ein Tangbüschel herbei.

37 Balz:
Damit zusammenfindet, was zusammengehört

Die bei vielen balzenden Tieren vorhandene Aggression kann durch kindliches Verhalten abgeschwächt und abgebaut werden. Die Tiere, die in der Balz wie die Kinder werden, bauen auf die Hemmung, Kinder anzugreifen, und sie nutzen für sich die starke Anziehungskraft alles Kindlichen. Ihre Rechnung geht auf.

Eine andere wirksame Methode ist es, die Waffen oder Drohsignale betont vom Partner wegzuwenden, um ihn nicht zu erschrecken oder zu reizen. Störche beispielsweise biegen zu diesem Zweck den Hals und den spitzen Schnabel während des Klapperns weit nach hinten, wenn sie ihren Partner begrüßen.

Die Locksignale chemischer, optischer oder akustischer Art und die Bewegungsabläufe der Werbung sollen immer nur von Artgenossen verstanden und mit dem richtigen Verhalten beantwortet werden. Je näher verwandt zwei Arten sind, desto spezialisierter müssen demnach ihre Balzzeremonien sein, um zu verhindern, daß die Nahverwandten und doch Artfremden sie verstehen und sich an ihnen beteiligen können. So sind zum Beispiel die Werbezeremonien der Paradiesvögel oder der Enten untereinander besonders spezialisiert und kompliziert, um Mißgriffe in der Partnerwahl innerhalb dieser nah verwandten Arten auszuschließen. Das heißt, die Tiere prüfen sozusagen in der Balz: ist das einer meinesgleichen, mit dem ich mich da einlasse, oder nicht? Das Hämmern der Spechte verstehen nur Spechtweibchen als einen Lockruf. Der rote Kehlsack des Fregattvogels wirkt nur auf Fregattvogelweibchen attraktiv. Jede Leuchtkäferart hat ihre eigenen Blinkzeichen, jede Heuschreckenart ihren eigenen Gesang. Frösche und Kröten reagieren nur auf das artgemäße Quaken. Verschiedene Taubenarten lassen sich nicht miteinander kreuzen, weil das Balzgurren nicht stimmt. Sie reden sozusagen in fremden Zungen miteinander und verstehen sich nicht.

Ebenso wichtig wie die Arterkennung ist die Erkennung des Geschlechts. Das ist besonders ein Problem für Tiere, bei denen Männchen und Weibchen gleich aussehen. Da sich die Liebesmüh' für einen gleichgeschlechtlichen Partner nicht lohnt, muß vorab geklärt werden, ob das Gegenüber zum anderen Geschlecht gehört oder vielleicht bloß ein Rivale ist, den man vertreiben muß. Dieser Konflikt trägt ebenfalls aggressive Elemente in die Balz.

Bei vielen Tieren reagieren Weibchen auf männliche Prachtkleider oder auf Imponiergehabe schwach oder gar nicht aggressiv, während ein Männchen sich durch diese Signale zum Kampf herausgefordert fühlt. So ist die Friedfertigkeit des Weibchens oft das Erkennungsmerkmal ihres Geschlechts. Bei einigen Buntbarscharten wurde festgestellt, daß Männchen sich nur mit solchen Tieren zusammentun, die sie einschüchtern können, und

Weibchen nehmen nur solche Partner an, vor denen sie Respekt haben. So wird bei diesen äußerlich völlig gleich aussehenden Buntbarschen die Paarbildung sichergestellt. Der Stichling erkennt ein Weibchen an derem silbernen, von Eiern dick aufgetriebenen Bauch, den es ihm zeigt, indem es sich schräg zu ihm stellt. Schrägstellung und dicker Bauch sind die Signale, an denen der Stichling das Geschlecht feststellen kann. Erdkrötenmännchen springen zu Beginn der Fortpflanzungszeit im Frühjahr einem Weibchen auf den Rücken und lassen sich von ihm zum Laichplatz tragen. Erwischen sie dabei ein Männchen, so wehrt sich dieses quakend, während ein Weibchen stillhält. Dieser Quakruf läßt sich jederzeit erzeugen, wenn man ein Männchen unter den Armen anpackt. Mit diesem einfachen Mechanismus ist bei den Erdkröten die Geschlechtserkennung sichergestellt.

Ein weiteres Problem muß in der Werbephase von den Tieren bewältigt werden: die zeitliche Übereinstimmung (Synchronisation) der Paarung. Bei Tieren, die sich nur zur Paarung treffen, muß der Zeitpunkt der Paarung auf die Sekunde festgelegt werden, beispielsweise bei Fischen die Eier- und Samenabgabe, sonst würden die Eier – verloren für die Fortpflanzung – unbesamt im Meer schwimmen. Viele Vögel haben das Problem, daß die Paarungswilligkeit der Partner zeitlich nicht parallel läuft, weil die Keimdrüsen der Weibchen im Frühjahr langsamer wachsen als die der Männchen. So dient die heftige Balz vieler Vogelmännchen dem Ziel, die noch zögernde Partnerin paarungsbereit zu stimmen.

Zum Paarungszeremoniell vieler Hornträger gehört das Treiben. Bei den Thomsongazellen werden Geißen, die noch nicht paarungsbereit sind, von einem oder mehreren Böcken bis zur Erschöpfung gehetzt. Am Ende der Jagd hat sie dann regelmäßig den notwendigen Grad der Paarungswilligkeit erreicht. Sie zeigt ihre Bereitschaft dadurch an, daß sie ihren Schwanz waagrecht zur Seite wegstreckt. Der Stichling überzeugt sich beim Erscheinen eines Weibchens an seiner Reviergrenze, ob sie paarungsbereit ist. Zeigt ihr Unterleib noch nicht den typischen Knick des von Eiern gefüllten Bauches, wird sie sofort wieder vertrieben.

Das Balzverhalten erfüllt insgesamt eine Reihe wichtiger biologischer Aufgaben nebeneinander: Anlocken eines Partners; Arterkennung; Geschlechtserkennung; Überwindung von Angriffs- oder Fluchttendenzen und Distanzverhalten; zeitliche Abstimmung der Paarungsbereitschaft (Synchronisation).

Lachmöwen tragen eine dunkle Drohmaske. Sie wenden sie vom Partner weg und zeigen einander den Hinterkopf, wenn sie sich gegenseitig beschwichtigen wollen. Denn wenn sie sich gerade anschauen, kann das schon eine Aufforderung zum Kampf sein.

Der balzende Albatros streckt den Hals nach oben und richtet den Schnabel gen Himmel. Das ist eine Stellung, in der er garantiert nicht zuhacken kann. Und so kann er dem unworbenen Partner in dieser Haltung recht glaubwürdig seine friedlichen Absichten demonstrieren. Dieses beschwichtigende Himmelweisen in der Balz zeigen auch einige andere bewehrte Vögel, so der flugunfähige Kormoran, der Tölpel und der Graureiher.

38 Balz:
Grundbesitz, Kraft und Schönheit als Brautgaben

Die Fortpflanzungszeit wird bei vielen Tieren (Insekten, Fischen, Vögeln und Säugetieren) damit eingeleitet, daß sie ein Revier, einen Nistplatz oder eine Höhle besetzen. Fast immer sind es die Männchen, die ein Revier beanspruchen; sie verteidigen es gegen männliche Rivalen und versuchen, ein Weibchen in ihr Gebiet zu locken. Revierbesetzung und -verteidigung gehören in die Vorphase der Balz. Bei vielen Fischen und Vögeln suchen die Männchen einen geeigneten Ablaich- oder Brutplatz aus, zu dem sie ihr Weibchen hinführen, oder sie bieten ein bereits fertig gebautes Nest oder eine gegrabene Höhle an. Die Weibchen prüfen das Terrain oder die Wohnung und lehnen unter Umständen auch ab. Einige Tiere errichten zur Fortpflanzungszeit besondere Balzreviere (Balzarena) die nur der Balz und eventuell der Paarung dienen. Die Arenabalz ist beispielsweise bekannt von einigen Vögeln, den Hammerkopf-Flughunden und Hornträgern.

Revierverteidigung und Werbung um den zukünftigen Partner liegen miteinander im Konflikt und führen zu Spannungen in der Balz, das ist besonders häufig bei Fischen und Vögeln zu beobachten: Die Revierbesitzer sind darauf eingestellt, jeden Artgenossen, der ihnen ihr Revier streitig machen könnte, zu verjagen – und das aus gutem Grund. Das Revier schafft eine Ruhezone für das Paar, für Gelege und Brut, in die kein Artgenosse Störungen hineintragen darf. Zentrum des Reviers ist der Ablaich- oder Brutplatz, und darum herum liegt häufig noch ein Schutzgürtel oder eine Nahrungszone für die Eier und die späteren Jungen. Wer kein Revier besitzt, kann also keine Jungen aufziehen. Dieser Besitzstand muß am Anfang der Fortpflanzungszeit sichergestellt werden, damit die Eltern sich später unbehelligt und ungestört ihren Nachkommen widmen können. Selbst bei den Möwen, die in dichten Kolonien brüten, wird zu Anfang heftig um die kleinen Grundstücke gestritten, weil jede Familie ihren gegen Artgenossen genau abgesteckten Bereich braucht, in dem sie Ruhe hat. Er wird tatsächlich später von keinem Nachbarn mehr betreten.

Wie Revierbildung und Feindabwehr zusammenhängen, läßt sich an den Möwen ebenfalls zeigen. Bei einigen Arten liegen die Reviere weit auseinander, bei anderen eng zusammen, beides bringt der jeweiligen Art Vorteile. Schutzfarbene Eier oder Jungvögel sind in größeren Abständen besser gegen Räuber geschützt, denn viele Raubtiere sind wohl fähig, dicht bei dicht liegende Nester aufzuspüren, sie suchen aber kaum systematisch über einen größeren Raum nach gut getarnten Eiern und Küken. In dicht gedrängten Brutkolonien besteht andererseits die Möglichkeit, Räuber im geschlossenen Schwarm anzugreifen.

Während also das Revier für seinen Besitzer unabdingbare Voraussetzung für Nachkommenschaft ist und die Bereitschaft, es gegen Artgenossen zu verteidigen, am Beginn der Fortpflanzungsphase sehr hoch ist, ist der Revierbesitzer gleichzeitig darauf eingestellt, einen Partner zu finden, mit dem er sich verpaaren und häufig auch Gelege und Nachkommen gemeinsam pflegen und verteidigen kann. Zugespitzt sieht der Konflikt so aus: der ersehnte Partner erscheint gleichzeitig auch als der zu vertreibende Eindringling. Viele feindselige Balzeröffnungen erklären sich aus diesem Konflikt. Den Balzspielen fällt nun die schwierige Aufgabe zu, in einem allmählichen Prozeß der Gewöhnung die Aggressionen zwischen den Partnern abzubauen, während die Kampfbereitschaft nach außen hin gegen alle Störenfriede und Feinde unvermindert aufrechterhalten werden muß.

Rivalenkämpfe werden auch von Arten ausgefochten, die kein Revier beanspruchen. Ein klassisches Beispiel dafür ist der Rothirsch. Im Rivalenkampf, ob um ein Revier oder um Weibchen geführt, versucht jedes Männchen seine eigenen Fortpflanzungschancen zu erhöhen. Tüchtigkeit mißt sich im Tierreich an der Zahl der Nachkommen. Oft wird unter den Männchen durch die Kämpfe eine Rangordnung festgelegt, die nur den Ranghöchsten die Paarung mit den Weibchen erlaubt, während jüngere und kranke, schwächere und ältere Tiere von der Fortpflanzung ausgeschlossen sind. Das Rivalisieren ist gleichbedeutend mit einem Auswahlverfahren, in dem die stärksten und gesündesten Tiere sich durchsetzen und fortpflanzen (geschlechtliche Auslese). Fast alle Kämpfe verlaufen unblutig, viele werden nur symbolisch durch einfaches gegenseitiges Bedrohen ausgefochten und entschieden. Da diese Kämpfe auf zuschauende Weibchen sexuell anregend wirken können, wie bei Kampffischen, Birkhähnen und Rotwild, können sie unmittelbar in die Balz hineinspielen.

Das Mittel der geschlechtlichen Auslese muß aber nicht der Kampf sein. Pfauen erreichen es mit ihrer Schönheit, mit ihren farbenprächtig zum Rad geschlagenen Schwanzfedern, von den Hennen bevorzugt zu werden. Der Guppy, ein beliebter Aquarienfisch und berühmt wegen seiner unermüdlichen Balzlust, kämpft nicht, sondern balzt lieber – er geht den direkten Weg, um möglichst oft zur Fortpflanzung zu kommen. Bei einer Fruchtfliegenart gewinnen die Männchen, die die Gunst der Stunde zu nutzen wissen. Die Weibchen reagieren häufig spröde, wenn sie gleichzeitig von vielen balzenden Männchen bedrängt werden, so sind die Männchen am erfolgreichsten, die abseits krabbelnde Weibchen aufsuchen und rasch begatten, ehe die Rivalen aufmerksam werden.

Rothirsche kämpfen in der Brunftzeit miteinander um den Besitz von Weibchenrudeln. Der Verlierer muß seine Weibchen an den Sieger abtreten. Im Winter leben die Hirsche in verträglichen Männerclubs; im Herbst aber, wenn es um den Besitz der Weibchen geht, herrscht kein Friede. Nur die Stärksten können den Platz bei einem Weibchenrudel halten – sie heißen deshalb auch Platzhirsche – und erringen dadurch das Vorrecht, sich mit den Weibchen zu paaren und Nachkommen zu zeugen. Charles Darwin nannte dieses Auswahlverfahren geschlechtliche Auslese.

Dreizehenmöwen brüten auf engstem Raum in steilen Felswänden und haben dazu noch die Neigung, sich möglichst alle an bevorzugten Plätzen zusammenzudrängen. So leiden sie ständig unter Wohnungsnot und leben in äußerst gespannten Verhältnissen mit ihren Nachbarn. Beim geringsten Anlaß flammt der Streit auf, und die Nachbarn stehen sich drohend gegenüber.

39 Paarungszeremoniell:
Die Angst vor der körperlichen Berührung

Hamster sind Einzelgänger wie Maulwurf oder Feldhase. Aus dem eigenen Revier wird jeder Artgenosse vertrieben, und auf den Feldern weichen sie einander aus. Sie gehören zu den Distanztieren, die jede körperliche Berührung scheuen. Und nun passiert es Anfang April, daß auf einmal einer dieser Einzelgänger im Revier einer ebensolchen Einzelgängerin auftaucht. Sofort markiert er das Revier besitzergreifend mit seinen Drüsenabsonderungen und baut sich dann groß und stark vor dem Weibchen auf. Und dann rückt er ihr sogar so nah auf den Pelz, daß er ihre Schnauze berührt und sie beschnuppert. Da bleibt nur die heftigste Gegenwehr: fauchen, beißen und dann schleunigst die Flucht ergreifen. Aber die Paarungzeit tut ihre Wirkung, denn das erschreckte Hamsterweibchen kehrt von sich aus zurück, vielleicht nur, um gleich wieder zu fliehen, wie sie es noch oft tun wird. Aber ganz allmählich gewöhnen die Zwei sich aneinander. Zuerst beschnuppern sie sich nur mit aller Vorsicht – möglichst ohne sich dabei zu berühren. Später läuft das Männchen mit der Schnauze immer dicht hinter der Flüchtenden her, die dann bereits mehr nur zum Schein flieht, und so langsam, daß das Männchen auch folgen kann. Zwischendurch kann das Männchen in echtes Drohgehabe verfallen und die Schneidezähne aneinanderwetzen, das geschieht besonders, wenn das Weibchen sich sehr störrisch gebärdet und das Männchen zähnewetzend und fauchend bedroht.

Am Ende darf das Männchen den Bau des Weibchens betreten, dort findet dann die Paarung statt. Die Aggression der Hamster im Paarungsvorspiel ist aus ihrer vereinzelten Lebensweise zu erklären. In der Phase der Paarbildung muß die Abneigung gegen die Nähe eines Artgenossen wie auch die stete Bereitschaft zur Flucht erst allmählich überwunden werden, damit sie die zur Paarung notwendige körperliche Nähe des anderen dulden können.

Nicht nur einzeln lebende Tiere haben mit der Angst vor körperlicher Berührung in der Paarungszeit zu kämpfen, dasselbe Problem müssen auch gesellig lebende Tiere bewältigen, denn viele von ihnen halten einen Mindestabstand zueinander ein, die Individualdistanz, die nicht verletzt werden darf, ohne daß die Betroffenen unruhig werden, drohen, angreifen oder fliehen. Wie heftig Tiere auf den ersten Körperkontakt im Paarungszeremoniell reagieren, hat sehr anschaulich F. Walther beschrieben: „Diese Berührung beantwortet eine einigermaßen temperamentvolle Geiß mit einem wahren Bewegungssturm. Sie senkt den Hals, richtet ihn gleich darauf wieder steil auf und windet ihn nach allen Seiten, so daß die Nase bald nach vorn, bald nach rechts oder links, bald senkrecht nach oben weist. Sie stößt mit der Schnauze nach rückwärts und schnappt mit geöffnetem Mund nach allen Richtungen. ... Wie sich die Geiß gleich

einer rotflammenden Schlange unter dem Hals des mahagonifarbenen Bockes windet, ist ein Bild, das des Pinsels eines großen Malers würdig wäre." Die Rede ist von der Sitatunga-Sumpfgeiß. Bei Hornträgern ist das Paarungszeremoniell als eine Form der Auseinandersetzung zu verstehen, in der es nicht um Sieg oder Niederlage geht und die weder in Kampf noch in Flucht enden darf, in der es aber doch einen Überlegenen und einen Unterlegenen geben muß.

Denn nur wenn das Weibchen die Überlegenheit des Männchens anerkennt, duldet es seine Annäherung, ohne sich zu wehren. So muß das Männchen in seiner Werbung aggressiv werden, um unmißverständlich klar zu stellen, wer der Stärkere ist. Die Hornträger benutzen dazu alte Kampfweisen aus der Zeit, als sie noch keine Hörner besaßen. Sie sind heute ungefährlich, erfüllen ihre Aufgabe aber gerade deshalb vorbildlich: Bock oder Bulle setzen sich durch, und niemand geschieht ein Leid dabei. Bei den afrikanischen Thomsongazellen reißt der Bock während des Paarungszeremoniells den Vorderlauf hoch und schlägt nach der Geiß. Dieser Laufschlag, der bei vielen Hornträgern vorkommt, entstammt ursprünglich dem Kampfverhalten. In der Paarbildung tritt er nur noch in ritualisierter Form auf.

Der Große Kudu, eine Antilopenart aus Mittel- und Südafrika, flicht in seine Werbung den Halskampf ein. Der Bulle schiebt seinen Hals über den Hals der Kuh – und sollte ihn nun eigentlich mit aller Kraft nach unten drücken, denn so wird der Halskampf in seiner ursprünglichen Funktion als Kräftemessen zwischen zwei Rivalen ausgeführt. Aber das ist gar nicht die Absicht. Pro forma sozusagen drückt der Bulle den Hals der Kuh ganz sanft nach unten. Trotzdem genügt das, um die Kuh in die Flucht zu treiben. Der Bulle folgt ihr und treibt sie vor sich her. Dieses Treiben des Weibchens ist ein wesentlicher Bestandteil des Paarungsvorspiels bei Hornträgern. Von Zeit zu Zeit holt der Bulle des Großen Kudu dabei seitlich auf und streicht mit seinem Kopf über den Hals der Kuh. Schließlich verfällt das Weibchen in eine langsamere Gangart, der Bulle schiebt von hinten über ihre Kruppe Kopf und Hals und reitet auf, sobald sie endgültig stehen bleibt. Halskampf und Flucht sind symbolische Handlungen geworden und zum Werbungsspiel umfunktioniert. Trotzdem entspringen die kämpferischen Elemente und die Abwehr des Weibchens einem echten Konflikt, der in diesem Zeremoniell bewältigt wird.

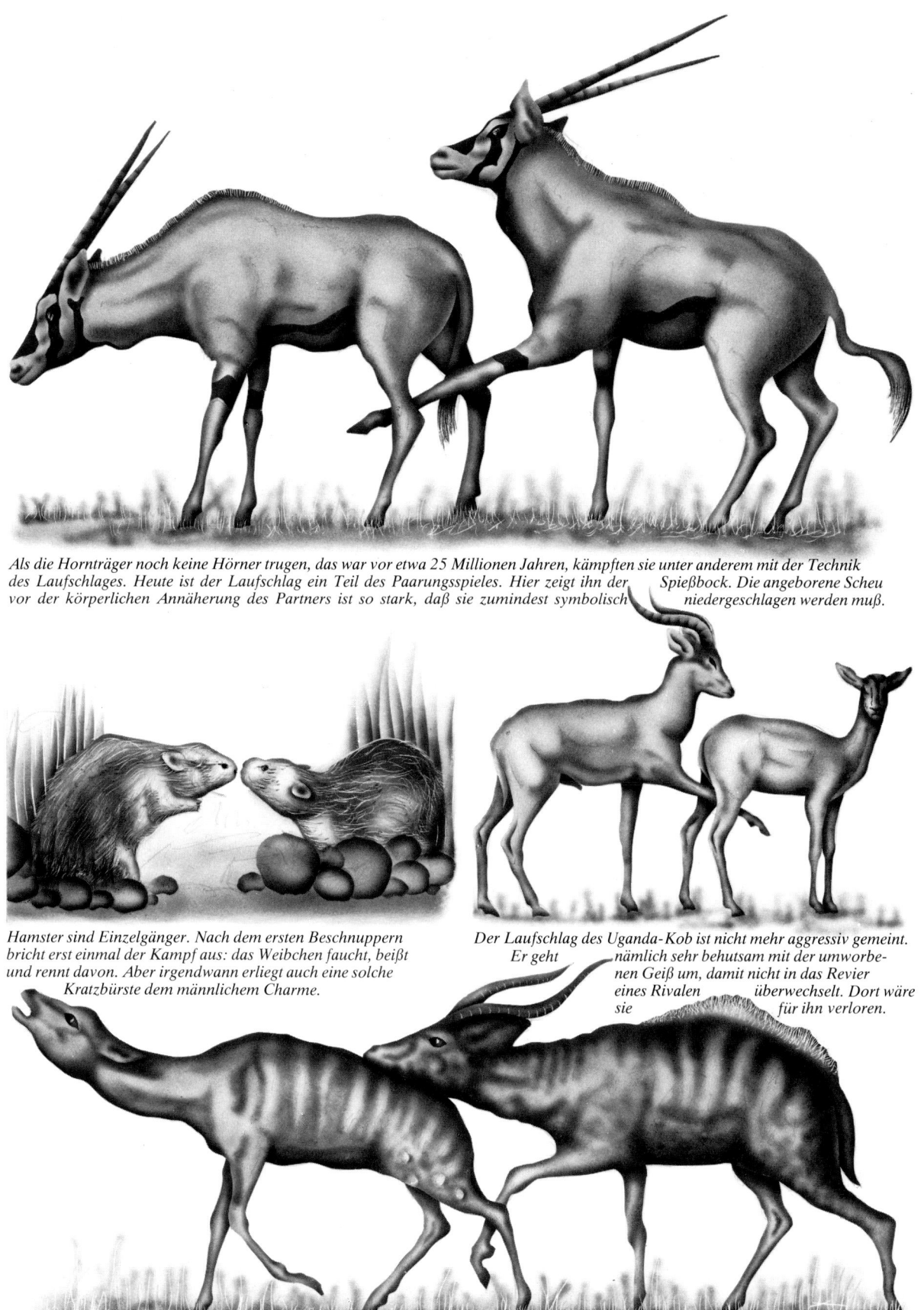

Als die Hornträger noch keine Hörner trugen, das war vor etwa 25 Millionen Jahren, kämpften sie unter anderem mit der Technik des Laufschlages. Heute ist der Laufschlag ein Teil des Paarungsspieles. Hier zeigt ihn der Spießbock. Die angeborene Scheu vor der körperlichen Annäherung des Partners ist so stark, daß sie zumindest symbolisch niedergeschlagen werden muß.

Hamster sind Einzelgänger. Nach dem ersten Beschnuppern bricht erst einmal der Kampf aus: das Weibchen faucht, beißt und rennt davon. Aber irgendwann erliegt auch eine solche Kratzbürste dem männlichem Charme.

Der Laufschlag des Uganda-Kob ist nicht mehr aggressiv gemeint. Er geht nämlich sehr behutsam mit der umworbenen Geiß um, damit nicht in das Revier eines Rivalen überwechselt. Dort wäre sie für ihn verloren.

Während der werbende Sitatunga-Bock ein sprödes Weibchen vor sich her treibt, schiebt er von hinten Kopf und Hals auf den Rücken des Weibchens und drückt es deutlich nach unten. Die Geiß wehrt sich anfangs temperamentvoll dagegen, derart hautnah belästigt zu werden. Auch der Halskampf ist eine alte Kampftechnik: Die Abwehr des Weibchens wird nur symbolisch unterdrückt.

40 Balz der Gliederfüßer: Ein Irrtum könnte tödlich sein

Zum Stamm der Gliederfüßer gehören Krebse, Spinnentiere, Tausendfüßer und Insekten – insgesamt etwa 850 000 Arten. Die Balz der meisten Gliederfüßer hat in besonderem Maße die Funktion, einzeln lebende Tiere zusammenzuführen und die Artzugehörigkeit zu prüfen, um Kreuzungen zu vermeiden. Heuschrecken und Grillen finden sich durch Gesang, er lockt die Weibchen an und ist gleichzeitig von Art zu Art verschieden, so daß die Arten sich daran erkennen können. Heuschreckenweibchen lassen sich irreführen, wenn ihnen im Experiment ein artfremdes Männchen angeboten wird, während gleichzeitig vom Band der eigene Gesang ertönt. Sie paaren sich dann mit dem fremden Männchen. Sie orientieren sich allein am Gesang; so werden stumm gemachte Männchen der eigenen Art nicht beachtet. Der Kaisermantel geht in seinem Wohngebiet auf Weibchensuche und fliegt alles an, was orangegelb leuchtet wie er selbst und schnell flattert wie zum Beispiel gelbe Blätter. Ist er auf Nahrungssuche, fliegt er gelbe und blaue Blüten an, in Balzstimmung reagiert er nur auf orangegelb. Auf etwa 20 Meter erkennt der Kaisermantel am Geruch, ob sich sein Anflug lohnt, ob er einem Weibchen nachfliegt, einem fremden Falter oder einem Blatt; wenn er das Signal Weibchenduft auf diese Entfernung nicht empfängt, dreht er ab.

Über chemische Reize kontrollieren Schmetterlinge ihre Art- und Geschlechtszugehörigkeit und beeinflussen die Paarungsbereitschaft. Der Duft des Samtfaltermännchens – es soll nach Schokolade riechen – dient zur sexuellen Stimulierung der Weibchen. Sie bevorzugen ganz deutlich duftende vor nicht duftenden Männchen. Die Männchen tragen Duftschuppen an den Vorderflügeln; bürstet man diese vorsichtig ab, dann verlieren sie einen guten Teil ihrer Anziehungskraft auf die Weibchen. Im Balzspiel verneigt sich der Samtfalter vor dem Weibchen, dabei berühren ihre Fühlerspitzen immer genau sein Duftfeld: er läßt sie an sich riechen. Und das wirkt offenbar stimulierend auf sie.

Als erster hat Charles Darwin die merkwürdigen Balzspiele der Winkerkrabben beobachtet. Die Männchen tragen eine enorm vergrößerte Schere, die oft die Hälfte ihres Körpergewichts ausmacht und leuchtend gefärbt ist. Gegen Rivalen wird diese Schere drohend erhoben, zum Herbeilocken von Weibchen aber eifrig geschwenkt. Viele verschiedene Arten von Winkerkrabben können gemeinsam bei Ebbe im Schlamm sitzen und ihre Scheren schwingen, um Weibchen anzulocken. Jede Art hat ihren eigenen Rhythmus und einen eigenen Werbungstanz. Diese Differenzierungen bewahren sie vor Artmischungen. Auch Spinnen haben den Werbetanz und das Winken für sich erfunden. Die Männchen der Springspinnen (sie bauen kein Nest, sondern belauern ihre Beute) richten sich hoch auf, wenn sie ein Weibchen sehen, manche winken mit dem ersten Beinpaar, manche vibrieren mit den Beinen, sie bewegen sich im Zickzack oder drehen Pirouetten, das ist je nach Art verschieden.

Auf jeden Fall müssen sie in diesen Vorführungen das Problem lösen, nicht vom Weibchen gefressen zu werden oder es auch selbst zu fressen, denn Springspinnen jagen auch Beutetiere von ihrer Größe. Die Männchen aber, die kleiner als die Weibchen sind, sind besonders gefährdet. Ihre Balzvorführung dient zunächst dem Zweck, dem Weibchen aus sicherer Entfernung klar zu machen, daß vor ihm ein Bewerber steht und nicht etwa ein Beutetier. Ob ihnen das glückt, erkennen sie daran, daß das Weibchen sich mit angezogenen Beinen niederduckt, damit drückt es seine Paarungsbereitschaft aus. Erst dann wagt sich der Bewerber rasch heran.

Die Männchen mancher Arten haben ein sehr genaues Bild von der Partnerin und nehmen ungenaue Attrappen im Versuch nicht an. Die Arterkennung spielt in der Balz der Spinnen eine wichtige Rolle, ein Irrtum könnte tödlich sein. Manche Netzspinnen befestigen einen Faden am Netz eines Weibchens und zupfen daran in einem Rhythmus, der sich ganz deutlich von dem eines zappelnden Beutetieres unterscheidet und das Weibchen paarungsbereit einstimmt. Spinnen ohne Netz lenken das hungrige Weibchen mit einem Geschenk ab, sie bringen eine eingesponnene Fliege mit, manchmal nimmt das Männchen sie nach der Samenübertragung wieder mit.

Beim Weinhähnchen, der bekannten Grille der Mittelmeerländer, leckt das Weibchen eine Grube auf dem Rücken des Männchens aus, die mit einem eiweißhaltigen Sekret angefüllt ist, nachdem das Männchen ihm seinen Samenbehälter (Spermatophore) an die Geschlechtsöffnung geheftet hat. Während das Weibchen schleckt, dringt der Samen in die weibliche Geschlechtsöffnung ein, und wenn es zum Schluß auch noch den Samenbehälter frißt, ist sichergestellt, daß er bereits leer ist, sonst würde das geschleckige Weibchen auch noch das Sperma mitfressen. Manche Gliederfüßer haben Schwierigkeiten, das Weibchen in die günstigste Stellung zur Begattung zu dirigieren. Eine Schabenart hat das Problem ebenfalls durch eine Fütterung gelöst. Die Männchen scheiden auf dem Rücken ein wohlschmeckendes Sekret ab, wenn das Weibchen davon frißt, nimmt es genau die Stellung ein, die dem Männchen die Kopulation ermöglicht.

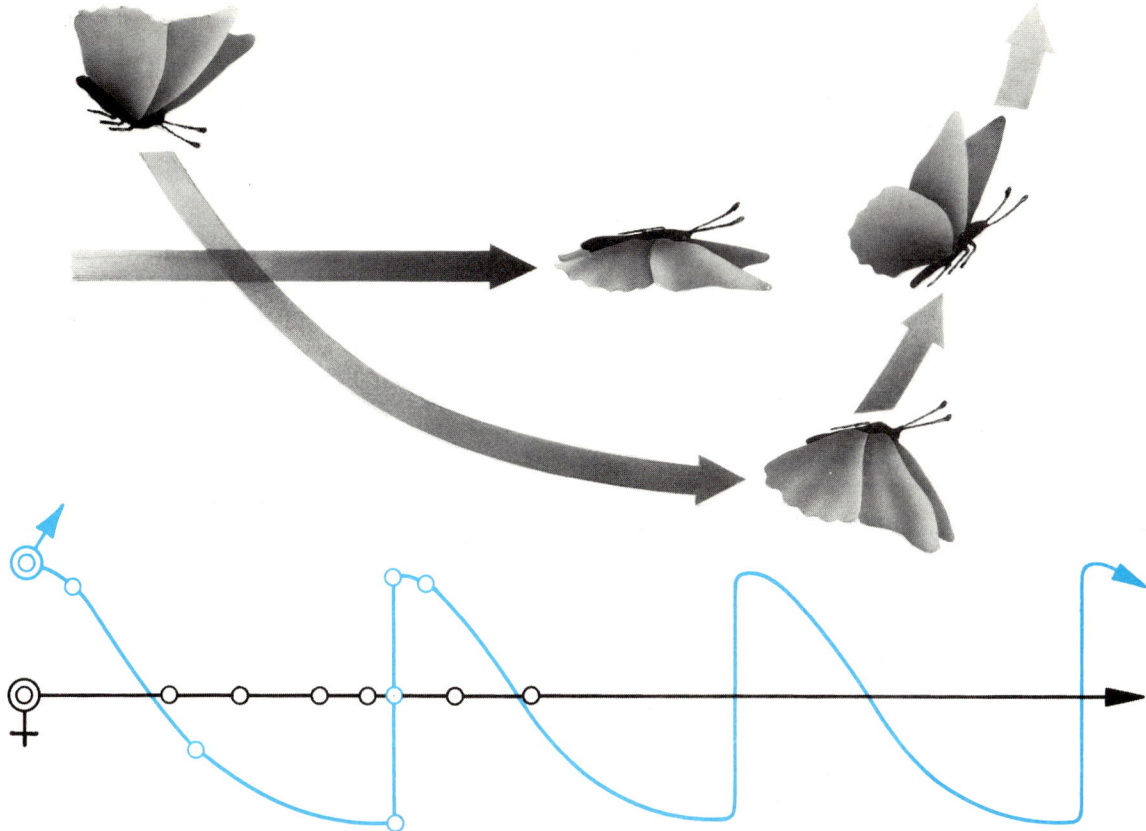

Während das Weibchen geradeaus fliegt, umfliegt das Männchen es in schwungvollen Bögen. Das ist nur ein Teil der komplizierten Balzspiele des Kaisermantels. Nur wer hier alles richtig macht, ist ein echter Kaisermantel. So werden Irrtümer in der Partnerwahl ausgeschlossen.

Das Männchen des Samtfalters (rechts) verbeugt sich vor seiner Partnerin und umfaßt mit seinen Flügeln ihre Fühlerspitzen. Dort hat sie ihre „Nase" sitzen, und sie wird von seinem Duft völlig betört.

Das Spinnenmännchen dreht auf erhobenen Beinen eine Pirouette, um sein sexuelles Interesse anzumelden. Erst wenn das Weibchen seine Werbung verstanden hat und annimmt, darf das Männchen sich ihm gefahrlos nähern, andernfalls wird es gefressen.

41 Fischbalz:
Damit die Partner sich verstehen

Die meisten Fische haben keine Reviere und sind polygam. Die Männchen treffen zur äußerlichen Besamung der Eier nacheinander mit mehreren Weibchen zusammen. Bei dieser Art der Fortpflanzung, bei der die Partner sich nur flüchtig begegnen, dient die Balz ganz wesentlich dazu, daß Geschlechtspartner sich als solche erkennen und sich so aufeinander abstimmen, daß Ablaichen und Besamen zeitlich zusammenfallen.

Eine gesellige Maränenart aus der Gruppe der Renken besetzt am Beginn der Fortpflanzungszeit keine Reviere und trägt kein Hochzeitskleid, beides erspart ihr die sonst damit unter Fischen verbundenen Kämpfe. Die Maränen bevorzugen zum Ablaichen einen sandigen und steinigen Untergrund. Über solchen Plätzen segeln sie oft stundenlang mit ausgebreiteten Flossen hin und her oder spritzen an der Wasseroberfläche, offenbar wollen sie damit gute Laichplätze anzeigen. Bei der Balz schwimmt das Paar vom Boden schräg aufwärts gegen die Strömung, ihre Körper schlängeln sich dabei krampfartig, kurz unter der Wasseroberfläche werden die Schlängelbewegungen aufeinander abgestimmt, gleich darauf legt das Weibchen die Eier, während das Männchen sie in eine Spermawolke einhüllt. Die Eier lagern sich zwischen Sand und Steinen ab. Das Paar trennt sich sofort nach dem Ablaichen, gleich darauf kann die Balz mit einem neuen Partner beginnen.

Bei sehr vielen Fischarten tragen die Männchen ein leuchtendes Hochzeitskleid und gebärden sich aggressiv, während die Weibchen häufig unscheinbar bleiben und sich durch bestimmte Bewegungen, zumeist Beschwichtigungsgebärden, als weiblich zu erkennen geben. So ist es beim farbenprächtigen Kampffisch. Begegnen sich zwei Männchen, so lassen sie ihre Farben leuchten und spreizen die Flossen. Dann stellen sie sich umgekehrt parallel zueinander und schlagen mit dem Schwanz nach dem Kopf des Gegners, ohne sich jedoch zu berühren. An der Wucht des Wasserschwalls können sie ablesen, wie stark der andere ist. Ohne Fluchtmöglichkeit endet eine solche Begegnung tödlich. Ein Weibchen wird auf genau die gleiche Weise animponiert, es gibt sich aber sofort als Weibchen zu erkennen. Es macht sich klein, indem es seine Flossen zusammenfaltet, erbleicht und stellt sich mit dem Kopf zur Breitseite des Männchens, so daß sich eine T-Form ergibt. Das Männchen dreht sich darauf, um wieder parallel neben dem Weibchen zu stehen, nur aus dieser Stellung kann sein leuchtendes Farbkleid voll zur Geltung kommen (die Augen der Fische liegen seitlich). Aber das Weibchen gibt die T-Stellung nicht auf, denn die Parallelstellung ist die Drohstellung, die sie durchaus nicht einnehmen will. So entsteht eine Art Tanz. Die Männchen bauen Schaumnester aus Luft und Speichel, die oft an Pflanzenstengel geheftet werden. Das Weibchen laicht unter dem Nest ab, die Eier steigen von selbst nach oben, einzelne spuckt das Männchen ins Nest.

Die Ehe ist bei Fischen selten, nur bei den Buntbarschen ist sie häufig. Die Paarbildung ist dementsprechend langwieriger. Da die Partner später gemeinsam die Nachkommen aufziehen werden, müssen sie besser miteinander bekannt sein als nur flüchtig zusammenkommende Paarungspartner. Monogame Buntbarsche lernen deshalb in der Balz ihren Partner persönlich kennen und verschonen ihn hinfort von allen Angriffen. Der Rote Buntbarsch lebt in Schwärmen und verteidigt zur Fortpflanzungszeit ein Revier. Weibchen und Männchen tragen leuchtende Hochzeitskleider, die sie beim gegenseitigen Imponieren einsetzen. In der Anfangsphase der Balz wird viel gestritten. Die Weibchen besuchen die Männchen in ihren Revieren und werden häufig feindselig empfangen. Die Weibchen setzen sich zwar zur Wehr, zeigen aber immer häufiger die Beschwichtigungshaltung, und so mildert sich allmählich die Feindseligkeit. Haben sie sich geeinigt, suchen sie gemeinsam einen geeigneten Laichplatz, etwa einen Stein. Er wird von beiden gesäubert, sie nehmen mit dem Maul Pflanzen oder Schmutz von dem ausgewählten Stein fort. Schließlich gleitet das Paar mehrmals in steigendem Tempo über den Stein. Das Weibchen legt währenddem in mehreren Schüben die Eier auf dem Stein ab, die sofort von dem nachfolgenden Männchen besamt werden. Die Eier werden bewacht, nach dem Schlüpfen tragen die Eltern die Jungfische im Maul in kleine, von ihnen selbst gegrabene Gruben, wo die Brut abwechselnd von beiden Elternteilen gehütet wird. Der Rote Buntbarsch gehört zu den Substratbrütern, die ihre Eier am Gewässerboden ablegen. Der Natalbuntbarsch ist ein Maulbrüter. In seinem eigenen Revier hebt das Männchen eine Grube aus. Die Weibchen dringen in die Reviere ein, sie gebärden sich friedlich und werden deshalb nicht angegriffen. Das Männchen führt sie zur Grube, dort beginnen beide im Kreis zu schwimmen; das Weibchen nimmt zwischendurch Sand auf, als Vorübung dafür, daß es gleich nach der Eiablage die Eier zusammen mit dem Sperma ins Maul nimmt. Es wird mehrmals abgelaicht. Danach verläßt das Weibchen das männliche Revier und bewahrt die Eier im Maul auf, auch die geschlüpften Jungen bleiben noch einige Tage in der Mundhöhle der Mutter.

Eine große Ausnahme unter den Fischen bilden die Zahnkarpfen, der bekannteste Vertreter ist der Guppy. Die Männchen besitzen eine Art Penis, das Gonopodium, das aus den Flossenstrahlen der Afterflosse gebildet wird; die Balz ist an diese anatomische Besonderheit angepaßt. Sie sind im übrigen berühmt für ihre ewig wache Balzlust. Die Weibchen bringen lebende Jungen zur Welt.

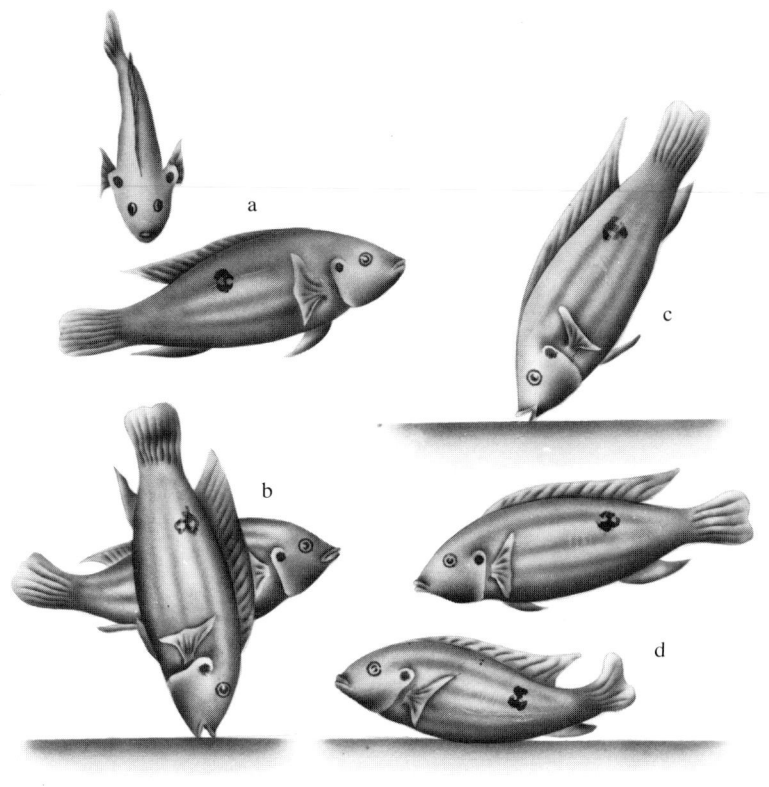

Der Rote Buntbarsch geht für eine Fortpflanzungs-Saison eine Ehe ein. Am Anfang stehen sich die Partner – beide leuchtend rot im Hochzeitskleid – feindselig gegenüber. Die Weibchen sind sehr kühn, verteidigen sich, geben aber immer häufiger nach und lösen auf diese Weise den Konflikt. Das Männchen droht frontal mit aufgestellten Kiemendeckeln, auf denen ein Augenfleck sitzt, das verleiht der Drohung mehr Nachdruck, das Weibchen beschwichtigt (a). Friedlich geworden suchen sie einen Stein zum Ablaichen und zeigen ihn sich gegenseitig, sie stehen dazu senkrecht zitternd über dem Stein (b). Dann wird der Stein von Pflanzen oder Schmutz gereinigt, auch wenn er ganz sauber ist, tun sie so, als würden sie mit dem Maul etwas aufnehmen (c).
Zum Schluß gleiten beide in steigendem Tempo über den Stein, das Weibchen legt nun die Eier, die vom Männchen sofort besamt werden (d).

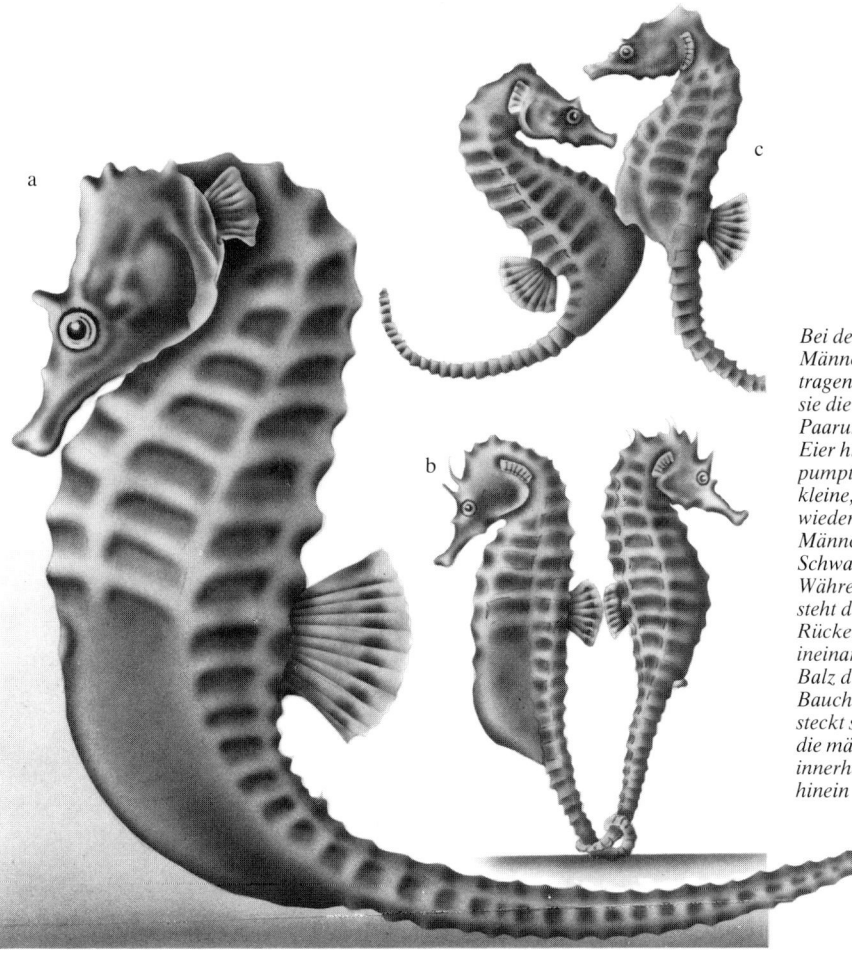

Bei den Seepferdchen geraten die Männchen in andere Umstände. Sie tragen am Bauch eine Brusttasche, in der sie die Eier aufbewahren. Bei der Paarung spritzen ihnen die Weibchen die Eier hinein, und nach vier Wochen etwa pumpt der Vater bis zu dreihundert kleine, schwimmfähige Seepferdchen wieder heraus. Ein paarungswilliges Männchen legt den Kopf an und läßt den Schwanz hinter sich herschleifen (a). Während der stundenlangen Balzspiele steht das Paar auch einmal Rücken an Rücken und hat die Schwänze ineinander verhakt (b). Am Schluß der Balz dreht sich das Paar Bauch an Bauch wie ein Karussell, das Weibchen steckt seinen ausgestülpten Eileiter in die männliche Bruttasche und drückt innerhalb von zehn Sekunden die Eier hinein (c).

42 Fischbalz:
Von der bärbeißigen Werbung eines Einzelgängers

Die Familie der Buntbarsche ist mit etwa 600 Arten über Afrika, Amerika und Asien verteilt. In einigen Grundzügen ist ihr Sozialverhalten, soweit es bisher untersucht ist, gleich. Außerhalb der Fortpflanzungszeit leben sie miteinander in friedlichen Schwärmen. Zu Beginn der Fortpflanzungszeit streben sie auseinander; sie besetzen Reviere und werden unverträglich, ihre Reviere werden heftig gegen jeden Artgenossen verteidigt. Im Aquarium allerdings sind Buntbarsche jederzeit aggressiv aufzuladen. Hält man sie einige Zeit isoliert, dann sind sie sofort bereit zu kämpfen, wenn sie wieder zusammengesetzt werden.

Unter allen Buntbarschen der streitlustigste ist der Buckelkopf-Buntbarsch. Er ist in den Wasserfällen des unteren Kongo zu Hause und lebt in selbstgegrabenen Wohnhöhlen am Boden des reißenden Stroms. Die Wohnhöhle und das umgebende Gebiet werden verteidigt. Das Revier reicht so weit, wie der Fisch es überblicken kann. Der Besiegte flieht, im Aquarium kann er verfolgt und getötet werden, was in seiner natürlichen Umgebung wahrscheinlich nicht geschieht. Wenn es ihm nicht gelingt, im Aquarium ein eigenes Revier zu erobern, verkümmert er.

Die starke Kampfbereitschaft mag damit zusammenhängen, daß er in seiner Heimat auf kleine Schlupflöcher am Boden der reißenden Wildwässer angewiesen ist, die jeweils nur von einem allein bewohnt werden können. Er ist also gezwungen, jederzeit wachsam und zur Verteidigung bereit zu sein, um ständig alle Konkurrenten aus seiner Umgebung zu vertreiben. Darin unterscheidet er sich von seiner zahlreichen Verwandtschaft: er ist ein Einzelgänger, der das ganze Jahr über in seinem eigenen Revier lebt und sich nicht zu friedlichen Schwärmen zusammenschließt. Die besonderen Lebensbedingungen seiner Heimat zwingen ihn zur Isolation und erklären auch seine allzeit bereite Kampfeslust, die aus der Anpassung an die spezielle Umwelt entstanden ist.

Wenn der Buckelkopf-Buntbarsch aber jeden Artgenossen von seinen Reviergrenzen vertreibt, was passiert dann eigentlich, wenn zu Beginn der Fortpflanzungszeit plötzlich ein Weibchen vor der Wohnhöhle eines solchen streitbaren Buntbarsches steht und sich als zukünftige Partnerin bewirbt, wie es die Buckelkopffrau tatsächlich tut? Muß sie nicht damit rechnen, sofort heftig bekämpft, gebissen und regelrecht zerfetzt zu werden? Aber glücklicherweise beginnen die Tiere schon zu balzen, bevor sie noch übereinander herfallen könnten. Die Balz wirkt in dieser explosiven Situation wie eine Art Pufferzone, die den ernsthaften Zusammenstoß solange verhindert, bis die Lage entschärft ist und die Tiere sich gefahrlos einander nähern können. Das Werbungsspiel ist ein komplizierter Vorgang aus verschiedenen Bewegungsabläufen. Das Männchen richtet alle Flossen auf, um dem Weibchen zu imponieren; es zittert, wirbelt Sand hoch, schwimmt hastig hin und her und schlägt den Kopf schnell nach beiden Seiten; dabei stellt es sich meistens so, daß es dem weiblichen Besuch die Breitseite zuwendet (das ist eine Form des Imponierens). Dazwischen kommen immer wieder die Angriffe – Scheinangriffe sind es. Plötzlich fährt er auf das Weibchen zu, rasend schnell – um kurz vor ihr abzudrehen und zitternd stehenzubleiben oder zu seiner Höhle zu schwimmen. Das Weibchen bleibt meistens ruhig und gelassen, scheut vor den Scheinangriffen kaum zurück und behauptet seinen Platz. Wenn es sich aber in seinem Schrecken verfärbt, greift das Männchen ernsthaft an und beißt zu. Geht jedoch alles gut, schwimmt sie schließlich in die Wohnhöhle hinein und läßt sich dort häuslich nieder.

Aber immer noch ist die Situation aggressiv aufgeladen. Jedesmal, wenn das Männchen an seiner Gefährtin vorbeischwimmt, schlägt es mit dem Schwanz nach ihr. Bis beide völlig vertraut miteinander sind und sich persönlich so gut kennen, daß kein Angriff mehr zu befürchten ist, verhält sich das Weibchen betont unterwürfig und friedfertig. Es trägt in der ersten Zeit eine Längsstrichzeichnung, die das Männchen offenbar hemmt anzugreifen. Und es bewegt sich in der Nähe des Männchens mit einer sehr auffällig betonten Befriedigungsgeste: es schwimmt immer nur mit dem Schwanz voran auf den Partner zu oder an ihm vorbei.

Mit der Zeit entkrampft sich das Verhalten beider völlig, keiner ist dann mehr besonders aggressiv oder unterwürfig. Und wenn ihre Jungen schlüpfen, werden sie von beiden in schöner Friedfertigkeit gemeinsam betreut. Eine kleine Episode aus dem Familienleben: Die Jungen werden abends pünktlich um 18 Uhr zu Bett gebracht, nachdem die Mutter sie vor der Höhle zu einem Spaziergang ausgeführt hat. Die Mutter bringt sie gruppenweise wieder in die Wohnung zurück. Ist der erste Schub erst einmal in der Höhle, blockiert der Vater den Ausgang, damit die Kleinen nicht wieder ausreißen können, während die Mutter die Nächsten zum Schlafengehen hineinholt.

Die Entwicklung vom aggressiven Einzelgänger zum friedlichen Partner und Vater bahnt sich in dem komplizierten Spiel der Balz an, das zwar zahlreiche aggressive Elemente enthält, aber trotzdem versöhnlich endet. Das Weibchen hat in seiner betonten Friedfertigkeit nichts von einem der gefürchteten Eindringlinge an sich. Es droht nicht, es imponiert nicht, und es greift nicht an; so kann der schwelende Konflikt nie ausbrechen und die Aggressionen des Männchens werden zu Scheinangriffen abgemildert.

Der Buckelkopf-Buntbarsch ist in den Stromschnellen des unteren Kongo zu Hause. In seiner zahlreichen Verwandtschaft ist er der streitbarste. Das hängt mit den harten Umweltbedingungen seines Lebensraumes zusammen. Er findet am Boden der Stromschnellen nur kleine Schlupfwinkel, die er mit niemandem außer mit Frau und Kindern teilen kann. Jeder lebt in einer eigenen, selbstgegrabenen Wohnhöhle. Nur zur Fortpflanzung quartieren sich die Weibchen bei den Männchen ein. Gemeinsam vergrößern sie dann ihre Behausung. Sie graben Sand und Steine aus der Höhle heraus und tragen sie im Maul fort. Das Paar bleibt zusammen, bis die Kinder groß sind. Die Balz verläuft bei diesem aggressiven Einzelgänger sehr dramatisch. Das Weibchen verhält sich betont unterwürfig und friedlich, aber nicht ängstlich. Das Männchen dagegen führt sich wild auf, fährt oft auf sie los und schlägt mit dem Schwanz nach ihr. Das sind zwar alles nur Scheingefechte, aber die Aggression ist nur mühsam gebremst und kann sofort hervorbrechen, wenn ein Weibchen der Mut verläßt, sie wird dann ernsthaft bekämpft und gebissen. Aber im Verlauf der Balz – darin liegt ihr Sinn – wird das Männchen zum friedlichen Partner und im Verlauf der Ehe zum fürsorglichen Vater.

43 Fischbalz:
Der Stichling tanzt auf seiner Hochzeit

Der Stichling ist in der Verhaltensforschung ein berühmtes Tier. Er wurde von N. Tinbergen und anderen in der Aufbruchphase dieser Wissenschaft besonders eingehend untersucht und lieferte wichtige Einsichten in den Ablauf der Balz als einer Reaktionskette, wobei ein Partner einen Reiz aussendet, der den anderen zu einer Reaktion veranlaßt, die wiederum bei dem ersten eine Reaktion auslöst und so fort.

Der Stichling ist im Gegensatz zur Mehrzahl der Fische zur Fortpflanzungszeit territorial. Das Jahr über lebt er in Schwärmen von friedlichen und gleichberechtigten Mitgliedern im Meer. Im Frühjahr, wenn die Tage länger werden, wandern die Gruppen geschlossen zu ihren Laichgründen. Dort errichten sie Reviere auf sandigem, mit Wasserpflanzen bestandenem Grund. Die Reviere sind sehr klein und liegen dicht beieinander. Gleichzeitig legen sie ihr Hochzeitskleid an: ihr Bauch schimmert rot, der Rücken smaragdgrün, und die Augen verfärben sich glänzend blau. Der rote Bauch wirkt auf Männchen als Herausforderung zum Kampf. Jeder Rivale mit rotem Bauch, der in dem Revier auftaucht, wird verjagt. In Versuchen reagiert der Stichling auch auf rot bemalte Attrappen mit einem Angriff. Sein Nest baut der Stichling in einer Sandgrube aus Pflanzenteilen, die er mit einem Körpersekret verklebt. Es hat die Form eines Tunnels mit zwei Öffnungen. Das Nest bildet den Mittelpunkt des Reviers, das bis knapp unter die Wasseroberfläche reicht. Von oben her nähern sich am häufigsten die Weibchen, weil sie in dieser oberen Zone, die von keinem Revierbesitzer beansprucht wird, unbehelligt schwimmen können. Taucht eines von ihnen im Revier des Männchens auf, dann läuft im Normalfall die Kette von Reiz und Reaktion bis zum Ende ab: Das Weibchen erscheint, sein Körper glänzt silbern, deutlich erkennbar hat es einen dick mit Eiern gefüllten Bauch. Darauf beginnt das Männchen mit seinem sogenannten Zickzack-Tanz zu dem umworbenen Weibchen hin und wieder fort von ihm zum Nest. Dieses Zickzack ist Ausdruck eines Konflikts, denn der Stichling fühlt sich sowohl zu dem Weibchen wie zum Nest hingezogen. In der ersten Begegnung liegt einiger Zündstoff. Die Weibchen werden leicht angegriffen, angerempelt oder gebissen. Noch nicht laichbereite Weibchen ergreifen daraufhin die Flucht. Laichbereite stellen sich mutig schräg hin und besänftigen dadurch das aggressive Männchen. Dicker Bauch und Schrägstellung sind die Signale, auf die es ankommt, um beim Männchen den wildesten Zickzack-Tanz auszulösen. Es balzt im Versuch auch ein Stück Pappe mit diesen Merkmalen an. Die Signale „rot" und „zickzack" – wie man ebenfalls in Attrappenversuchen feststellen kann – bewegen ihrerseits das Weibchen dazu, auf das Männchen zuzuschwimmen. Dieses dreht daraufhin um und schwimmt zum Nest. Sie folgt

ihm, und das Nachfolgen reizt ihn, seinen Kopf in den Nesteingang zu stecken. Nachdem er ihr auf diese Weise den Weg gezeigt hat, schlüpft sie in das Nest hinein, das Männchen hämmert daraufhin mit raschen Schnauzenstößen gegen ihren Leib und löst die Eiablage aus. Ohne dieses sogenannte Schnauzentremolo ist das Weibchen unfähig zum Ablaichen, im Experiment läßt es sich leicht durch einen Trommelwirbel mit einem Glasstäbchen ersetzen und löst dann ebenso sicher die Eiablage aus. Während das Weibchen sich aus dem einen Tunnelloch hinauszwängt, schwimmt das Männchen von der anderen Seite in das Nest hinein und besamt die Eier. Bald danach wird das Weibchen fortgejagt. Der Vorgang wiederholt sich mehrere Male, bis das Nest wohlgefüllt mit Eiern ist. Dann werden alle Störenfriede, ob Weibchen oder Männchen, aus seiner Nähe vertrieben genauso wie vor der Balz. Der Stichling sorgt für Gelege und Brut allein und erweist sich als ein guter Vater.

Die aggressive Verteidigungsbereitschaft ist beim Stichling, wie bei so vielen territorialen Tieren in der Fortpflanzungszeit besonders hoch und prägt auch die Balz, denn eine genauere Analyse des Zickzack-Tanzes ergibt, daß die Bewegung des Zick zum Weibchen hin verborgen auch Aggression gegen den Eindringling enthält. Sie bricht sofort aus, wenn die Antwort des Weibchens auf das Verhalten des Männchens nicht stimmt. Noch nicht laichbereite Weibchen fliehen bei der stürmischen Annäherung. Nur ein laichbereites Weibchen wagt es, dazubleiben. Und sie weiß auch die richtige Antwort: sich schräg stellen und den dicken Bauch zeigen. Steht zufällig ein laichbereites Weibchen in der Nähe des Nestes, so wird es ebenfalls als Störenfried behandelt; ohne den ordnungsgemäßen Ablauf der Zeremonie kann der Stichling es nicht als Partnerin akzeptieren. Die Kette kann an jeder anderen Stelle ebenfalls unterbrochen werden und endet dann mit der Vertreibung des Weibchens. Ebenso wie ein unreifes Weibchen die Balzkette zerreißt, kann auch das Männchen die Balz unmöglich machen; wenn es mit dem Nestbau noch nicht fertig ist, ist es noch so hochgradig aggressiv gestimmt, daß es selbst reife Weibchen abschreckt und vertreibt.

Die Kette von einander bedingenden Handlungen stellt sicher, daß die Zeremonie nur zwischen reifen Partnern abläuft und auch erst dann, wenn das Nest fertig gebaut ist. Sie ist also ein Mittel der Synchronisation. Alle Reize wirken nur auf gleicherweise paarungsbereite Fische. In vollendeter Form zeigt die Stichlingsbalz, wie Tiere angeborenermaßen auf Schlüsselreize mit ganz bestimmten Reaktionen reagieren, die ihrerseits wieder Schlüsselreize für die folgende Reaktion abgeben.

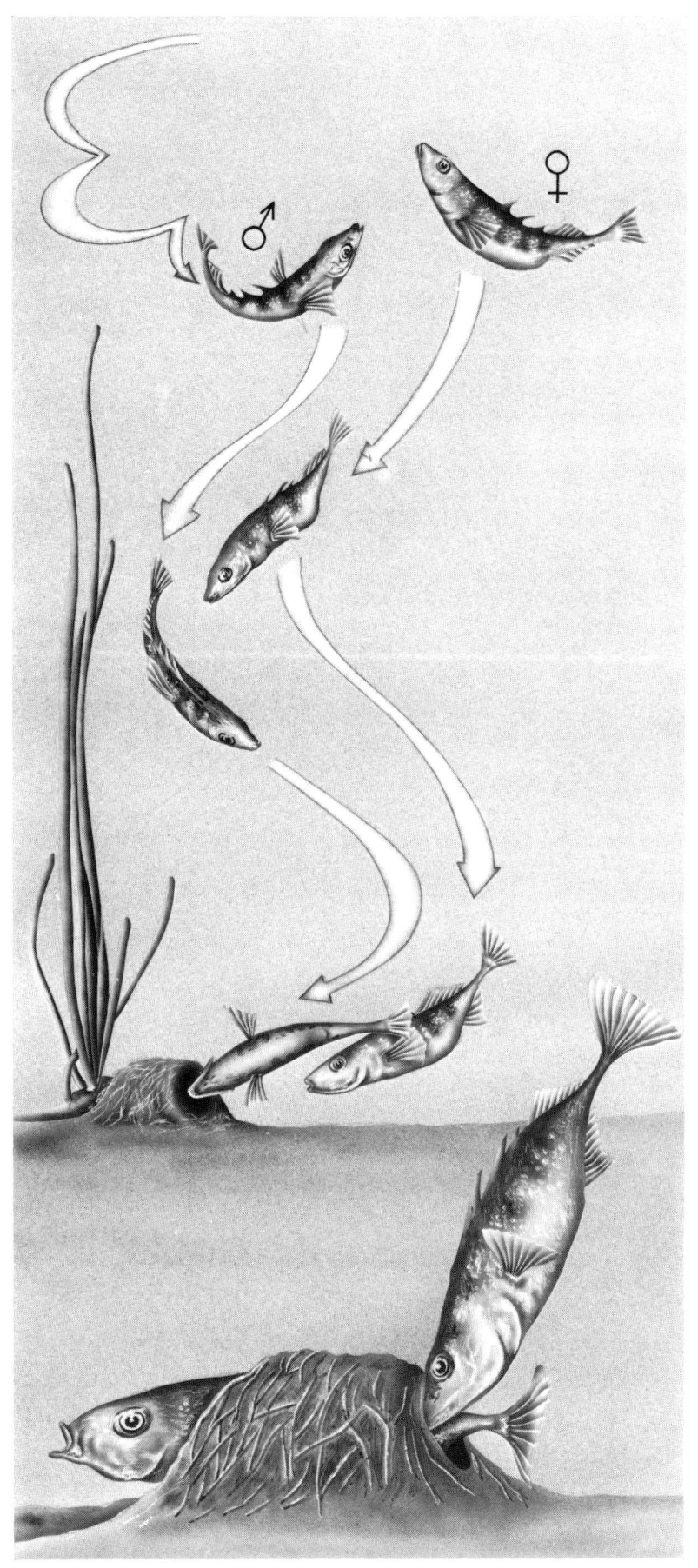

Wenn das Weibchen einen schön silbern
glänzenden und prall mit Eiern gefüllten
Bauch hat und ihn auch noch richtig
zur Geltung bringt, indem sie sich schräg
im Wasser hinstellt, dann gerät der
Stichling in höchste Erregung und tanzt
in wilden Zickzack-Sprüngen vor dem
Weibchen hin und her und um sie herum.
Das umworbene Weibchen wiederum ist
fasziniert von dem heftigen Zickzack-
Tanz und besonders auch von dem roten
Bauch, den das Männchen als Hochzeits-
kleid trägt, und folgt ihm zu seinem Nest.
In Attrappenversuchen umwirbt das
Männchen ebenso ein Stück Pappe, das
die Kontur des dicken Bauches zeigt und
schräg aufwärts im Wasser steht, und sie
ist bereit, einer Pappscheibe zu folgen,
die bäuchlings rot gefärbt ist und im
Zickzack durchs Wasser hüpft. Die
Attrappen zeigen jeweils die entschei-
denden Reize, die auf Männchen oder
Weibchen wirken. Ohne sie käme die
Balz nicht zustande. Aber der Hochzeits-
tanz ist auch schon der letzte Walzer.
Bald nachdem das Weibchen seine Eier
abgelegt hat, wird es vertrieben, und der
Stichling versucht, ein anderes Weibchen
mit seinem Tanz in Bann zu ziehen.

44 Vogelbalz:
Ein aggressives Vorspiel

Es gibt keine andere Tiergruppe, bei der das Balzverhalten so kompliziert und so verschiedenartig ist wie bei den Vögeln. Gemeinsam ist dagegen fast allen, daß sie Nester in Revieren anlegen. Die Reviere sind manchmal nicht viel größer als das Nest, sie können sich aber auch kilometerweit ausdehnen. Kolkraben haben bis zu sechzig Quadratkilometer große Reviere. Manche Vögel leben das ganze Jahr im eigenen Revier, andere besetzen nur zur Brutzeit ein Gebiet. Bis dahin friedliche Schwärme lösen sich dann auf. In den meisten Fällen gründen die Männchen allein ein Revier und werden unverträglich gegen ihresgleichen. In anderen Fällen finden sich die Paare im Schwarm und gründen dann zu zweit ein Revier. Einige Arten halten auch in der Fortpflanzungszeit den Kontakt zu den Schwarmgenossen. Manche polygame Arten, wie etwa Kampfläufer und Auerhähne, errichten nebeneinander spezielle Paarungsreviere (Balzarena), die nur der Werbung und der Paarung dienen, nicht aber der Jungenaufzucht. Ob die Reviere klein oder groß sind, ob sie das ganze Jahr bewohnt sind oder nur zur Fortpflanzungszeit, ob sie dicht beieinander liegen oder weit auseinander – Reviere müssen verteidigt werden, und das führt auf jeden Fall zu mehr oder minder heftigen Auseinandersetzungen unter den Revierbesitzern. Da aber alle streitlustigen Revierbesitzer in der Fortpflanzungszeit auch mit einem Partner zusammentreffen, ist der Konflikt schon vorgegeben. So kommt es unter den zukünftigen Partnern zu einer feindseligen Eröffnung der Balz, die mit der Revierverteidigung zusammenhängt. Zudem ist der Verlauf der Balz der Vögel ganz wesentlich beeinflußt von ihrem unterschiedlichen Revierverhalten. Rotkehlchen und Grünreiher, zwei einzeln lebende Arten, von denen die eine das ganze Jahr in einem eigenen Territorium lebt, die andere einen Nistplatz nur zur Fortpflanzungszeit beansprucht, zeigen das sehr anschaulich.

Rotkehlchen beanspruchen das ganze Jahr über eigene Reviere, doch noch im Winter verläßt das Weibchen sein eigenes und dringt in das des Männchens ein, das ihm sofort wie einem unerwünschten Störenfried, der ihm vielleicht seinen Besitz streitig machen möchte, entgegentritt. Äußerlich sind Rotkehlchenweibchen und -männchen nicht voneinander zu unterscheiden. Beim ersten Anblick läßt sich also gar nicht feststellen, ob hier ein streitsüchtiger Nachbar, ein Fremder, der sich ein Revier erobern will, oder ein Weibchen auf Männchensuche erschienen ist. Also imponiert das Männchen in gewohnter Weise wie gegen jeden Eindringling. Es richtet sich auf, zeigt seine rote Brust, schaukelt seinen Körper hin und her, trippelt zur Seite und singt lauthals und energisch. Nach dieser Einleitung geht es gleich zum Angriff über, aber das Weibchen weicht vorher aus und fliegt ein Stück weg. Es wird vom Revierbesitzer

verfolgt, der sich wieder vor dem Eindringling in Positur bringt und ihn bedroht, aber das Weibchen entwischt ein zweites Mal. Diese Verfolgungen ziehen sich über Wochen hin. Erst allmählich gewöhnt sich der Revierbesitzer daran, daß jetzt in seinem Gebiet ein Artgenosse wohnt. Ende März beginnt das Weibchen mit dem Nestbau. Nun ist das Paar schon so vertraut miteinander, daß das Männchen das Weibchen füttert und sich mit ihm paart. Das Weibchen brütet allein, aber beide Eltern füttern gemeinsam die geschlüpften Jungen. Auch noch eine zweite Brut ziehen sie in einem Jahr groß, dann trennen sich die Paare wieder. Das Weibchen kehrt in sein eigenes Gebiet zurück. Jeder lebt bis zum nächsten Jahr für sich allein.

Es ist klar, daß die Vögel, die in der immer wachen Bereitschaft leben, ihr Revier zu verteidigen, diese Bereitschaft nicht sofort unterdrücken können, wenn ihnen ihr späterer Partner zum ersten Mal begegnet. So brauchen revierbesitzende Arten eine längere Phase der Gewöhnung aneinander. Das ist einer der Gründe, warum Vogelpaare sich meist schon lange vor der eigentlichen Brutzeit zusammentun. Für manche dieser Vögel, die das ganze Jahr über als Einzelgänger leben, kann die Fortpflanzungszeit extreme Probleme mit sich bringen. Der amerikanische Grünreiher ist solch ein einzelgängerischer Vogel, der nur zur Brutzeit in Kolonien anzutreffen ist. Er kennt seine Artgenossen nicht, und nichts verbindet ihn mit ihnen. Nur zur Brutzeit finden sich Gruppen von Männchen an geeigneten Brutplätzen ein, die wenige Tage später in Reviere aufgeteilt werden. Die Grünreiher brüten auf Bäumen oder Büschen in der Nähe von Seen und Flüssen. Die Reviere schrumpfen oft auf ein Minimum um den Nistplatz herum zusammen, je mehr Männchen neu dazukommen und Nistplätze beanspruchen. Während der Grünreiher Teile seines anfänglich geräumigen Reviers relativ bereitwillig abtritt, verteidigt er seinen Nistplatz erbittert gegen jeden. Das erfährt besonders das Weibchen, das, von dem männlichen Lockruf angezogen, in das Revier eindringt. Es wird mit einem Angriff empfangen und vertrieben, so oft es den Nistbaum anzufliegen versucht. Nach einer komplizierten Flugbalz mit wiederholten Angriffen auf das Weibchen bahnt sich schließlich eine Verständigung an. Und erst wenn das Weibchen den Nistplatz unangefochten betreten darf, ist der Friede besiegelt und die Ehe geschlossen. Nestbau und Paarung schließen sich bald darauf an. Die solitäre Lebensweise des Grünreihers sowie die erzwungene Verkleinerung seines Reviers sind dafür verantwortlich, daß diese Balz besonders spannungsgeladen abläuft, und erklären die hohe Kampfbereitschaft des Grünreihers, wenn es um seinen Nistplatz geht. Die Barrieren von Mißtrauen und Aggressivität müssen mit Hilfe der Balz erst mühsam abgebaut werden.

Der amerikanische Grünreiher ist ein Zugvogel und lebt das Jahr über als Einzelgänger. Nur im Frühjahr wird er seßhaft und begibt sich in Gesellschaft, um eine Familie zu gründen. Damit läd. er sich eine Menge Probleme auf. Nicht nur daß er einen Nistplatz besetzen und oft sehr heftig verteidigen muß, die Scheu vor dem anderen Geschlecht ist bei diesem Einzelgänger besonders groß. Da es in einer Brutkolonie schnell eng werden kann, wenn sich dort sehr viele Grünreiher zusammenscharen, lebt er in ständiger Bedrängnis, seinen Platz zu verlieren und ist dementsprechend gegen alle Artgenossen in höchstem Maße gereizt. Das bekommt auch die Frau zu spüren, die sich, durch seine Lockrufe angezogen, für ihn und seinen Nistplatz interessiert. Auch sie wird anfangs angegriffen. Erst allmählich legen sich Aggression und Scheu im gemeinsamen Balzspiel. Im Flatterflug (a) nähert sich das Männchen schließlich dem Weibchen, und mit zum Himmel gestrecktem Schnabel (b) lockt er das Weibchen zum Nistplatz. Mit seiner ganzen Haltung verspricht er, daß er nicht angreifen wird, denn sie ist das genaue Gegenteil der Angriffshaltung (c). Dazwischen schnappt das Männchen mit nach abwärts gestrecktem Kopf (d) in die Luft, in dieser Weise schnappt es sonst nach Fischen oder nach Zweigen für den Nestbau. Auch damit drückt er also friedliche Absichten aus. Daraufhin ist es dann auch endlich so weit, daß das Weibchen zum ersten Mal das Nest anfliegen darf, und kurz darauf wird der Bund für einen Sommer geschlossen.

45 Vogelbalz:
Im Widerstreit der Gefühle

Viele Singvögel leben das Jahr über in Schwärmen, die friedlich zusammenhalten, zur Fortpflanzungszeit aber aufgelöst werden, weil die Männchen sich absondern und eigene Reviere gründen. Damit hängt ein typisches Balzverhalten zusammen, das beispielsweise Goldammern und Buchfinken zeigen. Die über ganz Europa verbreiteten Goldammern überwintern im Schwarm. Anfang Februar lösen sich die Männchen aus dem Verband und gründen eigene Reviere. Oft sitzen sie dann gut sichtbar auf einer Hecke, singen und lassen ihr gelbes Brustgefieder leuchten. Das wirkt anziehend auf die Weibchen, denn sie besuchen nun öfter die Reviere der Männchen. Und wie bei vielen Tieren, die ein Revier zu verteidigen haben, beginnt die Balz aggressiv. Die Weibchen bedrohen die Männchen, fliegen auf sie zu, verdrängen sie und kämpfen auch mit ihnen. Auch die Revierbesitzer drohen und greifen manchmal an. Sie verwechseln ihre Gegnerinnen trotzdem nicht mit männlichen Rivalen. Ihr unscheinbares Aussehen und der fehlende Gesang scheinen sie als Vertreterinnen des weiblichen Geschlechts so hinreichend zu charakterisieren, daß die Männchen sich von ihnen verdrängen lassen. Das würden sie von einem männlichen Rivalen niemals hinnehmen.

Hat sich ein Weibchen für ein bestimmtes Männchen entschieden, dann hören diese Streitigkeiten auf. Beide bleiben nun dicht beisammen, fressen und fliegen gemeinsam und tragen Nistmaterial herbei, ohne allerdings ein Nest zu bauen. Es hat den Anschein, als müßten sie einander nur die Schwarmgemeinschaft ersetzen, in der sie bisher ihre Zeit verbracht haben. Unterbrochen wird diese wochenlange friedliche Zweisamkeit nur durch gelegentliche Scheinangriffe des Männchens, es hetzt dann seine Partnerin so lange durch das Revier, bis es selbst die Verfolgungsjagd vor Erschöpfung abbrechen muß. Das Weibchen wirkt dabei nicht sehr verängstigt. Anfang Mai beginnt dann die eigentliche, sexuell motivierte Balz und der Nestbau, der dem Weibchen überlassen bleibt, nachdem das Männchen einen geeigneten Platz ausgesucht hat. In den Vorspielen zur Paarung wechseln sich nun zwei Bewegungsabläufe ab: Mit gesträubten Federn, gesenktem Schwanz und hängenden Flügeln läuft das Männchen vom Weibchen weg, pickt am Boden und sammelt am Ende des Laufes Nistmaterial. Gesträubtes Gefieder zeigen sonst Vögel, die Angst haben, aber keine Möglichkeit zur Flucht haben. Der „Lauf mit gesträubtem Gefieder" führt nie zur Paarung, wohl aber die zweite, damit wechselnde Bewegungsweise. Das Männchen läuft auf das Weibchen mit aufgerichtetem Körper, erhobenem Schnabel und gehobenen Flügeln zu und springt auf, sofern seine Partnerin ihn dazu auffordert. Ohne ihre Kopulationsaufforderung versucht es dagegen fast nie eine Paarung. Die Haltung des Weibchens erinnert an die Hal-

tung bettelnder Jungvögel, wahrscheinlich wirkt das ermutigend auf das Männchen. Denn es hat in dieser Zeit allen Grund, sich vor dem Weibchen zu fürchten. Oft hackt seine Partnerin nach ihm und drängt ihn vom Futter weg oder von einem begehrten Aussichtsplatz. Das Männchen wirkt anfangs vor jeder Paarung zögernd und fluchtbereit. Erst nach einigen Paarungen löst sich die gespannte Situation, das Weibchen wird zunehmend friedlicher, und das Männchen tritt allmählich couragierter auf.

Die Verhaltensforschung hat sich immer besonders für die Mischung der drei Antriebskräfte Angriff, Flucht und Sexualität in der Balz interessiert. Der Konflikt widersprüchlicher Tendenzen kennzeichnet das Werbeverhalten vieler Vögel. Die Neigungen anzugreifen, zu fliehen oder mit dem Partner zu kopulieren, schließen sich aber gegenseitig aus. Wer angreift, kann nicht fliehen, wer flieht, kann nicht kopulieren, wer kopuliert, kann nicht angreifen. In geraffter Form stellt sich der Konflikt – hier am Beispiel des Buchfinken – folgendermaßen dar: Zu Beginn der Brutsaison bedrohen Buchfinken ihre Schwarmgenossen. Paarungsbereite Weibchen halten dem Drohen mit aufgeplustertem Gefieder stand. Das Männchen wechselt dann allmählich von einer frontalen Drohstellung zu einer parallelen Werbestellung neben dem Weibchen. Gleichzeitig vertauschen sich die Rollen. Anfänglich dominierte das Männchen, nun übernimmt das Weibchen die Führung. Das Männchen wird jetzt vom Weibchen bedroht und unterliegt ihm ganz eindeutig, schließlich wird es sogar vom Futter verdrängt. In den folgenden Wochen wagt sich das Männchen nur zögernd, mit kleinen trippelnden Schritten näher. Das Weibchen benutzt als Kopulationsaufforderung ebenfalls kindliches Verhalten. Mit zitternden Flügeln und piepsenden Bettellauten zeigt es seine Paarungsbereitschaft an. Viele Paarungsversuche mißlingen, weil das Männchen zu viel Angst vor seiner Partnerin hat. Seine Körperhaltung zeigt es an: hoch aufgerichtet, den Kopf leicht vom Weibchen weggedreht. Das ist die Haltung, die es auch kurz bevor es vor einem Rivalen fliehen will, einnimmt. Und nach der Kopulation flieht es dann wirklich und stößt den Ruf aus, den es sonst beim Anblick eines Raubvogels gebraucht. So wird der werbende Buchfink im Widerstreit der Gefühle hin und hergerissen. Anfangs überwiegt die Aggressivität, später die Sexualität, in der Zwischenphase streiten die sexuelle Anziehung, die das Weibchen ausübt, mit der Neigung, vor dem furchteinflößenden weiblichen Wesen zu fliehen.

„Wie wie wie wie wie hab ich dich lieb", singt die Goldammer, sagt der Volksmund. Im Frühjahr sitzen die Männchen auf erhöhter Warte, lassen ihr gelbes Brustgefieder leuchten und singen eifrig ihr Lied. Sie teilen allen männlichen Anliegern mit, daß sie die Hecke oder den Busch für sich beanspruchen und dort mit ihrer zukünftigen Familie wohnen wollen und daß sie jeden Eindringling unnachsichtig vertreiben werden. Im Ernstfall tun sie das auch. Und den Weibchen teilen sie mit, daß hier ein lediger Mann mit Grundbesitz noch zu haben sei. Die Weibchen fliegen zwischen den werbenden Männchen hin und her und entscheiden sich schließlich für eins von ihnen. Diese Paarbildung ist typisch für sehr viele Singvögel.

a   b   c

In der Haltung des Buchfinken drückt sich der Konflikt aus, in dem er sich während der Balz befindet. Anfangs bedroht er das Weibchen frontal so wie jeden beliebigen Schwarmgenossen, dem er das Futter streitig macht (a). Später stellt er sich parallel zu dem umworbenen Weibchen (b). Damit hat er schon ganz erheblich zurückgesteckt. Das ist nämlich ein Kompromiß zwischen seinen widerstreitenden Gefühlen, sich ihr nähern und gleichzeitig am liebsten Reißaus nehmen zu wollen. Wenn das Männchen sich noch später dem Weibchen sehr zögernd, mit aufgerichtetem Körper nähert, um mit ihm zu kopulieren, nimmt er genau die Haltung ein, die ein Buchfink zeigt, der gleich vor einem überlegenen Rivalen die Flucht ergreifen wird (c).

46 Vogelbalz:
Ein Beitrag zum Gemeinschaftsleben

Verschiedene Vögel finden ihre Partner im Schwarm. Darin unterscheiden sie sich von der Mehrzahl der Vögel, bei denen das Männchen im eigenen Revier um ein Weibchen wirbt. Zu den Vögeln, die sich inmitten ihrer Schwarmgenossen ‚verloben', gehören beispielsweise: Bartmeisen, Gimpel, australische Prachtfinken, afrikanische Granat-Astrilde, Silbermöwen, Kolkraben, Dohlen, Gänse, Enten und Pinguine. Die mit der Revierverteidigung zusammenhängende feindselige Abwehr des Partners bei den ersten Begegnungen kann bei diesen Vögeln fehlen. Einige Vögel wie Sperlinge und Enten veranstalten gemeinsame Balzspiele. Die Paarbildung wie auch die spätere Ehe verläuft in vielen Fällen ausgesprochen friedlich. Bei einigen Arten verloben sich die Tiere bereits lange, bevor sie erwachsen und geschlechtsreif sind (Bartmeisen, afrikanische Granat-Astrilde, Dohlen und Gänse). Es kommt sogar vor, daß sich erst einmal die Geschwister verloben – wie es in Gimpelschwärmen der Fall ist – und sich erst später die endgültigen Paare zusammenfinden. Die im Schwarm gebildeten Paare sondern sich entweder für die Brutphase vom Schwarm ab, oder sie brüten gesellig; seltener verlassen sie den Schwarm für immer (Kolkraben). Die meisten dieser Arten gründen keine Reviere, sie verteidigen jedoch ihren Nistplatz gegen Störenfriede, einige gründen nach der Paarbildung ein Revier (Silbermöwen).

Bei sozial lebenden Vögeln tauchen sowohl Verhaltensweisen des Schwarm- oder Kolonielebens in der Paarbildung wieder auf, wie auch umgekehrt Paarzeremonien ins soziale Leben übernommen werden.

Von vielen Vögeln ist das gegenseitige Gefiederkraulen bekannt, so von Tauben, Papageien, Reihern oder Rabenvögeln. Es ist eine zärtliche Geste unter Partnern, bei Streitigkeiten wirkt sie versöhnend. Bei geselligen Vögeln kraulen sich auch nicht verpaarte Gruppenmitglieder, und auch hier dient die Gefiederpflege dem Gruppenzusammenhalt, oder sie wirkt beschwichtigend.

Geradezu exemplarisch stellt sich die Verschiebung von Balz- und Paarbildungsverhaltensweisen in den sozialen Bereich bei vielen Arten der australischen Prachtfinken dar. Die meisten von ihnen leben das ganze Jahr über gesellig und brüten gemeinsam. Fast alle Vertreter dieser Gruppe gehen eine Dauerehe ein, so daß die Schwärme zum großen Teil aus festen Paaren bestehen. Der Zusammenhalt im Schwarm ist in den unwirtlichen Trockengebieten lebensnotwendig und wird deshalb auch zur Brutzeit nicht aufgegeben. Die jugendlichen Prachtfinken leben mit den verheirateten Paaren im gleichen Schwarm und suchen sich dort ihren Partner. Meistens beginnt das Männchen mit Gesang und Balzbewegungen die Werbung. Wenn die Weibchen den Antrag ablehnen, greifen sie entweder an oder sie fliehen. Stimmen sie zu, drücken sie das in eigenen Balzbewegungen aus.

Für Zebrafinken – sie sind bei uns beliebte Käfigvögel – gilt zum Beispiel eine Verbindung als perfekt, wenn die Partner sich aneinanderkuscheln oder sich gegenseitig das Gefieder kraulen. Der arterhaltende Zusammenhalt im Schwarm wird sorgfältig gepflegt. So treffen sich die Schwärme zu bestimmten Tageszeiten zu gemeinsamer Futtersuche.

Von allen Prachtfinken zeigen die Masken-Amadine das am weitesten entwickelte Sozialverhalten. Sie leben zur Brutzeit in großen Kolonien. Mehrere Paare sitzen gern zusammen und kraulen sich das Gefieder. Dabei mischen sich die Paare allmählich, weil immer wieder einmal ein Ehepartner zu einem Nachbarpaar hinüberhüpft und bei ihm ein wenig mitkrault. So krault bald jeder jeden bei einem solchen Nachbarschaftstreffen, zu dem sich zwischen sechs bis zehn Paare einfinden können. Das kann bis zu einer Stunde dauern, dann schließen sich die Paare wieder zusammen und fliegen zu ihrem Nest zurück. Jedes neu hinzukommende Paar wird einzeln mit dem sozialen Gruß des Schwanzflirrens begrüßt. Die Vögel zittern dabei mit den Schwanzfedern rasch auf und ab. Dieses Schwanzflirren ist kennzeichnend für alle Prachtfinken – es ist ein Erkennungsmerkmal dieser Gruppe – nur kommt es bei allen anderen Arten in einer anderen Bedeutung vor: es ist die weibliche Aufforderung zur Kopulation und wird von allen anderen Prachtfinkenarten auch nur in diesem sexuellen Sinn verwendet. Nur bei den Masken-Amadinen kommt das Schwanzflirren sowohl im sexuellen Zusammenhang als auch im sozialen vor. Unter Ehepartnern wird es als Kopulationsaufforderung verstanden, an einen Schwarmgefährten gerichtet aber hat es die Bedeutung eines freundlichen Grußes. So kann aus einer Balzbewegung ein Beitrag zum Gemeinschaftsleben werden.

Mit dem Gruß des Schwanzflirrens bestätigen sich die Masken-Amadine unermüdlich ihre Zusammengehörigkeit. Erstaunlich ist nur, daß bei den Nachbarschaftstreffen nie ein fremder Ehemann das Schwanzflirren eines Weibchens als Aufforderung zum Seitensprung auffaßt. Aber das verhindert die Vertrautheit der Ehepartner. Sie kennen sich so gut, daß nur das Schwanzflirren der eigenen Partnerin sexuellen Aufforderungscharakter hat, das der Nachbarin aber immer nur als freundliche Geste verstanden wird. Vermutlich ist aber der sexuelle Reiz nicht völlig geschwunden, so daß das gemeinschaftliche Kraulen immer ein wenig sexuell anregend wirkt und die ganze Schar dadurch in den gleichen Zustand der Brutbereitschaft versetzt wird. Damit kann erreicht werden, daß alle in der Kolonie zur gleichen Zeit brüten.

Die Masken-Amadine leben in Nordaustralien. Sie verheiraten sich auf Lebenszeit, und die Ehepaare halten fest zusammen. Nicht nur in der Brutzeit, sondern auch in der übrigen Zeit des Jahres, sind sie unzertrennlich. Stets fliegen sie dicht hintereinander, wohin der eine den anderen auch führen mag. Sie sind nicht nur treue Ehegefährten, sondern auch gute Sozialpartner, sie leben in Schwärmen und brüten gemeinsam in großen Brutkolonien, in denen sie enge freundschaftliche Beziehungen mit ihren Nachbarn pflegen. Sie treffen sich paarweise eigens dazu und kraulen sich bunt durcheinander gegenseitig das Gefieder. Diese Gruppenzärtlichkeit hat vermutlich auch eine leicht sexuelle Färbung und dient dazu, die Brutbereitschaft im Schwarm gleichzuschalten.

Kolkraben kraulen sich gern gegenseitig im Gefieder, am häufigsten sieht man das unter Verlobten. Kolkraben suchen sich manchmal schon in früher Jugend einen Partner, wenn sie sich auch erst als Erwachsene endgültig binden. Das Gefiederkraulen dient ursprünglich der gegenseitigen Körperpflege, hat aber auch die Wirkung, Paare wie auch Schwarmgenossen, enger aneinander zu binden.

Die Weibchen der Masken-Amadine zittern sehr rasch mit den Schwanzfedern auf und ab, wenn sie ihre Männchen zur Paarung auffordern. Weibchen und Männchen benutzen das Schwanzflirren als sozialen Gruß, zum Beispiel dann, wenn sich die befreundeten Paare zum gemeinsamen Kraulen treffen. Das ist ein Beispiel dafür, wie sexuelles Verhalten umfunktioniert werden kann und dann eine besondere gruppenbindende Kraft entfaltet, zumal ein leichter sexueller Unterton weiterhin mitschwingt.

47 Vogelbalz:
Das gesellschaftliche Ereignis des Jahres

Sozial lebende Vögel übertragen Verhaltensweisen ihres Gemeinschaftslebens in die Paarbeziehung. Schwarmvögel fliegen zum Beispiel gemeinsam auf und kehren von einem Flug geschlossen zurück; sie fressen, trinken, baden und putzen ihr Gefieder gemeinsam und sie verständigen sich mit Rufen. Viele dieser gemeinsamen Handlungen führen auch die Paare aus, so als hätte der Partner die Gefährten des Schwarms zu ersetzen. Diese Verhaltensweisen des Gemeinschaftslebens tauchen unverändert oder abgewandelt in der Balz wieder auf. Bei dem nordamerikanischen Purpur-Bootsschwanz wird aus dem Gruppenflug das Folgen entwickelt. Verläßt ein Partner die Kolonie oder kehrt er dorthin zurück, so wird er stets vom anderen begleitet. Aus dem Gruppengesang wird der Antwortgesang zwischen den Partnern. Beides dient der Partnerbindung; harmonisieren beide, dann folgen sie einander regelmäßig und singen sich zu, in brüchigen Verbindungen klappt beides nicht so recht.

Die Übernahme sozialer Verhaltensweisen in die Balz ist auch bei den Stockenten sehr gut zu beobachten. Sie leben das ganze Jahr über gesellig und friedlich miteinander, und die Männchen stellen sich gemeinsam in einer groß angelegten Gesellschaftsbalz zur Schau. Ihre Vorstellungen ziehen sich über viele Wochen hin. Die Ausdrucksbewegungen nun, die im Schwarm und in der männlichen Balzversammlung als Begrüßung verwendet werden, kehren auch in der Werbung und Paarbindung wieder. Es sind ‚Antrinken‘ und ‚Scheinputzen‘. Begegnen sich zwei Stockenten auf einem Teich, dann weichen sie einander entweder aus, oder sie trinken gemeinsam ein wenig Wasser. Wer miteinander ißt oder trinkt, kann nichts Böses im Schilde führen. Und so hat dieses Antrinken die Bedeutung einer Friedensgeste. In der Balz schließt sich daran das Scheinputzen an. Der Erpel zieht – als wolle er sich putzen – seinen Schnabel an der Unterseite seiner Flügel entlang und bringt dabei einen rrr-Laut hervor. Beide Handlungen leiten als Begrüßungszeremoniell die Gemeinschaftsbalz der Erpel ein. Auf die gleiche Weise begrüßt ein Erpel auch zum ersten Mal seine zukünftige Frau und gibt ihr damit zu verstehen, daß er ihre Wahl angenommen hat. Bei den Stockenten wählen die Weibchen den Partner, und von da ab sind Antrinken und Scheinputzen feste Bestandteile der Paarzeremonie.

Das gesellschaftliche Balzspiel sieht man von September bis Februar, aber schon im September und Oktober bilden sich feste Paare. Wenn ein Weibchen auf einen Erpel zuschwimmt und gleichzeitig nach hinten mit einem meckernden „Quegg-eggeggeggegg" einen anderen Erpel bedroht, dann ist das von ihrer Seite aus ein Antrag. Manchmal droht die Ente auch, wenn gerade kein Gegner vorhanden ist, über die Schulter zurück ins Leere.

Dieses Verhalten heißt „Hetzen". Nur selten greift der so ausgezeichnete Erpel tatsächlich den Rivalen an, auch später in der Ehe nicht. Das Hetzen hat ganz eindeutig mehr paarbindende und werbende Funktion als aggressive Bedeutung. Oft wird eine solche weibliche Werbung mit Bissen zurückgewiesen. Nicht selten versucht die Verschmähte dann sofort, einen anderen Erpel auf den eben noch Umworbenen zu hetzen.

Es kann viele Wochen dauern, bis einer der angebalzten Erpel einmal nicht zurückbeißt; stattdessen trinkt er der Ente dann zu und scheinputzt sich. Vielleicht wartet er auf sie, wenn er weiterschwimmt, sonst ändert sich vorläufig nichts. Trotzdem ist die Ehe damit geschlossen. Später sieht man sie dann häufiger zusammen schwimmen. Sie halten gemeinsam lange Palaver ab: sie hetzt und trinkt ihm zu, und er antwortet mit „räbräb", Antrinken und Scheinputzen. Dies sind Bindungszeremonien, die die Paare während der ganzen Ehe wiederholen. Bereits im Herbst finden die ersten Paarungen statt. Die Ehepartner halten jetzt bereits fest zusammen, verbringen viel Zeit miteinander und tun vieles gemeinsam: baden, schlafen, palavern, fliegen. Sie gehen immer friedlich miteinander um, wie auch die ganze Schar in diesen Herbstwochen friedlich ist. Es wird wenig gekämpft, obwohl der Erpel sein Weibchen gegen alle Rivalen verteidigt und das Paar einen gewissen Abstand um sich herum durch Drohen und Beißen aufrechterhält. Im Frühjahr flammt dann die Kampfbereitschaft stärker auf. Der Erpel greift nun jeden fremden Erpel an, der sich seinem Weibchen nähert. Im Februar sucht das Paar einen Nistplatz, niemand kämpft um Reviere, aber von diesem Zeitpunkt an werden fremde Enten von dem Erpel verjagt und vergewaltigt.

Die Vergewaltigungen der Stockerpel haben dem Verhaltensforscher manche Rätsel aufgegeben. Sie spielen sich meistens im Brutgebiet der Enten ab. Beim gemeinsamen Baden oder Fressen kann es plötzlich geschehen, daß ein Erpel eine fremde Ente überfällt, neben der er eben noch friedlich im Wasser gelegen hat. Oft beteiligen sich mehrere Männchen daran. Die Enten fliehen und wehren sich bis zur Erschöpfung, im Wasser sind sie oft dem Ertrinken nahe. Da die Gewalttätigkeiten beginnen, wenn die Paare auf Nistplatzsuche gehen, nimmt man an, daß die Enten auseinandergetrieben werden sollen, damit das Brutgebiet nicht zu dicht besiedelt wird. Die Ente baut allein das Nest und brütet allein. Jetzt löst sich der Paarzusammenhalt auf. Die Erpel bleiben noch eine Zeit lang in Gruppen bei den Nistplätzen und sind schnell zur Stelle, wenn der Ente Gefahr droht. Aber die Jungen zieht die Mutter dann allein auf.

Ein Stockenten-Paar will ungestört sein und hat sich abgesondert. Stockenten verbringen ihr ganzes Leben in Gesellschaft und leben recht friedlich miteinander. Schon im Herbst fangen sie an zu balzen. In einem über Wochen hingezogenen Gesellschaftsspiel stellen sich die Erpel auf dem Wasser zur Schau. In recht verschiedenartigen Stellungen bringen sie die besonderen Farbeffekte ihres Gefieders zur Geltung, zum Beispiel einen glänzend grün umrahmten, schwarzen Fleck am Hinterkopf. Er ist ein Erkennungsmerkmal ihrer Art. Die Enten bleiben fast während der ganzen Vorstellung nur Zuschauer. Gelegentlich lösen sie die Gemeinschaftsbalz jedoch aus, wenn sie plötzlich durch eine Erpelschar hindurchschießen. Es sind zwar die Enten, die den Partner wählen, aber die Gemeinschaftsbalz hat zunächst wenig mit der persönlichen Partnerwahl zu tun. Die Vorführung der Erpel hat einen anderen Sinn, sie soll artgleiche Enten zusammenführen und artfremde isolieren. Zu diesem Zweck hat jede Entenart ihre eigenen Gesellschaftsspiele.

48 Vogelbalz:
Verliebte werden wie die Kinder

Der Dompfaff, auch Gimpel genannt, gehört zu den Vögeln, die eine lebenslange Bindung eingehen, wenn sie sich verpaaren. Die Verlobungszeit beginnt allerdings alles andere als harmonisch, denn eine Gimpelbalz besteht anfangs hauptsächlich aus Angriffen des Weibchens. Das junge, noch unverpaarte Weibchen, das einem Männchen begegnet, fliegt mit drohend aufgeplustertem Bauchgefieder, weit aufgerissenem Schnabel und heiserem „Chuäh-chuäh" schnurstracks auf dieses los. Der so Ausgezeichnete zieht sich erst einmal vorsichtig zurück, und das ist schon das erste Zeichen seines Einverständnisses, denn ließe ihn der Antrag völlig kalt, dann suchte er in diesem Augenblick schleunigst das Weite. Der interessierte Gimpel aber hält die Stellung und versucht nun seinerseits, dem drohenden Weibchen zu imponieren. Und je selbstsicherer er sein Bauchgefieder aufbläht und je weniger er vor ihren Angriffen zurückweicht, desto schneller stellt sie ihre Feindseligkeiten ein. Bleibt er aber eingeschüchtert in ihrer Nähe sitzen und wagt es nicht, vor ihr zu imponieren, dann geht es ihm schlecht. Das Weibchen wird immer wütender, und hat sie anfangs nur zum Schein gedroht (in ritualisierter Form), so wird sie nun „handgreiflich" böse und jagt das Männchen im Käfig herum, bis es völlig verstört in einer Ecke sitzen bleibt (im Freien hätte es natürlich längst die Flucht ergriffen).

Nachdem das Gimpelmännchen sich aber gegen die Drohungen des Weibchens behauptet hat, bricht die Angriffslust des Weibchens schnell in sich zusammen, und aus der Drohgebärde wird eine angedeutete Verbeugung, die beide Partner nun zeitlebens voreinander zeigen, wenn sie sich begrüßen. Und nun kann das Männchen – ein wenig verschämt noch – seiner Partnerin zeigen, daß sie ihm gefällt. Ganz geschwind hüpft er mit schief gehaltenem Schwanz und geblähtem Bauchgefieder auf sie zu, berührt nur kurz ihren Schnabel, wendet sich dann schnell von ihr weg und hüpft etwas zur Seite. Wenn ihr das Männchen auch gefällt, antwortet sie mit derselben Zärtlichkeit. Von nun an werden die verliebten Gimpel nicht mehr müde, dieses Spiel zu spielen. Wieder und wieder hüpfen sie aufeinander zu, schnäbeln miteinander, wenden sich ab und hüpfen wieder auseinander. Der Schnabelflirt sieht dem Füttern ähnlich, und tatsächlich leitet sich das Schnäbeln auch daraus ab. Aber Gimpelpaare zeigen sich ihre Zuneigung auch durch echtes Füttern (Zärtlichkeitsfüttern), sobald sie sich endgültig füreinander entschieden haben. Das Männchen beginnt dann, sein Weibchen aus dem Kropf zu füttern. Während sie sich ganz klein macht, ihn von unten her ansperrt und ihn mit pendelnden Körperbewegungen und zitternden Flügeln wie ein unselbständiger Jungvogel anbettelt, reckt er sich auffällig hoch auf und füttert von oben herab. Die Rollen, die sie spielen, sind klar: Das Weibchen imitiert das Junge, und das Männchen ahmt den fütternden Elternteil nach. Schnabelflirt und Zärtlichkeitsfüttern einerseits und Jungefüttern andererseits sehen sich so ähnlich, daß der Verhaltensforscher die Herkunft der Zeremonien aus der Brutpflege an der Form der Bewegungen ablesen kann.

In der Brutzeit übernimmt das Männchen dann beinahe echte Elternfunktionen. Das Weibchen sitzt während der etwa zweiwöchigen Brutzeit fest auf den Eiern und verläßt nur dann das Nest, wenn das Männchen mit gefülltem Kropf erscheint und sie von dort weglockt, um sie vorsichtshalber ein Stück abseits vom Nest zu füttern, damit der Nistplatz nicht verraten wird. Die geschlüpften Jungen werden von beiden Elternteilen am Nest gefüttert. Die flüggen Jungen betteln mit den typisch pendelnden Körperbewegungen „wie wenn ein freudig erregter Hund mit der ganzen Hinterpartie wedelt" (J. Nicolai), sie kehren im Zärtlichkeitsfüttern wieder.

Und noch in einer anderen Bedeutung taucht die kindliche Bettelbewegung im Eheleben der Gimpel auf: als Kopulationsaufforderung. Es ist immer das Weibchen, das zur Paarung auffordert. Mit leisen Zärtlichkeitslauten lockt sie ihr Männchen und duckt sich mit zitternden Flügeln und pendelnden Körperbewegungen zur Begattung nieder. Die balzenden Gimpel tragen manchmal Halme im Schnabel, die sie sich gegenseitig schenken, oder sie halten einen Halm im Schnabel, wenn sie kopulieren. Dieser Teil der Balz hat nun nichts mehr mit kindlichem Verhalten zu tun, die sogenannte Halmbalz synchronisiert die Paarungsbereitschaft beider Teile. Sie übt auf den Gimpel eine stark stimulierende Wirkung aus, denn jeder Halm ist sozusagen ein Versprechen auf ein fertiges Nest, auf Eier und auf Nachkommen.

Kindliche Bettelweisen und elterliche Fürsorgehandlungen kehren in der Partnerschaft bei sehr vielen Vögeln wieder. Paarfüttern zeigen unter anderem der Stieglitz, Tauben und Möwen, Schnabelflirt ebenfalls der Stieglitz und manche Papageien, die entsprechende Kopulationsaufforderung Meisen und Goldammern. Aber nicht nur viele Vögel schöpfen aus ihrer Kindheit, um ihre Paarbeziehungen aufzubauen. Sehr viele andere Tiere tun das ebenfalls.

Ein Dreizehenmöwen-Weibchen bettelt sein Männchen um Futter an. In derselben Weise betteln auch die Möwenküken ihre Eltern an, die kindliche Bettelgeste hat eine so starke Wirkung, daß das Männchen sofort Futter hervorwürgt. Das Weibchen nimmt ihm das Futter direkt aus dem Schnabel ab. Auch andere Möwen füttern ihre Weibchen in der Balz, aber sie lassen das Futter auf den Boden fallen. Das können sich die Dreizehenmöwen aus hygienischen Gründen nicht erlauben. Sie brüten auf engen Felsvorsprüngen in Steilwänden über dem Meer und müssen ihren sehr kleinen Nistplatz, auf dem sie das Frühjahr und den Sommer verbringen, peinlich sauber halten. Wenn es zwischen einem Dreizehenmöwen-Paar soweit gekommen ist, daß er sie füttert, ist das Schlimmste überstanden. Denn auch sie haben, wie so viele Vögel, Schwierigkeiten, in dem Partner nicht nur den möglichen Feind zu sehen. Wenn das Männchen aufhört, ständig nach ihr zu hacken, fängt sie an, sich wie ein Kind zu benehmen, das seine Eltern anbettelt. Die Faszination des Kindlichen in ihrem Gehabe ist so stark, daß es besänftigend auf den Mann wirkt und liebevollere Regungen in ihm weckt.

Ein Paar flirtet schnäbelnd. Auch bei den Birkenzeisigen füttert das Männchen das Weibchen. Wenn sie brütet, ist sie sogar darauf angewiesen, daß er sie mit Futter versorgt.

49 Vogelbalz:
Liebe geht durch den Magen

Die Übernahme von Verhaltensweisen aus der Brutpflege in die Paarbeziehung oder in Bereiche des Gemeinschaftslebens ist eine weit verbreitete Erscheinung im Tierreich. Sie ist an Vögeln besonders gut untersucht. Zahlreiche Beispiele zeigen, wie sie eine Verhaltensweise aus einer anderen ableiten und umwandeln. Zwei stehen hier für viele: Beim Kolkraben kehren kindliche Verhaltensweisen in der Ehe wieder, bei den Schwalbenstaren in Ehe und Gesellschaft.

Kolkraben leben auffallend lange mit ihren Eltern zusammen. Wenn sich die Bindung an die Eltern allmählich löst, nach etwa hundert Tagen, schließen sich die jungen Kolkraben zu Jugendgruppen zusammen. In diesem Schwarm finden sie dann ihren Lebenspartner – Kolkraben leben in Dauer-Einehe – und verlassen gemeinsam mit ihm am Ende des zweiten Lebensjahres den Schwarm, um ein eigenes Revier zu gründen. Schon im ersten Lebenssommer beginnen einzelne Paare Kontakt zueinander aufzunehmen, der aber erst im zweiten Jahr intensiviert wird. Bei dem ersten Annäherungsversuch imponieren die Tiere voreinander. Wenn das Männchen nicht sofort beachtet wird, kann es darüber ärgerlich und aggressiv werden, und sie würde manchmal am liebsten fliehen, wenn er sich ihr zu stürmisch nähert. Aber im allgemeinen äußern beide schon in den ersten Minuten Zärtlichkeitslaute. Neben diesem Balzimponieren spielt das Paarfüttern eine wichtige Rolle in der Paarbeziehung der Kolkraben. Beides sind werbende und bindende Zeremonien, die das ganze Jahr über, verstärkt aber im Frühjahr und zum Brutbeginn auftreten.

Immer ist es das Männchen, das sein Weibchen füttert. Es trägt kleine Leckerbissen wie Fett oder Kükenfleisch im Schnabel oder Kehlsack heran. Liebe geht eben doch durch den Magen. Mit gespreizten Schritten, manchmal mit Flügelzucken geht es auf die Partnerin zu und lädt sie mit „gro"-Lauten zu einem Appetithappen ein. Mit denselben Lauten fordern die Eltern am Nest ihre Jungen dazu auf, den Schnabel aufzusperren, damit sie gefüttert werden können. Das Weibchen nimmt den Futterhappen mit einer starken Verdrehung des Schnabels ab – es ist dieselbe Verdrehung um 90 Grad, die auch die Jungvögel bei der Futterübergabe zeigen. Manche ahmen den Jungvogel noch genauer nach, indem sie sich ducken, mit den Flügeln schlagen und Bettellaute äußern. Die Übereinstimmung zwischen Jungefüttern und Paarfüttern ist gerade bei Kolkraben sehr ausgeprägt und kann so als ein sicherer Beleg für die Ableitung der einen Verhaltensweise aus der anderen gelten. Bei älteren Paaren wird die Zeremonie individuell abgewandelt.

Die Übereinstimmungen zwischen Brutpflege und Paarverhalten gehen bei Kolkraben noch sehr viel weiter. Die „gro"-Laute äußern junge Raben

vor ihren Eltern, wenn sie ihre ersten Gehversuche machen, und je unsicherer sie sich dabei fühlen, desto eindringlicher und lauter wird ihr Rufen. Später nehmen Ehepartner oder befreundete Raben beim Nestbau oder zum Gefiederkraulen mit diesem Laut Kontakt auf, und im Schwarm fliegende Partner bleiben damit auch auf großen Abstand in Fühlung miteinander (Stimmfühlungslaut). Und schließlich verwenden Kolkraben das jugendliche Bettelverhalten, um einen zürnenden Partner zu besänftigen. Wie beim ursprünglichen Futterbetteln öffnet das bittende Tier weit seinen Schnabel und nähert ihn dem gereizten Partner; verbunden mit schlagenden Flügeln, Bettellauten und einer zusammengekauerten Haltung ist das wiederum genau die Haltung des Jungvogels. Sie hemmt bei dem angriffsbereiten Tier den Angriff und löst stattdessen Fütterbewegungen aus. Es kann dann seinen Schnabel in den aufgesperrten des Bittstellers stecken und so tun, als würde es Futter hineinstopfen, sozusagen im Leerlauf. Bei allen Demutshaltungen äußern Kolkraben kindliche Laute. Solche beschwichtigenden Gesten und Laute setzen sie auch im Umgang mit Schwarmgenossen ein.

Die Schwalbenstare, die im indoaustralischen Raum heimisch sind, leben im Gegensatz zum Kolkraben dauernd gesellig. Sie haben ein stark ausgeprägtes Bedürfnis nach Kontakt und benutzen sowohl im Zusammenleben mit dem Partner als auch in der Gruppe kindliche Verhaltensweisen. Im Kopulationsvorspiel sitzen die Partner nebeneinander und betteln sich scheinbar gegenseitig an, und manche Männchen fliegen während des Vorspiels wirklich auf und fangen für ihre Partnerin ein Insekt. Ohne nachfolgende Paarung zeigen die Schwalbenstare entweder Betteln allein oder Betteln mit anschließendem Füttern als reine Paarbindungszeremonie. Im Schwarm betteln sich die Vögel mit den gleichen Bewegungsweisen zur Begrüßung an. Der Begrüßte antwortet manchmal ebenfalls mit den ursprünglichen Bettelbewegungen, die Begrüßung kann tatsächlich damit enden, daß der neu hinzugekommene Schwalbenstar den anderen füttert. Hier ist Betteln und Füttern zur rein sozialen Geste geworden, die beschwichtigend wirkt. Begleitet werden Kopulationsvorspiel und soziales Grüßen von dem Stimmfühlungslaut, der sich aus dem Bettellaut des Jungvogels entwickelt hat. So verwenden die Schwalbenstare dreifach kindliches Verhalten: im Kopulationsvorspiel, zur Stärkung des Paarzusammenhaltes und zur Gestaltung eines friedlichen Gruppenlebens.

Ein Stieglitzpaar beim Schnabelflirt.

Kolkraben sind kluge Tiere mit der Fähigkeit, sehr viel zu lernen. Ihr Verhalten ist weniger stark instinktgebunden als das der meisten anderen Vögel. Wie bei vielen anderen Vogelpaaren füttert das Männchen sein Weibchen, aber nach längerer Ehezeit erfinden sie eigene Zärtlichkeiten: Ein Paar schob das Futter mit der Zunge mehrmals von Schnabel zu Schnabel, bevor das Weibchen es schluckte. Ein anderes saß mit innig verschränkten Schnäbeln minutenlang nebeneinander, ohne Futter zu übergeben. Ein drittes schritt sogar mit verschränkten Schnäbeln nebeneinander im Kreis herum.

50 Vogelbalz:
Vogelweibchen sind spröde

Zugvögel und Standvögel unserer Heimat haben regelmäßig wiederkehrende Fortpflanzungszeiten zu Beginn des Frühjahrs. In anderen Klimabereichen, beispielsweise in den Trockenzonen, richten sich die Vögel nach den Klimabedingungen und haben deshalb unregelmäßige Fortpflanzungsperioden, die von Regenfällen abhängig sind. Im Winter sind die Geschlechtsdrüsen (Gonaden) von Weibchen und Männchen zurückgebildet und inaktiv. Erst im Frühjahr beginnen Hoden und Eierstock zu wachsen, und wenn sie voll entwickelt sind, produzieren sie Spermien und Eier. Das Wachstum der Geschlechtsdrüsen läuft bei Männchen und Weibchen nicht synchron ab.

Bei vielen Vogelarten geraten die Männchen lange vor den Weibchen in Fortpflanzungsstimmung. Sie wird bei ihnen ausgelöst durch die länger werdenden Tage im Frühjahr. Viele von ihnen gründen dann bereits ohne Partnerin ein Brutrevier, verteidigen es gegen männliche Rivalen und versuchen, ein Weibchen anzulocken. Die Fortpflanzungsstimmung der Weibchen wird zwar auch durch die zunehmende Tageslänge angeregt, sie brauchen aber zusätzlich die Stimulanz des balzenden Männchens. Erst wenn sie umworben werden, sind sie eingestimmt, mit dem Nestbau zu beginnen. Und nun wirken zwei Reize zusammen positiv auf das Wachstum der weiblichen Keimdrüsen. Das anfangs verzögerte Wachstum des Eierstocks (Ovarium) wird sowohl durch die Anwesenheit des Partners wie auch durch den Anblick des Nestes beschleunigt. Und wenn das Nest fertig ist, sind auch die Eier befruchtungsfähig, und das Weibchen ist nun ebenso paarungsbereit wie das Männchen. In der Spanne zwischen den ersten Anzeichen der männlichen Fortpflanzungsstimmung und der Paarung muß die Paarungsbereitschaft beider Partner in Einklang gebracht (synchronisiert) werden, und das bringt Schwierigkeiten mit sich. Denn auf den einfachsten Nenner gebracht heißt das: er will, aber sie will nicht.

Zu den Schwierigkeiten gehört die Aggressivität mancher Weibchen in der letzten Balzphase. Viele Kopulationsversuche des Männchens werden dadurch erschwert oder verhindert. Für den Grünling aus der Finkenfamilie ist die mangelnde Übereinstimmung zwischen Männchen und Weibchen in Zahlen erfaßt. Von 102 zögernden Annäherungen des Männchens an seine Partnerin endeten nur 25 erfolgreich mit der Kopulation. Wenn das Männchen die Paarung versucht, kann das Weibchen sich entweder in die Kopulationsstellung niederducken, sie kann aber auch fliehen oder angreifen. Das Weibchen griff sogar in sieben Fällen noch an, nachdem sie das Männchen schon auf ihrem Rücken hatte landen lassen.

Bei vielen Arten der Sperlingsvögel ändert sich die Rangordnung der Partner in der Fortpflanzungszeit. Anfänglich dominieren die Männchen, später die Weibchen. Während bei den ersten Begegnungen der zukünftigen Partner die Männchen aggressiv sind, werden es zu Beginn der Paarungsphase die Weibchen. Sie wehren die Annäherungsversuche der Männchen ab, und greifen oft auch an, wenn ihr Partner erste Paarungsversuche unternimmt. Die Männchen lassen sich dadurch einschüchtern und zeigen sich ängstlich und fluchtbereit. Bei solchen Spannungen erwartet man geradezu Beschwichtigungsgebärden und tatsächlich ist dann die Kopulationsphase reich an Friedensgesten. Männchen wie Weibchen, diese allerdings häufiger, gebärden sich in den Vorspielen zur Kopulation wie Jungvögel. Sich klein machen, mit den Flügeln zittern und Nestlingsrufe piepsen – oder sich gegenseitig das Gefieder kraulen – das wirkt entspannend und begütigend. Und auch Geschenke helfen. Der Haussperling füttert sein Weibchen manchmal unmittelbar vor der Paarung. Oder der europäische Bienenfresser (er heißt so, weil er bevorzugt Bienen, Wespen und Hummeln frißt) bietet seinem Weibchen regelmäßig vor der Kopulation Futter an, sie nimmt es ihm von der Schnabelspitze ab, frißt es und geht dann in die weibliche Aufforderungsstellung. Und der javanische Sporenkuckuck füttert seine Weibchen sogar erst nach der Paarung.

Die besondere Aggressivität des Weibchens in der Kopulationsphase wird teilweise mit der bei fast allen Tieren vorhandenen Abneigung gegen Körperkontakt erklärt. Sie tritt aber auch bei Vögeln auf, die diese Kontaktscheu nicht kennen und das ganze Jahr über in enger körperlicher Berührung mit Schwarmgenossen leben. Die Sprödigkeit der Vogelweibchen ist auch ein Problem der mangelnden körperlichen Übereinstimmung. Das Weibchen verhält sich solange abwehrend, wie die Eier noch nicht reif zur Befruchtung sind, und entzieht sich der Annäherung des Männchens entweder durch Flucht, oder wenn es sein muß, auch einmal mit einem tätlichen Angriff.

Manche Vogelmännchen veranstalten während der Fortpflanzungszeit Hetzjagden mit ihrer Partnerin. Man hat vermutet, daß sie der sexuellen Stimulierung der Weibchen dienen. Bei den Amseln beispielsweise beginnen diese Jagden schon sehr früh im Jahr. Das Männchen treibt das Weibchen sehr schnell durch scharfe Kurven und weite Kreise, entweder über den Boden oder auch im Flug. Ebenso unvermutet wie sie beginnt, endet die Hatz ohne jede Bedrohung oder Tätlichkeit. Beim Sperling werden diese Verfolgungsjagden sowohl von Paaren wie auch vom ganzen Schwarm veranstaltet. Angstreaktionen nutzen sich mit der Zeit ab, vor allem dann, wenn nichts Schreckliches passiert. So kann auch diese harmlose Hatz eine allmähliche Annäherung der Partner bewirken. Die Neigung zur Flucht schwindet naturgemäß mit der Häufigkeit solcher Jagden.

Die Seeschwalben leiten ihre Werbung mit kunstvollen Flugspielen über dem Brutplatz ein. Schließlich überreicht das Männchen auf seinem eigenen Grundstück in der Brutkolonie dem umworbenen Weibchen als Brautgabe einen Fisch. Wenn sie ihn annimmt, ist die Ehe geschlossen. Geschenke sollen die aggressiven Spannungen zwischen den Partnern mildern und im Vorspiel zur Kopulation den Weibchen die Angst vor der körperlichen Annäherung des Männchens nehmen.

51 Vogelbalz:
Sexuelle Harmonie als Schutz gegen die Umwelt

Manche Vögel führen gemeinsame Spiele durch, die den Schwarm geschlossen auf die Fortpflanzungszeit einstimmen und harmonisieren sollen. Solche Gemeinschaftsveranstaltungen sind bekannt von Elstern und Eichelhähern: sie treffen sich im Spätwinter zu geräuschvollen Versammlungen und jagen dabei häufig gemeinsam durch das Geäst. Gruppen von Wanderfalken fliegen oft stundenlang auf derselben Strecke hin und her.

Der Feldsperling kennt Spiele, die sowohl paarweise als auch im Schwarm veranstaltet werden. Sie haben weder etwas mit dem Zusammenfinden von Paaren noch unmittelbar mit der Einleitung der Kopulation zu tun, sondern dienen vermutlich in doppelter Funktion dazu, sowohl die Weibchen sexuell zu stimulieren, wie auch die Fortpflanzungsstimmung im gesamten Schwarm gleichzuschalten. In Feldsperlingsschwärmen kann die ganze Schar in Balzstimmung verfallen, wenn ein Sperlingsmännchen eine sogenannte Paradebalz eröffnet. Meistens fängt es an, wild schilpend um ein Weibchen herumzuhüpfen, und steckt damit andere Schwarmgenossen an. Wenn das umworbene Weibchen schon vergeben ist (Feldsperlinge leben in lebenslanger Einehe), was sehr häufig vorkommt, mischt sich sofort der rechtmäßige Gatte ein und droht die balzlustigen Rivalen mit erhobenem Kopf an, die darauf ebenfalls mit Kopfhochdrohen antworten. Das Weibchen flieht derweil, und sofort stiebt die ganze Männerschar hinter ihr her und balzt sie weiter an, sobald sie irgendwo wieder landet. Andere Weibchen sehen zeternd zu und werden dann häufig auch schilpend umhüpft, so daß tatsächlich der ganze Schwarm in Bewegung gerät. Nach einer Viertelstunde etwa fällt die Gesellschaft wieder auseinander, die Paare gehen ihrer unterbrochenen Beschäftigung nach, suchen Futter und bauen an ihrem gemeinsamen Nest.

Im Schwarm werden häufig Stimmungen übertragen: fliegt ein Vogel auf, kann er die anderen nachziehen, ruhen einige Vögel, legen auch die anderen eine Pause ein, und viele andere Stimmungen verbreiten sich ebenfalls schnell im ganzen Schwarm. So kann auch die erwachende Fortpflanzungsstimmung ansteckend wirken. Das konnte an Fasanen experimentell festgestellt werden. Einem einzelnen Hahn wurden im Winter männliche Geschlechtshormone (Androgene) injiziert, – lange vor der normalen Frühjahrsbalz des Fasans. Nach etwa drei bis vier Tagen begann er zu balzen, unberührt davon, daß draußen tiefster Winter herrschte. Und war er anfangs noch allein mit seinen Balzvorführungen im Schnee, so machten es ihm bald andere Hähne nach. Auch die Weibchen wurden von der unzeitgemäßen Fortpflanzungsstimmung mitgerissen und boten sich zur Kopulation an. Und statt im milden Frühjahr legten sie im froststarren Januar Eier und begannen zu brüten.

Dieses Beispiel zeigt, wie stark ein einzelner die Gruppe beeinflussen kann, wie aber auch ein Verhalten sich im Schwarm ausbreitet, bis auch das letzte Mitglied es übernimmt. Dieser Mechanismus hat Überlebensfunktion. Das ist unmittelbar einsehbar bei drohender Gefahr, bei der Flucht- oder Verteidigungsbereitschaft in Sekundenschnelle die gesamte Gruppe erfassen muß, das gilt aber auch für das Fortpflanzungsverhalten gesellig lebender Tiere.

Für die Zebrafinken, die die australischen Trockengebiete bewohnen, ist der Schwarmzusammenhalt absolut zwingend. Oft müssen sie gemeinsam weite Strecken fliegen, um an Futter zu kommen, und sie bleiben beisammen, um jederzeit gemeinsam ihr Brutgeschäft beginnen zu können. Sie sind in besonderem Maße angewiesen auf die gegenseitige Anregung und die Übereinstimmung bei der Brutpflege. Ihre Fortpflanzung ist vollständig vom Klima abhängig. Nur wenn es geregnet hat, gibt es so viel Futter, daß die Zebrafinken Junge aufziehen können. Da aber in ihrem Lebensraum Regen nicht nur selten, sondern auch sehr unregelmäßig fällt, müssen sie fähig sein, jeden Regenfall zur Fortpflanzung zu nutzen. So wird ihr Brutverhalten vom Regen ausgelöst.

Schon bei den ersten Regenschauern beginnen sie zu balzen und oft auch schon Nistmaterial zusammenzutragen, und nach wenigen Tagen liegen bereits die ersten Eier im Nest. Der gemeinsame Rhythmus von Balz, Nestbau und Brüten gewährleistet, daß der Schwarm geschlossen die kostbare Zeit des Pflanzenwuchses für die Aufzucht der Jungen nutzt. Vertrödelte Paare hätten unter diesen extremen Bedingungen schlechte Aussichten, eine verspätete Brut großzuziehen. Bei den in Kolonien brütenden Möwen verläuft Revierbildung, Paarbildung, Balz und Brüten ebenfalls synchron. Nach Untersuchungen an Lachmöwen scheint das einen besseren Schutz von Gelege und Brut vor Raubfeinden zu gewähren. Die Verluste der Lachmöwen sind bei den zahlreichen Feinden (Krähen, Silbermöwen, Igel und Füchse) ohnehin sehr hoch, sie wären aber bei ungleichmäßigen Brutzeiten noch höher.

Wenn in einer Kolonie alle Eier auf einmal gelegt werden, ist den Räubern das Mahl nur einmal bereitet, und mehr als sich satt fressen können sie auch nicht. Sind die Brutphasen aber verschoben, dann können sich die Räuber über einen längeren Zeitraum bedienen und insgesamt gesehen mehr Beute machen. So ist die Synchronisation des Brutgeschäftes bei den Möwen eine Anpassung an Raubfeinde, wie sie es bei den Zebrafinken an Klimabedingungen ist: sie hat in beiden Fällen arterhaltende Funktion.

Feldsperlinge verloben sich oft schon jung im Herbst ihres
ersten Lebensjahres und bleiben einander ein Leben lang treu.
In der Paradebalz allerdings wird die Gelegenheit zu einem
schnellen, kleinen Flirt mit der Frau des anderen gern und häufig
genutzt. Sofort geht dann der rechtmäßige Ehemann dazwischen
und bedroht den frechen Charmeur mit erhobenem Kopf.
Kopfhochdrohen ist die typische Haltung in Rivalenstreitigkeiten. Angriffe gibt es in dieser Situation nicht, beide drohen
sich nur an und trennen sich dann. Wenn mehrere Paare in diese
Eifersüchteleien verwickelt sind, gibt es ein Mordsspektakel.

Ein Feldsperling plustert sich zur Paradebalz auf. Sie hat weder
mit der Verlobung der Feldsperlinge etwas zu tun, noch gehört
sie in die Vorspiele zur Paarung. So nimmt man an, daß sie
der sexuellen Stimulierung der Weibchen dient, die immer ein
wenig spröde und nicht paarungsbereit sind, solange ihre
Keimdrüsen nicht ausgereift sind.

So wird die Paradebalz eröffnet:
In dieser Haltung umhüpft der Feldsperling wild schilpend ein Weibchen,
das sich durch ihn belästigt fühlt und
die Flucht ergreift. Gleich wird er dann
hinterher stieben. Das wirkt oft so
ansteckend, daß sofort einige andere
Männchen mitmachen und darüber der
ganze Schwarm in Balzlust verfällt und
durcheinanderschießt und -lärmt.

52 Vogelbalz:
Lachtauben sind pünktliche Liebesleute und Eltern

Lachtauben sind bevorzugte Tiere der experimentellen Verhaltensforschung. Ihr Brutzyklus ist in beispielhafter Weise daraufhin untersucht worden, wie Außenreize und Hormone sich gegenseitig beeinflussen und ihr Zusammenspiel den Brutzyklus auslöst, vorantreibt und beendet. Das ganze läuft nach einem gleichbleibenden Schema ab und folgt einem bis auf Stunden genauen Zeitplan. Das bedeutet, daß die Partner vollendet aufeinander abgestimmt sein müssen, wenn von der Balz bis zur Selbständigkeit der Jungen alles klappen soll. Um einen Brutzyklus im Labor auszulösen, muß man einem Taubenpaar Licht, Länge und Wärme eines Frühlingstages vortäuschen und ihm Nistmaterial bereitstellen. Dann geschieht immer dasselbe: Am ersten Tag balzt das Männchen, es stolziert durch den Käfig, verbeugt sich vor dem Weibchen und gurrt. Nach wenigen Stunden haben beide sich bereits einen Nistplatz gesucht und beginnen gemeinsam, das Nest zu bauen. Das Männchen trägt die Baustoffe heran, das Weibchen fügt sie in das Nest ein. Damit sind beide ungefähr eine Woche beschäftigt. Während dieser Zeit paaren sie sich öfter. Am Ende dieser Phase sitzt das Weibchen bereits mit Vorliebe auf dem noch leeren Nest. Bei dem Versuch, es hochzunehmen, krallt es sich so fest, daß das ganze Nest mit abgehoben wird. Nach sieben bis elf Tagen, meist um 17 Uhr (!), legt das Weibchen das erste Ei, das sie sofort bebrütet, und zwei Tage später etwa um 9 Uhr (!) das zweite.

Die Eltern lösen sich beim Brüten ab, das Männchen brütet etwa sechs Stunden über Mittag, sie die übrigen Stunden. Nach 14 Tagen schlüpfen die Jungen, die von beiden Elternteilen mit Kropfmilch gefüttert werden. Diese Nährflüssigkeit wird ausschließlich in dieser Phase im Kropf der Altvögel produziert. Zehn bis zwölf Tage später verlassen die Küken das Nest. Die Eltern hören nun allmählich auf zu füttern, und nach vierzehn Tagen picken die Jungen selbst Körner vom Boden auf. Fünfzehn bis fünfundzwanzig Tage später beginnt das Männchen erneut zu balzen. Der Zyklus kann wieder von neuem beginnen, und das kann immer so weitergehen, solange man im Labor Frühling herrschen läßt.

Erst wenn der regelmäßige Ablauf im Versuch künstlich gestört wird, erkennt man seine Gesetzmäßigkeiten. Werden Männchen oder Weibchen einzeln in Käfige mit Nistmaterial gesetzt, so geschieht überhaupt nichts Vergleichbares. Ein Weibchen allein legt kein einziges Ei, und ein einzelnes Männchen baut kein Nest. Einzeln gehaltene Lachtauben, in deren Käfigen Nester und Eier standen, machten auch nach mehreren Wochen keine Anstalten zu brüten. Das bloße Zusammensein der Partner kann es allerdings auch noch nicht bewirken, daß das Paar zu brüten beginnt. Ein Paar, das zusammen einige Tage in einem sonst leeren Käfig lebt, zeigt keine Neigung zu brüten, wenn ihm ein fertiges Nest mit Taubeneiern angeboten wird. Denn das hieße, den zweiten Schritt vor dem ersten tun. Zuerst muß ein Nest gebaut werden, dann kann gebrütet werden. Die Brutbereitschaft ist also sowohl vom Partner abhängig als auch von der Möglichkeit, ein Nest zu bauen. Die Anwesenheit des Partners regt zum Nestbau an, und das fertige Nest stimmt die Tauben darauf ein, die Eier zu bebrüten.

In den zwei Wochen, in denen sie auf den Eiern sitzen, wächst der Kropf der Eltern auf das Dreifache an, und wenn die Jungen geschlüpft sind, können sie genügend Kropfmilch absondern, um die Taubennestlinge satt zu bekommen. Jede Handlung ist abhängig von der vorangegangenen, die Abfolge läßt sich weder verändern noch beschleunigen – jedenfalls nicht von außen. Der Brutzyklus wird jedoch nicht nur durch äußere Reize – das Verhalten der Partner, Nestbaustoffe, Eier und Junge – gesteuert, sondern auch durch innere. Werden beide Tiere eines Paares zum Beispiel mit dem Eierstockhormon Progesteron behandelt und dann in einen Käfig mit einem Nest und Eiern gesetzt, so überspringen sie Balz und Nestbau und fangen schon nach drei Stunden an zu brüten. Im normalen Zyklus dagegen brüten sie erst nach fünf bis sieben Tagen. Das Hormon Prolaktin bewirkt das Wachstum des Kropfes. Lachtauben, denen Prolaktin injiziert wurde, wurden sozusagen aus dem Stand heraus zu fürsorglichen Eltern und versorgten fremde Taubenjunge mit Kropfmilch.

Es kommt aber noch komplizierter: Äußere und innere Reize wirken nicht unabhängig voneinander, sondern beeinflussen sich gegenseitig. Die Außenreize beeinflussen die Ausschüttung von Hormonen, und die Hormone wiederum motivieren die Lachtauben, den nächsten Schritt im Ablauf des Brutzyklus zu tun. Die Weibchen legen beispielsweise auch dann Eier, wenn sie ihr Männchen zwar sehen können, sonst aber durch eine Glasscheibe von ihm getrennt sind. Die hormonell gesteuerte Eierstockentwicklung ist also von dem visuellen Reiz des anwesenden Männchens abhängig. Werden brütende Tauben, die bereits einen starken Kropf ausgebildet haben, vom Nest genommen, so schrumpft der Kropf wieder zusammen. Also wird die Prolaktinabsonderung durch Reize hervorgerufen, die beim Brüten auftreten. Die langwierigen und mühsamen Untersuchungen zum Brutzyklus der Lachtauben, die von D. S. Lehrman stammen, gelten in der Verhaltensforschung als vorbildlich. Sie geben einen Einblick in das komplizierte Regelsystem des Fortpflanzungszyklus, in dem die innere und die äußere Welt der Vögel in Wechselwirkung treten.

Wenn die Tage im Frühjahr länger werden, beginnt das Kanarienvogel-Männchen zu singen und zu balzen. Das wirkt so aufregend auf das Weibchen, daß es sich daranmacht, ein Nest zu bauen. Geduldig erträgt es die ersten aggressiven Annäherungsversuche seines Verehrers und gibt damit zu erkennen, daß es die Werbung annimmt. Es läßt sich von ihm füttern, und die beiden verpaaren sich schließlich. In dieser Zeit verliert das Weibchen an der Bauchseite fast alle Federn. Es entsteht der sogenannte Brutfleck. Er ist besonders empfindlich und verträgt die Berührung mit den Halmen des Nestrohbaus nicht. Das bewegt das Weibchen dazu, das Nest mit Federn auszupolstern. Erst wenn auf diese Weise alles für die Eier vorbereitet ist, legt es das erste Ei.

53 Individuelles Erkennen:
Fremd in der eigenen Familie

K. Lorenz hat das Verhalten des Nachtreihers in einer künstlich angelegten Kolonie in seinem Garten über Jahre beobachtet. Er berichtet von ständigem Streit, Gezeter und Schnabelfechtereien. Die Reiher sind in einer fortwährenden Auseinandersetzung mit ihren allernächsten Nachbarn begriffen – offensichtlich deshalb, weil der Nachtreiher zwischen einem eventuellen Eindringling, der ihm sein Revier streitig machen will und dem Nachbarn, der auf dem Weg zum eigenen Revier notgedrungen an seinen Grenzen vorbeigehen muß, nicht unterscheidet. Und so muß es denn immerzu Krach geben. Auch unter den Eheleuten kann jederzeit Feindseligkeit aufflackern, die allerdings sofort zurückgedämmt wird. „Ein kleines Stolpern" kann genügen, sagt Lorenz, um den Partner mißtrauisch auffahren zu lassen. Oft kämpfen sie tatsächlich kurz miteinander, um sich dann aber mit einem zärtlichen Schnabelknabbern schnell wieder zu versöhnen.

Stärker noch bricht in der Balz die Abwehr gegen den Artgenossen durch. Im Frühjahr baut das Männchen ein Nest und versucht ein Weibchen anzulocken. Auf dem Rand seines Nestes führt es einen Tanz auf und beugt zum Zeichen seiner friedlichen Absichten seinen Kopf tief nach unten und sträubt gleichzeitig seinen Kopfschmuck – einen Schopf schwarzer und drei weißer Federn. Trotzdem kann es ihm zu Anfang noch passieren, daß er das Weibchen, das er auf diese Weise anlocken will, erst einmal verjagt, wenn es auf seine Werbung eingeht und sich ihm nähert. Abwehr und Anziehung liegen noch miteinander im Streit. Der geneigte Kopf mit dem gesträubten schwarz-weißen Kopfputz ist die Begrüßungs- und Befriedungsgeste der Nachtreiher. Die Ehepartner verwenden sie untereinander und später auch gegen ihre Kinder, wie die Kinder ihrerseits ihre Eltern so begrüßen. Niemand aus der Familie darf das Nest ohne diese Begrüßungsgeste betreten, er wird nicht erkannt und als Fremder angegriffen. Denn die Ehepartner scheinen sich untereinander ebensowenig persönlich zu kennen, wie sie ihre Nachbarn kennen. Sie bewohnen zwar friedlich gemeinsam ein Nest und betreuen ihre Kinder, treffen sie sich aber im weiteren Umkreis ihres eigenen Territoriums, dann behandeln sie sich wie Fremde. „Sie jagten einander genauso wütend von einem guten Fischplatz weg oder kämpften genauso wütend um das von mir gespendete Futter, wie es zwei beliebige Nachtreiher zu tun pflegen, zwischen denen keine wie immer geartete Beziehungen bestehen" (K. Lorenz).

Genauso ergeht es den Eltern mit ihren unflüggen Kindern. Sie dürfen sich ihnen nie ohne Begrüßung nähern, tun sie es doch, werden sie angegriffen. Das geschieht allerdings unter normalen Bedingungen nie. K. Lorenz gelang es jedoch einmal, dieses Verhalten in einem Versuch zu provozieren. Er hatte die Mutter vom Nest entfernt, während der Vater auf Futtersuche war, um die Abwehr der jungen Reiher gegen sich selbst zu testen, als ihn der zurückkehrende Vater bei seinen Beobachtungen überraschte. Er ging sofort drohend gegen den menschlichen Störenfried vor. Das bezogen die Jungen nun aber auf sich. Sie fühlten sich von ihrem Vater bedroht, stachen mit den Schnäbeln nach ihm und quakten laut ihren typischen Angstlaut. „Der Elternvogel ist für sein Kind nicht ein Tier, das so und so aussieht, sondern eines, das sich auf den Nestrand setzt und sich in bestimmter Weise benimmt." (K. Lorenz) Nach diesem Schema hatte der drohende Vater natürlich auch alles falsch gemacht. Später, wenn die Jungen flügge sind, lernen sich Eltern und Kinder doch noch kennen, und auch die Geschwister kennen sich untereinander persönlich. Im Nest verdrängen sie jedes – experimentell dazugesetzte – fremde Reiherkind; das ist ein Beweis dafür, daß sie es von den Geschwistern unterscheiden und als fremd identifizieren können. Auch gerade flügge geworden, halten sie noch gut zusammen und wehren sich gemeinsam, wenn eines von ihnen bedroht wird. Aber aus den Augen aus dem Sinn – sind die jungen Nachtreiher nicht mehr ständig zusammen, dann schwindet auch die persönliche Bekanntschaft. Eigentlich sollte man annehmen, daß soziale Beziehungen wie Ehe und Familie gar nicht ohne persönliche Bekanntschaft funktionieren können, aber, wie man an den Nachtreihern sieht, geht es auch anders.

Die Dreizehenmöwe brütet auf schmalen Simsen an steilen Felsabhängen, das bietet ihr fast absoluten Schutz vor Raubfeinden. An die extreme Lage ihres Brutplatzes angepaßt, hat sie einige „unmöwische" Eigenheiten entwickelt, zum Beispiel die, daß die Eltern ihre Jungen nicht kennen. Das ist in ihrem Fall deshalb nicht nötig, weil die Jungen nicht vom Nest weglaufen können. Ebensowenig kennen viele andere Vogeleltern ihre Jungen, solange sie im Nest hocken, weil keine Notwendigkeit dafür besteht; es reicht, wenn sie ihr Nest kennen, unter natürlichen Bedingungen können dort nur ihre eigenen Jungen sein. Erst wenn die Eltern ihre flügge gewordenen Jungen betreuen, lernen sie sie auch persönlich kennen, denn von nun an besteht die Gefahr, sie mit anderen zu verwechseln. Auch für die im Nest hockenden Jungvögel gibt es keinen Grund, ihre Eltern persönlich zu kennen. Anders als bei den Nachtreihern erkennen sich auch viele Geschwister, die im Nest zusammensitzen, nicht. Kleine Sperlingsvögel zum Beispiel bleiben absolut verträglich, wenn man zwischen sie ein fremdes Junges setzt, das läßt darauf schließen, daß sie sich persönlich nicht erkennen.

Ein Nachtreiher füttert seine Jungen. Die Eltern dürfen sich dem Nest nie nähern, ohne ihre Kinder zu begrüßen, die Kinder hacken sonst nach ihnen. Obwohl der Nachtreiher in Kolonien brütet, gern in Gesellschaft seinesgleichen fliegt, ein monogames Eheleben führt und sich lange um seine Jungen kümmert, ist das gesellschaftliche Leben dieses Vogels von starken Abwehrreaktionen und der persönlichen Fremdheit von Ehepartnern, Eltern und Kindern und Nachbarn geprägt. Die Nachbarn zanken sich, die Eltern zanken sich, und die älteren Geschwister zanken sich.

54 Individuelles Erkennen: Ortstreu, aber treulos

Manche Tiere sind eher mit ihrem Heim als mit ihrem Partner verheiratet. Solch ein Paar bewohnt ein gemeinsames Revier, eine gemeinsame Höhle oder ein gemeinsames Nest, weil jedem für sich dieser Platz als passender Wohnort zusagt. Der Partner ist sozusagen eine lokale Beigabe, es könnte auch jemand anderes sein. So ist denn auch in der Ortsehe, wie diese Eheform genannt wird, der Partner austauschbar, die Wohnung aber nicht. Was diese Ehe kittet, ist die Treue zum Ort, nicht aber zum Partner; und es kann durchaus geschehen, daß die Partner, die einander unter Umständen ein Leben lang ehelich verbunden sind, sich nicht einmal persönlich kennen.

Eine solche Ortsehe kennen wir von der Blinden Höhlengrundel aus der Fischfamilie der Grundeln, die vor der Küste Kaliforniens zu Hause ist und ein in mancher Hinsicht bemerkenswertes Leben führt. Die blinde und farblose Grundel ist unfähig, sich Nahrung oder Wohnung selbst zu beschaffen. In beidem ist sie völlig abhängig von einem Krebs, mit dessen Tod auch sie zum Sterben verurteilt ist. Der Krebs schaufelt Gänge, die die Grundel mitbewohnt, und er erzeugt einen Wasserstrom, der ihr Nahrung in ihre Höhle strudelt. Die Grundel verteidigt ihre Wohnung gegen jede andere gleichgeschlechtliche Grundel; Weibchen vertreibt Weibchen, und Männchen vertreibt Männchen. Nur der eine andersgeschlechtliche Mitbewohner darf bleiben. Dieser ist aber nicht persönlich identifiziert. Beide kümmert es nicht, wenn man ihnen den gewohnten Höhlengenossen gegen einen anderen vertauscht.

Genauso halten es die Smaragdeidechsen. Sie finden sich ganz zufällig zusammen, weil beide ein bestimmtes Revier bevorzugen. Da ein Männchen nie ein Weibchen angreift und umgekehrt, haben solche Wohnungsnachbarn nichts voreinander zu fürchten, jeder verteidigt sein Revier nur gegen Geschlechtsgenossen. Daraus ergibt sich, daß immer ungefähr gleich starke Paare beieinander sind. Wird im Versuch ein Partner entfernt, dann entbrennen um den frei gewordenen Platz heftige Kämpfe, bis feststeht, wer als Stärkster oder Stärkste in diesen Auseinandersetzungen Wohnhöhle und Ehegefährten in Besitz nehmen darf.

Das bekannteste Beispiel einer Ortsehe ist die Storchenehe, die theoretisch lebenslang dauern könnte, wenn nicht Unfälle, Krankheiten und Rivalenkämpfe ihren Bestand gefährdeten. Die Storchenmänner kehren im Frühjahr als erste aus dem Süden zurück und haben schon immer ein Nest besetzt, wenn ihre Frauen eintreffen. Um die Nester müssen zum Teil schwere Kämpfe ausgefochten werden, in denen die Gegner gefährlich verletzt und manchmal getötet werden. In einigen beobachteten Fällen entschieden die angestammten Besitzer, die oft jahrelang in demselben Nest brüten, die Auseinandersetzungen zu ihren Gunsten. Das ist eine in der Tierwelt häufig anzutreffende Erscheinung, daß Revierbesitzer einem Revierfremden gegenüber im Vorteil sind. Kommen dann einige Tage später die Frauen, werden sie freudig empfangen und mit dem typischen klappernden Storchengruß willkommen geheißen, wobei die Störche den Kopf soweit zurückbiegen, daß der Scheitel den Rücken berührt. Zu Anfang stehen sich die zukünftigen Partner so klappernd gegenüber, dann beginnt die Werbezeremonie, in deren Verlauf das Männchen in einem Kreis um das Weibchen herumschreitet und beide sich gegenseitig krauen. Schließlich hält sich der Storch flügelschlagend über seiner Partnerin, schnäbelt zu ihr herunter und begattet sie.

Damit ist der Ehebund geschlossen oder unter Umständen nur neu bekräftigt, wenn sich ein langjähriges Paar wiedergefunden hat. Aber damit muß noch keine Ruhe eingekehrt sein. Häufig taucht eine Rivalin auf, mit der nun die Störchin allein um das Nest kämpfen muß, das Männchen hält sich völlig zurück, es unterstützt seine Partnerin nie, denn kein Storchenmännchen kämpft je gegen ein Weibchen. Das Resultat nimmt er dann widerspruchslos hin. Wer auch immer als Siegerin aus dem Kampf hervorgeht, wird als Ehepartner angenommen. Denn was in dieser Kette von Auseinandersetzungen eigentlich zählt, ist das Nest. Das muß auf alle Fälle gehalten werden, ohne Nest kann man nicht brüten und keine Jungen aufziehen – und darin liegt der eigentliche Sinn aller dieser Kämpfe; es geht darum, gute Bedingungen für die Aufzucht der Storchenkinder zu schaffen. Dafür scheint nun ein guter Nistplatz tatsächlich wichtiger zu sein als die Partnertreue. Denn ist auch die eine vertrieben, ist doch die andere, dazu noch die Überlegene, da. Man hat daraus geschlossen, daß Storchenpaare keine persönliche Bindung eingehen, aber das stimmt wohl nicht ganz, denn die Ehepaare kennen sich ganz gewiß persönlich. Sie können sich schon aus großer Entfernung erkennen oder aus einer Schar von Störchen herausfinden.

Ein Storchenpaar begrüßt sich klappernd mit zurückgelegten Schnäbeln. Störche kämpfen heftig um ihr Nest, niemals aber um den Partner. Es kämpfen jeweils Männchen gegen Männchen und Weibchen gegen Weibchen. Kein Storchenmann greift in einen Rivalinnenkampf ein. Als scheinbar unbeteiligter Zuschauer wartet er ab, wie das Ringen ausgeht. Er bleibt selbst dann unparteiisch, wenn seine eigene Frau schwer verletzt oder vertrieben wird. Immer akzeptiert er das Ergebnis der weiblichen Auseinandersetzungen und lebt anschließend mit der Frau zusammen, die gewonnen hat. Das liegt daran, daß die Bindung an das Nest stärker ist als an den Partner. Das gilt auch für die Frauen, auch sie kämpfen nicht um den Mann, sondern um das Nest. Denn nur wer ein Nest besitzt, kann Kinder aufziehen; für dieses Ziel fechten sie schwere, manchmal tödliche Kämpfe aus.

55 Individuelles Erkennen: Tiere nennen sich mit Namen

Viele soziale Beziehungen wie Rangordnungen, Familienbindungen oder Nachbarschaft setzen voraus, daß Tiere persönlich miteinander bekannt sind. Schon bei niederen Tieren, wie beispielsweise bei Wüstenasseln, halten Eltern mit ihren Kindern und die Geschwister untereinander fest zusammen. Sie erkennen sich individuell am Geruch. Einige wenige Krebstiere und Fische leben monogam und kennen ihren Ehepartner persönlich. Unter Vögeln ist die Ehe fast die Regel und ebenso die persönliche Beziehung zum Partner. Bei Säugetieren ist die Form der Ehe seltener, dafür leben sie häufig in geschlossenen Verbänden, in denen jedes Mitglied jedes andere persönlich kennt. Tiere erkennen sich genauso wie der Mensch an äußeren Merkmalen oder an Lauten und Gerüchen. Viele Vögel erkennen sich an der Stimme. Manche Paare sprechen miteinander in Wechselrufen oder Wechselgesängen, Duette genannt. Der afrikanische Drongo lebt in der Buschsteppe, von ihm kennt man das bisher komplizierteste Duett. Die Paare halten vor allem morgens bei Sonnenaufgang einen heiseren, langanhaltenden Schwatz miteinander. Jeder hat seinen eigenen Wortschatz, und wenn sie sich unterhalten, wechseln Rede und Antwort genau miteinander ab und nehmen Bezug auf das, was der Partner vorausgehend gesagt hat. Die einzelnen Elemente folgen also nicht beliebig aufeinander. Dieses Duett läuft nur zwischen gut bekannten Partnern reibungslos ab. Die besonders lernfähigen Kolkraben lernen die Gesangsstrophe ihres Partners und verwenden sie, wenn sie den Partner herbeirufen wollen. Das ist genauso, als würden sie sich beim Namen nennen, der Angesprochene hört auch auf seinen Namen und fliegt zu seinem Partner hin.

Oskar Heinroth (1871–1945), der Lehrer K. Lorenz, sah einmal zu, wie ein Höckerschwan sein gründelndes Weibchen angriff, offenbar konnte er es in diesem Augenblick nicht als seine Ehegefährtin erkennen, weil ihr Kopf im Wasser steckte; erst als sie den Kopf hob, erkannte er sie wieder und stellte seine Angriffe ein. Diese Beobachtung O. Heinroths ist noch unter einem anderen Aspekt interessant, zeigt sie doch, daß die Gattin des Höckerschwans vor einem Angriff geschützt war, sobald sie individuell erkannt war. Das findet man sehr oft bei Tieren, daß die persönliche Bekanntschaft Aggressionen hemmt. Im Experiment demonstrieren dies Wellensittiche sehr anschaulich. Färbt man einem verheirateten Wellensittichweibchen die Wachshaut blau – das ist das äußere Erkennungsmerkmal des Männchens – dann wird sie trotzdem von ihrem Ehepartner nicht angegriffen, obwohl er sonst keine Rivalen im Käfig duldet. Er kennt seine Frau so gut, daß er sie auch unter der Maske wiedererkennt und schont.

Reviernachbarn werden meistens verträglich, wenn sie ihre Grenzen abgesteckt haben. Die stärksten Aggressionen richten sich dann gegen Fremde, die viel gefährlicher sind als der ebenfalls im Besitz von Grund und Boden befindliche Nachbar. Gut bekannte Nachbarn verkehren sogar freundschaftlich miteinander. Gazellenböcke, die sich lange kennen, dürfen ungestraft auch einmal das Revier des Nachbarn betreten und dort sogar Duftstoffe an Büsche und Gräser verreiben (das drückt normalerweise einen Besitzanspruch aus). Austernfischer leben teilweise lebenslang mit demselben Partner, das treueste bisher bekannte Paar lebte neun Jahre zusammen. Sie nehmen jedes Jahr im Frühling den gleichen Brutplatz in Besitz und treffen dort mit denselben Nachbarn zusammen. Sie erkennen sich alle wieder und verteidigen gemeinsam ihre Grenzen gegen Fremde.

Wenn Tiere einander persönlich kennen, kennen sie dann auch sich selbst? Es ist eine der schwierigsten Fragen, ob Tiere ein Bewußtsein von sich selbst haben, ob sie dieses „Das bin ich" denken können. Es gibt einige indirekte Hinweise darauf, daß manche Affen einen Ich-Begriff besitzen. Ganz sicher haben Schimpansen ein Gefühlsleben, der Tod eines Kindes kann sie in tiefe Trauer versetzen, das Wiedersehen mit einem Freund in helle Freude. In schwierigen Situationen trösten sie sich gegenseitig, und sie zeigen Zeichen von Angst und Schrecken vor dem Tod eines Artgenossen. Manche Affen sind eitel. Eine Gorillafrau putzte sich mit einem Hut aus Maisblättern heraus. Schimpansen legen sich zum Schmuck Lianen um den Hals. Von Schimpansen weiß man auch, daß sie sich selbst im Spiegel wiedererkennen können. Sie betrachten und betasten einzelne Körperteile, stochern sich Nahrungsreste aus den Zähnen und schneiden sich selbst Grimassen. Als man ihnen rote Flecken auf die Stirn und ans Ohr malte, betupften sie die Stelle interessiert und betrachteten danach ihre Finger.

Seitdem Schimpansen sich in der Taubstummensprache dem Menschen verständlich machen können, weiß man, daß sie den Begriff „Ich" besitzen. Sehr eingehend hat auch das junge Gorillamädchen Koko über sich Auskunft gegeben. Koko wurde von einer Psychologin an der amerikanischen Universität Stanford in der Zeichensprache unterrichtet. Koko spricht über Gefühle wie froh, traurig oder wütend. Sie gibt Urteile ab und nennt etwas langweilig oder dumm. Sie flucht recht derb: verdammt, verfault, stinkig, schmutzig. Sie bezeichnet sich selbst oder andere als brav oder ungezogen, und ihr kann etwas leid tun. Sie muß also schon eine Art Bewußtsein davon haben, ob etwas falsch oder richtig ist. Koko besitzt auch ganz sicher ein Bewußtsein ihrer Person. Sie weiß zum Beispiel, daß sie ein Gorilla und kein Mensch ist, und sie findet sich schön.

Die Männchen unterscheiden sich bei den Wellensittichen von den Weibchen nur durch die Färbung der Wachshaut über dem Schnabel, beim Männchen ist sie blau, beim Weibchen bräunlich. Während zwei Männchen in einem Käfig sich als Rivalen bekämpfen, vertragen sich Männchen und Weibchen gut miteinander. Färbt man nun einem fremden Weibchen die Wachshaut blau ein, dann wird es vom Männchen für einen Rivalen gehalten und bekämpft. Die Farbe der Wachshaut dient den Wellensittichen also zur Unterscheidung der Geschlechter und löst ein jeweils entsprechendes Verhalten aus, den Rivalenkampf oder das Werbungsspiel. Wird derselbe Versuch jedoch mit einem länger verpaarten, einander vertrauten Pärchen wiederholt, dann greift das Männchen sein Weibchen auch in der blauen Maske des männlichen Geschlechtes nicht mehr an. Er kennt seine Gefährtin so gut, daß er sie auch unter der an sich aufreizenden Bemalung sofort als die Seine erkennt, gegen die er nichts Böses im Schilde führen mag. So hält die persönliche Bekanntschaft die Aggression in Schranken, die normalerweise bei dem Signal 'blaue Wachshaut' ausgelöst werden müßte.

56 Individuelles Erkennen: Eine aufregende Garnele

Die dekorative Meeresgarnele mit den blau geränderten, orangefarbenen Flecken auf weißem Grund, die den Namen Harlekingarnele trägt, ist ein aufregendes Forschungsobjekt.

Sie ist das erste im Wasser lebende Krebstier, an dem einwandfrei bewiesen werden konnte, daß es einen Artgenossen vom anderen zu unterscheiden weiß, daß es also zum Erkennen von Individuen fähig ist. Diese Fähigkeit war bisher nur für landlebende Krebstiere eindeutig bewiesen.

Einmalig an der Garnele ist, daß sie ein Individuum ihrer Art auch auf Entfernung zu erkennen vermag, während alle anderen Krebstiere den körperlichen Kontakt brauchen, um dies zu schaffen. Sie tasten einander mit ihren Antennen ab und identifizieren das Gegenüber auf Grund chemischer Signale.

Die Garnele lebt monogam, das hat sie zwar mit einigen anderen Krebstieren gemeinsam, aber nur ihr ist ein Verhalten eigen, das zur Annahme eines Bindungstriebes berechtigt. Es ist das sogenannte Paarsitzen. Ein zusammengehöriges Paar sitzt häufig ruhig nebeneinander und berührt sich von Zeit zu Zeit mit seinen Antennen oder Scheren. Nach der Motivation dieses Verhaltens gefragt, ergibt sich, daß es keinem der vier klassischen sozialen Triebe Aggression, Flucht, Sexualität oder Brutpflege entspringt. Was die Paare nebeneinander hält ist der Bindungstrieb, der bisher nur noch einmal – zum ersten Mal – für das monogame Eheleben der Graugans nachgewiesen wurde. (Siehe Artikel 57)

Die Garnele erwies sich damit als ein so „spannendes Objekt", daß die Mitarbeiter des Max-Planck-Instituts für Verhaltensphysiologie in Seewiesen, in dem die mehrjährige Untersuchungsserie lief, ihr freiwillig die Wochenenden opferten, um die Versuchsprotokolle zu führen.

Es lohnt sich, an diesem besonderen Beispiel einen Blick auf die Arbeitsweise der Verhaltensforschung zu tun. Schon in der ersten Untersuchung fiel der enge Paarzusammenhalt auf, aber es war damals noch unklar, ob die Tiere sich persönlich kennen. Es hätte sich ebensogut um eine sogenannte anonyme Monogamie handeln können, in der die Partner sich nicht kennen und austauschbar sind. Im nächsten Schritt wurde deshalb speziell protokolliert, „wer mit wem" zusammensaß. Das Ergebnis war eindeutig; bestimmte Männchen sitzen immer nur neben bestimmten Weibchen. Daran ändert sich nichts, bis einer der beiden stirbt. Werden die Paare künstlich getrennt, macht sich meistens das Männchen auf die Suche. Es läßt sich durch andere im Versuchsbecken lebende Weibchen nicht beirren, sondern findet untrüglich unter allen Anwesenden seine Partnerin heraus. In Trennversuchen wurden sieben Paare 48mal auseinandergesetzt. Die lauffauleren Weibchen wurden jeweils an Plätze gebracht, die das Paar nicht besonders liebte, um auszuschließen, daß es sich vielleicht nur wegen einer besonders schönen Wohnhöhle wieder zusammentat. In fast allen Fällen machten sich die zurückgelassenen Männchen, viermal sogar die Weibchen, auf den Weg und ruhten nicht, bis sie den Vermißten wiedergefunden hatten. Damit war bewiesen, daß die Partner einander individuell erkennen können und daß ihnen dies auch auf Distanz gelingt, ohne daß sie sich dazu berühren müssen. Zum anderen war auch klar, daß zwischen ihnen eine echte Paarbindung besteht, denn die Ehe der Harlekingarnele erfüllt alle Voraussetzungen dafür: die Partner brauchen die gegenseitige Nähe, und bei einer Trennung vermissen sie den anderen und gehen auf die Suche nach dem verlorenen Gefährten.

Mit welchen Sinnesorganen vollbringt die Garnele diese Leistungen? Sie vermag Artgenossen wohl optisch zu erkennen, kann sie aber auch im Dunkeln identifizieren. Das läßt darauf schließen, daß sie sich an chemischen Signalen orientiert. Um diese Frage zu klären, wurde eine weitere Untersuchung angeschlossen. Als Versuchsgerät diente ein Y-Labyrinth: ein Glasgefäß mit drei Schenkeln in Form eines Ypsilons. Es wurde in ein Wasserbecken gestellt, und mit Hilfe eines Luftausströmers wurde strömendes Wasser erzeugt, das durch das Gerät floß. In die Schenkel konnten duftende „Attraktionen" gesetzt werden wie Seesternstückchen, Artgenossen oder Ehepartner. Das Versuchstier wurde jeweils in einen freien Schenkel gesetzt und empfing die Duftstoffe mit dem strömenden Wasser. Geprüft werden sollte nun, ob das Versuchstier auf Entfernung die lockenden Stoffe wahrnehmen könnte und – davon angezogen – darauf zukriechen würde. Seine Entscheidung war dann als eindeutig zu bewerten, wenn es in den Schenkel hineinkroch, in dem sich eines der duftenden Objekte befand.

Die Versuchstiere wählten nun mit überwältigender Mehrheit die Schenkel, in denen ihre Lieblingsnahrung (Seesterne) oder ein Artgenosse versteckt war. Schließlich fanden die Versuchstiere in allen Versuchen, ohne zu zögern und ohne sich von dem Duft fremder Weibchen oder Männchen irritieren zu lassen, den Weg zum eigenen Partner. Mit dieser einfachen Versuchsapparatur war nun der Beweis erbracht für die chemische Orientierung, und noch einmal wurde das individuelle Erkennen des Partners auf Distanz bestätigt.

Verantwortlich für die chemische Wahrnehmung sind Sinnesorgane an feinen Härchen, die die Garnele büschelweise aufgereiht an ihren fahnenartigen ersten Antennen trägt. Drei dieser Haarbüschel reichen noch für die volle Orientierungsfähigkeit aus, erst wenn der Garnele beide Antennen mit allen Haarbüscheln fehlen, verliert sie ihren Geruchssinn.

Für ein Krebstier vollbringt die Harlekingarnele erstaunliche Leistungen. Wenn sie auf Beutefang ist – sie frißt Seesterne – nimmt sie die Geruchsspur ihrer Opfer im Wasser auf und verfolgt sie. Der Seestern wird mit großem Kraftaufwand hochgestemmt, auf den Rücken gedreht und von unten her mit kleinen Scheren aufgeschnitten und bröckchenweise verspeist. Mit derselben Sicherheit erkennt sie Artgenossen im Wasser und unterscheidet Männchen und Weibchen, und die Männchen riechen sogar die sexuelle Bereitschaft eines Weibchens. Aber das Außergewöhnlichste ist, daß die Harlekingarnele, die monogam lebt, auch ihren Ehepartner jederzeit auf Distanz erkennt, ohne ihn abtasten zu müssen, und daß sie sogar noch den Wasserstrom identifiziert, der an ihm vorbeigeflossen ist.

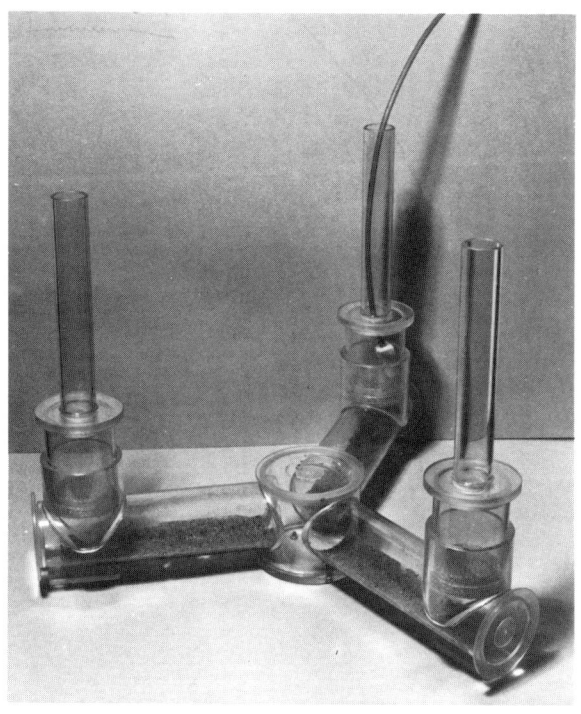

Mit diesem Gerät – Y-Labyrinth genannt (Photo links) – wurde die chemische Unterscheidungsfähigkeit der Garnele getestet. In einem oder in zweien der drei Schenkel lag in einem Einlegekörbchen ein Stückchen Seestern, fremde Krebsarten, eine beliebige Harlekingarnele oder ein Ehepartner. Gegen strömendes Wasser, das dem Testtier die Duftstoffe entgegentrug, kroch die Garnele in den dritten Schenkel hinein und mußte dann die Entscheidung treffen, nach rechts oder nach links weiterzugehen. Oben: Das Testtier ist bis zu dem Einlegekörbchen vorgestoßen und versucht nun, mit den Scheren das Stückchen Seestern zu erreichen, das es mit seinem Duft angelockt hat.

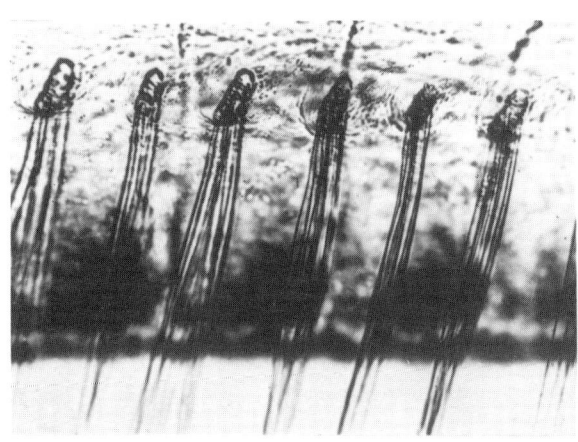

Die Harlekingarnele trägt an ihren fahnenartig verbreiterten, ersten Antennen eine Reihe feiner Härchen, die hier in starker Vergrößerung zu sehen sind. Über diese Härchen nimmt sie chemische Reize wahr. Werden ihr experimentell alle Haarbüschel entfernt, dann verliert sie ihr geruchliches Wahrnehmungsvermögen. Beläßt man ihr dagegen wenigstens noch drei Haarbüschel, dann findet sie sich weiterhin mit unfehlbarer Sicherheit zurecht.

57 Bindungstrieb:
Ich bin dein, du bist mein

In Japan werden zur Hochzeit Schwämme verschenkt, in denen ein Garnelenpaar eingeschlossen ist. Dieser sogenannte Venusblumenkorb ist Symbol der Treue bis in den Tod. Mit dem Wunsch nach Bindung hat das freilich nichts zu tun. Die Garnelen schlüpfen als junge Tiere in das Gitterskelett des Gießkannenschwammes und können es dann als Erwachsene nicht mehr verlassen. Auf diese Weise entsteht eine Dauerehe – allerdings im Gefängnis. Diese Garnele gehört zu den Krebstieren, von denen mehrere Arten paarweise leben. Unter ihnen fällt besonders die Harlekingarnele, eine tropische Meeresgarnele, wegen ihres interessanten Ehelebens auf. Die Garnele wird paarweise an den Küsten des Indischen und Pazifischen Ozeans gefunden, auch im Aquarium finden sich Paare zusammen.

Die Männchen bevorzugen jeweils ein ganz bestimmtes Weibchen, das sie niemals verwechseln und niemals freiwillig gegen ein anderes eintauschen. Werden die Paare künstlich getrennt, so macht sich der Zurückgebliebene sofort auf den Weg und sucht seine Partnerin solange, bis er sie gefunden hat. Selbst wenn ihm währenddessen viele andere Weibchen begegnen, nimmt er keine von ihnen als Ersatz an, sondern kehrt zu seinem einmal gewählten Weibchen zurück. Auch nach längerer Trennung schließen sich die Paare wieder zusammen, sobald sie erneut im gleichen Becken zusammengeführt werden.

In einem besonderen ‚Härtefall‘ wurde ein Paar drei Wochen getrennt, das Männchen ging darauf eine neue Partnerverbindung ein, löste diese zweite Beziehung aber sofort auf, als sein erstes Weibchen wieder in seinem Becken auftauchte, und kehrte zu diesem zurück. Ein solch unauflöslich miteinander verbundenes Paar bleibt bis zum Tod zusammen. Ihre Beziehung ist an einem besonderen Verhalten, dem Paarsitzen, leicht zu erkennen. Dann sitzt ein solches Paar ruhig nebeneinander, ab und zu streichen sie einander mit ihren langen zweiten Antennen über den Rücken oder berühren sich gegenseitig mit den Scheren. Zärtlichkeit bei einem Garnelenpaar? Diese Deutung verfälscht den Sachverhalt sicher nicht.

Die Monogamie der Garnele ist nicht identisch mit sexueller Treue. Die Männchen verpaaren sich mit jedem anderen Weibchen ebenso wie mit dem eigenen, sobald die Weibchen durch Sexuallockstoffe (Pheromone) ihre Paarungsbereitschaft anzeigen. Ein Unterschied besteht nur im Verhalten nach der Kopulation. Während das Männchen seinem eigenen Weibchen Gesellschaft leistet, läßt es das fremde Weibchen allein sitzen.

Wird eine Verhaltensweise zum ersten Mal beobachtet wie hier das Paarsitzen, dann stellt sich die Frage nach der Funktion: gehört sie zum Sexualverhalten, zur Brutpflege, zur Nahrungsaufnahme, oder bewährt sie sich im Kampf oder auf der Flucht? Die gesamte Untersuchungsserie über die Harlekingarnele wurde von U. Seibt und W. Wickler durchgeführt, sie konnten bei der Erörterung dieser Frage keinen Zusammenhang zu einer der üblichen Funktionen herstellen: Das Paarsitzen ist unabhängig vom sexuellen Verhalten, weil die Männchen unterschiedslos mit allen Weibchen kopulieren. – Da mit Vorliebe satte Tiere nebeneinandersitzen, kann das Verhalten auch nicht der Ernährung förderlich sein. – Weder kann man ‚paarsitzend‘ einen Rivalen vertreiben noch fliehen. – Es kommt auch nicht den Nachkommen zugute, denn die Paare sitzen unabhängig davon zusammen, ob das Weibchen Eier bei sich hat oder nicht. – Was also ist der Sinn dieser Verhaltensweisen? Es ist das Bedürfnis beieinander zu sein, der Trieb nach Bindung, der im Paarsitzen seine Befriedigung findet.

Der Bindungstrieb ist zum ersten Mal für die Graugans, das geradezu klassische Beispiel ehelischer Treue nachgewiesen worden. Das Triumphgeschrei der Graugans entspricht dem Paarsitzen der Harlekingarnele. Die Zeremonie bindet das Ehepaar ständig neu zusammen. Sie läuft so ab, daß der Ganter einen Angriff oder Scheinangriff auf einen Gegner startet, dann im Triumph flügelschlagend und wie eine Fanfare trompetend (Rollen) zu seiner Frau zurückkehrt, die in das Rollen einstimmt, das allmählich in ein einträchtiges Schnattern übergeht. Paarsitzen und Triumphgeschrei bedeuten in der Übersetzung soviel wie: „Ich bin dein, du bist mein.“

Ein echter Trieb wird nach K. Lorenz unter anderem dadurch definiert, daß ein Bedürfnis sich anstaut und nach Befriedigung sucht. Dieses Suchen nennt man Appetenzverhalten. Auf das Verhalten der Graugans wie der Garnele trifft diese Definition zu, beide zeigen ganz deutlich ein Suchverhalten, wenn der Partner verloren geht. Das der Garnele wurde schon beschrieben. Die Graugans läuft suchend umher und schreit ununterbrochen hoch und laut. Das verlassene Tier verfällt schließlich in Apathie, wenn der Gesuchte nicht wieder auftaucht. Es gibt Fälle, in denen die Vereinsamten wenig fraßen und bis zu ihrem Tod nur noch kümmerlich dahinvegetierten.

Das Suchverhalten endet damit, daß die glücklich wieder Vereinten – sich um den Hals fallen, ist man versucht, zu sagen – miteinander schnattern oder nebeneinander sitzen. Die Triebbefriedigung (Endhandlung) ist eindeutig nicht sexueller Art. Der Bindungstrieb erweist sich somit als eigener selbständiger Trieb, der allein in der Bindungszeremonie befriedigt werden kann.

Ein Paar der hübschen Harlekingarnelen (oben) steht sich balzlustig gegenüber und beriecht und betastet sich. Wenn die beiden eine feste Bindung eingegangen sind, werden sie häufig nebeneinander sitzen und sich mit ihren langen zweiten Antennen und Scheren betupfen und über den Körper streichen. Es gibt nur eine Erklärung für dieses sogenannte Paarsitzen: Die Tiere brauchen die Nähe des Partners.
Links: Auf dem Ausschnitt sieht man besonders gut die fahnenförmig verbreiterten, ersten Antennen (sie sehen aus wie gesprenkelte, weiße Lappen). Sie werden in einer für die Balzstimmung typischen Weise gehalten, das Männchen (links) hat die Fahnen nach oben gestellt, das Weibchen (rechts) verneigt sich und hält sie waagerecht.

58 Ehe:
Sie schützt vor dem falschen Partner

Der Begriff Ehe ist in der Verhaltensforschung sehr viel weiter gefaßt als im gängigen Sprachgebrauch. Unserem Ehebegriff entspricht in der Verhaltensforschung die Dauer-Einehe: Zwei Partner verbinden sich lebenslang miteinander. Das ist aber nur eine von mehreren Eheformen. Daneben gibt es die Saison-Monogamie: zwei Tiere bleiben für eine Fortpflanzungsperiode zusammen. Eine weitere, häufig im Tierreich anzutreffende Eheform ist die Harems-Ehe, in der ein Männchen gleichzeitig an mehrere Weibchen gebunden ist und diese an ihn. Besondere Formen der Dauer-Einehe sind die Orts-Ehe und die Körper-Ehe. In der Orts-Ehe sind zwei Partner an einen bevorzugten Ort, nicht aber aneinander gebunden. In der Körper-Ehe wachsen die Partner zusammen. Das geschieht zum Beispiel bei dem Riesenanglerfisch der Tiefsee. Er lebt in großen Meerestiefen (drei- bis viertausend Meter) und fängt seine Beute mit Hilfe langer, am Kopf angewachsener Angeln, die am Ende ein kleines Leuchtorgan gleichsam wie ein Laternchen tragen, das als Köder dient. Nur die Weibchen, die über einen Meter groß werden, besitzen diesen Angelapparat. Die Männchen, die vergleichsweise winzig sind, sie werden nicht einmal zwanzig Zentimeter lang, beißen sich an einem Weibchen fest, verwachsen an der Bißstelle mit ihm und werden über dessen Blutkreislauf miternährt. Laternchen und Körper-Ehe stellen Anpassungen an das Leben in den lichtlosen Tiefen des Meeres dar. Es ist schwer dort unten, den „richtigen" (artgleichen) Partner zu finden. Also festbeißen und anwachsen – das ist eine durchaus sachgemäße Lösung des Problems, durch die die Riesenangler ihre Fortpflanzung sichern. Das weist auf bestimmte arterhaltende Funktionen der Monogamie hin.

Das heißt aber nicht, daß andere Eheformen oder selbst das Fehlen jeder Form der Paarbindung (Agamie = Ehelosigkeit) nicht ebenso arterhaltenden Wert haben. Alle diese Formen sind Anpassungen an die Umwelt und leisten als solche ihren Beitrag zur Erhaltung der jeweiligen Art. Monogame Tiere sind besser als andere davor geschützt, überhaupt keinen oder den falschen Partner zu finden. Der richtige Partner kann nur ein artgleicher sein. Fehlpaarungen unter fremden Arten sind sinnlos. Die Verpaarung selbst sehr nah verwandter Arten birgt in sich die Gefahr von Mischlingen, die ihrerseits unfruchtbar sind. Monogame Tiere sind gegen Irrtümer insofern besser abgesichert, als sie das Risiko der Wahl nur einmal eingehen. Tiere dagegen, die sehr oft einen Geschlechtspartner wählen müssen, haben besondere Schutzmechanismen entwickelt. Sie tragen Erkennungszeichen, an denen die Angehörigen einer Art deutlich zu unterscheiden sind. Die Prachtkleider, die viele Tiere ohne Paarbindung zu Beginn der Balz anlegen, variieren von Art zu Art und sind so

auffällig, daß die richtige Partnerwahl dadurch leicht fällt. Folgerichtig brauchen monogam lebende Tiere keine Prachtkleider, und in der Tat sind sie unscheinbarer als in Agamie lebende Arten. Aber beides – ob Prachtkleider oder Monogamie – hat denselben Sinn, es soll die Art vor Bastarden schützen, die unfruchtbar sind. Jede Tierart verhält sich so, daß ihre bewährten Arteigenschaften möglichst oft und möglichst rein weiterverbreitet werden. Das bedeutet übrigens noch nicht, daß die Dauermonogamie dasselbe ist wie sexuelle Treue. Es gibt Arten mit sehr fester Paarbindung, bei denen die Partner sich auch mit fremden Artgenossen verpaaren. Aber bei dieser Art von Seitensprüngen bleibt die Gefahr der Artenvermischung grundsätzlich ausgeschlossen, weil sie sich innerhalb der Art abspielen.

Ursprünglich hatte die Dauer-Einehe wohl nur die Funktion der Bewahrung von Arteigenschaften. Sie hat sich dann aber auch als sehr nützlich für die Brutpflege erwiesen. Nicht nur, daß ein Elternpaar die Jungtiere besser schützen, wärmen und füttern kann als ein einzelner Elternteil, die Vorteile gehen so weit, daß gut und lang verheiratete Paare mehr Junge aufziehen können als schlecht oder noch jung verheiratete. An Lachtauben konnte das von C. J. Erickson und R. Morris bewiesen werden. Lachtauben kennen ihre Partner individuell und nehmen auch nach längerer Zeit der Trennung (im Versuch acht Monate) ihre ursprüngliche Ehebeziehung wieder auf. Erickson und Morris ließen mehrere Paare zweimal brüten und Junge aufziehen, danach trennten sie sie für vierzehn Tage. Für die Hälfte der Paare wurde die Trennung nach diesem Zeitraum wieder aufgehoben, die andere Hälfte erhielt neue Partner zugeteilt. Nachdem alte wie neue Paare wieder gebrütet hatten, zeigte sich, daß bei den alten, aneinander gewöhnten Paaren der Lachtauben mehr Küken schlüpften, als bei den neuen Paar-Gruppierungen. Derselbe Zusammenhang zwischen Dauer der Partnerschaft und Erfolg bei der Kükenaufzucht ist auch für die Dreizehenmöwe nachgewiesen. Über zwölf Jahre erstreckten sich die entsprechenden Beobachtungen von J. Coulson an der nordenglischen Küste. Weit mehr als die Hälfte der beobachteten Tiere lebten in fester Ehe. Der Rest wechselte den Partner ein oder mehrere Male. Zum Teil wurde der Wechsel durch das Verschwinden des alten Partners erzwungen. Zum Teil wurde der Ehebund freiwillig aufgelöst. Der Grund für derartige Trennungen lag in den allermeisten Fällen darin, daß das Paar es nicht geschafft hatte, Junge großzuziehen. Offensichtlich ist es bei den Dreizehenmöwen so, daß nur Paare, die gut zusammenpassen, auch gute Eltern werden können. Für die beobachteten Fälle gilt, daß nicht jede Ehe gleich tauglich ist, sondern nur die lang bewährte oder gute Ehe viele Nachkommen sichert.

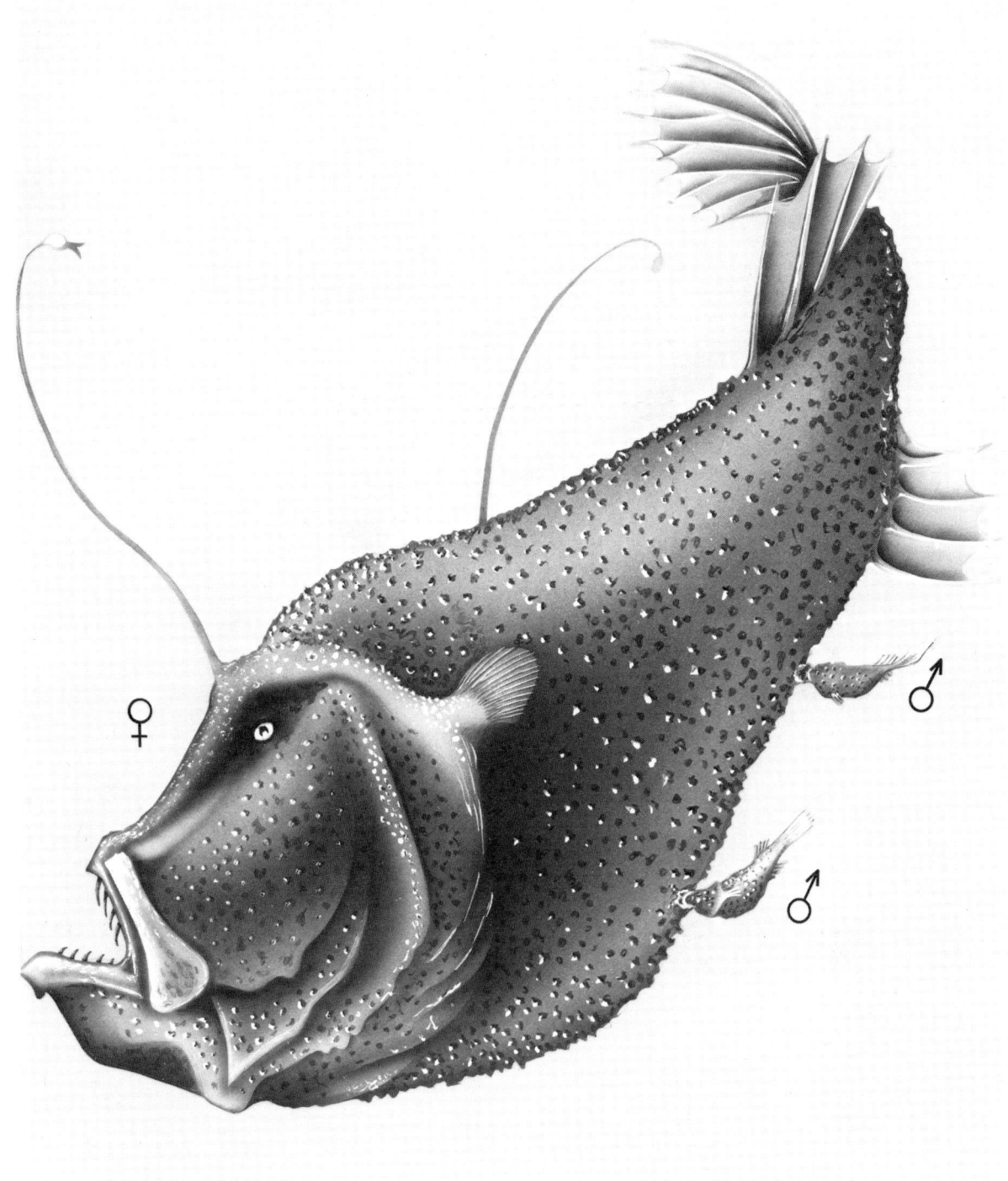

Das Prachtexemplar eines weiblichen Grönland-Anglers ist 1,20 m lang, die kleinen Männchen an seinem Bauch sind 16,5 cm lang. Diese Tiefsee-Angler leben im Nordatlantik in einigen Tausend Metern Tiefe am Meeresgrund. Sie tragen eine Angel am Kopf mit einem 'Laternchen' an der Spitze. Wenn sich Beute naht, schwenken sie es hin und her. Und wenn diese neugierig auf das unstete Licht zuschwimmt, schnappt der Tiefsee-Angler zu.

Die Männchen wachsen am Bauch des Weibchens fest. Sie ernähren sich dann nicht mehr selbst, sondern werden an den weiblichen Blutkreislauf angeschlossen und mitversorgt. Das hat nichts mit männlicher Ausbeutung zu tun, sondern ist eine besondere Form der ehelichen Treue, die das Leben in der Tiefsee diktiert. Dort ist es schwer, den richtigen Partner zu finden, hat ein Männchen das aber glücklich geschafft, dann hält es ein für allemal fest, was es besitzt: es beißt sich fest und wächst an.

59 Ehe:
Lieb und Leid in einer Fischehe

Besondere Lieblingstiere der Verhaltensforschung sind die Buntbarsche. K. Lorenz studierte an ihnen Aggressions- und Paarungsverhalten und seine Schüler setzten diese Arbeiten fort, so daß im Jahre 1969 bei 45 Buntbarscharten ihre Kämpfe, ihre Brutpflege und ihr Sozialverhalten untersucht worden waren. In dieser sehr umfangreichen Familie gibt es Arten, die ohne Paarbindung, und andere, die im Harem oder in Monogamie (Einehe) leben. Nur eine Art, der Brabant-Buntbarsch, bildet geschlossene Gruppen.

Zu den monogamen Arten gehört der Indische Buntbarsch, sein Eheleben entspricht in Grundzügen dem vieler anderer Buntbarsche. Das Elternpaar bewacht das Gelege und schafft die frisch geschlüpfte Brut im Maul in eigens dafür angelegte Sandgruben. Wenn die Jungen frei zu schwimmen beginnen – anfangs in dichtem Schwarm hinter den Eltern her – werden versprengte Kinder im Maul vom Vater oder der Mutter in den Schwarm zurückgetragen; auch verteidigen beide gemeinsam die Schar gegen Feinde. Mit Rücksicht auf ihre Kleinen drosseln sie während dieser Phase der Jungenaufzucht ihr Schwimmtempo soweit, daß diese immer gut folgen können. Wenn die Brut unter dieser elterlichen Fürsorge selbständig geworden ist – nach etwa fünf Wochen – reißt die Verbindung zwischen Kindern und Eltern ab. Das Elternpaar bleibt weiterhin zusammen, die Bindung zwischen ihnen wird gefestigt durch ein Verhalten, das sich in der Kinderzeit entwickelt. Der Indische Buntbarsch sondert einen sehr nahrhaften Körperschleim ab, von dem sich die Jungen ernähren. Ungefähr alle zehn Minuten schwimmen sie zum Vater oder zur Mutter und schnappen sich von deren Haut einen Happen Nährschleim. Die Eheleute schnappen ebenfalls noch häufig an der Flanke des Partners – das ist nun abgewandelt zu einer Begrüßungsgeste, die der Paarbindung dient, und nichts mehr mit Hunger und Füttern zu tun hat. „Ich habe dich zum Fressen gern", mag das heißen. Die Beiden verstehen es auf jeden Fall richtig.

„Nervenverzehrend interessant" hat K. Lorenz einmal das Familienleben der Buntbarsche genannt. Denn kann man sich vorstellen, daß dieser freundliche Gatte und Vater derselbe ist, der seine Frau umbringt, wenn er für einige Zeit mit ihr allein ist? Er ist einer der Zeugen für die Lorenz'sche Theorie, Aggression sei ein spontan anwachsender Trieb, der sich anstaut und von Zeit zu Zeit entladen werden muß. Läßt man ein Paar dieser Art für einige Tage allein im Aquarium, fällt schließlich der Mann über seine Frau her und bringt sie mit ziemlicher Sicherheit um. Nach Lorenz wächst im Innern des Ehemannes die Kampfeslust so übermächtig an, daß sie ihn schließlich überwältigt und zum Mörder werden läßt. Normalerweise richtet sich diese Aggression gegen den Reviernachbarn, dann kämpfen Weibchen gegen Weibchen und Männchen gegen Männchen, und das eigene Eheweib ist vor einem Angriff völlig sicher.

Die Aggression gilt also eigentlich nicht dem Gatten, sondern dem Nachbarn und ist in dieser Richtung biologisch sinnvoll. Nur wenn ein Ehepaar sein Revier erfolgreich verteidigen kann, hat es den Raum, um Gelege und Brut zu schützen und großzuziehen. Die Revierverteidigung steht im Dienste der Fortpflanzung. Warum aber schützt die individuelle Bekanntschaft der Eheleute das Weibchen nicht vor einem gewaltsamen Tod, sobald das Paar in Isolation lebt? Für viele andere Tierpaare ist es die Regel, daß sie sich gerade deshalb schonen, weil sie sich persönlich kennen.

Die Schüler von K. Lorenz versuchen den Gattenmord inzwischen nicht mehr durch einen spontan anwachsenden Kampftrieb zu erklären, der sich schließlich in Ermangelung eines geeigneten Rivalen an der eigenen Frau austobt. Es könnte auch so sein, daß die Anwesenheit des Weibchens die Kampfeslust des Männchens ständig anstachelt, denn Weibchen und Männchen sehen sich beim Indischen Buntbarsch völlig gleich (sie sind sexualmonomorph), und so könnte das Weibchen dem Männchen auch als Rivale erscheinen. Der Anblick eines Rivalen ist aber gleichbedeutend mit der Herausforderung zum Kampf. So steht das Männchen ununterbrochen unter starker Reizeinwirkung. Die durch den Partner ausgelöste Kampfbereitschaft wird unter natürlichen Umständen nach außen geleitet; man kann gerade darin ihren biologischen Sinn sehen. Tatsächlich verteidigt das Paar während der Fortpflanzungszeit Revier, Eier und Junge mit besonderer Heftigkeit. Die gegenseitige Reizung kommt auf diese Weise dem erhöhten Schutz der Nachkommen zugute. So ist denn unter natürlichen Bedingungen das Weibchen geschützt, die Aggression richtet sich nach außen gegen die gemeinsamen Feinde. Die zwei kennen sich und schonen sich und schnappen zur Bekräftigung dessen zärtlich an der Flanke des Partners. Nur in der Isolation reißt die angestaute Aggression schließlich alle Hemmungen nieder und führt zum schonungslosen Kampf, in dem das schwächere Weibchen unterliegen muß.

Der indische Buntbarsch kümmert sich sehr intensiv um seine Kinder. Die frei schwimmenden Jungfische suchen
sich ihr Futter zwar selbst, aber sie werden zusätzlich von den Eltern mit Körperschleim gefüttert. Vater und Mutter
scheiden einen nahrhaften Schleim ab, den die Fischjungen von der Haut der Eltern abfressen. Diese Hautabsonderung
ist lebenswichtig für die Kleinen, ohne sie bleiben sie im Wachstum zurück, oder sie müssen sterben. Auch die Eltern
tun noch so, als würden sie einander·Schleim von der Haut fressen, aber sie tun es nicht wirklich. Ihr Schnappen an
der Seite des Ehegefährten hat einen anderen Sinn, es ist eine Art Treuegelöbnis.

60 Ehe:
Vögel heiraten fürs Leben gern

Wohl die berühmtesten monogamen Tiere sind die Graugänse. Unter den Vögeln findet sich die Monogamie am häufigsten. Nach Schätzungen sind neun Zehntel aller Vogelarten monogam. Keine andere Tierklasse bietet ein ebenso geschlossenes Bild. Unter den Krebstieren leben einige Arten paarweise zusammen. Des weiteren ist die monogame Lebensform von einigen Fischen und Säugetieren bekannt. Zur Monogamie zählt nach der Definition der Verhaltungsforschung sowohl die Dauer-Einehe, die Bindung an einen Partner von der Geschlechtsreife bis zum Tod, als auch die Saison-Ehe, die nur eine Fortpflanzungsperiode lang dauern kann.

Der Verhaltensforscher O. Koenig beobachtete am Neusiedler See in Österreich viele Jahre lang das Leben der Bartmeisen sowohl in Freiheit als auch in Gefangenschaft. Durch ihn wissen wir über das Eheleben dieser kleinen Singvögel sehr gut Bescheid. Sie tragen ihren Namen wegen einer bartähnlichen dunklen Färbung am Kopf des Männchens. Bartmeisen brüten in verschilften, sumpfigen Gebieten, in denen sie sich im Frühjahr zu Brutkolonien zusammenfinden. Die jungen Bartmeisen verlassen nach etwa dreizehn Tagen das Nest und werden anschließend noch einige Zeit von ihren Eltern betreut, aber sobald diese die nächste Brut vorbereiten (insgesamt drei bis vier in einem Jahr), hört die elterliche Fürsorge auf. Von diesem Zeitpunkt an müssen die Jungvögel allein zurecht kommen. Sie helfen sich, indem sich jeweils mehrere Geschwistergruppen in einem sogenannten Jugendschwarm zusammenschließen. Nachts halten die Geschwister weiterhin engen Kontakt, tagsüber aber werden sie nun ausgesprochen streitlustig, wobei sich die jungen Männchen besonders hervortun. Sie zanken und streiten unermüdlich, hacken, picken, zupfen und schubsen jeden und alles; das dauert solange, bis jedes Bartmeisenmännchen sich auf einen bestimmten schwarzschnäbeligen Vogel (das Merkmal des jungen Weibchens) eingeschossen hat. Dann hat nur noch diese eine unter den vielen Rüpeleien zu leiden. Sie erträgt das jedoch mit zunehmend größerer Gelassenheit.

Nach einigen Tagen schlafen die zwei Raufkumpane dann schon eng aneinandergekuschelt nebeneinander und sind von nun an ein unzertrennliches Paar. In der ersten Zeit ertragen sie nicht einmal, den anderen auch nur einen Augenblick aus den Augen zu verlieren, gleich rufen sie laut nacheinander. Alles tun sie gemeinsam: Futtersuchen, Trinken, Baden. Oft kraulen sie sich gegenseitig das Gefieder, und wärmend breitet das Männchen seine Flügel über sein Weibchen aus. Die Jugendschwärme lösen sich in diesem Stadium auf, denn die Pärchen gehen nun eins nach dem anderen ihrer Wege. Die erste Zeit der engsten Bindung hört auf, wenn die Jungvögel in die Mauser geraten, danach

zeigen sie die Gefiederfärbung des erwachsenen Vogels. Nun ist es ihnen möglich, sich auf Rufweite voneinander zu entfernen. Da sie sich an der Stimme erkennen, können sie sich jederzeit der Gegenwart des anderen versichern. Nachts schlafen sie weiterhin eng nebeneinander, und sie werden sich auch ihr ganzes Leben – das allerdings im Freiland im Durchschnitt nicht mehr als ein bis zwei Jahre dauert – nicht mehr trennen. Inzwischen ist der Winter vergangen, und nun erst im Frühjahr werden die Paare geschlechtsreif. Das Männchen geht auf die Suche nach einem guten Nistplatz im Schilf und lockt sein Weibchen zu dem ausgewählten Platz, darauf folgt die Balz und die Begattung, das gemeinsame Brüten und die gemeinsame Fütterung der Jungen.

Eine Tragödie bahnt sich an, wenn ein Ehepartner stirbt. Der Verlassene ruft und sucht tagelang im Schilf nach seinem Gefährten und verfällt endlich in Passivität, in der er manchmal monatelang teilnahmslos und traurig herumsitzt. Wenn seine Trauer abklingt, kann er noch einmal auf Partnersuche gehen. Heiraten wird er nur einen Altersgenossen, der ebenfalls verwitwet ist, denn in den Jugendschwärmen findet er wegen der ewigen Streiterei keinen Anschluß. Nur in den Erwachsenenschwärmen, in denen es gesetzter zugeht, weil die unruhige Zeit der Partnersuche abgeschlossen ist, kann er Kontakt zu einem neuen Partner aufnehmen. Eine Zweitehe ist aber lockerer geknüpft als die erste Verbindung.

Die Bartmeisenehe zeigt einige Grundzüge, die auch andere Vogelehen aufweisen können: zum Beispiel die Verlobung vor der Geschlechtsreife (Graugänse, Gimpel, Granat-Astrilde, Feldsperlinge) und den Paarzusammenhalt auch außerhalb der Fortpflanzungszeit, wenn keinerlei sexuelle Anziehungskraft die Paare bindet. Die verzweifelte Suche nach dem vermißten Partner und der langanhaltende Zustand der Trostlosigkeit, in den ein verwitweter Partner verfällt, ist ebenfalls vielen Dauerehen gemeinsam. Die Trauer kann unter Umständen bis zum Lebensende des verwitweten Tieres dauern. Von Graugänsen sind solche Beispiele völliger Vereinsamung bekannt, sie geht einher mit der Verminderung aller Lebensäußerungen wie Bewegung, Fressen, Kämpfen. Schließlich kennzeichnet manche Vogelehe auch noch die Treue zum kranken oder alten Partner. Die Weibchen der Feldsperlinge verlassen ihr Männchen nicht, wenn es krank oder verletzt ist. Gimpelweibchen füttern ihre kranken Männchen. Alle derartigen Beobachtungen deuten darauf hin, „daß man sicher sein kann, die Bindung beruht nicht auf irgendwelcher geschlechtlicher Aktivität zwischen den Ehepartnern" (W. Wickler). Eine zweite Bindung ist dann häufig weniger eng als die erste.

Graugänse verloben sich bereits in früher Jugend, lange bevor sie geschlechtsreif sind, und bleiben dann für immer mit dem selben Partner zusammen. Es gibt jedoch Ausnahmen.

Bartmeisen lernen sich im Jugendschwarm kennen. Sie werben um ihre zukünftige Frau, indem sie sie piesacken: sie hacken und picken und zerren und zupfen sie. Nur weil sie das alles geduldig erträgt, wird aus den Zweien ein Paar: ein sehr zärtliches und treues sogar.

Die afrikanischen Granat-Astrilde verloben sich schon als Kinder, wenn sie noch von ihren Eltern gefüttert werden, und bleiben dann bei dieser Entscheidung. Damit Weibchen und Männchen sich überhaupt erkennen können, färben sich bei ihnen ganz früh die Kopfpartien so bunt wie bei den Erwachsenen.

Die Gimpel scheinen fast noch versessener auf die Ehe zu sein als andere Vögel. Schon mit sieben Wochen fangen sie an, miteinander zu schnäbeln, und zwar regelmäßig mit ihren Nestgeschwistern. Dabei entstehen auch reine Schwester- und reine Bruderpaare. Erst nach der Mauser, wenn sichtbar ist, welchen Geschlechts der andere ist, lösen sich alle Geschwisterpaare auf, und die Gimpel verheiraten sich noch einmal und dann endgültig.

61 Ehe:
Von dem treuen Eheleben der Graugans

Seit der Arbeit des Ornithologen O. Heinroth über die Entenvögel (1910) gilt die Graugans als Muster ehelicher Treue. Ihr Leben währt bis zu fünfzig Jahre, und im Idealfall ist eine Graugans achtundvierzig Jahre davon mit demselben Partner verheiratet. Solch ein idealtypisches Eheleben bahnt sich bereits im zweiten Lebensjahr an. Die einjährigen Gänse werden im Frühling aus der Familie ausgestoßen, wenn sich ihre Eltern neu verpaaren. Sie leben nun vorerst allein. Bedrückt von ihrer Vereinzelung verfallen sie in Passivität, äußern keine Kontaktlaute (Schnattern) mehr und greifen niemand an. Dieses Verhalten drückt sie schnell auf die untersten Plätze der Gänsegesellschaft. Aber bald regt sich neuer Mut.

Vor allen Dingen die jungen Ganter suchen Anschluß an ähnlich vereinsamte Gänse, wie sie selbst es sind, während die Gänsemädchen eher passiv bleiben. Wenn der aktive junge Ganter ein Tier findet, das ihn weder angreift, noch vor ihm flieht, dann ist das erstens in der Regel ein Weibchen (Graugänse sind sexualmonomorph, d. h. Männchen und Weibchen sehen gleich aus), und zweitens hat er damit schon halb gewonnen. Denn gehen diese ersten Annäherungsversuche schief, dann sind damit oft die Weichen gestellt für ein einsames, kümmerliches Junggesellenleben, das viele Jahre dauern kann. Der nicht verschmähte Ganter aber beginnt nun seine Werbung. Er hält sich zwar in gebührender Entfernung – etwa fünf Meter – von seinem Gänsemädchen, folgt ihr aber auf Schritt und Tritt und macht ihr buchstäblich alles nach: steht sie auf, steht er auch auf, schwimmt sie, schwimmt er auch usw. Mit seiner Beharrlichkeit bringt er es schließlich so weit, daß er sich ihr nähern darf.

Und nun schlägt endlich seine Stunde! Endlich darf er zeigen, was er eigentlich für ein Kerl ist. Er richtet sich so hoch auf und plustert sich so weit auf wie nur möglich. „Zu Lande geht er mit übertrieben weiten, kraftvollen Schritten", oder er fliegt „selbst kleinste Strecken, die Gänse sonst gehend oder schwimmend zurücklegen" (H. Fischer), wobei er rasant und geräuschvoll startet und landet. Kurz, er zeigt Imponierverhalten, wie dieser ganze Verhaltenskomplex genannt wird. In dieser Phase der Werbung greift der Ganter jeden an, unbekümmert darum, ob seine Gegner stärker oder schwächer sind als er. Das lernt er erst allmählich an seinen Siegen oder Niederlagen, und schließlich kennt er genau seinen Platz in der Gänsegesellschaft. Aber zuerst einmal versucht er alles, was ihm in den Weg kommt, flügelschlagend und mit lautem Geschrei zu vertreiben.

Dieses Geschrei hört sich an wie „ein gepreßt klingendes, rauhes Trompeten" (K. Lorenz) und wird „Rollen" genannt. Nach jedem Angriff kehrt der Ganter stark rollend und flügelschlagend wie im Triumph zu seiner umworbenen Gans zurück.

Mit deutlich gebremstem Schwung macht er vor ihr Halt, streckt den Hals vor und beginnt zu schnattern, was ungefähr wie ein fortlaufendes nasales „Gangganggangggang" klingt. Wenn sie ihm nun ebenfalls den Hals entgegenstreckt und in sein Schnattern einfällt – dann ist es passiert. In diesem Augenblick ist der Ehepakt geschlossen.

Die Kopulation (bei Vögeln ‚Treten' genannt) ist nicht an diese Zeremonie gekoppelt, sie folgt sehr oft später. Nach langjährigen Beobachtungen ist K. Lorenz zum Schluß gekommen, es sei „das Triumphgeschrei und nicht die geschlechtlichen Beziehungen", die ein Gänsepaar beieinander halten. Denn ein Paar, das zusammen im Triumph rollt und schnattert, ist auf ein Leben aneinander gebunden. Und es wiederholt diese Zeremonie fast stündlich, um sich der gegenseitigen Zugehörigkeit ständig neu zu versichern. Das Triumphgeschrei umfaßt in seinem vollständigen Ablauf drei Phasen: Angriff – oft auch nur Scheinangriff – in Imponierhaltung mit Rollen, gemeinsames Rollen, gemeinsames Schnattern. Im Verlauf der Ehe nimmt das Triumphgeschrei gemäßigtere Formen an, einem alten Graugänsepaar kann schließlich ein kurzes Schnattern zum Zeichen seiner gegenseitigen Bindung genügen.

Im Frühjahr zur Paarungszeit und beim Schlüpfen der Jungen wird diese Zeremonie jeweils mit besonderer Intensität ausgeführt. Während die Mutter auf den Eiern sitzt, hält der Vater Nestwache und vertreibt jedes Tier, das sich dem Nest nähert, besonders nach dem Schlüpfen der Jungen. Auch die Mutter geht Störenfriede unter Umständen erbittert an. Einen Tag nach dem Schlüpfen verlassen die Gössel (so werden die jungen Gänse genannt) gemeinsam mit ihren Eltern zum ersten Mal das Nest, bei dieser Gelegenheit sieht auch der Vater seine Kinder zum ersten Mal, er begrüßt sie schnatternd, und sie antworten darauf mit dem Kontaktlaut der kleinen Gänse: Wiwiwi. Beide Elternteile führen ihre Gösselschar gemeinsam, und alles läuft nun synchron in dieser Familie: fressen, sich putzen, baden – und triumphschreien. In dieser Zeit zeigt der Ganter wie während der Werbung sein prächtigstes Imponiergehabe, seine Angriffe sind nun wieder besonders heftig und das gemeinsame Rollen und Schnattern wird besonders intensiv und anhaltend ausgeführt. Ganz wie die jung Verheirateten es taten, nur schließen sich die Gössel nun an. Mit gespreizten Flügeln und wippenden Hälsen schreien sie lauthals mit. Die bindende Kraft der Zeremonie umschließt nun die ganze Familie: wer zusammen triumphschreit, gehört zusammen – sichtbar und hörbar alle Jahre wieder.

Das ganze Unglück der Pubertät steckt in der Haltung dieser jungen Gänse. Aus der Familie ausgestoßen, den Geschwistern entfremdet, allen Erwachsenen unterlegen, so verbringen sie ihre Zeit verängstigt und allein, solange bis es ihnen gelingt, einen Partner für sich zu gewinnen, ab dann geht es wieder steil bergauf. Die obere Haltung heißt bezeichnenderweise Duckmäuserhaltung, die untere Winkelhals.

♀

♂

„Ein Gänsepaar kommt in die Nähe eines fremden Artgenossen, der Ganser rennt mit vorgestrecktem Hals auf den fremden Vogel los, und dieser nimmt dann gewöhnlich Reißaus. Sofort kehrt sich der Angreifer um, eilt schleunigst zu seiner Gattin zurück, und nun stoßen beide ein lautes Triumphgeschrei aus: ein Schmettern, dem ein leiseres eigenartiges Schnattern folgt" (O. Heinroth, 1910). Das Triumphgeschrei hat die Bedeutung eines immer wieder neu gegebenen Eheversprechens.

127

62 Harem:
Eine ökologische Maßnahme

Wenn ein Männchen gleichzeitig mit mehreren Weibchen in einer dauerhaften Beziehung zusammenlebt, ist dies der Definition nach ein Harem. Streng genommen fallen vorübergehende Verbindungen eines Männchens mit mehreren Weibchen zum Zweck der Paarung, wie sie bei vielen Robben üblich ist, nicht darunter, werden aber doch häufig hinzugezählt. Echte Harems bilden beispielsweise Mantelpaviane, Dscheladas und Husarenaffen, Zebras, einige Antilopen, einige Buntbarsche und das Haushuhn.

Die Einmanngruppen des Mantelpavians bestehen aus einem führenden Männchen und mehreren Weibchen und Jungtieren, jedes Weibchen gehört ausschließlich dem Pascha der Gruppe und wird streng bewacht. Wagt sich ein Weibchen zu weit fort oder gar in die Nähe eines anderen Männchens, dann wird es sofort zur Ordnung gerufen. Der Pascha starrt sie an, schlägt mit den Händen auf den Boden oder läuft auch zu ihr hin und beißt sie in den Nacken. Das Weibchen folgt ihm daraufhin laut schreiend und bleibt in seiner Nähe. So bildet der Harem eine geschlossene Gruppe, die sich nicht mit anderen vermischt, selbst wenn sie gemeinsam mit anderen wandert, wie es oft geschieht. Die Einmanngruppen schließen sich zu dauerhaften Banden zusammen und diese versammeln sich wiederum zu noch größeren Herden an den gemeinsamen Schlaffelsen.

Diese bewegliche Organisation wird diktiert von den Umweltbedingungen: Nahrungsangebot, Feindbedrohung und Schlafplatz. Die Mantelpaviane bewohnen Trockensavannen und Halbwüsten Afrikas. In den kargen Futtergebieten werden oft nur kleinere Gruppen satt, zur Verteidigung gegen Raubfeinde ist es jedoch günstiger, in größeren Gruppen zu wandern, und die wenigen geschützten Schlaffelsen müssen von möglichst vielen Tieren gemeinsam benutzt werden können. Die kleinstmögliche Gruppe ist der Harem, in der gerade noch alle Mitglieder satt werden und in der die wehrlosen Weibchen und Jungen wenigstens einen starken Beschützer haben. Häufig aber wandern mehrere solcher Gruppen aus Sicherheitsgründen gemeinsam. Sowohl der Harem als auch der Zusammenschluß zu größeren Verbänden stellen Anpassungen an die Nahrungsquellen und die Feindbedrohung dar, es sind ökologische Maßnahmen. So muß der Harem eine streng geschlossene Gruppe bleiben, die sich jederzeit aus dem Verband lösen oder in ihn einordnen kann.

Der Zusammenhalt im Harem wird durch den absoluten Besitzanspruch des Führers gewährleistet, wie auch die Kontakte zu anderen Gruppen nur über die Führer laufen. Dabei verhindert die Rivalenhemmung beim Mantelpavian ständige Kämpfe der Gruppenführer, die sonst die Herden pausenlos erschüttern müßten. Sobald nämlich klar erkennbar ist, wem ein Weibchen gehört, versucht

kein Männchen mehr, es dem Besitzer streitig zu machen. Selbst wenn der Besitzer in der Rangordnung tiefer steht und erkennbar schwächer ist, wird er dann nicht mehr angegriffen. Der Aggressor wendet sich statt dessen ab; mit allen Anzeichen des Konflikts zwischen Eroberungslust und Angriffshemmung zeigt er typische Übersprunghandlungen: er kratzt sich angelegentlich, schaut gen Himmel oder schiebt Steinchen am Boden hin und her. Diese Rivalenhemmung wird nur außer Kraft gesetzt, wenn der Haremsbesitzer allzu hinfällig oder alt ist. So wird trotzdem sichergestellt, daß junge kräftige Männchen in der Führung nachrücken können.

Das Problem der Nachfolge wird auf ganz verschiedene Weise geregelt, zum Teil ganz friedlich durch Adoption. Herangewachsene Männchen nehmen gern weibliche Pavianjunge an Kindesstatt an und erfüllen sorgfältig alle mütterlichen Pflichten. Sie tragen sie mit sich herum, ziehen sie zu sich her und halten sie an sich gedrückt, befreien sie aus gefährlichen Situationen und tragen sie bei schwierigen Kletterpartien auf dem Rücken. Die Pfleglinge ihrerseits suchen Schutz und Körpernähe bei ihrem Beschützer wie bei der eigenen Mutter. So entsteht aus diesem Verhältnis ein festes, soziales Band zwischen beiden, das lange vor der Geschlechtsreife des Weibchens geknüpft wird.

Die jungen erwachsenen Männer schließen sich innerhalb der Bande zu Gruppen zusammen, einzelne können aber auch in ihrem Harem bleiben. Sie werden vom Pascha geduldet und können in einer Art Erbfolge den Harem übernehmen, wenn der Pascha seinen Alleinanspruch auf die Weibchen nicht mehr vertreten kann. Für den Harem ist eine solche Erbfolge vorteilhaft, denn das junge Männchen übernimmt die Erfahrungen des alten, zum Beispiel Kenntnisse über Futter-, Wasser- und Schlafplätze und das verbindende Wegenetz. In schwierigen Situationen kann es sogar vorkommen, daß der junge Haremsbesitzer dem alten noch einmal die Führung überläßt, so kommt der Erfahrungsschatz des alten Mannes der Gruppe weiterhin zu gute.

Trotz des Alleinanspruchs des Paschas sind sexuelle Kontakte zwischen heranwachsenden Männchen und den Weibchen des Harems möglich. Je jünger die Männchen sind, desto leichter haben sie es, sich den Weibchen zu nähern, weil sie vom Pascha als Konkurrent noch nicht für voll genommen werden. Solche einzelnen Kopulationen führen nicht zur Schwangerschaft. Der Mantelpavian ist zur Ejakulation erst nach einer Serie von Kopulationen fähig, die allein vom Führer ausgeübt wird, so ist sein Vorrecht auf Fortpflanzung sichergestellt, ohne daß die jungen Männchen gänzlich von jedem sexuellen Kontakt ausgeschlossen sind. Diese Kopulationen haben soziale Bedeutung, sie stärken die Gruppenbindung.

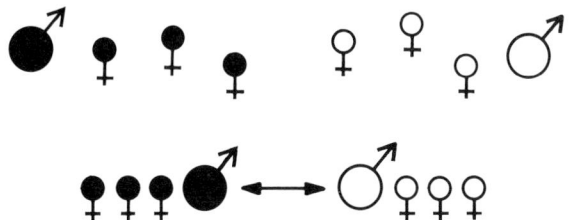

Die Marschordnung zweier Mantelpavian-Gruppen drückt die gerade herrschende Stimmungslage aus: Sind die beiden Haremsbesitzer friedlich gesonnen, marschieren sie außen und nehmen Frauen und Kinder in die gesicherte Mitte. Droht aber Streit zwischen den Männern, dann schwenken die Frauen mit den Kindern nach außen.

Wenn sich zwei fremde Banden an einem Schlaffelsen versammeln, besteht immer die Gefahr eines Kampfes, der die ganze Herde erfassen kann. Den Zündstoff liefern die Weibchen, denn die Haremsbesitzer neigen dazu, ihnen unbekannte Weibchen ihrem eigenen Harem einzuverleiben. In einander vertrauten Banden passiert das nicht, dafür sorgt die sogenannte Rivalenhemmung des Mantelpavians: er ist unfähig, einem anderen ein Weibchen wegzunehmen, wenn er erkannt hat, daß es ihm gehört. Er wendet sich dann ab und tut desinteressiert wie hier, wo er Steinchen am Boden verschiebt.

Mehrere Einmanngruppen sind auf einem Schlaffelsen versammelt. Zu jedem langmähnigen Männchen – die lange graue Schultermähne ist das Erkennungszeichen des Männchens – gehören einige Weibchen, die sich eng bei ihrem Anführer halten. Täten sie es nicht, würden sie sofort vom Pascha zurückgeholt und vielleicht sogar zur Strafe gebissen.

63 Harem:
Vorbildliche Pflichterfüllung

In dauerhaften Haremsverbänden leben die Gebirgsaffen der Hochebenen Äthiopiens, die Dscheladas und die Husarenaffen aus den Steppen Ostafrikas. Beim Dschelada dürfen sich die Weibchen frei in der Herde bewegen, sind aber trotzdem fest und ausschließlich an den Führer der Gruppe gebunden. Die Weibchen erheben ihrerseits Besitzansprüche an den Pascha, die in einer weiblichen Rangordnung geregelt werden; jedes Weibchen überwacht jeweils das ihm nachgeordnete und kann es sogar zeitweise an jedem Kontakt mit dem Pascha hindern. Unter den Männchen gibt es ebenfalls eine Rangordnung, die – einmal in Rangkämpfen ausgefochten – das friedliche Zusammenleben aller Haremsbesitzer in der Herde gewährleistet.

Die Husarenaffen halten ihren Harem zusammen, indem sie jedes Männchen, auch die eigenen erwachsenen Söhne, aus der Nähe vertreiben. Jeder Harem lebt allein für sich. Eine Sicherung gegen Auseinandersetzungen in der Herde wie die Rivalenhemmung beim Mantelpavian und die Rangordnung beim Dschelada brauchen sie deshalb nicht. Die überzähligen Männchen können in eigenen Gruppen recht friedlich zusammenleben, die Kämpfe entbrennen nur um den Besitz von Weibchen. Solche Männerbünde gibt es bei mehreren im Haremsverband lebenden Tieren, wie es auch gar nicht anders zu erwarten ist, solange beide Geschlechter gleichmäßig vertreten sind.

So scheiden bei den Steppenzebras die Junghengste ebenfalls aus dem Harem aus und schließen sich zu Junggesellengruppen zusammen, die dann jahrelang zusammenhalten können. Die jungen Stuten werden aus der Familie entführt, sobald sie rossig (geschlechtsreif) sind. Die Hengste streiten heftig um ihren Besitz. Schließlich gründet ein Junggeselle mit ihr eine neue Familie, oder sie wird von einem Familienhengst in eine bereits bestehende aufgenommen. Das Zusammenleben in größeren Herden wird durch Begrüßungszeremonien zwischen den Hengsten geregelt. Der Hengst bewacht seine Stuten, brünstige Weibchen muß er auch verteidigen. Die Familie findet sich aber freiwillig wieder zusammen, wenn sie auseinandergesprengt worden ist. Alte und schwache Hengste müssen den Familienvorsitz an jüngere Hengste abtreten. Innerhalb der Familie gibt es eine Rangordnung, an deren Spitze der Hengst steht und die unter den Stuten weiterläuft.

Eine Rangordnung herrscht auch im Hühnervolk. An der Spitze steht der Hahn, und jede der Hennen hat ihren festen Platz in der Hackordnung, wie die Rangfolge bei Hühnern auch genannt wird. Die Hähne untereinander haben ebenfalls eine Rangordnung. Setzt man fremde Hühner und Hähne versuchsweise zusammen, so beginnt ein Kampf aller gegen alle, jedes Huhn kämpft mit jedem – auch mit den Hähnen, die wegen ihrer körperlichen Überlegenheit allerdings im allgemeinen gegen alle Hennen gewinnen. Es kann zu komplizierten Rangfolgen kommen, wenn zum Beispiel ein Huhn A die Hühner B und C besiegt, dem Huhn D dann aber unterliegt, das unter B und C steht. Dann ist die Henne A zwar B und C übergeordnet, steht aber unter D, obwohl diese ihren Platz erst nach B und C in der Hühnersozietät hat. Ist die Rangliste zurechtgehackt, dann kehrt wieder Frieden in die Hühnerschar ein. Die Stammform unseres Haushuhns ist das in Asien in freier Wildbahn lebende Bankivahuhn. Das Verhalten unserer Haushühner ist im wesentlichen dem des Wildhuhnes gleich geblieben.

Ganz deutlich wird an der sozialen Organisationsform des Hühnervolkes, daß sie den Nachkommen besonderen Schutz bieten kann. Die ranghöchsten Hähne besitzen ein eigenes Revier und etwa drei bis fünf Hennen, Revier und Weibchen werden gegen andere Hähne verteidigt. Der Hahn führt seine Hennen zu Wasser- und Futterplätzen, nachdem er sie vorher alle versammelt hat; über offenes, ungeschütztes Gelände geleitet er sie besonders sorgsam. Bei Gefahr warnt er die Hennen, die daraufhin Deckung suchen. Er beobachtet genau alle Bewegungen der Feinde, etwa von Katzen, und greift sie auch an. Immer lockt er die Hennen zu sich, damit die Gruppe beisammenbleibt. Während sie fressen, hält er Wache, er kann sie sogar zu gutem Futter locken, ohne selbst davon zu fressen. Hühner schlafen am liebsten in Bäumen. Als erster sucht abends der Hahn den gemeinsamen Schlafplatz auf – er baumt auf – und ruft dann seine Schar zu sich. Er hilft seinen Hennen auch bei der Suche nach einem geeigneten Nestplatz und scharrt eifrig Nestmulden für sie; findet der Platz nicht ihre Zustimmung, sucht er unverdrossen weiter. Der Hahn zeigt sich so als das Muster eines Familienvorstandes.

Während die Hennen brüten, beanspruchen sie ein eigenes Revier, von dem andere Hennen ferngehalten werden. Die Glucke führt ihre Küken zum Wasser und zum Futter, vorher schart sie sie um sich, und sie hält sie dicht beisammen. Sobald sie den Warnruf ausstößt, gehen ihre Küken in Deckung. Sie verfolgt die Manöver nahender Feinde genau und greift sie notfalls an. Sie bewacht die Schar beim Fressen, frißt selbst kaum, lockt die Küken aber zu besonderen Leckerbissen. Sobald die Hühnchen fliegen können, baumen sie abends auf, zuerst die Glucke, die dann die Kleinen lockt. Die Parallelen zwischen dem Verhalten des Hahnes und der Glucke springen sofort ins Auge. So wie die Glucke ihre Küken betreut, betreut der Hahn seine Hennen.

So wie die Glucke Inbegriff einer besorgten Mutter ist, ist der Hahn das Muster eines pflichtbewußten Familienvorstandes. Bis in Einzelheiten betreut er seine Hennen genauso wie eine Glucke ihre Küken. Tatsächlich ist der Hühnerharem eine genaue Nachbildung der Mutter-Kind-Beziehung. Dieselben Schutzfunktionen, die die Glucke für ihre Küken hat, übernimmt der Hahn für seine Hennen. Nichts könnte anschaulicher machen, daß der Haremsverband immer als Schutzverband für alle seine Mitglieder entstanden ist.

Der Husarenaffe schützt seinen Harem durch außerordentliche Wachsamkeit. „Sehen, aber nicht gesehen werden" ist sein Motto. Die Steppenbewohner sind leise Tiere. Ihre Verteidigung ist Stille. Man hört ihre Stimme kaum, sie bergen sich unauffällig im Gras und verteilen sich nachts auf einzelne Bäume. Nur bei drohender Gefahr macht der Pascha auf sich aufmerksam, versucht den Feind abzulenken und ihn im schnellen Lauf von der Gruppe fortzulocken. Im Notfall kämpft er auch. Als ein Schakal aus einem Harem einen Säugling fortgeschleppt hatte, jagte ihm der Vater das Kind wieder ab, und die Mutter erhielt ihr Kind unversehrt zurück. Intern hat der Pascha in seinem Harem offensichtlich nicht viel zu sagen, bei Auseinandersetzungen riskiert er, alle Weibchen gegen sich zu haben.

64 Harem:
Nur die Stärksten stehen den Streß durch

Für die Zeit der Fortpflanzung bilden viele Robben Haremsverbände, die sich danach wieder auflösen. Bei einigen Arten bleiben sie zum Schutz der Nachkommen länger bestehen. Robben haben feste Geburtsplätze, zu denen sie jedes Jahr wieder zurückkehren. Das Schema der Haremsbildung verläuft bei allen ähnlich. Der Nördliche Seebär bezieht sein Sommerlager in der Beringsee auf den Pribylow-Inseln. Sobald dort der Schnee schmilzt, tauchen die ersten Bullen auf – alte erfahrene Robben, die den Ort genau kennen – und reservieren sich die besten Plätze am Strand. Wenn es dort allmählich drangvoll eng wird, müssen die später Ankommenden entweder mit Plätzen weiter vom Wasser entfernt vorlieb nehmen oder sich einen der begehrten Strandplätze erkämpfen. Ihre Waffe ist das Gebiß, gekämpft wird nur bis zur Platzgrenze, jenseits der Grenze ist der Gegner kein Gegner mehr und wird in Ruhe gelassen.

Erst Mitte Juni erscheinen die Weibchen. Die Bullen versuchen zuerst, sie mit glucksenden, einschmeichelnden Rufen zu ihrem Standplatz zu locken. Lassen sie sich aber davon betören und kommen heran, dann werden sie am Nacken gepackt und in das Revier hineingeschleift. Aber wenn es einem Bullen geglückt ist, ein Weibchen zu erobern, wird sie ihm oft vom Hintermann gestohlen, und der muß sie wieder an den im dritten Rang liegenden Bullen abgeben. Noch einmal gibt es Kämpfe, heftiger und blutiger als am Anfang, unter denen auch die Weibchen zu leiden haben. Zum Schluß haben die unmittelbar am Strand residierenden Bullen etwa fünfzehn Weibchen, die hinteren Ränge etwa ein Drittel davon. Bald nach der Landung bringen die Weibchen ihre Jungen zur Welt. Die Mütter bleiben etwa eine Woche bei ihren Kindern, dann gehen sie wieder auf Fischfang ins Meer, zum Säugen der Babys kehren sie aber regelmäßig zurück. Mutter und Kind kennen sich persönlich an der Stimme und finden einander absolut sicher zwischen Tausenden von Koloniemitgliedern.

Kurz nach der Geburt sind die Weibchen paarungsbereit, bis zur Paarung werden sie von dem Haremsbesitzer noch streng bewacht und am Verlassen des Reviers gehindert. Danach lösen sich die Harems auf. Die alten Männchen, die – aus Angst, ihren Standplatz zu verlieren – drei bis vier Monate ohne Nahrung ausgekommen sind, schleppen sich nun erschöpft und abgezehrt ins Wasser und überlassen den Weibchen mit ihren Jungen die Lagerplätze.

Die jungen Seebärmännchen halten sich von diesem Treiben abseits. Sie haben im Sommer eigene Lagerplätze, an denen sie schlafen und spielen. Erst die erwachsenen Tiere können es wagen, sich einen Harem zu erkämpfen. Außerhalb der Fortpflanzungszeit leben Männchen und Weibchen in getrennten Herden.

Die Seelöwen der Galápagos-Inseln leben zur Paarungszeit ebenfalls dicht an dicht in Revieren an der Küste, die jeweils von einem Bullen beherrscht werden, zu dem mehrere Weibchen mit ihren Jungen gehören. Viele Interessenkonflikte unter den Bullen werden allein durch Drohen entschieden. Das erlebte der Verhaltensforscher J. Eibl-Eibesfeldt, der sich ganz plötzlich im Besitz eines Seelöwen-Harems befand, nur weil er zu voller Größe aufgerichtet (die Drohstellung der Bullen) auf einen Bullen zugegangen war. Der erkannte die Überlegenheit des vermeintlichen Rivalen an und überließ ihm seinen Harem.

Werden die Plätze knapp, gibt es bei den Seelöwen wie bei den Seebären Kämpfe. Sie schlagen ihre Hälse gegeneinander oder versuchen sich wegzuschieben. Die Haremsbesitzer scheinen dabei öfter zu wechseln. Denn sie werden bei diesen Auseinandersetzungen manchmal aus ihrem Gebiet verdrängt, sie versuchen es dann wieder zurückzuerobern. Abgeschlagene Bullen und junge Männchen bilden Junggesellengruppen, die sich gut vertragen. Nur da, wo die Weibchen sind, genügt ihre bloße Anwesenheit, die Männer einer Herde gegeneinander aufzubringen.

Die Auseinandersetzungen um den Harem treffen eine strenge Auswahl unter den Bullen. Nur die stärksten und kampffreudigsten erreichen die Spitzenstellung des Paschas und erringen damit das Vorrecht, sich mit mehreren Weibchen zu paaren. So wird Stärke und kämpferischer Einsatz weitergezüchtet – Fähigkeiten, die der Pascha in besonderem Maße zur Erfüllung seiner Aufgaben braucht: Er ist im Wasser Hüter und Bewacher der kleinen Seelöwen. Sobald diese sich ins tiefe Wasser wagen, schneidet der Bulle ihnen den Weg ab und drängt sie ins seichte Wasser zurück. Das ist eine Schutzmaßnahme gegen Haie. Die Seelöwenbullen greifen Haie auch gemeinsam an und zwingen sie, ins tiefe Wasser abzudrehen.

Je enger der Bulle seinen Harem beieinander hat, desto leichter kann er sein Wächteramt erfüllen. Er muß deshalb zum Schutz der Jungen und zur Wahrung seines Besitzstandes immer bemüht sein, seinen Harem friedlich zu halten, damit ihm bei Zänkereien die Weibchen nicht etwa auf und davon gehen. Das ist allerdings ein schwieriges Geschäft. Die Weibchen halten untereinander eine Individualdistanz zum Schutz der Babys, damit die Kleinen nicht erdrückt werden, und verteidigen sie gegen ihre Nachbarinnen. Deswegen gibt es häufig Streit. Der Bulle versucht zu schlichten, indem er sich zwischen die zankenden Weibchen schiebt und beide kopfpendelnd und schnauzenreibend – es ist das Grußritual der Seelöwen – beschwichtigt. Im Falle der Seelöwen ist also der Harem als Paarungsgemeinschaft gleichzeitig auch eine Schutzgemeinschaft für die Nachkommen, die sich in der Abwehr von Raubfeinden bewährt.

Seelöwenbullen leben in harter Konkurrenz mit ihresgleichen. Wenn sie nicht laufend die Rechte auf ihren Küstenplatz und die Weibchen geltend machen und notfalls verteidigen, werden sie sehr schnell verdrängt. Allerdings kämpfen sie nur im Ernstfall. Routinemäßig einigen sie sich über bestimmte Rituale. Sie patrouillieren vor ihrem Küstenstreifen im Wasser auf und ab. Manchmal kommen sie ins seichte Wasser und richten sich brüllend auf, um ihren Besitzstand quasi öffentlich auszurufen (Photo). Jeweils an der Grenze treffen sie auf den Nachbarn. Dann stehen sie ebenfalls hochaufgerichtet und brüllend da, jeder auf seiner Seite, ohne jedoch zu kämpfen. Haben sie nach einiger Zeit ihrem Rechtsanspruch die nötige Geltung verschafft, drehen sie beruhigt um und beginnen einen neuen Wachgang.

Ein Seelöwenbulle sitzt aufgerichtet in der Schar seiner Weibchen. Das Verhältnis zwischen Pascha und Haremsweibchen ist freundlich. Er begrüßt zum Beispiel jedes Weibchen, das ins Wasser geht, mit Kopfpendeln und Schnauzenreiben. Das sieht beinahe aus wie ein Kuß und ist das Grußritual der Seelöwen. Offenbar kennt er alle Weibchen und Jungtiere persönlich und hält seinen Harem mit solchen Begrüßungszeremonien wie mit freundlichen Banden zusammen.

65 Brutfürsorge:
Eltern und Kinder lernen sich nie kennen

Während die meisten Vögel ihre Eier selbst bebrüten und ihre Jungen betreuen, errichtet das australische Talegalla-Huhn einen riesigen Brutofen für seine Eier und kümmert sich um die Küken überhaupt nicht mehr. Am Anfang der Regenzeit beginnt der Hahn, Laub zusammenzuscharren, und er bleibt voller Arbeitswut jeden Tag viele Stunden damit beschäftigt. So wächst der Laubberg beachtlich in die Höhe und Breite. Ab und zu trampelt der Hahn den Haufen von oben fest. Bald nach Baubeginn erscheint auch eine Henne auf der Bildfläche, die ihn unterstützt, aber sie ist ein wenig lax in ihrer Arbeitsmoral, während der Hahn weiterhin fanatisch arbeitet, dabei etwa achtzig Zentner Laub zusammenkratzt und zu einem Berg von etwa ein Meter Höhe und fünf Meter Breite anhäuft. Das frische, nasse Laub beginnt bald zu gären, und dieser Prozeß heizt den Laubberg von innen auf.

Nach etwa vierzehn Tagen kann die Henne bereits das erste Ei in den Brutofen legen. Der Hahn baut unvermindert weiter, dazwischen gräbt er Löcher in den Haufen, läßt sie für einige Zeit offen und verschließt sie dann wieder. Offenbar regelt er auf diese Weise die Temperatur im Inneren des Brutofens, denn sie beträgt ziemlich konstant etwa 35 Grad. Schlüpfen dann nach vielen Wochen die Küken, beachtet die Henne ihre Kinder nicht, und der Vater hat sogar ein wenig Angst vor ihnen und jagt sie weg. So flattern sie in den Urwald und sind von der ersten Sekunde ihres Lebens an ganz allein auf sich gestellt. Sie können schon ein wenig fliegen, finden die richtige Nahrung und schlafen gleich in der ersten Nacht auf einem Baum. Sie können also alles, was sie brauchen, um zu überleben. Talegalla-Küken sind (extreme) Nestflüchter. Auch unsere Haushühner gehören zu den Nestflüchtern. Das heißt, die Küken sind fähig, gleich nach dem Schlüpfen das Nest zu verlassen, aber sie brauchen noch den Schutz, die Wärme und die Führung der Mutter.

Wenn Tiere wie das Talegalla-Huhn wohl für ihre Eier, nicht aber für ihre Kinder sorgen, so nennt der Verhaltensforscher dies Brutfürsorge. Eltern und Kinder lernen sich dabei nie kennen, denn alle etwaige Sorge gilt nur den Eiern. Die Jungen sind sich nach dem Schlüpfen selbst überlassen. Die einfachste Form der Brutfürsorge ist es, für die Eier einen günstigen Platz auszusuchen, an dem sie sich gut entwickeln können. Hunderte von Kilometern legen Meeresschildkröten zurück, um an die Strände zurückzukehren, an denen sie selbst aus dem Ei geschlüpft sind. Dort scharren sie mit den Hinterfüßen eine Grube in den Sand, legen ihre Eier hinein und bedecken sie wieder. Dann verlassen sie ihr Gelege. Im warmen Sand herrscht die richtige Bruttemperatur. Aber Eier und frisch geschlüpfte Schildkröten mit ihrem noch weichen Panzer haben viele Feinde, und nur aus einem Bruchteil der Keimlinge werden einmal geschlechtsreife Tiere.

Manche Libellen tauchen zur Eiablage unter Wasser, weil ihre Larven (Zwischenstufe auf dem Weg zum Insekt) nur im Wasser gedeihen können. Bis zu 27 Minuten vermögen einige von ihnen unter Wasser auszuhalten. Andere Libellen streuen ihre Eier im Flug über die Wasserfläche. Wieder andere bohren sie mit ihrem Legestachel in die Blätter von Wasserpflanzen ein. Die Waldmücke wählt eine trockene Mulde, in der die Eier überwintern können. Im Frühjahr füllt sie sich mit Wasser, wie es zum Schlüpfen notwendig ist. Wie die Libellen suchen auch die an Land lebenden Frösche und Molche zum Ablaichen das Wasser auf, weil auch ihre Eier und Larven nur dort lebensfähig sind. Ihre Larven, die Kaulquappen, schlüpfen mit Kiemen und können an Land nicht atmen. Die weiten Wanderwege zum Wasser sind für die Tiere oft strapaziös. Viele Insekten machen mit untrüglicher Sicherheit einen geschützten Platz für die Eiablage ausfindig: in Borkenrissen, unter Steinen, in der Erde, zwischen zusammengeklebten Blättern. Oder sie wählen eine Umgebung, die den Nachkommen genügend Nahrung bietet. Schmetterlinge heften ihre Eier nur an solche Pflanzen, von denen die Raupen später leben können. Zwei Käfer – der Haselnußborer und der Apfelblütenstecher – legen ihre Eier in die jungen, noch weichen Haselnüsse beziehungsweise in Apfelblüten. Andere Rüsselkäfer bohren grüne Äpfel, Birnen oder Kirschen an.

Eine besondere Ortswahl trifft ein kleiner heimischer Fisch, der Bitterling. Das Männchen sucht sich zu Beginn der Fortpflanzung eine Teichmuschel, die es heftig gegen Rivalen verteidigt. Wandert die Muschel, wandert der Besitzer mit. Sobald der Bitterling ein Weibchen angelockt hat, führt er es zu seiner Muschel und stößt eine dicke Spermienwolke aus. Gleich darauf führt das Weibchen seine Legeröhre in die Muschel ein und legt in deren Mantelraum ein bis vier Eier. Das wiederholt sich viele Male. Der Teichmuschel geschieht dadurch kein Schaden. Die Eier entwickeln sich günstig im sauerstoffreichen Kiemenraum der Muschel, und selbst die jungen Fische genießen noch für eine gewisse Zeit Schutz zwischen den harten Schalen, bevor sie sie als völlig selbständige Fischchen verlassen, die sich selbst ernähren können und schützen müssen.

Bereits auf der einfachsten Stufe der Brutfürsorge planen die Eltern in die Zukunft, wenn sie für die Eiablage einen Ort wählen, der den Eiern einerseits Schutz bietet, andererseits geeignete Lebensbedingungen wie günstige Temperaturen, Feuchtigkeit, Sauerstoffzufuhr und Nährstoffreichtum.

Das Talegalla-Huhn ist in den Wäldern an der Ostküste Australiens zu Hause. Der Hahn ist wegen seiner Bautätigkeit berühmt geworden. Er scharrt einen Haufen aus nassem Laub zusammen, der einen Durchmesser von vier bis fünf Metern und eine Höhe von ungefähr einem Meter erreicht. Sein Bauwerk dient als Brutofen, denn im Inneren des feuchtwarmen Hügels entsteht Gärungswärme, die ausreicht, um die Eier auszubrüten. Auch wenn der Bau fertig ist, arbeitet der Hahn ständig weiter, oft steckt er prüfend seinen Schnabel in den Berg, oder er gräbt Löcher in den Haufen und verschließt sie nach einiger Zeit wieder. Durch die Luftzufuhr sinken die Temperaturen ab und das Innere erhält frischen Sauerstoff. Werden alle Löcher verstopft, steigen die Temperaturen. Auf diese Weise erhält der Hahn die Wärme annähernd gleichmäßig bei 35 Grad. Die Henne hilft ein wenig beim Bauen und legt ihre Eier in tiefe, selbstgescharrte Mulden, die der Hahn anschließend zudeckt. Die Eiablage zieht sich über viele Wochen hin. Danach kümmert sich die Henne um nichts mehr, während der Hahn weiterhin damit beschäftigt ist, den Brutofen zu warten, bis alle Küken geschlüpft sind.

Ein Küken des Talegella-Huhnes streckt zum ersten Mal den Kopf aus seinem Brutofen aus Laub, den sein Vater gebaut hat. Die Eier brauchen darin neun bis zehn Wochen für ihre Entwicklung. Wenn die Küken aus dem Ei geschlüpft sind, müssen sie sich oft in mühsamer Arbeit aus der Tiefe des Laubberges hervorwühlen, und wenn sie dann nach vielen Stunden (bis zu dreißig) zum ersten Mal ihren Kopf in die frische Luft stecken, ist niemand da, der sich um sie kümmert. Sie sind vom ersten Tag an völlig selbständig.

66 Brutfürsorge:
Leckeres für die Babys

Schlupfwespen bohren ihre Eier in lebende Tiere hinein. In unseren Tannenwäldern ist der Pfeifenräumer zu Hause; er heißt so, weil die Weibchen mit ihrem überlangen Legebohrer einem Pfeifenputzer ähnlich sehen. Sie spüren tief im Holz verborgene Holzwespenlarven auf, setzen ihren Bohrer genau senkrecht darüber an und treiben ihn bis zu sechs Zentimeter in das feste Holz hinein. Zielsicher treffen sie die Larve und legen ihr Ei hinein. Wenn daraus die Pfeifenräumerlarve schlüpft, ernährt sie sich von ihrem Wirt, ohne ihn vorerst zu töten. Sie frißt zuerst einmal die weniger lebenswichtigen Teile. So ist sie über längere Zeit mit Frischfleisch versorgt. Mit frischem „Obst" versorgen Eichengallwespen ihre Nachkommen, nämlich mit den gelb-rötlichen Galläpfeln, die im Herbst an der Unterseite von Eichenblättern zu sehen sind. Wenn die Weibchen die Eier in die Blattnerven der Eichenblätter einstechen, lösen sie damit eine Wucherung des Blattgewebes aus, aus dem die äußerst nährstoffreichen Galläpfel werden, die die Larve bis zu ihrer vollständigen Ausbildung zur Wespe schützen und ernähren. Sehr viele andere Insekten zwingen die Pflanzen zu ähnlichen Wucherungen.

Die Pillenwespe töpfert und räubert für ihre Kinder. Sie modelliert aus feuchten Lehmpillen winzige Tonkrüge, die sie an Pflanzen befestigt. Diese Krüge – sie sollen den Indianern einst Vorbild für ihre Tonkrüge gewesen sein – dienen der Pillenwespe als Kinderstube für ihre Larven und als Speisekammer. Die Mutter jagt Käferlarven, lähmt sie mit ihrem Gift und stopft einen gehörigen Vorrat davon durch den schmalen Hals des Kruges. Dann hängt sie jeweils ein Ei an einem Faden an die Decke und verschließt das Gefäß mit einem Deckel aus einem Tonklümpchen. Kurz darauf schlüpft die Larve und frißt sich durch ihren lebenden Fleischvorrat hindurch. Auch Einsiedlerbienen – sie bilden keine Staaten – bauen zum Teil kunstvolle Gehäuse: Kinderstuben und Vorratskammern in einem. Eine Mauerbiene bringt ihre Eier in leeren Schneckenhäusern unter. Tief ins Innere schafft sie den Futterkuchen – eine Mischung aus Blütenstaub und Nektar – legt ihr Ei ab und verschließt den Raum mit einer Wand aus zerkauten Blättern, so daß noch genügend Luft um das Nest herum bleibt. Den übrigen Schneckengang füllt sie mit kleinen Steinchen und hindert sie durch eine äußere, erhärtende Blattwand am Herausfallen.

Die Mörtelbiene mauert ihre Nester aus Sand und Speichel auf Steine und Felsen und gibt ihren Larven einen Honigvorrat mit auf den Weg. An den Mauerbienen läßt sich übrigens gut sehen, wie starr und wenig anpassungsfähig alle diese erstaunlichen Vorsorgeleistungen der Insekten für ihre Nachkommen sind. Sie merken zum Beispiel nicht, wenn ihre Nestbauten ein Loch aufweisen und füllen die Pollen ungerührt ein, auch wenn sie unten wieder herausfallen. Die Blattschneiderbiene sucht sich einen Gang im morschen Holz und trägt oval zugeschnittene Blattstücke hinein, die sie zu einem Fingerhut aufrollt. Er wird mit Futterkuchen aus Pollen und Nektar gefüllt, und darauf legt sie ihr Ei. Mit einem runden Blattdeckel schließt sie den Fingerhut. Eine ähnliche Technik wenden auch die Blattroller unter den Käfern an, sie schneiden Blätter an, rollen sie zu Tüten oder Wickeln zusammen und legen ihre Eier hinein. Die daraufhin vertrocknenden Blätter dienen den Larven gleichzeitig als Nahrung. Der Rebenschneider legt für jedes Ei eine unterirdische Futterkammer an, die er bis oben hin vollstopft mit frischen Blättern, Knospen und Trieben. Mistkäfer füllen ihre unterirdischen Gänge mit Pferdemist oder anderem Dung, von dem ihre Larven sich ernähren können. Die Pillendreher formen den Dung zu Kugeln, die sie vergraben und in die sie dann ihr Ei legen.

Auf der untersten Stufe der Brutfürsorge begnügen sich die Eltern oder das Muttertier damit, einen geeigneten und geschützten Platz für ihre Eier zu wählen. Einen Schritt weiter gehen alle die Tiere, die ihre Eier schon gezielt mitten in eine Speisekammer hineinlegen oder sie mit Futtervorräten eindecken. Nest und Speisekammer liegen oft in einem eigens dafür errichteten Schutzbau.

Von dieser Für- und Vorsorge ist der Weg nicht weit zur Brutpflege, die per Definition dann beginnt, wenn die Mutter den Kontakt zu den geschlüpften Larven behält und für sie sorgt. Der Pillendreher verläßt seine Eier nach der Ablage, der Totengräberkäfer tut dies nicht mehr. Aus Tierkadavern formt er Aaskugeln, die er in einer unterirdischen Höhle als Nahrungsspeicher für seine zu erwartenden Nachkommen aufbewahrt. Und weil die frisch geschlüpften Larven mit ihren weichen Freßwerkzeugen das Aas nicht gleich fressen können, verdaut die Mutter es vor und verabreicht es ihren Larven als Futtersaft. Kurz bevor die Larven schlüpfen, läuft sie durch den von ihr gegrabenen unterirdischen Brutstollen und zirpt leise. Ihre Kinder folgen ihrem Ruf und versammeln sich um sie in einem Krater oben in der Aaskugel, den sie ebenfalls selbst geschaffen hat. Dort betteln sie sie mit erhobenem Vorderkörper stürmisch an und drängen sich danach, ihr den begehrten Futtertropfen aus dem Mund abzunehmen. Ohne diese Fütterung von Mund zu Mund kann aus den Larven nichts werden, sie könnten sich zwar notfalls selbst von der Aaskugel ernähren, sie wachsen dabei auch heran und verpuppen sich, aber aus den Puppen schlüpfen keine Käfer. Die Mutter muß demnach Hormone mit verfüttern, die die normale Entwicklung bewirken.

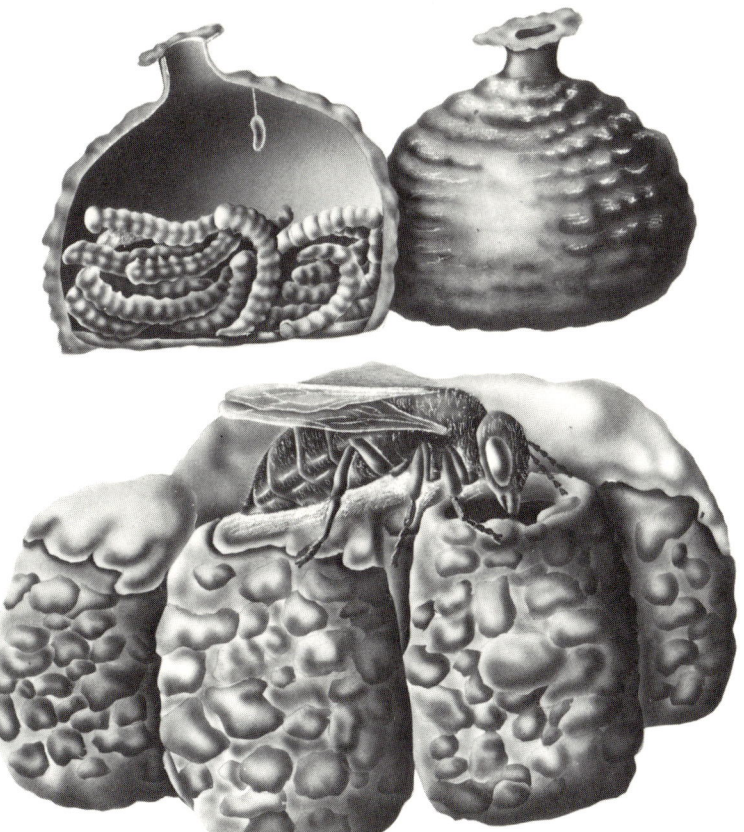

Diese Schlupfwespe, Pfeifenräumer genannt, treibt ihren Legebohrer durch das Holz hindurch in eine Holzwespenlarve hinein und legt dort ein Ei ab. Sie bohrt bis 6 cm tief und braucht dafür zwischen zwanzig und vierzig Minuten. Wenn die Pfeifenräumerlarve schlüpft, ernährt sie sich von ihrem Wirt, der dabei vorerst am Leben bleibt, so daß die Larve immer mit Frischfleisch versorgt ist.

Die Tonkrüge sind das Werk der Pillenwespe. Aus selbstgedrehten Lehmpillen formt sie die winzigen Krüge und versteckt sie. Die Krüge werden bis oben hin mit Käferlarven oder Raupen gefüllt. Die Pillenwespe lähmt sie zwar mit ihrem Gift, aber sie tötet sie nicht, so daß auch ihre Kinder sich von frischem Fleisch ernähren können. Ist der Krug gefüllt, legt sie jeweils ein Ei hinein. Es bleibt an der Decke kleben, weil mit dem Ei eine Klebeflüssigkeit ausgeschieden wird. Der Krug wird zum Schluß mit einem Lehmklümpchen verschlossen.

Die Mörtelbiene mauert aus Sand und Speichel nebeneinander mehrere Brutzellen an Steine oder Felsen. Sie werden mit flüssigem Honig gefüllt, und je Zelle wird ein Ei hineingelegt. Dann mauert die Biene sie zu und glättet die Fugen zwischen den Zellen, so daß sie kaum vom Hintergrund zu unterscheiden sind.

67 Brutfürsorge:
Zukunftsplanung kopflos aber effektiv

Wegen ihrer hervorragenden Organisationstalente, ihrer in die Zukunft weisenden Planung und ihrer enormen Gedächtnisleistungen ist die Sandwespe berühmt geworden. Sie ist in Heidelandschaften zu Hause und gehört in die Verwandtschaft der Grabwespen, die alle eine besondere Art der Brutfürsorge betreiben. Sie ernähren ihre Larven (höhere Insekten entwickeln sich über mehrere Stufen: Ei, Larve, Puppe, Vollkerf = fertiges Insekt) mit Insekten oder Spinnen, die sie durch einen Stich lähmen und in ein selbstgegrabenes Nest eintragen. Auf das gelähmte Opfer wird das Ei gelegt. Schlüpft die Larve, findet sie frische Nahrung vor, denn das Futtertier bleibt weiterhin am Leben und liefert der Larve ständig frische Kost.

Die Sandwespe gräbt ihr Nest in den Sandboden. Es muß so groß sein, daß eine Larve und mehrere Raupen darin Platz finden. Solange das Nest noch leer ist, verschließt sie es nur provisorisch mit Steinchen, Holzsplittern und Erdklümpchen; liegen aber Ei, Larve oder Puppe darin, dann fegt sie sorgfältig den Sand über dem Nesteingang glatt, damit keine Spuren ihn verraten. Oder sie nimmt ein Steinchen und klopft den Sand fest– das ist ein echter Fall von Werkzeuggebrauch.

Als nächstes geht sie auf Beutefang – sie ist spezialisiert auf Schmetterlingsraupen – und alles läuft so ab, wie es bei den Grabwespen üblich ist: Beutetier lähmen, zum Nest schleppen, das Nest öffnen, kurz untersuchen, die Beute hineinzerren, das Ei darauflegen, Nest verschließen, Spuren verwischen. Damit aber nicht genug.

Nach einer Pause von einem bis mehreren Tagen (das hängt von der Temperatur ab) kontrolliert sie ihr Nest und verschließt es wieder korrekt. Sie kehrt aber nach einiger Zeit zurück und bringt frische Raupen heran. Bei ihrer Kontrolle hat sie nämlich festgestellt, ob die Larve inzwischen geschlüpft ist und zu fressen begonnen hat. Ist das der Fall, versorgt sie sie mit frischer Nahrung. Dies tut sie noch einmal nach einer gewissen Frist. Beim zweiten Mal wird die rasch wachsende Larve mit einem gewaltigen Raupenvorrat versorgt; bis zu sieben Raupen trägt die fürsorgliche Mutter ein, um darauf das Nest für immer zu verschließen. Die Larve ist nun ausgewachsen und verpuppt sich.

Die beiden Kontrollgänge dienen der Sandwespe also dazu, den Entwicklungsstand der Larve festzustellen und deren Futtervorrat zu überprüfen, um dementsprechend neue Raupen heranzuschleppen: Werden ihre Larven im Experiment zusätzlich mit Raupen versorgt, dann registriert sie dies und schafft kein Futter herbei. Werden ihre Larven hingegen beraubt, dann arbeitet die Wespe um so eifriger an der Nahrungsversorgung. Legt ihr der Experimentator eine Puppe statt einer Larve ins Nest, dann verschließt sie dies sorgfältig und besucht es nie wieder. Sie orientiert sich also ganz klar am Ist-Zustand ihres Nestes, bevor sie handelt.

Aber das ist des Erstaunlichen noch nicht genug. Sie betreut nämlich nicht nur ein Nest, sondern mehrere gleichzeitig, im Höchstfall bis zu neun. Das bedeutet, daß sie das Alter der Larven „im Kopf" haben muß, weil sie immer erst kontrolliert, wenn die Larven tatsächlich neues Futter brauchen. Ihre Leistungen sind also beachtlich: „Sie kennt die Lage von mehreren Nestern, sie besucht als nächstes gerade das, wo Mangel herrscht. Und woher weiß sie das? Beim Nachsehen erhält sie ihre Anweisungen und führt sie aus. Sie weiß nicht nur, wo sie ihre Zöglinge versteckt hat, sondern zugleich, wie alt jeder von ihnen ungefähr ist. Sie vergewissert sich nur noch einmal, ehe sie an die schwere Arbeit geht." (N. Tinbergen)

Besonders viele Insekten tun sich darin hervor, für das Wohl ihrer Nachkommen vorausschauend zu planen, sehr viele von ihnen geben ihren abgelegten Eiern einen Futtervorrat mit, der die geschlüpften Larven ernährt.

Man darf sich aber nicht darüber täuschen lassen, daß solche Zukunftplanungen nur scheinbar von Einsicht diktiert sind. Die Insekten handeln streng nach dem ihnen angeborenen Schema, ohne jedes Verständnis für das, was sie tun. So reagieren sie völlig „kopflos" auf Störungen: Kommt eine Grabwespe mit einer gelähmten Beute bei ihrer Höhle an, dann legt sie die Raupe beiseite, öffnet die Höhle, untersucht sie und zieht dann erst die Beute in den unterirdischen Bau. Hat man die Beute inzwischen ein Stück vom Eingang fortgeschoben, sucht sie sie, schleppt sie wieder neben den Höhleneingang, legt sie dort ab und untersucht die Höhle aufs neue. Sie weiß nicht, daß sie das soeben bereits getan hat. Die Grabwespe handelt dabei rein instinktiv und richtet sich ausschließlich nach bestimmten Auslösern. Für sie kann die Abfolge nur so aussehen: Beute heranschleppen – Höhle inspizieren – Beute einbringen. Greift der Experimentator in eine solche Kette von Instinkthandlungen ein, ist sie gezwungen, wieder und wieder dieselben Handlungen auszuführen – sinnlos bis zur Erschöpfung. Erst nach dreißig bis vierzig Versuchen glückt es der Grabwespe, die neue Situation doch noch zu erfassen, dann schleppt sie die Raupe direkt in den Bau hinein, ohne sie vorher abzulegen. In der freien Natur muß sie auf diesen Störfall nicht vorbereitet sein. Wer sollte ihr in der Heide schon die Raupen fortnehmen? Sie ist mit ihrem starren Verhaltensprogramm hervorragend an die Bedingungen ihrer Umwelt angepaßt, Einsichten braucht sie dort nicht.

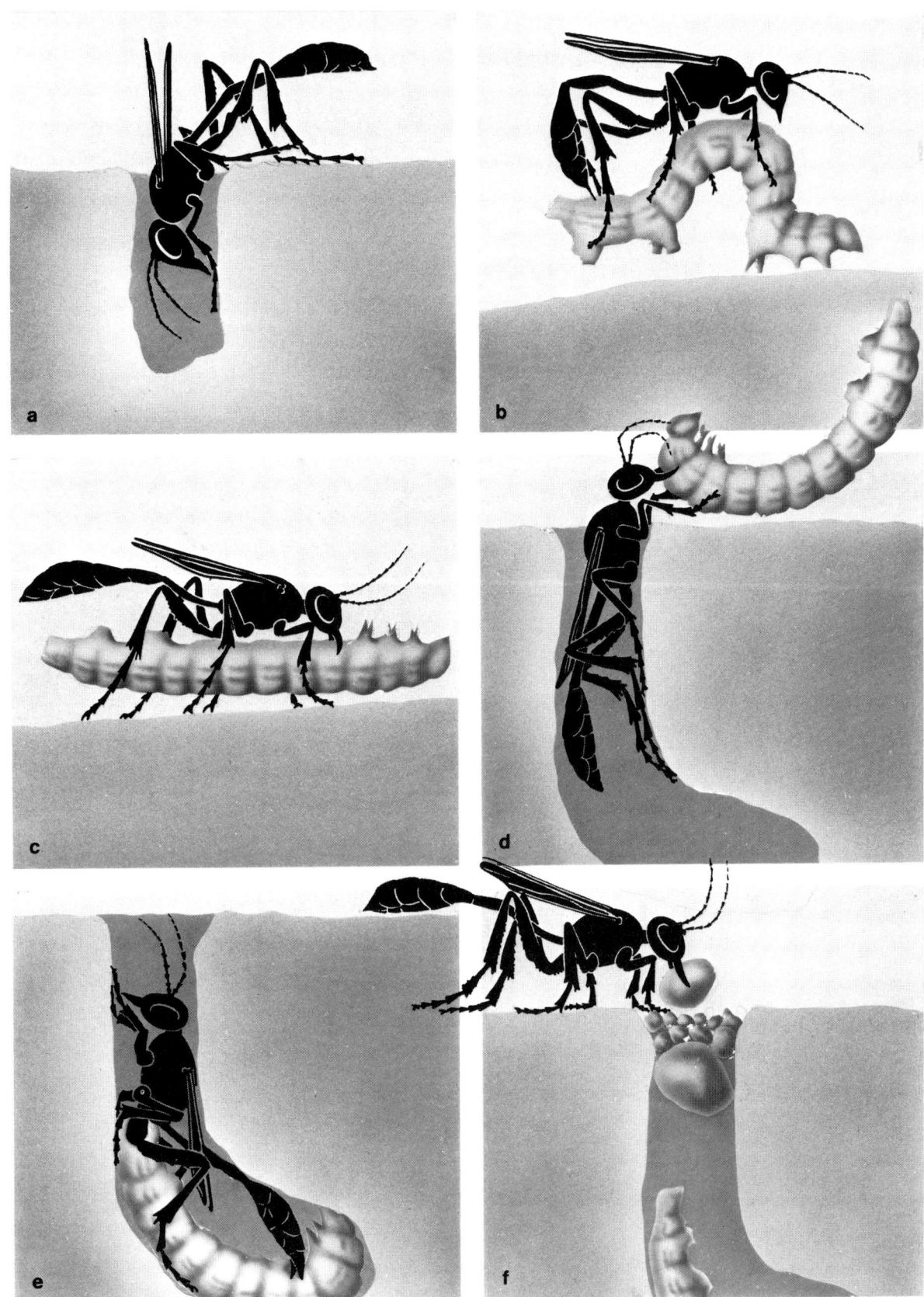

a: die Sandwespe gräbt eine Höhle. b: Mit mehreren Stichen lähmt sie eine Schmetterlingsraupe. c: die gelähmte Raupe wird zur Höhle geschleppt. d: rückwärts kriechend zieht die Sandwespe ihre Beute in die Höhle. e: auf die bewegungslose, aber lebende Raupe wird ein Ei gelegt. Die später aus dem Ei schlüpfende Larve ernährt sich von der lebenden Raupe. f: mit einem genau passenden Stein verschließt die Sandwespe den Nesteingang, darüber schichtet sie Steinchen und losen Sand, und manchmal klopft sie den Sand mit einem größeren Stein fest.

68 Brutpflege:
Bauen für die nächste Generation

Manche Spinnen betten ihre Eier in gesponnene Seidenpakete (Kokons). Die Wasserspinne – eigentlich ein Land- und Lufttier – spinnt sich unter Wasser zwischen Wasserpflanzen ein Netz, unter das sie eine Luftglocke hängt. Um sich ihr Baumaterial zu besorgen, steigt sie an die Wasseroberfläche. An ihren Haaren bilden sich dabei viele Luftbläschen, die sie unter ihrer Netzdecke mit den Hinterbeinen abstreift. Vor der Eiablage stabilisiert sie ihr Luftgebilde und webt zur Tarnung Pflanzenteile hinein, dann zieht sie eine gesponnene Zwischendecke ein und benutzt das obere Stockwerk als Kinderzimmer. Die Falltürspinnen leben in selbstgegrabenen Bodenröhren, deren Wände sie mit Seide tapezieren, mit ihren Kindern zusammen. Die Röhre wird mit einer dick gesponnenen Falltür, die an Seidenscharnieren hängt, geschlossen. Nur zum Beutefang lugt die Bewohnerin nachts heraus. Bevor die Spinnenmutter ihre Eier am Grund der Röhre ablegt, verschließt sie die Falltür fest und bewacht den Eierkokon. Nach dem Schlüpfen bleiben die Spinnen noch etwa ein Jahr bei der Mutter. Es gibt mehrere Spinnen, die ihre Kinder noch eine Zeit lang bewachen. Entwickelt sich zwischen Eltern und Kinder ein direkter Kontakt und betreuen die Eltern ihre Kinder, dann spricht man von Brutpflege.

Viele andere Tiere werken und bauen extra für ihre Kinder. Manche Schildkäfer stellen zum Beispiel Schutzüberzüge aus Kot und Drüsenabsonderungen für ihre Eier her, die dadurch das Aussehen von Kothäufchen oder Pflanzenteilen erhalten. Viele Blattkäfer bekleben ihre Eier so mit Kotteilen, daß sie aussehen wie winzige Kieferzapfen oder Pflanzensamen. Die Kolbenwasserkäfer spinnen kleine Schiffchen (bis zu 2 cm lang) mit einem Schornstein als Belüftungsschlot und vertäuen es so unter Wasser, daß der Schornstein in die Luft hinausragt. Die Eier liegen im Schiffsbauch, dadurch hat das Boot seinen Schwerpunkt unten und kann nicht kentern.

Wespen und Bienen können mit einer Vielzahl von Baumaterialien umgehen: Steine, Sand, Schlamm, Ton, Lehm, Holz, Baumharz, Blätter, Moos, Papier und Wachs, aus denen sie je nach Art eine kleinere Anzahl von Nestkammern oder große Gemeinschaftsnester bauen, in denen sie Eier, Larven und Vorräte unterbringen. Sie errichten daraus die unterschiedlichsten Bauwerke: unterirdische Höhlen, Lehmwaben, Lehmkammern, Lehmkrüge, Mauerwerkzellen, kugelige Mörtelnester, kugelige Papierbauten, Papier- oder Wachswaben, Zellenböden aus Baumharz und verdeckelte Blattfingerhüte.

Daß Fische Nester bauen sollen wie die Vögel, war 1844 unter den Gelehrten der Französischen Akademie der Wissenschaften eine echte Sensation. Im Mittelpunkt stand der Stichling, über dessen Nestbau damals zum ersten Mal Beobach-

tungen vorlagen. Er leimt es aus Pflanzenteilen mit Nierensekreten zusammen. Nachdem er die Pflanzenteile zusammengetragen hat, wölbt er den Haufen nach oben hin zu einer geschlossenen Decke auf und stößt einen Eingang, später auch einen Ausgang hinein, so daß das fertige Bauwerk tunnelartig aussieht. Er ist ein aufmerksamer und treusorgender Vater, der Eier und Brut allein bewacht und betreut. Jeder Störenfried wird vertrieben. Mit den Brustflossen fächelt er ständig einen Wasserstrom durch das Nest, der die Eier mit frischem Sauerstoff versorgt. Je schmutziger das Wasser ist, desto heftiger fächelt er. Löcher im Nest werden repariert. Und auch nach dem Schlüpfen bewacht der Vater die Jungfische und spuckt jeden Ausreißer sofort wieder ins Nest zurück.

Ein Lippfisch des Mittelmeers baut nun gar ein richtiges, napfförmiges Nest, das einer Amsel alle Ehre machen würde. Sein Baumaterial sind Algenfäden, mit denen er auch die Eier im Nest bedeckt. Das gefüllte Nest wird vom Vater bewacht und gegen die sehr zahlreichen Laichräuber, darunter auch die eigenen Artgenossen, verteidigt. Die Meergrundel lebt am Gewässerboden, sie steht auf dem Grund und stützt sich dabei auf ihre Flossen wie auf Beine. Schwimmen können die Grundeln nicht sehr gut, sie bewegen sich stoßweise über den Untergrund. Die Männchen bauen ein Nest aus einer einzigen Muschelschale, die sie mit der Höhlung nach unten drehen und mit Sand zudecken. Unter der Muschel schaufeln sie den Sand heraus, den sie mit dem Maul abtransportieren. Sie verkleben eine Eingangsrinne mit Schleim, damit sie nicht zugeschüttet werden kann. Auch das Meergrundelmännchen bewacht sorgsam die Eier, die das Weibchen bei der Ablage an die Decke der Muschelschale klebt.

Bei einigen Labyrinthfischen sind es ebenfalls die Männchen, die ein Nest bauen und die jungen Fische bewachen. Ihr Nestbau hängt mit ihrem Atmungsorgan, dem sogenannten Labyrinth, zusammen, in dem sie Sauerstoff direkt aus der Luft aufnehmen können. Sie besitzen daneben auch Kiemen, aber sie können ebenso gut an der Wasseroberfläche nach Luft schnappen. Der schöne Paradiesfisch und die farbenprächtigen Kampffische gehören zu ihnen. Sie bauen Schaumnester aus verschleimten Luftblasen. Während sie bauen, kommen sie besonders häufig an die Wasseroberfläche, nehmen Luft mit nach unten und spucken sie im Wasser wieder aus. Die Weibchen werden angezogen, sobald sie ein Männchen bei der Arbeit sehen. Mehrere Paarungen finden unter dem Nest statt. Die abgelegten Eier steigen von selbst ins Nest auf. Sie enthalten im Dotter eine Ölkugel und sind deshalb leichter als Wasser. Die Weibchen werden gleich anschließend wieder vertrieben. Der Vater hütet das Nest allein und schäumt es bei Bedarf neu auf.

Die Wasserspinne lebt in einem Luftballon unter Wasser, obwohl sie im Wasser nicht atmen kann, weil sie ein Landtier ist. Aber sie hat dieses Problem gelöst. Sie trägt stets einen Luftvorrat bei sich, der wie eine silberne Hose fest an ihrem Haarpelz haftet. Wenn sie ihr Luftschloß baut, spinnt sie zuerst ein Netzwerk zwischen Pflanzenstengel. Um die Luftblase aufzufüllen, holt sie sich viele kleine Luftblasen von der Wasseroberfläche, die sie unter der Netzdecke losläßt.

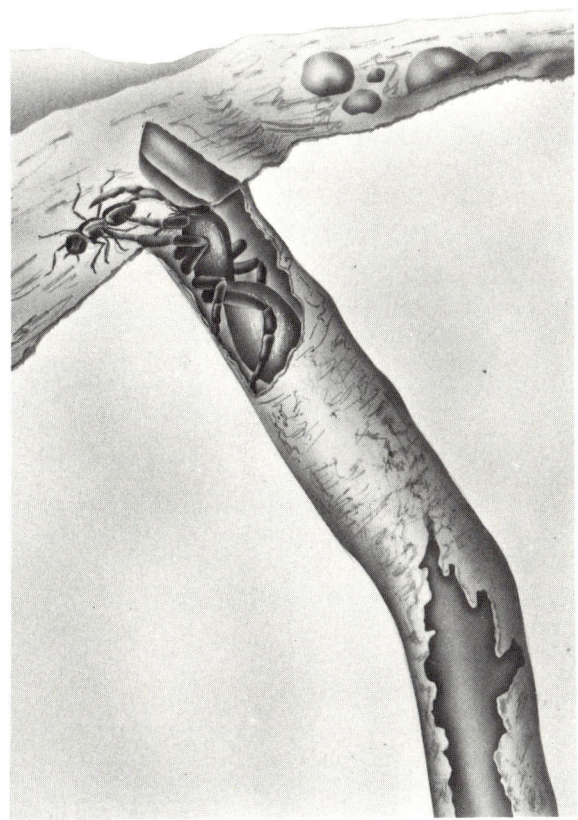

Unter der halb geöffneten Falltür hat die Spinne des Nachts auf Beute gelauert. Soeben hat sie eine Ameise gepackt. Sie trägt den Namen Falltürspinne. Bevor die Spinnenmutter ihre Eier in der Röhre ablegt, verschließt sie die Falltür fest. Die Spinnenkinder bleiben noch ein Jahr bei der Mutter.

Der farbenprächtige Paradiesfisch baut ein Schaumnest. Das Männchen spuckt dazu eingespeichelte Luftblasen an die Wasseroberfläche, die sich an Wasserpflanzen sammeln. Die Weibchen werden nach der Paarung vertrieben. Der Vater will Nest und frisch geschlüpfte Jungfische allein hüten.

69 Brutpflege
Kinderstuben aus geschlagenem Schaum

In unseren Augen führt die Veilchenschnecke eine sonderbare Existenz. Unfähig zu kriechen, blind und ohne Gleichgewichtssinn treibt sie auf der Meeresoberfläche dahin, festgekittet an ein Schaumfloß und angewiesen auf Beutetiere – hauptsächlich Segelquallen – die zufällig an ihr vorbeitreiben. Bei Gefahr kann sie eine violette Farbwolke ausstoßen – daher ihr Name. Trotz dieses nach unseren Begriffen bewußtlos dahindämmernden Daseins kümmert sich auch diese Schnecke um ihre Nachkommen. Sie baut sich ihr Floß selbst aus Luftblasen und Schleim und befestigt ihre Eier – bis zu zweieinhalb Millionen können es sein – in Kokons unter ihrem Floß. Die geschlüpften Larven schwimmen frei, und erst die Jungschnecken bauen sich wieder ein Floß.

Schaum und Schleim sind in der Tierwelt beliebte Baustoffe. Frösche beispielsweise schlagen einige sehr funktionstüchtige Gebilde aus Schaum. Die Frösche sind außerordentlich anpassungsfähig und haben sich die verschiedensten Lebensräume erobert, darunter so extreme wie die Halbwüste und das Hochgebirge (bis zu 3000 Metern). Das ist umso erstaunlicher, als sie zum einen als wechselwarme Tiere von der Außentemperatur abhängig sind, zum anderen in Trockenheit schlicht ausdörren – und erstaunlich auch angesichts der Tatsache, daß ihre Larven, die Kaulquappen, das Wasser zum Leben brauchen. Die Frösche haben ihre Probleme auf die unterschiedlichste Weise erfolgreich gelöst, denn sonst wäre es ihnen nicht gelungen, beinahe den ganzen Erdball zu erobern. Eine dieser Lösungen sind die Schaumnester der Baumfrösche.

Baumfrösche sind in ihrem Verhalten und in ihrem Körperbau an das Leben in den Bäumen angepaßt. Der javanische Flugfrosch beispielsweise trägt an Fingern und Zehen verbreiterte Haftscheiben, dazwischen spannen sich dünne Häute, die er beim Absprung spreizt, so kann er mehrere Meter gleiten. Zur Paarung setzt sich das Männchen auf den Rücken des Weibchens und umklammert es mit den Vorderbeinen. Dieses Huckepackverfahren ist die übliche Paarungshaltung bei Fröschen. Das Weibchen legt die Eier eins nach dem anderen zwischen Blätter am Ufer eines Gewässers ab, das Männchen besamt sie gleichzeitig. Nach jeder Eiablage schlagen beide mit den Beinen einen Schleim auf, der zusammen mit den Eiern ausgeschieden wird. Bis zu einer Stunde arbeiten beide, dann liegen bis zu 90 Eier in dem Schaumklumpen. Das Weibchen klebt nun Blätter gegen den Schaumballen, dessen Oberfläche erhärtet. In dem Nest verflüssigt sich ein Teil des Schaums, so daß die Kaulquappen die ersten Tage noch wie in einem Miniatur-Aquarium schwimmen. Beim nächsten Tropenregen wird die Hülle aufgeweicht, und die Larven werden ins Wasser geschwemmt.

Auf etwas andere Weise schützen die afrikanischen Baumfrösche ihre Eier. Sie bauen zuerst das Schaumnest, zu zweit oder das Weibchen allein. Nach der Eiablage setzt sich das Weibchen auf das Nest und umklammert es schützend mit Armen und Beinen. Von Zeit zu Zeit klettert es zum nahen Tümpel hinunter und nimmt durch die Haut Wasser auf, das es als Urinregen über das Nest laufen läßt. Auf diese Weise erhält die Mutter den Schaum locker und naß, das bewahrt die Eier vor dem Austrocknen und schützt die Hülle vor dem Erhärten. Ohne diese Pflege würde der Schaum in der Tropensonne so hart werden, daß die Kaulquappen wie in einem Gefängnis darin eingeschlossen wären und umkommen müßten. Aus der weichen Hülle dagegen bohren sie sich hinaus und fallen ins Wasser.

Die Mehrzahl der Reptilien überlassen ihre Eier der Sonne oder der Verrottungswärme von Pflanzen. Da machen die Pythons schon eine Ausnahme, die sich um ihr Gelege schlingen und ihre Eier richtiggehend durch eine im Vergleich zur Luft etwas erhöhte Körpertemperatur erwärmen. Das ist deshalb bemerkenswert, weil ihre Temperatur von der Außentemperatur abhängig ist. Die Königskobra baut sogar einen Nesthügel aus Laub, den sie in ihren Körperschlingen zusammenscharrt. Auch sie rollt sich über ihrem Nest zusammen und ist während dieser Zeit besonders angriffslustig. So wird in Indien die Umgebung um den Nesthügel einer Königskobra von der Polizei abgesperrt.

Auch aus der Gruppe der Krokodile bauen einige Arten Nesthügel, bewachen ihn und bespritzen ihn mit Wasser. Die Feuchtigkeit begünstigt die Gärung in dem faulenden Pflanzenhaufen. Oder sie schichten ihn um und lüften ihn, um die Feuchtigkeit und Temperatur gleichmäßig zu halten. Für den Zoologen ist der Nestbau dieser Krokodile besonders interessant. Dieses Verhalten kann als Erbe gelten, das die Reptilien an die Vögel weitergegeben haben, denn die Vögel haben sich stammesgeschichtlich aus den Reptilien entwickelt.

Das Nilkrokodil hebt eine Grube im Ufersand aus und bedeckt die Eier mit Sand oder auch mit Gras. Drei Monate lang hütet die Mutter das Nest und sucht Eierräuber, besonders die gefräßigen Warane, abzuwehren. Oft genug glückt es ihnen jedoch trotzdem, in einem unbewachten Augenblick das Nest zu plündern und die Eier an einem geschützten Ort in aller Ruhe zu verspeisen. Wenn die jungen Krokodile das Ei verlassen wollen, quaken sie laut in ihren Eihüllen, die Mutter befreit sie daraufhin aus der Nestgrube und führt sie zum Wasser. Eine Zeit lang bleibt die Familie noch zusammen, dann zerstreuen sich die jungen Krokodile und verbergen sich vor ihren Feinden.

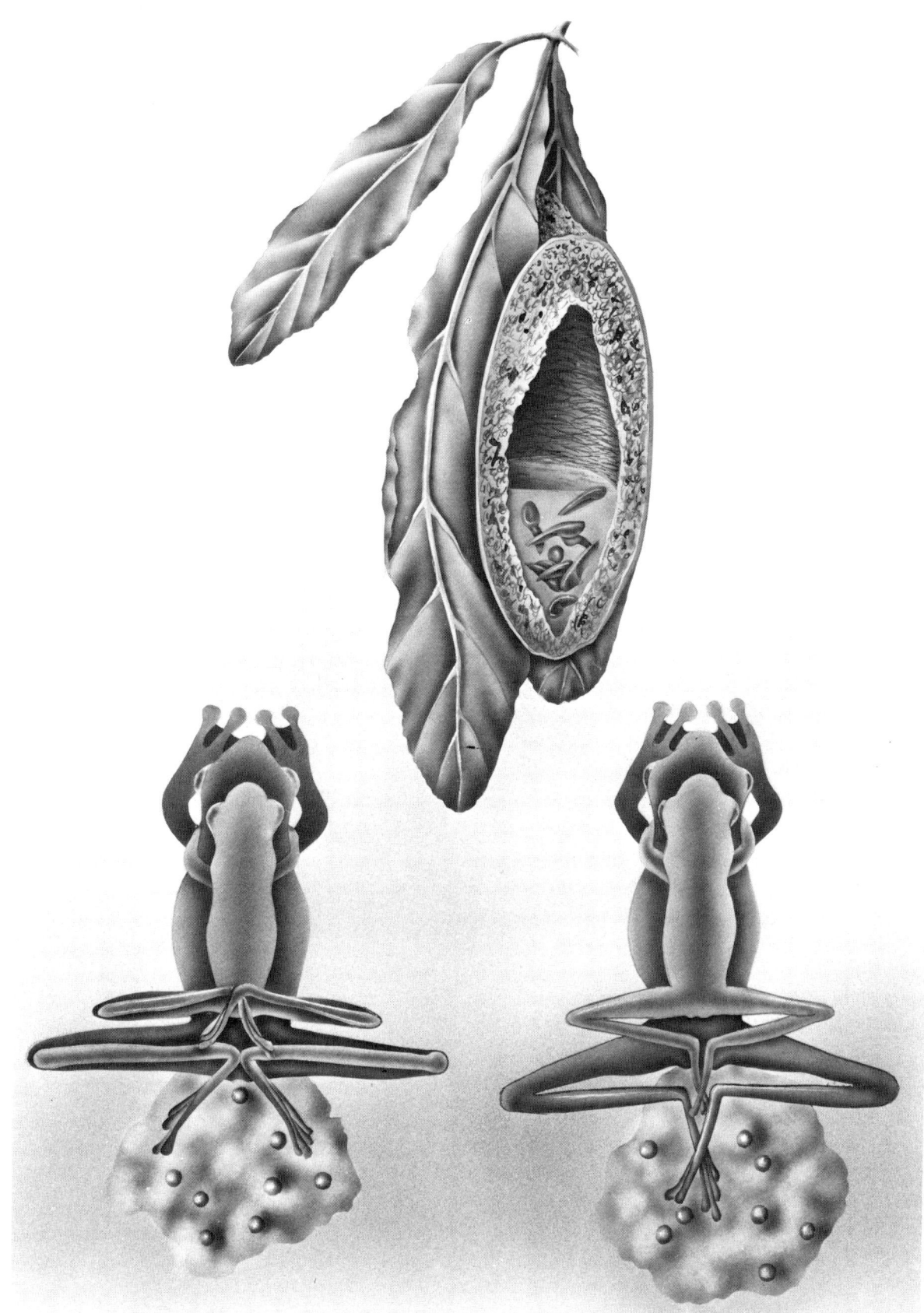

Zwischen Blättern am Ufer eines Gewässers klebt das Schaumnest des javanischen Flugfrosches. Im Inneren hat sich ein Teil des Schaumes verflüssigt, so daß die Kaulquappen wie in einem Miniatur-Aquarium schwimmen. Der nächste Tropenregen wird das Schaumgebilde auflösen und die Kaulquappen ins Wasser schwemmen. Das Froschpärchen schlägt mit den angewinkelten Füßen einen Schleim, der gleichzeitig mit den Eiern ausgeschieden wird, zu Schaum. Das Männchen sitzt auf dem Rücken des Weibchens.

70 Brutpflege:
Bewachen und ans Bein binden

Viele niedere Tiere bewachen ihre Eier und dehnen dies häufig noch auf die geschlüpften Jungen aus. Wenn die Eltern ihre Nachkommen betreuen, spricht man von Brutpflege. Mit der Weiterentwicklung der Arten hat sich daraus bei den Vögeln und Säugetieren die längere Hütezeit der Jungen herausgebildet.

Manche Spinnenweibchen spinnen ein Gespinst (Kokon) für ihre Eier, das sie ständig bewachen. Sind die kleinen Spinnen bereit auszuschlüpfen, so hilft die Mutter ihnen, indem sie vorsichtig den Kokon aufbeißt und sie befreit. Skorpione tragen ihre Jungen auf dem Rücken. Streift man einer Skorpionmutter ihre Kinder vom Rücken, dann geht sie auf die Suche nach ihnen und läßt sie an ihren Scheren entlang wieder auf ihren Rücken krabbeln. Die Kleinen krallen sich energisch fest und sind gar nicht so leicht zu entfernen, und die Mutter hebt in Gegenwehr ihre beiden Scheren hoch, um das Kindergewimmel auf ihrem Rücken zu verteidigen.

Das Ohrwurmweibchen pflegt seine 40 bis 60 Eier über Wochen hin. Es leckt sie fleißig ab und holt entfernt liegende Eier zum Haufen zurück. Als Nestplatz wählt sie Erdspalten. Erweisen sie sich als zu feucht, dann trägt sie alle Eier einzeln an einen trockenen Platz. Eier, die sich nicht entwickeln, sortiert sie aus. Während der ganzen Zeit frißt sie nicht und ist äußerst angriffslustig. Setzt man zwei Weibchen mit Eiern zusammen, so behauptet sich nur eines von beiden, es nimmt dem anderen die Eier weg und vertreibt es. Die geschlüpften Larven dürfen sich anfangs nicht voneinander entfernen, die Mutter hält die Geschwisterschar streng zusammen. Aber die Jungen werden schnell selbständig, und die Mutter stirbt bald nach dem Schlüpfen der Larven. Sie wird von ihren Kindern aufgefressen. Das klingt für menschliche Ohren vielleicht nach Undankbarkeit oder Grausamkeit, es ist aber durchaus sinnvoll, wenn die Larven die Nährstoffe des mütterlichen Körpers für sich selbst nutzen. Die selbständigen Larven schließen sich den Schlafgesellschaften der Erwachsenen an, in denen die Ohrwürmer den Tag zu verbringen pflegen. Nachts gehen sie auf Jagd.

Einige Wasserkäfer trennen sich keinen Augenblick von ihrem Gelege. Das Weibchen des Teichkäfers beispielsweise spinnt sich einen Sack an seinen Hinterleib, in dem es die Eier trägt. Ein anderes baut ein Deckelkörbchen aus Spinnfäden und verankert dieses an seinen Beinen. Einige Schildkäfer setzen sich einfach auf ihr Gelege drauf. Andere, südamerikanische Arten nehmen sogar die geschlüpfte Brut unter ihre seitlich verbreiterten Flügeldecken wie die Henne ihre Küken. Nachts geht die Familie auf Nahrungssuche, aber gegen Morgen sammeln sich alle wieder bei der Mutter. Ein kleiner Blattkäfer hängt sich als Wachtposten unter den Zweig, auf dem seine Larvenschar Futter sucht und versucht sogar, herannahende Raubinsekten abzudrängen.

Erstaunliches leisten auch die Kraken für ihren Nachwuchs. Die Weibchen bewachen ihren Laich in Höhlen oder Steinnestern und bespritzen ihn regelmäßig mit frischem Wasser, um zu verhindern, daß die Eier verpilzen. Einmal wurde sogar beobachtet, wie eine Krakenmutter mit einem kleinen Saugnapf ihren Jungen aus dem Ei heraushalf. Es war eine Mutter, die auch sonst wegen ihres Erfindungsreichtums und ihrer Verteidigungsbereitschaft besonders auffiel: Sie hatte sich mit ihrem Gelege in einer Herzmuschel verbarrikadiert und lugte nur mit den Augen über den Schalenrand, um die Muschel sofort zuzuklappen, wenn ihr etwas bedrohlich erschien. Bevor sie sie wieder öffnete, tastete sie zuerst vorsichtig mit den Armen die Umgebung ab. Sie säuberte die Muschel von Sand und vertrieb verschiedene Tiere. Eine Schnecke schob sie fort, einen Einsiedlerkrebs trug sie fort, und eine Krabbe nebelte sie in eine Tintenwolke ein. War alles ruhig um sie, bestrich sie unablässig mit den Armen ihre Eier. Die tüchtige Mutter starb wie viele Krakenweibchen nach dem Schlüpfen ihrer Jungen. Sie hatte die ganze Zeit keine Nahrung zu sich genommen.

Längst nicht alle Frösche machen es so wie die Frösche unserer Heimat, daß sie den Laich ins Wasser ablegen und dort sich selbst überlassen. Sie sind teilweise sehr einfallsreich in der Sorge für ihre Nachkommen. Einige von ihnen bewachen auch ihr Gelege. Ein Baumsteigerfrosch Kolumbiens legt seine Eier in Höhlen unter Steine. Das Männchen bleibt bei den Eiern und hütet sie. Die geschlüpften Larven klettern auf den Rücken des Vaters, der mit einem zähen Schleim bestrichen ist, und kleben daran fest. Dann geht die Reise los, der Vater transportiert seine Kinder ins Wasser, ihr eigentliches Lebenselement, wo sie sich als freischwimmende Kaulquappen weiter entwickeln. Unterwegs zehren sie von dem Dottervorrat, der ihnen im Ei mitgegeben worden ist. Dieses Verhalten ist bei den Baumsteigerfröschen allgemein üblich.

Sie sind im übrigen die berüchtigten Pfeilgiftfrösche, aus denen die Indianer Südamerikas ihr Pfeilgift gewinnen. Sie spießen die Giftfrösche dazu mit einem spitzen Holz auf und halten sie über das Feuer. Die Hitze treibt das Gift in Tropfen aus den Hautdrüsen heraus, es wird in Gefäßen aufgefangen, und die Pfeilspitzen werden hineingetaucht. Kleinere Tiere lähmt das Gift in Sekundenschnelle, auf den Menschen soll es in derart kleinen Mengen nicht wirken.

Die Wolfsspinne trägt ihre Eier in einen
Seidenkokon eingesponnen ständig mit
sich herum. Das ist die sicherste Methode,
sie zu bewachen. Im Frühling kann man
sie mit ihren weißen oder grünlichblauen
Eipaketen im Wald und auf der Wiese
sehen, sie sonnen dann ihren Kokon.
Wenn die Kinder geschlüpft sind,
drängen sie sich alle auf dem Rücken
ihrer Mutter zusammen und lassen sich
spazierentragen.

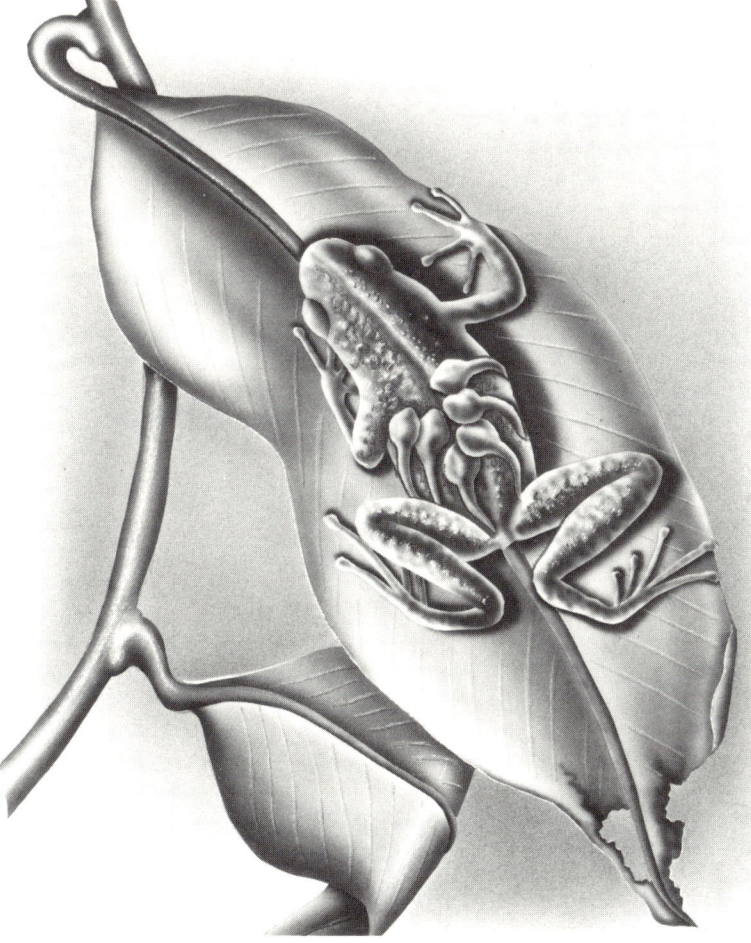

Der Frosch-Vater trägt die Kaulquappen
auf dem Rücken zum Wasser, wo sie sich
selbst ernähren können. Während des
Transports zehren sie von dem Dottervorrat des Eies, aus dem sie geschlüpft
sind. Der Vater gehört zu den Baumsteigerfröschen, es sind leuchtend bunt
gefärbte, giftige Frösche, aus denen die
Indianer Südamerikas Pfeilgift gewinnen.
Sie heißen deshalb auch Pfeilgiftfrösche.

71 Brutpflege:
Mit dem eigenen Körper schützen

Viele Tiere halten keinen Platz der Welt für komfortabel oder sicher genug, um ihre Nachkommen zu beherbergen, und haben sich deshalb entschlossen, ihr kostbarstes Gut an ihrem Körper aufzubewahren und mit sich herumzutragen.

Die Hüpferlinge (Ruderfußkrebse) tragen paarige Eisäckchen an den Hinterbeinen. Die Männchen der Riesenwanzen schleppen eine große Zahl von Eiern – 150 bis 175 – auf dem Rücken mit, die ihnen die Weibchen trotz heftiger Gegenwehr auf den Flügeldecken festkleben. Bei den Seepferdchen entwickeln sich die Eier in einem Brutbeutel am Bauch des Vaters, die Jungen werden nach etwa drei Wochen vom Vater herausgepumpt.

Besonders einfallsreich sind die Frösche in der Aufbewahrung am eigenen Körper. Entweder transportieren sie ihre Eier ins Wasser, weil ihre Kinder in der ersten Entwicklungsstufe als Kaulquappen nur im Wasser leben können, oder sie gewähren ihren Nachkommen bis zur vollständigen Reife Schutz an oder in ihrem Körper, sodaß erst die fertigen kleinen Frösche ihre Eltern verlassen. Die Wabenkröte lebt in den südamerikanischen Flüssen Orinoko und Amazonas. Sie stellt unter allen Fröschen etwas völlig Außergewöhnliches dar – nicht nur deshalb, weil sie seit zwei Jahrhunderten Stoff für wissenschaftliche Irrtümer geliefert hat, deren größter wohl war: ihr würden die Jungen direkt aus dem Rücken wachsen. Obwohl das nach dem bloßen Augenschein so sein könnte, denn tatsächlich springen eines Tages aus der Rückenhaut der Mutter winzig kleine (2 cm), aber völlig entwickelte Fröschlein hervor. Das ist schon merkwürdig genug, aber die Art, wie sie auf den Rücken der Mutter gelangen, ist es noch mehr. Zur Paarungszeit umklammert das Männchen das Weibchen knapp vor den Hinterbeinen. Einige Stunden schwimmt das Paar umher. In dieser Zeit schwillt die Rückenhaut des Weibchens kissenartig an. Auf dem Höhepunkt der Balz macht das Paar vom Boden aus einen Rückwärtssalto. In dem Augenblick, in dem beide in Rückenlage den höchsten Punkt erreicht haben, legt das Weibchen mehrere Eier, die auf dem Bauch des Männchens fallen und beim Abwärtstauchen auf den Rücken des Weibchens rutschen. In diesem Augenblick werden sie befruchtet und haften vorerst oberflächlich auf dem klebrigen Rücken des Weibchens. Das Paar wiederholt den Rückwärtssalto mehrer Male. Die Eier wachsen danach langsam in die weiche, schwammige Haut des mütterlichen Rückenpolsters hinein. Nur ein kleiner Ausguck mit einem halb durchsichtigen Hautdeckel bleibt frei, er wird später geöffnet. In diesen Waben schlüpfen die Kaulquappen aus den Eiern. Nach zweieinhalb Monaten stecken die Jungen schon einmal einen Arm oder ein Bein oder den Kopf aus ihrer Luke, und schwimmt ein Wasserfloh oder ein Wurm zu nahe an ihnen vorbei, dann packen sie

auch schon zu. Nach vier bis fünf Monaten verlassen sie ihre Waben.

Der Rücken dient auch anderen Fröschen als „Kinderbewahranstalt". Die Seychellenfrösche leben in Bergwäldern, in denen es kein stehendes Gewässer, sondern nur reißende Bergbäche gibt, in denen sich ihre Larven nicht halten könnten. Sie haben sich diesen Verhältnissen angepaßt und ziehen ihre Jungen nun ohne Wasser auf. Die Eier werden auf dem Boden abgelegt und vom Vater bewacht. Er wartet, bis die Larven schlüpfen, und läßt sie dann auf seinen Rücken kriechen. Dort bleiben sie, bis sie zu fertigen Fröschen geworden sind, und ernähren sich solange von der Dottermasse, die ihnen ihre Mutter im Ei mitgegeben hat. Eigentlich müßten sie dort oben ersticken, denn Kaulquappen sind normalerweise – ihrem ersten Lebensabschnitt im Wasser entsprechend – Kiemenatmer, die Sauerstoff aus dem Wasser, nicht aber aus der Luft aufnehmen können. Sie tun es aber nicht dank ihrer guten Anpassung an ihr Leben in den Bergwäldern. Sie sind zu Hautatmern geworden, die Sauerstoff direkt durch die Haut aufnehmen können.

Zu den Laubfröschen gehört ein kleines schwärzlich-bräunliches Fröschchen aus Brasilien. Die Weibchen tragen auf dem Rücken eine Schüssel mit durchscheinendem Rand, in der bis zu 26 sehr dotterreiche Eier liegen. Da die Larven lange davon zehren können, schlüpfen sie spät und werden von der Mutter in die Blattrichter von Bromelien abgesetzt, die voller Regenwasser stehen. Dort warten die Larven die wenigen Tage ab, bis sie zum Frosch werden.

Die Weibchen der südamerikanischen Beutelfrösche tragen ihre Eier in einer Hauttasche auf dem Rücken. Der Riesenbeutelfrosch behält die Jungen bis zur vollendeten Entwicklung im Beutel, andere Arten entlassen sie früher. Der Eintritt ins Leben ist ein besonderes Ereignis: „Die Öffnung in der unteren Hälfte des Froschrückens wurde weiter, und ein kleiner Frosch wurde plötzlich von seinen ungeduldig nachdrängenden Geschwistern herausgeschoben und landete mit einem Purzelbaum am Boden. Kaum hatte er aber die Beine richtig unter den Körper gebracht und die gleiche aufrechte Stellung wie seine Mutter eingenommen, als er von einem seiner Brüder, der aus dem Schlitz herausgeschossen kam, über den Haufen gerannt wurde. Nun tauchten aus dem Schlitz der Reihe nach Augen und Schnauzen auf. Dabei ergab sich bisweilen eine regelrechte Keilerei. Der Vorrat schien unerschöpflich" (W. Beebe).

Frösche sind besonders erfindungsreich darin, ihren Nachkommen einen sicheren Weg ins Leben zu bahnen. Ein Beispiel dafür bietet die bei uns beheimatete Geburtshelferkröte. Das Weibchen legt seine Eier in zusammenhängenden gallertartigen Laichschnüren in feuchten Wiesen ab, während das Männchen sie gleichzeitig besamt; das geschieht immer nachts. Etwa eine Viertelstunde später wickelt sich das Männchen die Eischnüre um die Hinterbeine. Zwei bis drei Wochen dauert die Entwicklung der Eier. Solange trägt das Männchen die Schnüre mit sich herum. Dann sucht es das Wasser auf, hängt sein Hinterteil hinein und wartet, bis die Kaulquappen geschlüpft sind. Anschließend streift er die wertlosen Schnüre ab. Die Jungen müssen sofort allein zurechtkommen.

Bis zu hundert winzige Kröten trägt die südamerikanische Wabenkröte in Hautwaben auf ihrem Rücken. Nach der Paarung sinken die Eier in die Rückenhaut der Mutter und werden fast vollständig zugewuchert, nur oben bleibt eine Art Bullauge frei, aus dem die kleinen Kröten später herausschauen können. Es dauert Monate, bis aus den Eiern fertigentwickelte Kröten geworden sind. Winzig klein, etwa 2 cm groß, aber vollständig ausgebildet, verlassen sie schließlich die Waben und schwimmen fort.

72 Brutpflege:
Zu vorsichtig zum Eierlegen

Beutelfrösche tragen je nach Art entweder wenige Eier über längere Zeit oder viele Eier über kürzere Zeit in ihrer Rückentasche. So zeigen nah verwandte Arten nebeneinander die beiden Wege, die grundsätzlich möglich sind, um genügend eigene Kinder zu haben: Je mehr Brutpflege – desto geringer die Eizahl und je weniger Brutpflege – desto höher die Eizahl. Alle Tiere, die sich darauf verlegt haben, ihre Eier oder Kinder am Körper zu tragen, bieten ihrer Brut schon ein hohes Maß an Schutz, aber noch effektiver ist es, sie während der gesamten Entwicklungszeit im Körperinnern aufzubewahren. Auch dazu haben die erfindungsreichen Frösche interessante Varianten entwickelt.

In Chile lebt der Darwinfrosch, der von Charles Darwin auf seiner Weltreise entdeckt worden ist und deshalb ihm zu Ehren diesen Namen trägt. Das Weibchen legt wenige (20 bis 30), aber sehr dotterreiche Eier. Darum scharen sich mehrere Männchen, die geduldig etwa drei Wochen lang sitzen bleiben – solange bis sie die ersten Bewegungen in den Eiern wahrnehmen. Auf dieses Signal hin schnappen sie sich die Eier und verschlucken sie. Das ist nun keine Form von Kannibalismus, sondern im Gegenteil die reinste Kinderliebe. Denn die Eier gleiten nur bis in den männlichen Schallsack, der bei Fröschen eigentlich dafür gedacht ist, als Resonanzraum das Quaken zu verstärken. Er beginnt in der Mundhöhle und dehnt sich beim Darwinfrosch weit nach hinten und zur Seite aus. Dort bleiben die kleinen Frösche, bis sie ihre endgültige Gestalt erreicht haben. Dann springen sie ihrem Pflegevater aus dem Maul. Und auch diesmal werden sie erstaunlicherweise nicht gefressen, obwohl Frösche sonst auf alles Jagd zu machen pflegen, was klein ist und sich bewegt, weil dies ihrem Beuteschema entspricht. Schließlich leben sie vom Fang lebendiger Beute. Aber noch einmal funktioniert zuverlässig die Hemmung zum Wohl der kleinen Artgenossen. In Australien lebt ein Frosch, der seine Eier sogar bis in den Magen hinunterschluckt, ohne sie zu verdauen. Die Eier werden dort nur während der Entwicklungszeit geborgen.

Am perfektesten unter den Froschlurchen ist die Brutpflege schließlich bei der Lebendgebärenden Kröte ausgebildet. Sie lebt im Nimba-Massiv Westafrikas in dreizehn- bis sechzehnhundert Meter Höhe. Neun Monate des Jahres herrscht dort absolute Trockenheit, die die Kröten nur in unterirdischen Schlupflöchern überstehen können. Während der Regenzeit aber wimmelt das Gebiet von ihnen. Paarungen finden in dieser Zeit statt. Die Eier – zwei bis sechzehn Stück – werden innerlich befruchtet und wachsen während einer neunmonatigen Tragzeit im mütterlichen Körper zu fertigen Fröschen heran. Diese Entwicklungszeit fällt großenteils mit der Trockenperiode zusammen. Wenn die kleinen Frösche geboren werden, sind sie bis zu 12 Millimeter lang und etwa fünfhundertmal so schwer wie ein Ei. Die Frage ist, wovon haben sie sich ernährt, daß sie so gewaltig an Gewicht zunehmen konnten? Eine Ernährung über die Placenta (Mutterkuchen) wie bei den Säugetieren scheidet aus, denn die Lebendgebärende Kröte baut kein solches Organ auf. Die Larven sind überhaupt nicht mit dem mütterlichen Körper verbunden. Trotzdem werden sie von ihm gefüttert. Die Gebärmutter scheidet weißliche Flocken ab, die die Larven fressen.

Man spricht von passiver Brutpflege, wenn Tiere ihre Eier im Körper behalten und sie sich dort entwickeln lassen. Sie findet sich schon bei den niedrigsten Tiergruppen wie beispielsweise bei den Seerosen. Skorpione und manche Milben tragen ihre Jungen im Körper, bis sie vollständig entwickelt sind.

Unter den Insekten gebärt zum Beispiel die Blattlaus lebende Kinder. Die Tsetsefliege – wie einige andere Fliegen ebenfalls – beherbergt ihre Larven in der Gebärmutter, bis sie reif sind, sich zu verpuppen. Alle Nährstoffe für ihre Entwicklung erhalten sie von der Mutter. Die Tsetsefliegen-Mutter trägt immer nur jeweils eine einzige Larve im Leib, die sie vorsorglich an einem schattigen Platz zur Welt bringt, wo sich die Larve sofort in den Boden eingraben und verpuppen kann.

In der Gruppe der Stachelhäuter, zu denen unter anderem Seeigel und Seesterne gehören, gibt es ebenfalls verschiedene Vertreter, die lebende Junge in die Welt setzen. Manche Seeigel beherbergen ihre Eier und Jungen in der Aftergegend oder am Mundfeld, eine Seesternart in besonderen Magentaschen. Auch unter den Fischen treffen wir lebendgebärende Arten, wie die Zahnkärpflinge, zu denen der beliebte Aquarienfisch Guppy gehört, und deren Verwandte. Grundsätzlich gibt es bei ihnen zwei Arten der passiven Brutpflege. Entweder entwickelt sich der Fisch im Ei und ernährt sich aus dem Dottervorrat. Die Eihülle platzt dann bei der Geburt, und der fertige Jungfisch schlüpft hinaus. Oder die Keimlinge werden durch den mütterlichen Körper über eine Art Mutterkuchen ernährt. Das erinnert schon an die Ernährung der Säugetierembryonen im Mutterleib.

Seerosen tragen ihren schönen Namen, weil sie in Gestalt und Farbenpracht an echte Blüten erinnern, sie gehören in die Klasse der Blumentiere. Es sind Polypen, die meist fest am Untergrund haften. Viele von ihnen können jedoch ihren Fuß auch ablösen und sich fortbewegen oder von der Strömung treiben lassen. Die meisten Seerosen kümmern sich nicht um ihren Nachwuchs. Aber es gibt auch Arten wie die Purpurrose oder die Edelsteinrose (Photo), die aus ihrem Inneren vollständig entwickelte kleine Polypen ins Meer entlassen.

Eine Blattlausmutter gebiert lebende Junge. Die Blattläuse haben ein höchst kompliziertes Fortpflanzungsverhalten. Die Stammmutter mehrerer Generationen bringt jungfräulich Töchter zur Welt, die sich ihrerseits auch jungfräulich vermehren und ebenfalls Töchter gebären; alle Generationen sind lebendgebärend. Am Ende einer Generationskette erzeugt die letzte Tochter noch einmal lebende Kinder, diesmal sind aber auch Söhne dabei. Diese Generation nun kann sich nur geschlechtlich fortpflanzen und ihre Weibchen legen befruchtete Eier, aus denen sich wieder nur Weibchen – neue Stammütter – entwickeln. Damit beginnt eine neue Generationskette.

73 Brutpflege:
Winterquartier im Mutterleib

Haie bringen großenteils lebende Junge zur Welt; sie beschreiten dabei zwei grundsätzlich verschiedene Wege. Einige von ihnen (Riesenhai, Glatthai, Blauhai, Hammerhai) sind echt lebendgebärend (vivipar). Die Eileiter bilden einen gebärmutterartigen Sack, und die Keimlinge erhalten ihre Nahrung aus dem mütterlichen Körper über eine Dottersack-Placenta. Andere Haie (Krausenhai, Makrelenhai, Tigerhai) tragen die sich entwickelnden Eier im Körper, ohne daß es zwischen Mutter und Keimling eine Verbindung gibt (ovovivipar). Die Keimlinge zehren vom Dottervorrat des Eies. Die kleinen Haie schlüpfen noch im Mutterleib aus dem Ei, bleiben aber noch eine Weile in der schützenden Mutterhöhle, bevor sie dann endgültig ins Meer hinausschwimmen. Sie erleben ihre Geburt eigentlich zweimal.

Einige Haijunge werden schon im Mutterleib zu Räubern und fressen ihre jüngeren Geschwister auf. Dieses Massaker im Mutterleib überleben dann jeweils nur zwei Junge. So gebiert der weit verbreitete Sandtiger nur zwei Kinder, beide haben bei der Geburt schon eine Länge von einem Meter. Ihre stattliche Größe haben sie auf Kosten ihrer Geschwister erreicht, denn sie haben sich von den übrigen Eiern und den jüngeren Brüdern und Schwestern ernährt. Die Jungen des Heringshais leben frei in der Gebärmutter; sobald ihr eigener Dottersack aufgebraucht ist, fressen sie die unbefruchteten Eier, die dicht gepackt in der Gebärmutter liegen, ebenso macht es der mit ihm verwandte Mako.

Unser heimischer Feuersalamander bietet seinen Jungen in seinem Körper ein Winterquartier, obwohl sie eigentlich bereits im Herbst reif zur Geburt wären. Erst im Frühjahr, wenn es warm und freundlich ist, legt er die Eier ins Wasser ab, aus denen sofort die fertigen Larven schlüpfen. In manchen Gegenden, so auf Korsika und in Spanien, bieten die Salamandermütter ihren Kindern noch länger Schutz in ihrem Körper und bringen sie erst als voll entwickelte lungenatmende Landtiere zur Welt, die ihre Kiemenphase bereits im Mutterleib durchgemacht haben.

Auch der Alpensalamander gebiert lungenatmende Junge. Es sind nur zwei. Zwar bildet die Mutter in jedem Eileiter etwa dreißig Eier, aber nur das erste davon entwickelt sich. Alle anderen zerfließen zu einem dicken Dotterbrei, von dem sich der eine bevorzugte Salamander ernährt. Wie manche Haie werden auch sie zweimal geboren. Sie schlüpfen einmal als kiementragende Larve aus dem Ei, bleiben aber im Mutterleib und ernähren sich kannibalisch – wiederum eine Parallele zu den Haien – von den unentwickelten Eiern. Als völlig umgewandelte lungenatmende Salamander werden sie dann bei ihrer zweiten Geburt endgültig in die Welt entlassen.

Die südamerikanischen Schwimmwühlen – es sind wurmähnliche Lurche, die als Erwachsene im Wasser leben, kennen ebenfalls die zweimalige Geburt. Die im Mutterleib geschlüpften Larven werden jedoch wieder auf eine andere Weise ernährt. Sie verteilen sich im Eileiter und erhalten eine Art Gebärmuttermilch aus Öltropfen und zerfallenden Zellen, die die Eileiterwandungen abscheiden.

Unter den Echsen und Schlangen gebären viele Arten lebende Junge. Die Jungen wachsen ohne Verbindung zum mütterlichen Körper heran. Geburt und Eiablage fallen zusammen, das fertig entwickelte Reptil schlüpft aus dem frisch gelegten Ei und ist sofort selbständig. Das ist zum Beispiel bei den Geckos von Neuseeland, bei einigen Chamäleons und Eidechsen der Fall. Auch unsere Bergeidechse bringt auf diese Weise lebende Junge zur Welt. In unseren Breiten werden die Jungeidechsen nach einer Tragezeit von drei Monaten von Juli bis September geboren. Im hohen Norden – ihr Lebensraum grenzt in Skandinavien an den Polarkreis – ist der Sommer zu kurz, um die Jungen in demselben Jahr austragen zu können. Die schwangeren Bergeidechsen müssen sich deshalb mit ihren halbentwickelten Keimlingen an geschützten Plätzen verkriechen, nur in ihrem Körper können sie sie vor dem Erfrieren schützen.

Das ist für die wechselwarmen Bergeidechsen eine wichtige Voraussetzung dafür, daß sie sich die kalten, nordischen Gebiete als Lebensraum erobern konnten. Die Dauer der Schwangerschaft je nach Klimazone zeigt den hohen Anpassungswert der passiven Brutpflege im Körperinneren. Genauso liegen die Verhältnisse bei der Blindschleiche und der Kreuzotter. Auch sie konnten sich kalte und unwirtliche Gebiete im Norden oder in den Bergen als Lebensraum erschließen, weil sie ihren Nachkommen im Körper den Schutz und die Wärme bieten, die die Umwelt dort nicht aufzuweisen vermag.

Als eine Anpassung ist es auch zu verstehen, wenn viele Seeschlangen voll ausgebildete junge Schlangen zur Welt bringen, das erspart ihnen die Eiablage auf dem Land, denn dort sind sie unbeholfen, können nur mit Mühen kriechen und sind vom Erstickungstod bedroht, weil ihr Körpergewicht ihnen die Lungen zusammendrückt.

Bergeidechsen legen Eier mit vollständig entwickelten Jungen ab. Die Kleinen müssen sich nur noch aus ihren durchsichtigen Eihüllen befreien und können sofort ein selbständiges Leben beginnen. Im hohen Norden ist der Sommer für die Entwicklung der Jungen zu kurz. Die unfertigen Bergeidechsen überwintern deshalb im mütterlichen Körper und schlüpfen erst im nächsten Frühjahr. In unseren Breiten dagegen werden die Bergeidechsen voll entwickelt im Spätsommer geboren.

Auch die Kreuzotter bringt lebende Junge im Ei zur Welt. Sie konnte deshalb ihren Lebensraum in kältere Regionen wie nach Skandinavien und in die Alpen ausdehnen. Dort, wo die Sommer zu kurz sind, tragen die Weibchen die Keimlinge den Winter über im Körper und gebären die kleinen Schlangen erst im darauffolgenden Sommer.

151

74 Brutpflege der Säugetiere: Das Paradies auf Erden

Die meisten Fische geben Eier und Samen ins Wasser ab und überlassen sie dort ihrem Schicksal. Eine Schimpansenmutter lebt etwa acht Jahre in engstem Kontakt mit ihrem Kind und verliert ihn selbst zu ihren erwachsenen Kindern nie völlig. Zwischen diesen beiden Extremen in der Sorge für die Nachkommen liegen Jahrmillionen der Entwicklung und eine Vielzahl von Versuchen, die Schwierigkeiten zu meistern, die sich bei der Aufzucht der Jungen ergeben. Aus der Sorge um die Nachkommenschaft produzieren die meisten niederen Meerestiere und viele Fische Eier in Massen. Sie vertrauen ihre Keimzellen einfach dem lebensfreundlichen Element Wasser an. Bei einer solchen Überschußproduktion ist es wahrscheinlich, daß zumindest aus einigen wenigen Keimzellen erwachsene Tiere werden, die wieder Eier ablegen können. Die Amerikanische Auster entläßt bis 15 Millionen Eier auf einmal. Ein Lengfisch legt über 28 Millionen Eier, und ein Karpfenweibchen produziert in jeder Saison zwanzig- bis siebzigtausend Eier und bringt es auf einige Millionen im Laufe ihres Lebens. Und doch überleben, langfristig gesehen, pro Elternpaar nicht mehr als zwei Junge – gerade ausreichend, um die Art am Leben zu erhalten. Karpfenkeimlinge beispielsweise haben keinen guten Start ins Leben, sie werden weder geschützt abgelegt, noch belüftet oder gefüttert, noch vor Feinden bewahrt. Ein wenig Nahrung im Ei und eine äußere Schutzhülle sind alles, was die Eltern ihren potentiellen Kindern mit auf den Weg geben.

Es ist die Regel, daß der Ausstoß an Eiern um so höher liegt, je weniger die Eltern für ihre Kinder tun. Aller Wahrscheinlichkeit nach überleben wenigstens einige davon. Das Prinzip ist nicht sehr wirtschaftlich. Deshalb haben viele Tiere einen besseren Schutz ihrer Nachkommen entwickelt und dafür die Eiproduktion eingeschränkt. Es gilt deshalb umgekehrt: Je mehr sich Eltern um das Wohlergehen ihrer Kinder sorgen, desto weniger Eier legen sie. Die Buntbarsche, die ihre Eier im Maul ausbrüten und ihren Jungen auch nach dem Schlüpfen noch eine Zuflucht in ihrer Mundhöhle bieten, brauchen nur noch einige Dutzend Eier zu legen, um mit Gewißheit wenigstens zwei Junge großzuziehen. Bei Vögeln ist die Zahl der Eier noch niedriger. Singvögel ziehen im Schnitt fünf bis zehn Junge pro Jahr auf. Und die Großen unter den Vögeln, wie Geier oder Adler, betreuen ihre Kinder sogar zwei Jahre, dementsprechend ist ihre Verlustrate auch geringer. Den Endpunkt dieser Entwicklung bilden die Säugetiere und unter ihnen die Menschenaffen. Schimpansen und Gorillas bringen nur noch wenige Kinder zur Welt, betreuen sie dafür aber so sorgfältig und so lange, daß ein Menschenaffenkind im Vergleich mit anderen Tierkindern die allerbesten Überlebenschancen hat.

Die Verlustrate am Keimmaterial ist umso höher, je früher die Nachkommen ohne elterliche Versorgung und Schutz allein zurechtkommen müssen. Die empfindlichen Samen und Eier haben die schlechtesten Überlebenschancen. Umgekehrt haben die Keimlinge die besten Aussichten, die möglichst lange vor Umwelteinflüssen geschützt bleiben. Schier unerschöpflich erscheint dabei der Einfallsreichtum der Tiere, Eier oder Jungtiere zu schützen. Die beste aller Möglichkeiten aber ist es, Eier und sogar Junge im Körperinnern aufzubewahren (passive Brutpflege). So haben in den verschiedensten Tiergruppen einzelne ihrer Vertreter die Keimesentwicklung nach innen verlegt, und sie bringen ihre Jungen erst zur Welt, wenn sie voll ausgebildet sind. Das beginnt schon bei den Wirbellosen, und auch manche Fische, Lurche und Kriechtiere gebären lebende Junge.

Aber die perfekteste Form der Versorgung haben die höheren Säugetiere entwickelt. Sie bilden ein besonderes Organ im mütterlichen Körper, durch das der Keimling ernährt wird: die Placenta. Sie ist eine „Erfindung" der modernen Säugetiere. Ernährung, Atmung und Verdauung laufen nun über den mütterlichen Kreislauf. Gleichmäßig satt und warm gehalten, weich gebettet und geschützt vor allen Feinden wächst der Säugetierembryo unter geradezu paradiesischen Bedingungen im Mutterleib heran. Und während nahezu alle anderen Tierkinder mit der Geburt von dem Nahrungsangebot ihrer Umwelt abhängig werden, fließt dem Säugetierjungen die Nahrung gleichmäßig weiter – manchmal sogar über Jahre. Die Ernährung des Embryos über die Placenta und die Versorgung mit Muttermilch stellen die höchste Stufe der Vervollkommnung in der Sorge für die Nachkommen dar, die nur von den modernen Säugetieren erreicht worden ist.

Auf halbem Weg noch zwischen Reptilien und Säugetieren sind die primitivsten Säuger in ihrer Entwicklung stehen geblieben: Das australische Schnabeltier oder der Schnabeligel legen noch Eier, säugen ihre Jungen aber schon. Die Milch tritt direkt durch das Hautgewebe der Mutter aus dem sogenannten Milchfleck am Bauch aus. Die australischen Beuteltiere – bekannteste Vertreter sind das Känguruh und der Koalabär – gingen wieder einen anderen Weg. Nur kurz darf der Keimling im Schutz der Gebärmutter bleiben, als winziger Embryo wird er geboren und wandert mit ungeheurer Zähigkeit, ganz aus eigener Kraft, in den schützenden Bauchbeutel der Mutter. Dort saugt er sich unlöslich an einer Zitze fest, und bleibt daran hängen, bis er herangewachsen ist.

Der Koala-Bär wird als Embryo, etwa 5,5 Gramm schwer, geboren. Er kann nur im mütterlichen Brutbeutel überleben und verbringt dort die nächsten sechs Monate. Er saugt sich an einer Milchzitze fest und bleibt daran hängen. Wenn er zu groß wird für den Beutel, schlüpft er heraus. Seine Mutter trägt ihn dann noch das ganze erste Lebensjahr auf dem Rücken herum. Wenn das Junge auf feste Nahrung umgestellt wird, füttert seine Mutter es mit vorverdautem Eukalyptus-Blätter-Brei aus dem Darm.

Die Stute lernt ihr Fohlen unmittelbar nach der Geburt am Geruch kennen, sie säugt nur ihr eigenes und stößt fremde fort. Sehr bald nach der Geburt kann ein Fohlen seiner Mutter folgen, und Mutter und Kind halten von nun an engen Kontakt und bleiben stets nah beieinander.

75 Brutpflege:
Das Vogelei – eine fortschrittliche Erfindung

Alle Vögel legen Eier. Die Betonung liegt auf *alle*. Keine andere Tiergruppe zeigt ein so einheitliches Fortpflanzungsverhalten. Die ersten Tiere, die Eier auf dem Land ablegten, aus denen fertig entwickelte Junge schlüpften, waren die Reptilien, das liegt 135 bis 200 Millionen Jahre zurück. Von ihnen haben die Vögel diese Errungenschaft übernommen und weiterentwickelt. Es gibt zahlreiche Beweise für dieses Erbe, einer der verblüffendsten ist, daß der Vogelkeimling im Ei immer noch einen langen Kriechtierschwanz entwickelt, der dann zurückgebildet wird. Vogeleier bieten den Keimlingen fast perfekte Bedingungen: sie spenden Nahrung, sind durchlässig für Sauerstoff und schützen vor Verletzungen von außen und vor Austrocknung.

Damit das Ei dies alles leisten kann, muß es sehr groß sein, im Verhältnis zum Körpergewicht der Mutter sogar riesengroß. Das Ei des neuseeländischen Kiwis wiegt ein Pfund – die Mutter nur drei Pfund. Kolibris legen winzige Eier (ein Viertel Gramm schwer) und sind selbst winzig, so daß jedes Ei trotzdem noch ein Zehntel vom Gewicht der Mutter ausmacht. Mit 1,5 Kilogramm legt der Afrikanische Strauß das größte Ei, aber gemessen an seiner Körpergröße ist das keine Rekordleistung, das Eigewicht beträgt nur 1,7 Prozent des Körpergewichtes. Bei vielen Vögeln übersteigt ein ganzes Gelege bei weitem das Körpergewicht der Mutter, bei der Schwanzmeise beispielsweise sind es 100 Prozent, beim Wintergoldhähnchen sogar 140 Prozent.

Wenn das Ei auch ein fast idealer Aufenthaltsort für den Vogelembryo ist, die Wärmeregulierung leistet es nicht selbst. Und es bietet mit seinem zerbrechlichen Gehäuse dem Embryo wenig Schutz vor Feinden. Während die Reptilieneier noch eine sehr lange Entwicklungszeit haben – bis zu 400 Tagen – sind die Vögel hier fortschrittlicher. Sie halten die Eier mit ihrem eigenen Körper warm und können dadurch die gefahrvolle Zeit, in der der Embryo hilf- und wehrlos in der Schale liegt, entscheidend verkürzen. Die kürzeste Brutzeit hat der Kuckuck mit zehneinhalb Tagen, die längste der Königsalbatros mit achtzig Tagen. Unsere Singvögel brüten 12 bis 14 Tage. Im Prinzip ist die Brutzeit abhängig von der Umwelt. Je größer die Gefahren, die dem Gelege drohen, desto kürzer die Brutzeit. So können sich die großen Greifvögel eine lange Brutzeit und eine lange Betreuung der Jungvögel leisten, unsere kleinen Singvögel dagegen tun gut daran, sich zu beeilen. Brütende Vögel bilden einen Brutfleck aus, eine nackte Hautstelle am Bauch, die besonders gut durchblutet ist und viel Wärme abgibt. Wie eine Wärmflasche drückt der Vogel den Brutfleck auf die Eier und wendet sie regelmäßig, damit auch die Unterseite erwärmt wird. Vögel brüten ausgesprochen gern, der Bruttrieb ist während der Brutzeit stark ausgeprägt.

Brüten beide Elternteile, so kann man beobachten, wie der gerade Brütende nur ungern seinen Platz räumt.

Eine Frage, die die Verhaltensforscher häufig beschäftigt hat, war die: Erkennen Vögel ihre Eier und wenn ja, woran? Kein Ei gleicht völlig dem anderen, so wäre es theoretisch möglich, daß die Vögel sie identifizieren können. Aber Silbermöwen zum Beispiel sind absolut unfähig, ihr eigenes Gelege zu erkennen, obwohl sie ihren eigenen Ehegatten persönlich kennen (unter anderem an der Stimme) und ihre eigenen Jungen binnen fünf Tagen kennenlernen. Das führt im Experiment zu kuriosen Situationen. Hat eine Silbermöwe die Wahl zwischen ihrem eigenen leeren Nest und einem 30 cm weit entfernten künstlichen Nest mit ihren Eiern, setzt sie sich erst einmal in ihr leeres Nest statt auf die Eier. Die Erklärung dafür: die Silbermöwe ist an den Nestplatz gebunden, diesen prägt sie sich ein, findet ihn jedesmal bei der Rückkehr zweifelsfrei wieder und wählt ihn, wenn sie sich zwischen zwei Nistplätzen entscheiden muß. Und da unter natürlichen Bedingungen in ihrem eigenen Nest auch nur ihre eigenen Eier liegen, muß sie sich deren Aussehen nicht einprägen.

Viele Vögel, die auf dem Boden brüten, wie Möwen, Gänse oder Tauben, rollen Eier, die ein wenig abseits geraten sind, ins Nest zurück. Dieses Verhalten läßt sich zuverlässig im Versuch auslösen. Man nutzt deshalb diese Reaktionen aus, um herauszufinden, auf welche Merkmale und Reize Vögel besonders ansprechen. In 10 000 Versuchen mit 500 Silbermöwen stellte sich heraus, daß sie hinsichtlich der Form, der Grundfarbe und der Zeichnung immer das Normale dem Abnormalen wie Würfel, Rollen, Kegel, Zylinder vorziehen. Aber man weiß auch, daß Möwen auf Pappeiern, Holzwürfeln oder Kugeln brüten, auch eine Glühbirne tut es notfalls. Nur von der Größe lassen sich Silbermöwen beeindrucken, sie ziehen ein übergroßes ihrem normalen Ei vor. Am berühmtesten in dieser Hinsicht ist der Austernfischer geworden. Andere Vögel aber erkennen ihre eigenen Eier. Die Wirtsvögel des Kuckucks werden zur Abwehr des Parasiten vielleicht zu einer besonders geschärften Unterscheidungsfähigkeit gezwungen. Sie werfen anders aussehende Eier aus dem Nest oder verlassen es ganz.

Daß der Kuckuck trotzdem mit Erfolg in fremden Nestern schmarotzt, liegt an einer raffinierten Täuschung. Das Weibchen legt den Ersatzeltern meistens ein fast perfekt nachgemachtes Ei ins Nest. Jedes Weibchen ist auf den Wirt spezialisiert, bei dem es selbst aufgewachsen ist. Ein Kuckucksweibchen, das im Nest eines Gartenrotschwanzes großgefüttert worden ist, legt später die gleichen lichtgrünen Eier wie seine Pflegeeltern – und immer nur in das Nest eines Gartenrotschwanzes.

Die Silbermöwe kennt ihre eigenen Eier nicht, so kann es passieren, daß sie sich neben ihre Eier zum Brüten hinsetzt. Legt man ihre Eier in ein künstliches Nest in die Nähe ihres eigenen Nestes, setzt sie sich zunächst zum Brüten auf das eigene leere Nest. Nach einiger Zeit jedoch rollt sie die Eier doch noch in ihr Nest zurück, wenn sie nicht allzuweit entfernt liegen. Findet sie sie aber zu weit von ihrem vertrauten Nestbezirk entfernt, dann frißt sie sie auf.

Der Austernfischer fühlt sich von über-dimensional großen Attrappen viel stärker angezogen als von normalen Gelegen. Hier brütet er lieber fünf Eier aus als sein normales Gelege mit drei Eiern. Der Schlüsselreiz 'Eier, die aus-gebrütet werden müssen' wirkt umso stärker auf ihn, je mehr er übertrieben wird – nach Zahl oder nach Größe. (Übernormaler Schlüsselreiz).

Wieder und wieder versucht der Austern-fischer das Riesenei zu bebrüten und fällt doch immer wieder herunter. In die Fabeln der Weltliteratur wäre sein Beispiel sicher als Sinnbild der Großmannssucht eingegangen, wenn es damals schon bekannt gewesen wäre. Und eine Moral hätte die Fabel auch gehabt: Wer immer nach dem Größten strebt, ist am Ende doch nur ein Narr. Denn der arme Austernfischer fällt doch nur auf die hohlen Attrappen der neugierigen Verhaltensforscher herein.

76 Brutpflege:
Das Vogelnest – solide gebaut, gut isoliert

Die Mehrzahl der Vögel sind Nesthocker. Ihre Jungen schlüpfen in einem frühen Entwicklungsstadium, in dem sie noch blind, nackt und hilflos sind. (Nesthocker gibt es auch unter den Säugetieren: zum Beispiel Mäuse, Kaninchen und Katzen). Nesthocker bauen an geschützten Stellen solide, wärmeregulierende Nester, in denen die Kleinen tage- oder wochenlang bleiben können, während sie vollständig von der elterlichen Fürsorge abhängig sind. Sie müssen gewärmt, gefüttert, sauber gehalten und verteidigt werden. Unsere Singvögel sind Nesthocker. Das Bild von den liebevollen Vogeleltern ist wesentlich von ihnen geprägt, wie sie unermüdlich den ganzen Tag mit Futter im Schnabel zum Nest fliegen, während es im Nest wispert, tschilpt und piepst, und unentwegt hungrig aufgerissene Schnäbelchen den Eltern entgegensperren. Nesthocker halten das Nest sauber, indem sie die Kotballen entweder fressen oder in einiger Entfernung vom Nest fallen lassen. Das dient nicht nur der Hygiene, sondern auch dem Schutz der Kleinen, denn Kotspuren in unmittelbarer Nähe des Nestes könnten Räubern allzuleicht den Weg weisen.

Als Symbol der Mütterlichkeit erscheint uns auch die Glucke inmitten ihrer Kükenschar. Das Haushuhn gehört dem Typ des Nestflüchters an wie auch Gänse und Enten (Beispiele für Säugetiere: Kühe, Pferde, Hasen). Nestflüchter können bereits kurz nach dem Schlüpfen laufen oder schwimmen und ihren Eltern folgen, notfalls auch mit ihnen fliehen. Die Vögel sind fähig, sich vom ersten Tag an ihre Nahrung selbständig zu suchen. Es gibt unter ihnen extreme Nestflüchter, die ohne jede elterliche Hilfe auskommen wie die Großfußhühner Australiens, aber die meisten von ihnen bleiben im elterlichen Schutz und werden zu Lande und zu Wasser auf allen Wegen von den Eltern geführt. Sie werden gewärmt, gewarnt und verteidigt.

Naturgemäß bauen Nesthocker haltbarere Nester als Nestflüchter. Umso erstaunlicher erscheint deshalb das Verhalten der tropischen Feenseeschwalbe, die überhaupt kein Nest baut. Sie legt ihr einziges Ei an einen haarsträubend ungesicherten Ort: auf den nackten Fels, in eine Astgabel hoch über dem Boden und selbst auf einen einzelnen Ast, wenn er nur breit genug ist, daß sie zum Brüten beiderseits des Eis noch Platz für ihre Füße findet. Das geschlüpfte Küken klammert sich mit starken Krallen und dem Schnabel an seinem luftigen Platz fest und ist körperlich so gewandt, daß es Erschütterungen übersteht und sich zurückhangeln kann, wenn es das Gleichgewicht verliert, etwa beim Abflug der Eltern. Das Einzelkind wird von beiden Eltern ausgebrütet und gefüttert.

Das kleinste Nest baut der Braunkolibri. Es hat innen einen Durchmesser von 2,5 Zentimetern. Die größten Nester legen die Adler an, deren Horste im Extremfall schon einen Durchmesser von 2,90 Metern und eine Tiefe von 6 Metern erreicht haben. Sie verbauen Knüppel von 1 bis 2 Meter Länge. Der Kolibri baut aus Spinnweben, Pflanzenhärchen, kleinen Blättern, Flechten und Moos. Als Baumaterial dienen den Vögeln alle nur erdenklichen Stoffe: Federn, Haare, Halme, Blätter, Fasern, Zweige, Äste, Lehm, Kot, Speichel und vieles andere mehr. Der Eisvogel gräbt Höhlen in Uferwände und steile Böschungen, die Spechte zimmern sich Baumhöhlen, und Schwalben kleben ihre Lehmnester an Felswände oder Häuser an.

Der südamerikanische Cayenne-Segler verbindet federförmige Härchen von Pflanzensamen mit Speichel und formt daraus eine senkrechte, bis zu 70 Zentimeter lange, nach unten offene Röhre. Sie wird innen glatt verputzt und erhält im oberen Viertel eine kleine Kanzel, auf der die Eier festgeklebt werden. Alle Mitglieder der Seglerfamilie – unser Mausersegler gehört dazu – benutzen Speichel als Baumaterial. Die südamerikanischen Palmsegler leimen Fasern, Pflanzenhaare und Federn zu tiefen Beuteln zusammen und kleben sie an schwankende Palmblätter. Der afrikanische Palmsegler heftet dagegen ein winziges Nest in Form eines flachen Löffels an die Innenseite herabhängender Palmwedel. Schwanken die Palmwedel im Wind, dann werden Nest und Junge kräftig durchgeschüttelt und stehen häufig auf dem Kopf. Der Palmsegler sorgt jedoch einem Absturz vor, er klebt die Eier im Nest fest, und die Jungen kommen mit spitzen Krallen auf die Welt und verhaken sich sofort im Nestboden. Die wegen ihrer Nester berühmtesten Segler sind die Salanganen. Einige von ihnen stellen die eßbaren Vogelnester her, die in der chinesischen Küche als Delikatesse gelten, obwohl sie nur ein Schaumgebilde aus Spucke sind. Die Salanganen benutzen als Baustoff ausschließlich Speichel. Die fertigen Nester sehen weiß aus, zart und durchscheinend und haben die Form von Näpfen. Die Nester werden an Felsen angeklebt, wobei die Salanganen Schicht um Schicht ihren Speichel mit der Zunge auf die Felswand auftragen. Er erhärtet schnell an der Luft. Sie bauen paarweise und brauchen für ihr Bauwerk ungefähr einen Monat.

Die Nester der Beutelmeise sind so wollig und wuschelig und andererseits so fest, daß sie früher von Kindern als Schuhe getragen wurden. Sie flicht ihr Nest von einem Ast herunter als frei hängenden Beutel aus Grashalmen, Bastfasern oder Haaren und webt und stopft zwischen die Maschen und Lücken die wolligen Samenhaare von Weiden oder Pappeln. Bis auf das seitliche Schlupfloch ist der Beutel geschlossen und schützt gegen Regen und Kälte, und weil er frei baumelt, ist er für Räuber schwer zu erreichen.

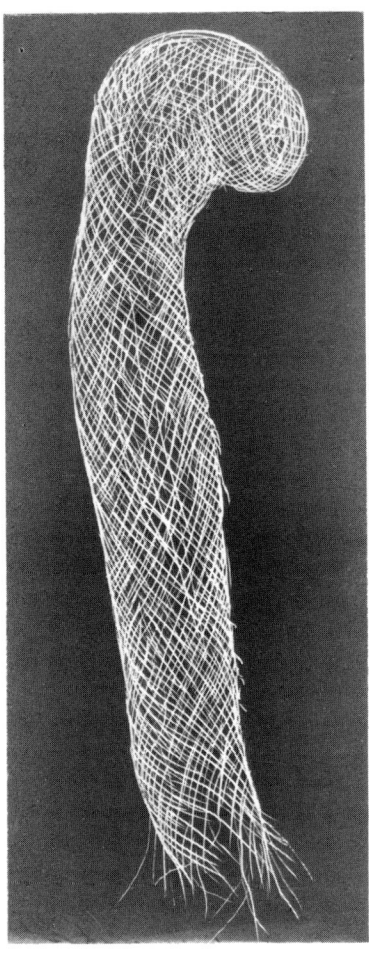

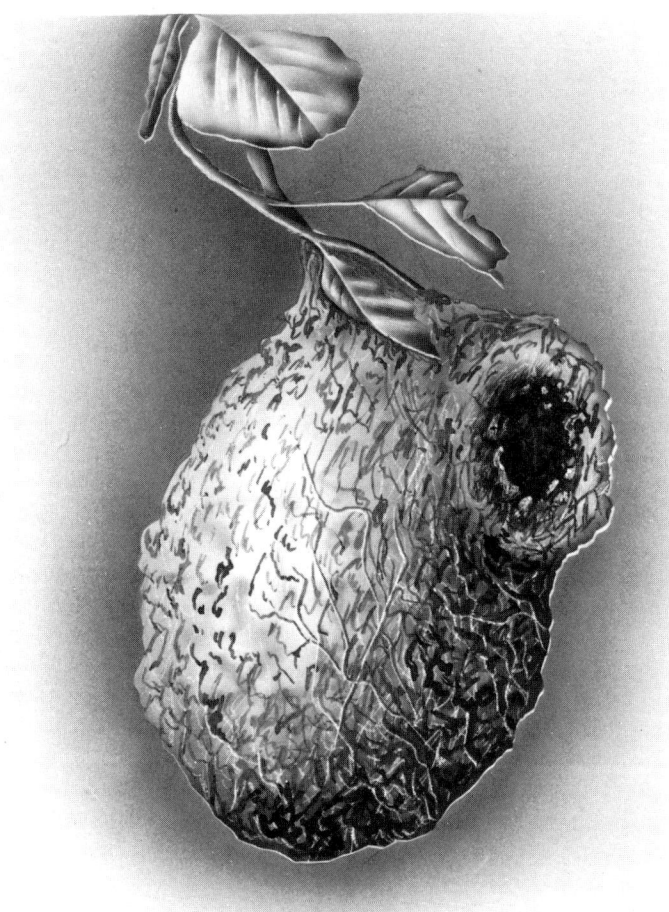

Die Webervögel Afrikas sind berühmt für ihre kunstvollen Nestbauten aus Fasergeweben. Es ist nach oben geschlossen und schützt so vor Regen und glühender Tropensonne, die extrem lange Einflugröhre stellt eine Schutzmaßnahme gegen Baumschlangen dar.

Ein besonders warmes, kuscheliges Nest baut die Beutelmeise für ihre Brut. Der Eingang liegt seitlich, so daß es nicht hineinregnen kann, und es baumelt frei an einem dünnen Ast. Das bietet guten Schutz vor Eier- und Vogelräubern. Es ist eine ideale Heimstatt für die Beutelmeisenkinder.

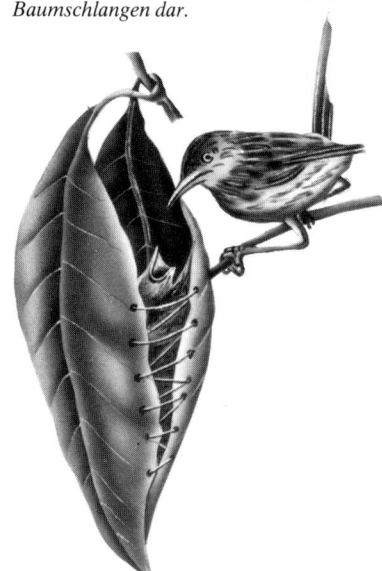

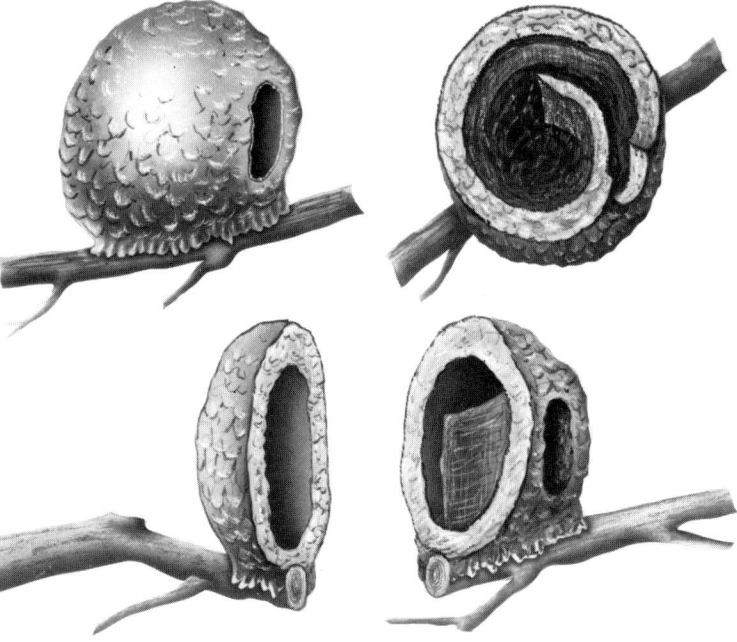

Der Schneidervogel näht aus einem großen zusammengerollten Blatt und Pflanzenfasern das Nest für seine Kinder. Es wird innen mit wolligen Pflanzenteilen weich und warm ausgepolstert.

In Südamerika kann man solche Tonkugeln gelegentlich sehen: Es sind die selbstgemauerten Höhlennester der Töpfervögel. Männchen und Weibchen bauen sie gemeinsam in etwa zwei Wochen. Feuchter Lehm wird mit Halmen vermischt, damit die Wände haltbarer werden. Die Lehmkugel ist in eine schmale Vorkammer und eine größere Brutkammer geteilt. (Rechts oben der Grundriß, unten der Längsschnitt).

77 Brutpflege:
Wenn die Eltern ein Herz und eine Seele sind

Tauben sind nicht nur treue Ehegefährten, sondern auch kooperative Eltern, die vom Nestbau bis zur Fütterung der Jungen alles gemeinsam tun. Die weitverbreiteten Felsentauben haben einen genauen Stundenplan für ihre gemeinsamen Pflichten. Wenn das Weibchen seine zwei Eier gelegt hat, wird es mit hundertprozentiger Sicherheit am nächsten Morgen um 10 Uhr vom Täuber abgelöst. Zärtlich krault das Männchen sein Weibchen am Kopf und drängt sie dabei sacht aus dem Nest, denn da es seine Pflichten ernst nimmt und gerne brütet, steht es nicht gleich bereitwillig auf, sondern weicht nur diesem sanften Zwang. Die Täubin hat nun Zeit: sie pickt Körner, trinkt, putzt sich das Gefieder und läßt sich von der Sonne bescheinen. Aber pünktlich um 16 Uhr ist sie wieder am Nest und übernimmt das Geschäft des Brütens, während ihr Mann sich nun sättigen und pflegen und ein wenig auch noch fremde Täubinnen anbalzen kann. Nachts schläft er in der Nähe des Nestes und tritt um 10 Uhr morgens wieder seinen Dienst an. Die geschlüpften Taubenkinder werden mit Kropfmilch gefüttert, einem fettigen, eiweißreichen Brei, den beide Eltern im Kropf erzeugen. Taubennestlinge wären anfangs nicht in der Lage, harte Körner zu fressen. Der wechselweise Pflegedienst geht also auch nach dem Schlüpfen weiter. Nach vier bis fünf Wochen sind die Jungen flügge.

Auch Flughühner teilen sich ihre Elternpflichten. Sie brüten in Wüsten und Halbwüsten, die ungewöhnliche Anforderungen an ihre elterlichen Fähigkeiten stellen. So wurde es in der Sahara beobachtet: Die Mutter wandert am ersten Tag mit ihren frisch geschlüpften Küken davon, am Abend scharrt sie eine Mulde, in der sie alle übernachten. Der Vater schläft in einer etwas entfernteren Mulde. Am nächsten Morgen bricht die Mutter auf, fliegt zum nächsten erreichbaren Wasserloch und trinkt so viel, daß es für den ganzen Tag reicht. In dieser Zeit hütet der Vater die Küken. Sobald die Mutter zurückkehrt, nimmt sie die Küken wieder unter ihre Fittiche, und der Vater fliegt zum Wasser. Ein paar Schritte tief watet er ins Wasser hinein und schlürft – bis zum Bauch im Wasser stehend – seine Tagesration auf. Dabei schwenkt er das gespreizte Bauchgefieder gründlich hin und her, bis es voller Wasser gesogen ist. Mit dieser kostbaren Last kehrt er zu seinen Küken zurück, die sich gleich bei seiner Ankunft um ihn scharen und ihm das Wasser aus dem Bauchgefieder saugen.

Hart sind auch die Anforderungen, die an das Elternpaar der Kaiserpinguine gestellt werden. Im März, wenn der antarktische Winter beginnt, pilgern die Pinguine in langen Reihen zu ihren gewohnten Brutplätzen. Bis zu 12 000 Vögel versammeln sich dort, finden sich zu Paaren zusammen, balzen und paaren sich. Vom Sommer her, von dem reichen Nahrungsangebot des Meeres sind sie noch wohlgenährt und zehren von ihrem eigenen Speck, denn zu Fressen gibt es an ihren Brutplätzen nichts. Solange sie dort ausharren, müssen sie hungern. Nach zwei Monaten legt die Pinguinfrau ihr einziges Ei, sie vertraut es ihrem Mann an und macht sich auf den Weg zum Meer, wo es Nahrung für sie gibt. Inzwischen aber ist der Weg zum Meer zugefroren, Die Eisgrenze hat sich bis zu 150 Kilometer ins Meer hinausgeschoben. Das vom Balzen, Eilegen und Fasten entkräftete Weibchen muß diesen weiten Weg überwinden, bevor sie im Meer, beim Fischfang, wieder zu neuen Kräften kommen kann. Denselben Weg muß sie allerdings nach zwei Monaten wieder zurückmarschieren. Sie ist nun gut erholt, ihr Vormagen ist reich gefüllt mit Meeresnahrung, und sie kommt gerade zurecht, um das frisch geschlüpfte Küken in ihre Obhut nehmen zu können und zu füttern.

Diese zwei Monate lang standen die Väter bei schneidender Kälte (bis 60 Grad) und eisigen Schneestürmen (bis 140 Stundenkilometer) auf dem Eis, hielten das Ei auf ihren Schwimmfüßen fest und wärmten es in ihrer Bauchtasche, die sie über das Ei stülpen. Wenn die Frau in der immerwährenden dunklen Winternacht der Antarktis zurückkehrt, geht sie rufend durch die Kolonie. Das Paar erkennt sich an der Stimme. Beim Wiedersehen rücken die Eltern nah zusammen und schieben das Küken über ihre Füße – ohne daß es dabei den kalten Boden berührt – in die mütterliche Bauchtasche. Von der Mutter erhält es nun auch die ersten kleinen Happen Fisch. Nach vier Monaten entbehrungsreicher Zeit sind die Männchen völlig geschwächt und abgemagert. Trotzdem erreichen auch sie noch das rettende Meer, wo sie sich rasch wieder aufpäppeln, und schon nach drei Wochen sind sie wieder bei der Familie, den Magen wohlgefüllt mit einigen Pfund Fischen und Meerestieren, um nun wieder das Küken zu übernehmen und zu füttern, während die Frau zum Meer wandert. Diese perfekte Aufgabenteilung erhält die kleine Familie bis zum nächsten Sommer am Leben, dann ist das Eis weggeschmolzen und die jungen Pinguine haben es nicht weit bis zum offenen Meer, wo sie sich selbst versorgen können.

Wenn die Küken nicht auf die Fütterung durch beide Eltern angewiesen sind können sich die Eltern sogar ganz trennen und jeder für sich einen Teil der Kinder aufziehen. So hält es das monogame Steinhuhn, das in den europäischen Alpen zu Hause ist. Die Henne scharrt zwei Mulden und legt in jede Eier, ein Gelege brütet sie selbst, das andere ihr Männchen. Beide führen, hudern (wärmen) und verteidigen ihre Kükenschar allein und getrennt voneinander.

Flughühner sind Wüstenvögel. Bei der Aufzucht ihrer Küken stehen sie vor schweren Problemen. Bald nachdem die Küken geschlüpft sind, brauchen sie Wasser. Aber die Wasserlöcher liegen weit entfernt von einander, in trockenen Jahren versiegen viele ganz, und die kleinen flugunfähigen Hühnchen sind auf keinen Fall imstande, eines davon aus eigener Kraft zu erreichen. Also transportiert der Vater Wasser in seinem Bauchgefieder wie in einem vollgesogenen Schwamm und gibt den Küken daraus zu trinken.

78 Brutpflege:
Alleinstehende Väter sind gute Mütter

Je nach der Beteiligung der Eltern an der Brutpflege und der Aufgabenteilung zwischen ihnen unterscheidet der Verhaltensforscher verschiedene Familienformen, die sämtlich bei Vögeln zu finden sind. Teilen sich die Eltern alle Aufgaben gleichmäßig, so bilden sie eine Elternfamilie wie Tauben oder ein Teil der Singvögel. Auch die Lachmöwen gehören dazu: sie bauen gemeinsam an ihrem einfachen Bodennest, sitzen abwechselnd auf den Eiern und bewachen sie ständig. Die geschlüpften Küken bleiben im eigenen Nestbezirk und werden von beiden Eltern mit hervorgewürgter Nahrung gefüttert. Vieles im elterlichen Verhalten ist diktiert von den vielen Feinden. Die Eier ebenso wie die Jungen tragen eine Schutzfärbung. Sobald ein Räuber auftaucht, schlagen die Eltern Alarm und bringen die Küken dadurch dazu, sich zu ducken oder in Deckung zu gehen. Raubmöwen und Krähen werden in Massenangriffen heftig attackiert. Dazu verlassen die Eltern auch das Nest und vertrauen dann darauf, daß die Tarnfarbe ihrer Küken diese solange schützt. Die zerbrochenen Eierschalen, die nach dem Schlüpfen übrigbleiben, tragen die Lachmöwen fort. Auch dies ist Teil der Feindabwehr. Denn da die Eierschalen innen weiß sind, signalisieren sie den Räubern auffällig den Nistort mit Küken und Eiern.

Sind zwar beide Elternteile an der Brutpflege beteiligt, übernehmen sie dabei aber verschiedene Rollen, so entsteht eine Vater-Mutter-Familie. Entweder baut nur das Weibchen das Nest (Amsel) oder nur das Männchen (Schwarzspecht), oder das Weibchen brütet allein und wird solange vom Männchen mit Futter versorgt (Dompfaff). Ein charakteristisches, wenn auch ausgefallenes Beispiel dieses Familientyps sind die tropischen Nashornvögel. Das Weibchen mauert sich in einer Baumhöhle ein. Nur einen Spalt läßt es offen, durch den es die Schnabelspitze stecken kann, um dem Männchen das Futter abzunehmen, das er für Weib und Kind heranschafft. Wenn die Nestlinge so groß geworden sind, daß der Vater sie allein nicht mehr versorgen kann, sprengt die Mutter die Mauer und unterstützt ihn draußen bei der Futtersuche, während die Jungvögel sich wieder einmauern und noch einige Zeit in ihrem sicheren Versteck bleiben. Bei den Greifvögeln bewacht der Vater den Nestbezirk und fängt Beute, das Weibchen reißt daraus kleine Futterbrocken und verfüttert sie an die Jungen. In diesen Familien springt das Männchen nicht ein, wenn das Weibchen verunglückt. Gehört beispielsweise das Brüten nicht zu den Aufgaben des Männchens, dann setzt es sich auch dann nicht auf das Gelege, wenn die Mutter verschwindet. Das Gelege muß dann verderben. Es gibt jedoch auch hier Ausnahmen.

Enten brüten allein und führen auch ihre Kinder allein, der Vater bleibt während der Brutzeit in der Nähe des Nestes und kontrolliert den Nestbezirk.

Er kommt der brütenden Ente bei Störungen zu Hilfe, andere Aufgaben aber übernimmt er nicht. Das nennt man eine Mann-Mutter-Familie.

In der reinen Mutter-Familie schließlich überläßt das Männchen dem Weibchen die gesamte Brutpflege. Das ist bei polygamen Vögeln der Fall wie beim Kampfläufer, den Paradiesvögeln und den Kolibris. Häufig sind die Männchen sehr prächtig und auffällig gefärbt, die Weibchen dagegen unscheinbar und tarnfarben. Die Männchen in ihren Prachtkleidern würden den Nestplatz sofort verraten und sind deshalb zum Brüten völlig ungeeignet. Man sollte meinen, daß eine solche Mutter-Familie nur bei Nestflüchtern vorkommt, die ihre Kinder nicht mit Futter zu versorgen haben, sondern ihnen nur Schutz, Wärme und Führung geben, aber sie kommt auch bei Nesthockern wie den Kolibris vor.

Da haben es die Männer in den reinen Vater-Familien schon leichter, denn sie haben sich durchweg nur bei Nestflüchtern gebildet. Man nimmt an, daß sie durch eine allmähliche Übertragung der mütterlichen Pflichten auf den Vater entstanden sind. Bei allen südamerikanischen Steißhühnern brüten die Männchen. Geraten sie in Brutstimmung, dann locken sie durch Rufe die Weibchen herbei, diese ziehen in Trupps umher und legen nacheinander mehreren Männchen Eier in das bereits vorbereitete Nest. Die Väter brüten viele Stunden am Tag und sitzen sehr fest auf dem Gelege. Menschen lassen sie fast bis auf Armlänge an sich heran. Die geschlüpften Hühnchen – zarte Dunenküken – lockt der Vater mit leisen Pfiffen oder weinenden Lauten. Wie unsere Glucke pickt er Futter auf, zeigt es seinen Jungen und lockt sie zu dem Happen hin.

Die Freistellung von der Brutpflege hat bewirkt, daß die Weibchen zum Teil männliche Eigenschaften ausgebildet haben. Sie sind dann größer, stärker und farbenprächtiger als die Männchen, sie sind die aktiv Werbenden, oder sie sind kämpferisch. Ein vollständiger Rollentausch hat bei dem nordischen Odinshühnchen stattgefunden. Alles, was sonst die Männchen tun, tun hier die Weibchen: sie errichten Reviere; verteidigen sie gegen andere Weibchen; locken Männchen durch Gesang und Flugspiele an, die zugleich die Rivalinnen abschrecken; verhalten sich zu Anfang der Balz feindselig gegen ihre männlichen Bewerber, diese wiederum zeigen sich schüchtern und fluchtbereit. Im Verlauf der Balz scharrt das Weibchen mehrere Nestmulden und zeigt sie dem Männchen, damit es weiß, an welchem Platz die Eier liegen, die es zu bebrüten hat. Das Männchen polstert die Mulde aus, die Mehrzahl der Weibchen verläßt den brütenden Hahn.

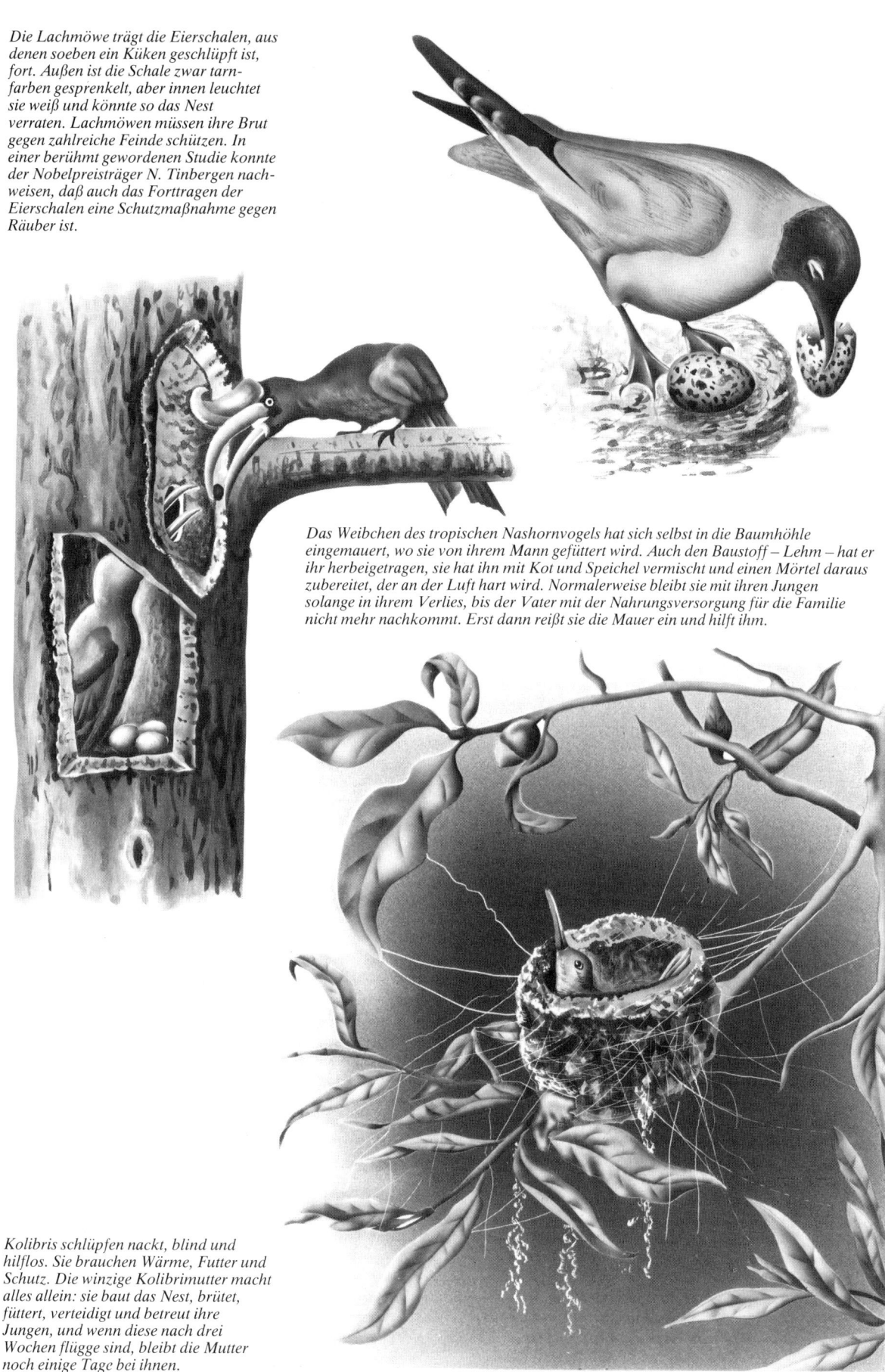

Die Lachmöwe trägt die Eierschalen, aus denen soeben ein Küken geschlüpft ist, fort. Außen ist die Schale zwar tarnfarben gesprenkelt, aber innen leuchtet sie weiß und könnte so das Nest verraten. Lachmöwen müssen ihre Brut gegen zahlreiche Feinde schützen. In einer berühmt gewordenen Studie konnte der Nobelpreisträger N. Tinbergen nachweisen, daß auch das Forttragen der Eierschalen eine Schutzmaßnahme gegen Räuber ist.

Das Weibchen des tropischen Nashornvogels hat sich selbst in die Baumhöhle eingemauert, wo sie von ihrem Mann gefüttert wird. Auch den Baustoff – Lehm – hat er ihr herbeigetragen, sie hat ihn mit Kot und Speichel vermischt und einen Mörtel daraus zubereitet, der an der Luft hart wird. Normalerweise bleibt sie mit ihren Jungen solange in ihrem Verlies, bis der Vater mit der Nahrungsversorgung für die Familie nicht mehr nachkommt. Erst dann reißt sie die Mauer ein und hilft ihm.

Kolibris schlüpfen nackt, blind und hilflos. Sie brauchen Wärme, Futter und Schutz. Die winzige Kolibrimutter macht alles allein: sie baut das Nest, brütet, füttert, verteidigt und betreut ihre Jungen, und wenn diese nach drei Wochen flügge sind, bleibt die Mutter noch einige Tage bei ihnen.

79 Prägung:
Kinder lieben ihre Eltern auf den ersten Blick

Als die kleine Gans geschlüpft war und gerade ein paar Schrittchen gehen konnte, erblickte sie als erstes auf der Welt einen Menschen, den Verhaltensforscher Konrad Lorenz, und sie begrüßte ihn mit vorgestrecktem Hals und einem feinen gewisperten Wiwiwiwi. In diesem Augenblick hatte sie K. Lorenz als Mutter angenommen, und er hatte den Vorgang der Prägung entdeckt. Das Gänsekind Martina ist gemeinsam mit seinem Adoptivvater berühmt geworden, und die Schilderung dieses Ereignisses gehört zum klassischen Repertoire der Verhaltensforschung:

„Es hätte einen Stein rühren können, wie das arme Kind mit überschnappendem Stimmchen weinend hinter mir her kam, stolpernd und sich überkugelnd, aber mit erstaunlicher Geschwindigkeit und einer Entschlossenheit, deren Bedeutung nicht mißzuverstehen war: Ich sei ihm Mutter! Der Rest des Tages verging mir, wie er eben einer Gänsemutter zu vergehen pflegt. Wir gingen auf eine Wiese zartes junges Gras weiden, und es gelang mir, mein Kind davon zu überzeugen, daß gehacktes Ei mit Brennesseln ein gutes Essen ist. Und dem Kinde seinerseits gelang es, mir überzeugend beizubringen, daß es, wenigstens vorläufig, völlig ausgeschlossen sei, auch nur eine Minute von ihm wegzugehen und es allein zu lassen. Es geriet nämlich dann sofort in eine so verzweifelte Angst und weinte so herzzerreißend, daß ich nach einigen Versuchen klein beigab und ein Umhängekörbchen baute, in welchem ich es dauernd bei mir tragen konnte."

Viel an wissenschaftlicher Erkenntnis ist in dieser berühmten Passage verborgen. Die Graugans weiß nicht, wie ihre Eltern aussehen. Sie folgt blindlings dem ersten sich bewegenden Gegenstand, den sie in ihrem Leben erblickt. Im freien Gänseleben ist das stets die Mutter, für das Gänsekind Martina war es ein Mensch. Auch junge Stockenten besitzen kein angeborenes Bild ihrer Eltern, dafür aber eine angeborene Kenntnis ihres Lockrufes, und sie laufen allen möglichen bewegten Gegenständen oder Lebewesen nach, wenn sie nur richtig quaken. Auch dazu besitzen wir von K. Lorenz eine klassische und sehr ergötzliche Schilderung:

„Ich nahm die Kinder, nachdem sie trocken geworden waren, in meine Obhut und quakte ihnen im besten Stockentisch die Führungslaute vor. Stundenlang, einen halben Tag lang. Das Quaken hatte Erfolg. Die kleinen Enten sahen vertrauensvoll zu mir empor, fürchteten sich offensichtlich vor mir nicht, und als ich mich, immer noch quakend, langsam von ihnen fortbewegte, setzten auch sie sich gehorsam in Bewegung und kamen, ein dicht gedrängtes Häuflein, so wie kleine Entchen ihrer Mutter folgen, hinter mir her. Ich wanderte also in tiefer Hocke und quakend auf einer maigrünen Wiese im oberen Teil unseres Gartens dahin. Aber als ich einmal aufblickte, sah ich den Rand des Gartenzauns eingefaßt mit einer Reihe bleicher Gesichter. Die Leute sahen da einen dicken Herrn mit Schnurrbart in tiefer Hocke und Achtertouren auf der Wiese herumrutschen, sich dauernd über die Schulter schauen und ohne Unterbrechung quaken – die Entlein aber, die erlösenden und alles erklärenden Entlein, konnten jene erschreckten Zaungäste in dem hohen Maiengrase leider nicht sehen!"

Diese Nachlaufprägung ist von vielen Nestflüchtern bekannt wie von Enten, Gänsen, Hühnervögeln, Rallen und Strandläufern. Sie alle können schon kurz nach dem Schlüpfen der Mutter, beziehungsweise den Eltern folgen. Umso wichtiger ist es für sie, daß sie sie rasch und genau erkennen können, und umso mehr erstaunt es auch, daß sie keine angeborene Vorstellung davon besitzen, wie ihre Eltern aussehen. Sie laufen einfach dem ersten beweglichen Gegenstand hinterher, der ihnen ins Blickfeld gerät, und da das unter natürlichen Umständen die Mutter ist, ist auch alles in Ordnung. Dieses Bild prägen sie sich nun sehr genau und schnell ein, folgen dann nur noch ihm und nehmen keine andere Mutter mehr an.

Lorenz versuchte, sein Gössel einer Hausgans anzuvertrauen, aber das Gänsekind Martina hatte sich schon auf seinen Ziehvater festgelegt und konnte keinen anderen Mutterersatz mehr akzeptieren; es kam sich unter dem warmen Bauch der Hausgans – wo es ja eigentlich hingehörte – verlassen und verloren vor. Typisch für die Nachlaufprägung ist, daß die Kinder sehr früh und sehr schnell lernen, daß sie das Gelernte nicht mehr vergessen und daß sie ihr Mutterbild auch nicht mehr korrigieren.

Unter experimentellen Bedingungen folgen junge Hühnchen oder Enten allem möglichen: Menschen, anderen Vögeln oder künstlich bewegten Attrappen. E. Hess konstruierte einen kreisförmigen Laufgang und ließ darin junge Stockenten einer sich gleichmäßig fortbewegenden Attrappe folgen. Er wollte herausfinden, in welchem Alter die jungen Vögel geprägt werden, wie lange sie brauchen, um sich das Aussehen der Attrappe einzuprägen und wie fest dieses Bild dann sitzt. Die Ergebnisse zeigen, daß junge Hühner oder Entenküken sich das Bild der Attrappe fast blitzartig schnell einprägen können. Sie behalten dieses Bild unauslöschlich fest im Gedächtnis und verwechseln es in späteren Auswahlversuchen niemals mit anderen Attrappen. Es ist Kindesliebe auf den ersten Blick, was in der Nachfolgeprägung geschieht.

Oben: Graugans-Eltern führen ihre Jungen. Als erstes erblicken die jungen Gänse in der Natur ihre Mutter und halten sich dicht bei ihr, damit sie nicht verloren gehen. Der Vater sieht seine Kinder erst, wenn die Mutter sie zum ersten Mal ausführt. Für ihn sind das große Tage, wenn seine Jungen auf der Welt sind und er sie begleitet. Besonders oft erklingt in dieser Zeit sein Triumphgeschrei.
Unten: Für diese Schneegänse ist K. Lorenz die Mutter. Er entdeckte den Vorgang der Prägung, als ein frisch geschlüpftes Graugans-Gössel ihn als Mutter „adoptierte" und sich nicht mehr davon abbringen ließ, ihm überall hin zu folgen. Ein frisch geschlüpftes Gössel läuft nahezu jedem sich bewegenden Gegenstand nach und hält ihn für seine Mutter, weil es angeborenermaßen nicht weiß, wie eine Graugans aussieht. Es lernt dies jedoch normalerweise in den ersten Lebensstunden an der eigenen Mutter und folgt ihr von da an blind auf Schritt und Tritt.

80 Sexuelle Prägung:
Prachtfinken haben einen Ödipus-Komplex

Die Prägung frisch geschlüpfter Nestflüchter auf ihre Eltern verläuft schnell, haftet fest und ist nicht mehr rückgängig zu machen. In der Natur garantiert das den Küken, daß sie sich dem einzigen Wesen anvertrauen und blindlings folgen, von dem sie auch wirklich Schutz zu erwarten haben: der eigenen Mutter oder den Eltern. Allerdings glückt das nur in einem bestimmten Zeitraum, wie die zahlreichen Experimente beweisen, die zum Phänomen der Prägung angestellt wurden. Küken, die ihre erste Attrappe zu spät sehen, können sich deren Bild nicht mehr merken. Wahllos folgen sie später den verschiedensten Gegenständen oder Lebewesen ohne jedes Erinnerungsvermögen für das erste Objekt. Die Chance, die Mutter draußen in der Natur kennen zu lernen, wäre dann unwiderruflich vertan. Die Zeitspanne, in der die Küken offen sind für das Mutterbild und es erleben können, wird die sensible Phase genannt, sie ist von Art zu Art verschieden, bei der Stockente liegt sie im Alter von etwa 5 bis 24 Stunden nach dem Schlüpfen, für die Reiherenten zwischen der 26. bis 38. Lebensstunde.

Ähnlich schnell kann auch darüber entschieden werden, ob eine Mutter ihr Kind annimmt. Hier verläuft die Prägung dann umgekehrt von der Mutter zum Kind. Das ist von der Ziege bekannt. Die Geiß lernt ihr Kind innerhalb weniger Minuten nach der Geburt am Geruch kennen, während sie es beriecht und trocken leckt. In dieser Zeit kann man ihr auch ein fremdes Zicklein unterschieben. Trennt man danach das Kind von der Mutter, dann nimmt die Geiß es auch nach mehreren Stunden wieder an. Nimmt man ihr dagegen unmittelbar nach der Geburt das Kind fort, dann stößt sie es später weg und läßt es nicht bei sich trinken, ganz so wie sie auch jedes fremde Zicklein ablehnt.

Die Prägung ist ein besonderer Lernvorgang, der dadurch charakterisiert ist, daß er schnell abläuft, feste Gedächtnisinhalte schafft, nicht rückgängig zu machen ist und ausschließlich auf die sensible Phase beschränkt bleibt. Neben der Prägung auf die Mutter oder auf das Kind spielt derselbe Lernvorgang bei der Fixierung auf den späteren Geschlechtspartner eine Rolle. Dessen Bild ist vielen Tierarten ebensowenig angeboren wie das der Mutter und muß ebenfalls in früher Jugend erlernt werden. Normalerweise orientieren sich die Jungtiere dabei an den eigenen Eltern, um sich das Bild der eigenen Art einzuprägen. Läßt man sie allerdings im Experiment von artfremden Stiefeltern oder vom Menschen aufziehen, dann wählen sie später die Angehörigen der fremden Art oder den Menschen. Im wesentlichen ist das bisher an Vögeln untersucht worden: Sie balzen beispielsweise die Hand des Pflegers an und versuchen auch, mit ihr zu kopulieren. F. Schutz tauschte verschiedene Enten- und Gänsearten gegeneinander aus und ließ sie jeweils von fremden Arten

ausbrüten und großziehen. Fast immer suchten sich die erwachsenen Gänse und Enten den Partner unter der fremden Art, die sie als Stiefmutter oder Stiefgeschwister kennengelernt hatten. Diese Fixierung ist oft sehr dauerhaft. Stockenten blieben der Stiefart noch im Alter von neun Jahren treu, obwohl sie längst die Möglichkeit gehabt hätten, sich mit „richtigen" Stockenten-Partnern zusammenzutun.

K. Immelmann legte Eier des Zebrafinken in die Nester Japanischer Mövchen und umgekehrt. Die Ergebnisse waren eindeutig: Alle Männchen balzten die Weibchen an, die ihren Müttern ähnlich sahen, unabhängig davon, ob sie der eigenen oder der fremden Art angehörten. Und da die Vögel gleich nach dem Erreichen der Selbständigkeit mit etwa fünf Wochen von ihren Stiefeltern getrennt worden waren, ist damit klar bewiesen, daß sie die Kenntnis des Artgenossen und Geschlechtspartners in einem frühen Stadium erworben haben müssen. Die sensible Phase für die sexuelle Prägung liegt für die Prachtfinken zwischen dem 13. und dem 40. Tag. Die Fixierung hält lebenslang an, alle späteren Kontakte mit Artgenossen haben keine Wirkung mehr auf die Partnerwahl. Im Grunde genommen geschieht hier etwas Ähnliches wie in der ödipalen Phase beim Menschen (mit etwa fünf Jahren). Es ist die sexuelle Prägung auf den gegengeschlechtlichen Elternteil, die das spätere Verhältnis zum anderen Geschlecht entscheidend bestimmt. Die Eltern erscheinen als Vorbild, an dem der spätere Partner gemessen wird. Liebesfähigkeit oder -unfähigkeit werden hier angelegt.

Stellt man sich die Verhältnisse in der freien Natur vor, dann wird sofort klar, warum die sexuelle Prägung so früh liegen muß. Die jungen Vögel müssen lernen, wie ihre artgemäßen Geschlechtspartner aussehen, bevor sie ihre Eltern verlassen, weil sie das nur an ihnen mit absoluter Verläßlichkeit lernen können. Neben der klassischen Prägung auf die Eltern oder auf den Partner wurden auch andere Prägungen beobachtet. Besonders Vögel zeigen große Anhänglichkeit an die Heimatorte, an denen sie aufgewachsen sind. Zugvögel bevorzugen auf ihren Stationen und im Winterquartier Lebensräume, die den heimatlichen ähnlich sehen. Diese Ortstreue wird in der frühen Jugend erworben, sie ist nicht angeboren, wie man in Austauschversuchen mit Halsbandschnäppern zeigen konnte. Viele Tiere mögen auch am liebsten die erste Nahrung ihrer Kindheit.

Dieser Hahn hält sich für eine Ente. Soweit es nur irgend geht, watet er ins Wasser hinein, um seinen vermeintlichen Artgenossen nur recht nahe sein zu können, obwohl er eigentlich das nasse Element scheut. Er wurde gemeinsam mit Enten aufgezogen und hält sie nun für seine sozialen Kumpane und möglichen Geschlechtspartner. Vielen Tierarten ist das Wissen über das Aussehen des arteigenen Geschlechtspartners nicht angeboren. Sie orientieren sich am Aussehen ihrer Eltern und suchen später einen Partner, der diesem Bild entspricht. „Betrügt" man diese Tiere nun im Experiment und läßt sie von Stiefeltern einer anderen Art aufziehen, dann prägt sich ihnen ein falsches Bild ein, und sie suchen später den Partner bei der fremden Art.

81 Stimme der Elternvögel: Die Küken folgen auf's Wort

Die Lummen, Wasservögel des Nordens, brüten auf schmalen Gesimsen in felsigen Steilwänden über dem Meer. Sie legen ihr einziges Ei auf den nackten Fels und ziehen pro Jahr nur ein Junges groß. Man fragt sich, wie unter so extrem schwierigen Bedingungen auch nur dieses eine Junge groß wird, da Eier und Küken ständig vom Absturz bedroht sind. Aber sowohl die Form des Eis als auch das Verhalten der Eltern sowie des Kükens stellen perfekte Anpassungsleistungen an das Brüten auf den schmalen, steil abfallenden Felsbändern dar. Die Eier sind stark kegelförmig zugespitzt, kommen sie ins Rollen, dann beschreiben sie einen so engen Kreisbogen, daß sie meistens vor der Absturzkante wieder gegen die Felswand zurückdrehen. Aber noch mehr Sicherheit bietet das Verhalten der Eltern. Sie teilen sich die Elternpflichten. Eng gedrängt sitzen die Vögel mit dem Kopf zur Felswand in einer Reihe und halten ihr Ei zwischen ihren großen flachen Füßen und der Brust fest.

Die Küken haben ein stark ausgeprägtes Bedürfnis nach Körperkontakt und streben deshalb von sich aus immer an die Stelle, an der sie sich am wohlsten fühlen und gleichzeitig auch am sichersten sind: zwischen Körper und Flügeln des Altvogels. Und dort verbringen sie ihre ersten Lebenstage fast ausschließlich. Zusätzlich haben frisch geschlüpfte Lummenküken schon ein eigenes Schutzverhalten. Instinktiv weichen sie vom Abgrund zur Felswand zurück. Sie orientieren sich dabei an der Helligkeit und streben stets an die dunkelste Stelle ihres Brutplatzes, und das ist unter natürlichen Bedingungen immer die Felswand. Nach drei Wochen etwa kehrt sich das um, dann werden die Küken vom Licht angezogen. Und bald darauf passiert es auch, daß sie von ihrem Brutplatz hinunterspringen. Sie landen entweder im tiefen Gras am Fuß des Felsens oder im Meer und bemühen sich hastig, die Eltern wiederzufinden, die das Meer schneller erreicht haben und nun laut nach ihrem Kind rufen. Das Küken stößt dabei einen Ruf aus, den es nur in dieser Situation gebraucht und dann nie wieder, es ist der sogenannte Wasserruf. Die Eltern haben einen eigenen, unverwechselbaren Ruf, den die Küken schon im Ei kennenlernen und an dem sie ihre Eltern von anderen unterscheiden können. Und auch jetzt leitet er das Küken sicher zwischen den vielen erregt umherschwimmenden Lummenpaaren hindurch zu seinen eigenen Eltern. Wenn sie sich gefunden haben, ziehen sie gemeinsam aufs offene Meer hinaus.

Lummen kümmern sich in der Regel nur um ihr eigenes Küken, das sich wiederum auch bevorzugt nur an seine Eltern wendet, wenn es hungrig ist oder Schutz sucht. Es müßte verhungern und erfrieren, wenn es bei einem Nachbarn unterkriechen wollte. Deshalb ist das Erkennungszeichen der elterlichen Stimmen die Überlebensgarantie

für das Küken. Das trifft auf andere Koloniebrüter ebenfalls zu. In den dichten Brutkolonien der Möwen ist es genauso notwendig, daß die Küken ihre Eltern an den Rufen erkennen, und auch die Eltern kennen ihre Kinder persönlich. Freundlich sind sie nur gegen die eigenen; fremde Kinder, die versehentlich in das eigene Revier geraten, werden weggehackt oder auch getötet. Für Pinguine wird der Familienzusammenhalt ebenfalls über Laute hergestellt. Adelie-Pinguinen gelingt es, ihre Küken durch Rufe aus der nach Tausenden zählenden Ansammlung herauszulocken.

Für Enten und Hühner ist der Lockton auf eine andere Weise wichtig. Die Mutter ist der einzige Schutz der jungen Küken. Sie allein spendet Wärme oder zeigt den Kindern gute Nahrungsbrocken. Um diesen Schutz nicht zu verlieren, müssen die Küken aufs Wort folgen, und wenn sie im unübersichtlichen Gelände wie in schilfbewachsenen Gewässern oder im hohen Gras verloren gehen, führt sie nur der Lockton zur Mutter und zur Geschwisterschar zurück.

Die Brautente brütet in Baumlöchern. Wenn sie mit ihren Küken das Nest verläßt, geht sie als erste ins Wasser und lockt ihre Kinder hinterher. Wenn die Küken noch in der dunklen Höhle sitzen, ist der mütterliche Ruf das einzige Band zwischen ihnen und der Mutter. An diesem Lockton hängt ihr Leben.

Hühnerküken und andere Nestflüchter lernen die elterlichen Laute bereits im Ei kennen. Ertönt zum Beispiel der elterliche Warnruf, werden sie still und liegen unbeweglich im Ei, während sie sich sonst schon viele Stunden vor dem Schlüpfen mit der brütenden Glucke unterhalten. Ungeschlüpfte Gössel fangen an zu weinen, wenn sie im Ei frieren, die Gänsemutter setzt sich dann sofort auf die Eier und wärmt sie. Hühner (und andere) laufen nach dem Schlüpfen den Lauten nach, die sie schon im Ei gehört haben. Sie können zwischen zwei Gluckenstimmen unterscheiden und wählen die vertraute, die in der Natur immer auch die Mutterstimme ist.

Enten und Haushühner scheinen den arteigenen Lockruf zu kennen, selbst wenn sie ihn noch nie vorher gehört haben. Zwar lernen sie die Feinheiten der Stimme der eigenen Mutter erst beim Zuhören kennen, aber den Ruf der Art unterscheiden sie von anderen artfremden Rufen und folgen ihm nach ohne jede vorherige akustische Erfahrung. Das ist ein gutes Beispiel dafür, wie in einer Verhaltensweise sowohl angeborene als auch erworbene Elemente stecken können.

Brutplatz und Kinderstube der Trottellummen liegen in Steilwänden über dem Meer, auf schmalen sturmgepeitschten Felssimsen. Die Trottellumme ist ein Meervogel, nur zum Brüten kommt sie an Land. Ihr einziges Ei legt sie auf das nackte Gestein. Beide Eltern wechseln sich beim Brüten ab. Sie halten das Ei dabei zwischen Füßen und Brust eingeklemmt. Die frisch geschlüpften Küken verbringen ebenfalls die meiste Zeit gut geschützt unter einem der Altvögel. So sorgen die Eltern dafür, daß das Kind trotz der extremen Lage des Brutplatzes nicht abstürzen kann. Nach etwa drei Wochen aber stürzen sich die jungen Trottellummen aus eigenem Antrieb von den Steilwänden hinunter, ohne daß die Eltern sie dazu anleiten, im Gegenteil: die Küken springen vor ihren Eltern in die Tiefe – und landen entweder im Gras am Fuße des Felsens oder im Meer. Die Eltern und das Kind finden sich nach dem Sprung auf dem Meer wieder zusammen. Über die Stimme sind sie wie durch ein unsichtbares Band miteinander verbunden. Jede Lumme hat einen individuellen Ruf, den das Küken schon im Ei kennenlernt und dem es folgt.

82 Vogelgesang: Angeboren oder erlernt?

Den Verhaltensforscher Jürgen Nicolai interessierte die Familientradition bei Gimpeln: Welchen Gesang lernt der junge Gimpel, der bei fremden Eltern aufwächst, den eigenen oder den artfremden der Pflegeeltern? Auf seine Frage fand er eine klare Antwort, wie es die Geschichte des Gimpels „Blaugelb" zeigt. Nicolai taufte das acht Tage alte Gimpelkind so, nachdem er es als letztes Überlebendes aus einem Nest gerettet hatte, das von Eichelhähern geplündert worden war. Er gab Blaugelb einem Kanarienweibchen zur Aufzucht, das ihn mütterlich betreute, bis er nach etwa drei Wochen selbständig war. Danach wurde er zu anderen Junggimpeln in einen größeren Käfig umquartiert, in dem außer den Gimpeln nur noch ein einziges Kanarienmännchen lebte. Diesen wählte sich Blaugelb als Vorbild. Sobald der Kanarienvogel sang, rückte Blaugelb ganz nahe an ihn heran und hörte ihm aufmerksam und konzentriert zu. Als er später selbst anfing zu singen, erklang zuerst noch bruchstückhaft das Lied des Kanarienvogels, aber nach einem Jahr sang er vollendet wie sein Vorbild und imitierte dessen Gesang völlig tongetreu. Diese Tradition wurde von den Kindern Blaugelbs fortgesetzt, obwohl sie die Möglichkeit gehabt hätten, den Gimpelgesang von anderen Männchen zu lernen. Noch vier Jahre später zwitscherten die Urenkel Blaugelbs die Kanarienstrophen, die Blaugelb von seinem Ersatzvater gelernt hatte.

Diese einprägsame Geschichte ist ein eindeutiger Beweis dafür, daß der Gimpel seinen Gesang vollständig vom Vater erlernt. Er läßt sich auf verschiedene Vorbilder prägen, die er in seiner Jugendphase hört. So lernt er beim menschlichen Pfleger Volksliedmelodien, die er dann ein Leben lang behält und singt. Müßte er, wie es bei den meisten Vögeln üblich ist, mit diesem Gesang ein Weibchen anlocken und Rivalen aus seinem Revier fernhalten, dann würde solch ein fremdzüngiger Gimpel sicher unbeweibt bleiben, da aber der Gesang in der Balz des Gimpels kaum eine Rolle spielt, kann er sich auch verheiraten, wenn er „alle meine Entchen" pfeift. Beim Gimpel eröffnet das Weibchen die Balz.

Fast allen anderen Vögeln ist ein mehr oder minder großer Teil ihrer Rufe und ihrer Gesänge angeboren. Jede Vogelart hat ein ganzes Repertoire von Lauten, es können bis zu 15 oder 18 verschiedene Typen sein, von denen jeder eine eigene Bedeutung hat. Diese arteigene Umgangssprache entwickelt sich in aller Regel ohne Vorbild. Es leuchtet ein, daß viele lebenswichtige Signale wie Kontaktlaute, Verlassenheitsrufe, Angstlaute, Warnrufe oder Drohlaute angeboren sein müssen; sie erst lernen zu müssen, könnte bereits das Leben kosten. Anders ist es mit dem Gesang; um ihn auszubilden, haben die Vögel Zeit. Bei fast allen Arten singen nur die Männchen, und sie brauchen einen voll ausgebildeten Gesang erst, wenn sie geschlechtsreif sind, um Weibchen anzulocken und Reviere abzugrenzen: dies sind die beiden wichtigsten Funktionen des Vogelgesangs. Bis die Männchen also selbst singen, haben sie schon die Laute ihrer Geschwister und Eltern gehört und den Gesang des Vaters und der Nachbarn. So können im Vogelgesang mehr erlernte Elemente auftreten.

Das ist allerdings von Art zu Art verschieden, bei manchen ist das Gesangsrepertoire weitgehend angeboren, eine nordamerikanische Ammer (der Oregon-Junco), zum Beispiel entwickelt normale Gesänge, auch wenn sie isoliert aufgezogen wird und niemals einen Artgenossen singen gehört hat. Eine Singammer bleibt sogar vom Gesang der Pflegeeltern völlig unbeeinflußt – ganz im Gegensatz zum Gimpel – und singt völlig rein den eigenen Gesang. Bei anderen Vögeln ist das Repertoire offen für Nachahmungen. Amseln können menschliche Pfiffe in ihren Gesang einbauen. Von einem Rotkehlchen weiß man, daß es 57 verschiedene Gesänge beherrschte. Die Lernfähigkeit von Papageien und Wellensittichen ist bekannt. Auf jeden Fall gehört ein ungestörtes Hörvermögen dazu, denn taube Singvögel können niemals die fein abgestufte Melodie ihrer hörenden Artgenossen singen.

Besonders eingehend ist die Gesangsentwicklung des Buchfinken untersucht. Man weiß deshalb ganz genau, welche Elemente seines Gesanges er allein ausbilden kann und welche er nur durch Zuhören erwirbt. Schon lange ist bekannt, daß der Buchfink den abschließenden Schnörkel seines Gesangs von seinen singenden Nachbarn übernimmt, es bilden sich dadurch lokale Dialekte des Finkenschlages heraus, die der geübte Kenner zu unterscheiden vermag. Diesen Abschlußschnörkel lernen Finken ganz eindeutig nur, nachdem sie ihren Nachbarn zugehört haben. Zieht man Buchfinken isoliert auf, dann bleiben sie nicht etwa stumm, sondern sie singen ein Lied, das in etwa die richtige Länge und Zahl von Lauten hat, dem aber der Abschlußschnörkel und die charakteristische Einteilung in drei Strophen fehlen. Interessant ist, daß sich normal aufgewachsene Buchfinken das artgemäße Gesangsmuster schon in ihrem ersten Lebenssommer einprägen, wenn sie selbst noch gar nicht singen. Erst im nächsten Frühjahr lassen sie den vollen Finkenschlag hören. Die sensible Phase in der sie den Gesang erlernen können, reicht ebenfalls bis ins Frühjahr. Nachdem sich beim Buchfinken der volle Gesang entwickelt hat, lernt er nichts mehr dazu. Bei Weißkopfammern klingt die sensible Phase schon im Alter von zwei Monaten ab, bei anderen kann sie länger dauern, das ist sehr unterschiedlich von Art zu Art, wie so vieles in der Gesangsentwicklung der Vögel.

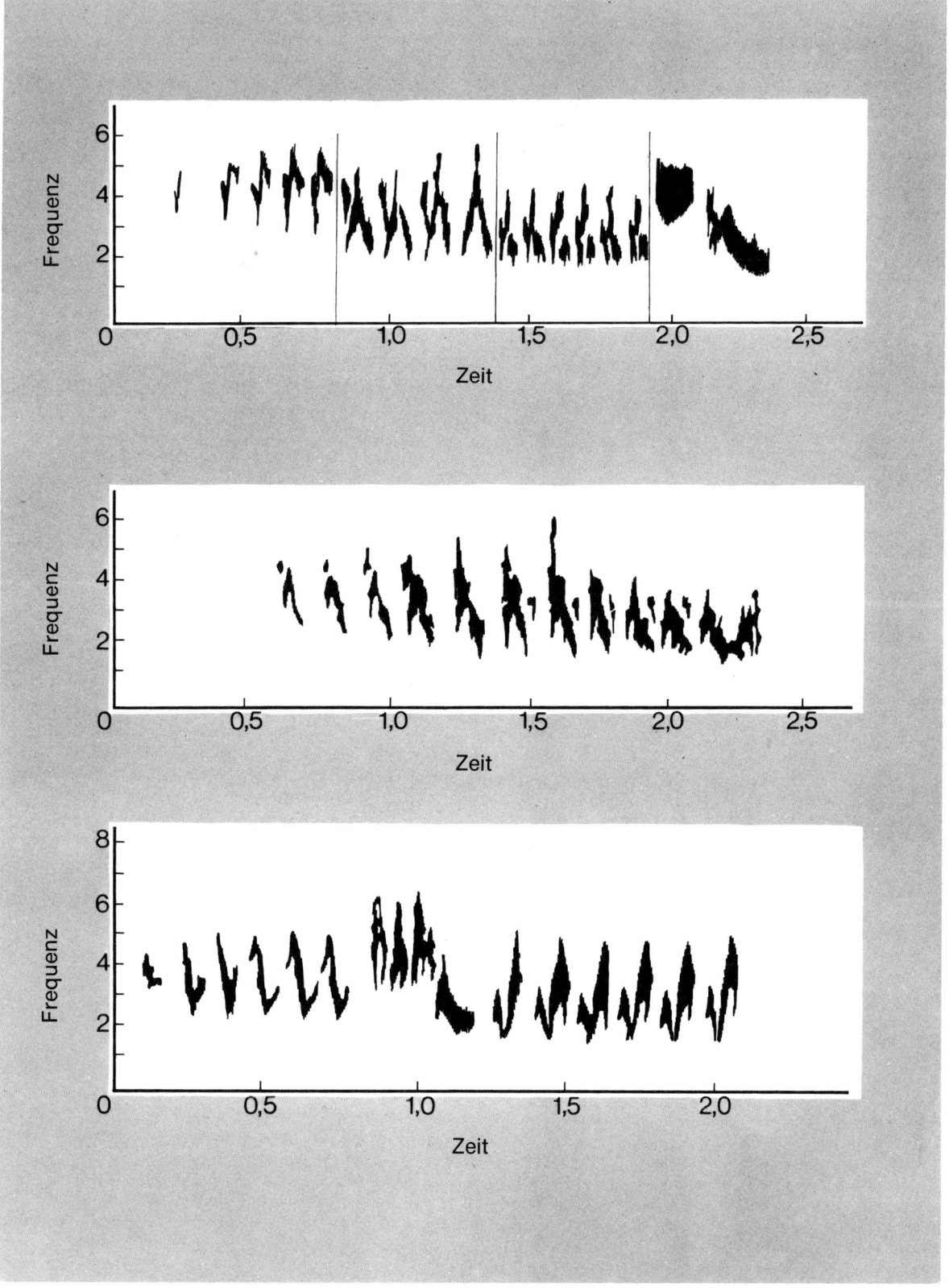

Klangspektrogramme des Buchfinkengesanges:
Oben ein normaler Gesang mit der charakteristischen Einteilung in drei Strophen und dem abschließenden Schnörkel.
In der Mitte der Gesang eines isoliert aufgezogenen Buchfinken, er hat in etwa die richtige Länge und Zahl von
Lauten, die typische Gliederung fehlt jedoch.
Unten der Gesang eines isoliert aufgezogenen Buchfinken, dem ein künstlicher Gesang mit dem Endschnörkel in der Mitte
vorgespielt worden war. Der Buchfink hat das künstliche Lied perfekt imitiert. Gerade diese genaue Nachahmung zeigt, daß
Buchfinken die Gliederung ihres Gesanges nach dem Gehör ausbilden.

83 Schlüsselreize:
Die Kinder dürfen auch aus Pappe sein

Nestflüchter wie Enten, Hühner oder Möwen gehen kurz nach dem Schlüpfen eine starke persönliche Bindung zu ihrer Mutter oder ihren Eltern ein, die durch die elterliche Stimme und durch den schützenden und wärmenden Körperkontakt aufrechterhalten wird. Das ist lebensnotwendig für die Küken, die ihre Eltern auf keinen Fall verlieren oder verwechseln dürfen. Nesthocker haben das nicht nötig, sie sitzen geborgen im Nest und warten darauf, daß ihre Eltern kommen und daß sie dann gefüttert werden. Es ist dazu nicht notwendig, daß sie ihre Eltern kennen, wie auch umgekehrt die Eltern nur das eigene Nest wiederfinden müssen, aber nicht jedes einzelne Kind zu kennen brauchen.

Sehr gründlich sind die Verhältnisse am Amselnest untersucht. In den ersten acht Tagen sind die Amseljungen blind, aber obwohl sie nichts sehen können, recken sie ihre Köpfe senkrecht in die Höhe und sperren den Schnabel auf, sobald der Vater oder die Mutter mit einer Raupe im Schnabel am Nestrand erscheinen. Die Nestlinge reagieren allein auf die Erschütterung des Nestes beim Landen der Eltern. Dieselbe Reaktion ist auch auszulösen, wenn man das Nest mit einem Stock oder mit dem Finger berührt. Sobald die Amseljungen sehen können, strecken sie ihren Eltern die aufgesperrten Schnäbel entgegen. In einer kurzen Zwischenzeit fahren sie zwar schon hoch, wenn sie ihre Eltern sehen, können ihnen aber den Schnabel noch nicht entgegenstrecken, sondern halten ihn weiterhin steil nach oben in die Luft an den Eltern vorbei. Aber selbst dann, wenn sie sehen können, sind sie nicht imstande, ihre Eltern zu erkennen. Sie können ihre Mutter nicht von einem ausgestopften Amselweibchen unterscheiden, das man ihnen am Nestrand zeigt, ja nicht einmal von einem Stöckchen oder Pappstückchen. N. Tinbergen und andere gewannen aus diesen Beobachtungen wichtige theoretische Einsichten.

Das Verhalten der Tiere setzt sich zusammen aus spontanen inneren Antrieben und aus Reaktionen auf äußere Reize. Im Beispiel der Amseln sind die Eltern innerlich getrieben, ihre Jungen zu füttern. Ihr Brutpflegetrieb zwingt sie dazu. Die Jungen werden vom Hunger angetrieben, den Schnabel aufzusperren. Aber beides ist auch abhängig von äußeren Reizen. Sperren die Jungvögel nicht, dann können die Alten nicht füttern, und die Jungvögel sperren den Schnabel auf, wenn sie die Erschütterung am Nest spüren oder später den Altvogel mit Futter im Schnabel sehen. Andererseits können auch die äußeren Reize wirkungslos bleiben, wenn der innere Antrieb fehlt. Eine junge Amsel, die keinen Hunger hat, wird den Schnabel nicht aufsperren, selbst wenn die Eltern noch so oft mit Raupen im Schnabel am Nest auftauchen. Und im Winter, wenn der Füttertrieb erloschen ist, verliert der aufgesperrte Schnabel seine magische Anziehungskraft und seinen Aufforderungscharakter. Im Sommer aber geht von dem aufgesperrten Jungvogelschnabel aller Vögel ein starker Reiz aus. Er ist meist gelb oder grün gerändert, das Schnabelinnere häufig rot oder orange gefärbt und zuweilen mit Mustern geziert. Aufgesperrt ergibt das ein gelb oder grün eingerahmtes leuchtendes Farbfeld. Dieses Signal (Schlüsselreiz) hat die Bedeutung: „Bitte, hier Futter einwerfen" und löst beim Altvogel unweigerlich die Fütterung aus. Er stopft sein Futter in jedes gelbgerandete Viereck, selbst wenn es aus Pappe ist. Diese Reaktion auf diesen Schlüsselreiz ist angeboren.

Immer wenn ein Tier sich von einer Attrappe täuschen läßt, kann man daraus schließen, daß seine Antworthandlung angeboren und von Schlüsselreizen abhängig ist. Das angeborene Reaktionsschema auf Schlüsselreize ist starr und keiner Einsicht zugänglich. Das führt zu den Tragödien, wie sie sich manchmal in einem Vogelnest abspielen. Ist nämlich ein Vogeljunges zu schwach zum Sperren, dann sendet es keinen Signalreiz und wird demzufolge von den Eltern nicht beachtet, und statt besonders sorgfältig gepäppelt zu werden, muß es nun erst recht verhungern. Ähnliches geschieht auch, wenn der junge Kuckuck seine Nestgeschwister aus dem Nest wirft. Selbst wenn die Eltern die kleinen nackten Vögel auf dem Nestrand oder dicht daneben liegen sehen, kümmern sie sich nicht um sie. Der Kuckuck besitzt nämlich mit seinem großen roten Rachen einen übernormalen Schlüsselreiz, der die Pflegeeltern buchstäblich in Bann schlägt und zum pausenlosen Füttern antreibt.

Wenn Jungvögel eine Zeitlang nicht sperren, sind sie normalerweise tot und werden von den Eltern aus dem Nest entfernt. Die Eltern werfen aber auch gesunde, wohlernährte Kinder aus dem Nest, die nur deshalb den Schnabel nicht mehr aufreißen, weil sie satt sind. So etwas kommt in der freien Natur praktisch nicht vor, unter künstlichen Aufzuchtbedingungen aber, wenn das Futter überreichlich vorhanden ist, kann es passieren, daß die Eltern ihre Kinder auf diese Weise unwissentlich umbringen.

Die aufgesperrten Schnäbel bettelnder Vogelkinder – hier sind es Eichelhäher – üben einen starken Reiz auf Vögel aus. Das gelb oder grün umrahmte Viereck, aus dem der Rachen rot oder orange hervorleuchtet, ist ein Schlüsselreiz, der die Vogeleltern dazu zwingt, Futter in die Schnäbel zu stopfen. Das übrige Aussehen der jungen Vögel spielt dabei kaum eine Rolle. So füttern Vögel mit derselben Begeisterung auch gelbumrandete Vierecke aus Pappe, die man ihnen im Versuch anbietet. Andererseits füttern sie ihre eigenen Kinder nicht, wenn sie nicht den Schnabel aufsperren. Ein schwaches oder krankes Vogeljunge, daß nicht heftig genug bettelt, muß deshalb verhungern.

84 Schlüsselreize:
Auch die Eltern dürfen aus Pappe sein

Ebenso wie der sperrende Jungvogelschnabel ein Schlüsselreiz ist, der für die Eltern absolut zwingenden Charakter hat, reagieren auch die Amseljungen auf verschiedene Schlüsselreize: solange sie noch blind sind auf die Erschütterung des Nestes, die sie sofort in die Höhe fahren läßt. Später wird aus dem Erschütterungsreiz ein optischer Reiz, dann reagieren sie, sobald sie ihre Eltern sehen. Eine auslösende Reizsituation besteht in der Regel aus mehreren Schlüsselreizen, die alle ein und dasselbe Verhalten hervorrufen. Es sind aber immer nur einige ausgewählte Reize an einer Gesamtsituation entscheidend. Die Amseljungen reagieren nicht auf das Gesamtbild ihrer Eltern, sondern nur auf bestimmte typische Merkmale dieses Gesamtbildes, die in Attrappenversuchen ermittelt werden können: Die jungen Amseln reagieren auf alles, was etwa in Augenhöhe über ihrem Nest erscheint, sich bewegt und eine gewisse Größe hat. Das können Stäbchen sein, stark vereinfachte Körperattrappen oder unterschiedlich große Pappkreise, wobei die Größe keine Rolle spielt, sondern nur das Größenverhältnis. Die Amseljungen bevorzugen Pappscheiben im Verhältnis 3:1, das in etwa dem Verhältnis von Kopf zu Körper des Elternvogels entspricht.

Die Schlüsselreize wirken zusammen. Werden beispielsweise die Attrappen nicht bewegt oder zu tief gehalten, sperren die Amseln nicht. Schlüsselreize verstärken sich gegenseitig in ihrer Wirkung, auch wenn sie einzeln schon auslösend wirken. Diese Erscheinung heißt Reizsummenregel. Eine Buntbarschart zeigt sich im Prachtkleid mit blauem Körper und schwarzen Flossenabzeichen; begegnet ein Männchen einem ebenso gefärbten Rivalen, beginnen beide sofort zu imponieren. Sie stellen sich dazu breitseits, spreizen Flossen und Kehlhaut und schlagen mit den Schwänzen einen Wasserschwall zum Gegner hinüber. Wird die Auseinandersetzung heftiger, versuchen sie, einander gegenseitig in die Flanken zu rammen. Im Attrappenversuch läßt sich zeigen, daß man mit einzelnen Reizen wie Blaufärbung, Schwanzschlag oder Rammstoß auch schon einen Kampf anzetteln kann, aber die Kombination aller Merkmale stachelt den Versuchsfisch zu weitaus heftigeren Angriffen an.

Dafür noch ein weiteres Beispiel: Frischgeschlüpfte Küken der Silbermöwe betteln um Futter, indem sie gegen den Schnabel der Eltern picken. Diese erbrechen daraufhin ein wenig Futter, nehmen es auf und reichen es dem Küken in der Schnabelspitze. Nach ein paar ungeschickten Versuchen pickt das Küken bald treffsicher nach dem Fischstückchen und erhält es. Dieses Verhalten ist dem Küken angeboren, es bettelt sofort nach dem Schlüpfen die Eltern an und macht dabei alles richtig. An der auslösenden Gesamtsituation sind mehrere Reize beteiligt, die sich ebenfalls in Attrappenversuchen einzeln bestimmen lassen.

Ebenso wie die Amseljungen nehmen auch die Möwenküken nur bestimmte Merkmale an ihren Eltern wahr. Der Möwenschnabel ist gelb und trägt an der Spitze einen roten Fleck. Im Versuch bevorzugen die Küken eine längliche, schlanke Form, die sich bewegt, ihnen nahe kommt, mit der Spitze nach unten zeigt und dort einen roten Fleck trägt. Kopf und Körper der Eltern spielen überhaupt keine Rolle für die Pickreaktion des Kükens. Man kann diese entscheidenden Reize auch überbetonen. Ein roter, zugespitzter Stab mit drei weißen Ringen löste bei den Küken die meisten Pickreaktionen aus. Die Küken betteln diese übernormale Attrappe häufiger an, als eine naturgetreue Nachbildung des Möwenkopfes. Die Küken picken zwar auch nach Attrappen, die nicht alle Reize bieten, aber entsprechend der Reizsummenregel picken sie umso häufiger, je mehr Reize sie gleichzeitig geboten erhalten.

Schlüsselreize können aus jedem Wahrnehmungsbereich kommen. Der rote Schnabelfleck ist ein optischer Auslöser, ebenso wie die herbeifliegenden Amseleltern. Duftstoffe sind Schlüsselreize für viele Schmetterlinge. Nachtschmetterlinge reagieren so stark auf den weiblichen Geschlechtsduft, daß sie versuchen, mit dem Teller zu kopulieren, auf dem kurz vorher noch ein Weibchen gesessen hat. Bei vielen Heuschrecken lockt das Zirpen der Männchen die Weibchen an, der Schlüsselreiz ist akustischer Art. Ebenso ist es der Angstruf eines Kükens, der die Glucke sofort zu Hilfe eilen läßt. Sie reagiert nur auf diesen Ruf, nicht auf das, was sie sieht. Bindet man im Versuch ein Küken hinter einem Brett fest, so kommt sie auf sein Geschrei hin eilends herbeigelaufen. Setzt man das angebundene Küken jedoch unter eine schalldichte Glasglocke, dann sieht die Glucke seinen verzweifelten Befreiungsbemühungen zu, ohne ihm zu helfen.

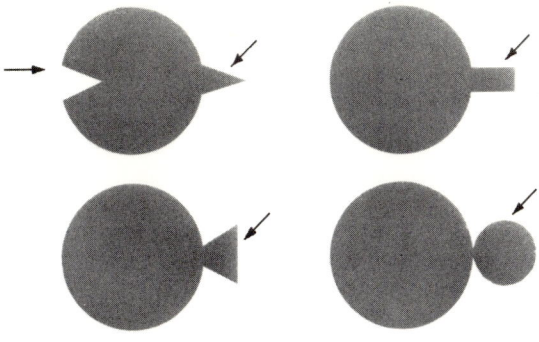

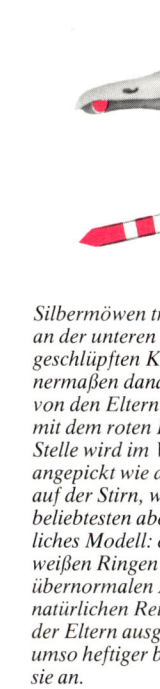

Diese Pappscheiben halten Amselnestlinge für ihre Eltern, wenn sie über dem Nestrand erscheinen und sich bewegen. Sie sperren ihre Schnäbel in Richtung der Pfeile auf, wo sie den Schnabel der Eltern mit Futter vermuten.

Auch diese Pappkreise werden als Elternersatz akzeptiert. Am ehesten dann, wenn der große Kreis dreimal größer ist als der kleinere. Bei der linken Attrappe richten die Amseljungen ihre Schnäbel auf den kleinen Kreis, bei der rechten auf den großen. Sie erkennen angeborenermaßen das Größenverhältnis von Körper zu Kopf, nicht aber die Eltern selbst.

Silbermöwen tragen einen roten Fleck an der unteren Schnabelspitze. Die frisch geschlüpften Kücken picken angeborenermaßen danach und werden daraufhin von den Eltern gefüttert. Das Kopfmodell mit dem roten Fleck an der richtigen Stelle wird im Versuch viermal so häufig angepickt wie das mit dem roten Fleck auf der Stirn, wo er nicht hingehört. Am beliebtesten aber ist ein völlig unnatürliches Modell: ein roter Stab mit drei weißen Ringen am Ende. In dieser übernormalen Attrappe werden alle natürlichen Reize, die von dem Schnabel der Eltern ausgehen, stark überbetont, umso heftiger bettelt das Möwenküken sie an.

Die Glucke eilt sofort herbei, wenn sie den Angstruf eines ihrer Küken hört, um dem bedrängten Kind zu helfen. Ihre mütterliche Verteidigungsbereitschaft wird jedoch nur durch die Rufe ausgelöst, nicht aber durch das, was sie sieht, wie es dieser Versuch zeigt: Einmal ist das Küken angepflockt und unter einer schalldichten Glasglocke eingesperrt worden, es mag sich noch so abstrampeln, die Mutter reagiert nicht auf sein angstvolles Gebaren. Im zweiten Fall ist das Küken hinter einem Brett angebunden, die Mutter kann zwar noch gar nicht sehen, was los ist, aber sie eilt beim ersten Hilferuf schon herbei.

85 Auslösemechanismus: Nicht alle Reize reizen

Eine Instinkthandlung wird jeweils nur durch wenige Reize ausgelöst, auch wenn die Gesamtsituation eine Vielfalt von Reizen anbietet und das Tier grundsätzlich die Fähigkeit besitzt, sie wahrzunehmen. Das Tier, das auf einen Reiz anspricht, trifft also eine Auswahl, es filtert aus Sinneseindrücken wie etwa Licht, Wärme, Duft, Farbe, Muster, Bewegung, Körperhaltung nur die heraus, die seine eigene Instinkthandlung hervorrufen. Es gab einen berühmten Streit in der Verhaltensforschung darüber, ob Bienen farbenblind sind oder nicht. C. von Hess ließ Bienen in einem dunklen Raum fliegen, der durch zwei Lichtquellen erhellt wurde. Von Hess experimentierte mit den verschiedensten Farben und Helligkeitsgraden, aber immer wählten die Bienen nur das hellere Licht von beiden, nie reagierten sie auf Farben, also schloß er daraus, daß Bienen farbenblind seien.

K. v. Frisch, der die Sprache der Bienen entschlüsselte, mochte nicht an deren Farbenblindheit glauben, weil er wußte, daß Bienen in der freien Natur eine bestimmte Farbe bevorzugen. So fliegt eine Sammlerin von einer gelben Blüte wieder zu einer gelben. Er stellte Schüsselchen mit Zuckerwasser auf bunte Papiere; entfernte er später das Futter, dann flogen die Bienen einwandfrei weiterhin die Farbe an, auf der sie das Futter gefunden hatten, und verwechselten sie niemals mit einer anderen. Sie konnten also Farben sehr wohl erkennen und unterscheiden. Jahrelang diskutierten von Hess und von Frisch über ihre widersprüchlichen Ergebnisse. Des Rätsels Lösung liegt in der auswählenden (selektiven) Empfindlichkeit für Reize. Nur einige wenige von allen vorhandenen lösen die dazugehörige Instinkhandlung aus. Bienen auf der Futtersuche sehen Farben und richten sich danach. In dem dunklen Zimmer aber waren sie nicht auf Futtersuche, sondern auf der Flucht, da waren ihnen die farbigen Lichtquellen gleichgültig, sie orientierten sich allein an der Helligkeit, wo das Schlupfloch in die Freiheit hätte liegen können.

Aus solchen Beobachtungen muß man schließen, daß es im Tier einen Mechanismus gibt, der aus den vorhandenen Reizen die spezifisch reaktionsauslösenden herausfiltert und auch den entsprechenden Befehl erteilt, wie das Tier daraufhin reagieren soll. Auch das Phänomen der gegenseitigen Reizverstärkung (Reizsummenregel) legt diesen Schluß nahe. Ganz unterschiedliche Reize wie eine Farbe und eine Bewegung – zum Beispiel das Prachtkleid eines Fisches und sein aggressiver Schwanzschlag – oder ein Duft und eine Flatterbewegung beim Schmetterling – setzen denselben Prozeß in Gang: beim Fisch den Kampf, beim Schmetterling den Balzflug.

Es muß eine Einrichtung geben, die die verschiedenen Reize sammelt und so miteinander verrechnet, daß sie sich in ihrer Wirksamkeit entweder gegenseitig verstärken oder einfach addieren. Eine solche Sammelstelle wirkt dann auf die Bewegungszentren des Gehirns ein, die nun ihrerseits Impulse an die Muskeln weitergeben. Man kann annehmen, daß die Filterung der Reize, die Summierung ihrer Wirkung und die Informationsweitergabe an die Bewegungszentren eine Leistung des Zentralnervensystems in Verbindung mit den Sinnesorganen ist, während sich die Auslösung der Reaktionen im Gehirn vollzieht. Alle diese Leistungen werden in einem Denkmodell unter dem Begriff Auslösemechanismus zusammengefaßt. Diese Begriffsbildung geht auf K. Lorenz und N. Tinbergen zurück. „Als angeborenes auslösendes Schema bezeichnen wir die erbmäßig festgelegte Bereitschaft, auf eine bestimmte Kombination von Umweltreizen mit einer bestimmten Handlung zu antworten" (K. Lorenz). Und da die Kopplung von bestimmten Verhaltensweisen an eine jeweils ganz besondere Reizkombination angeboren ist, nannten sie ihr Denkmodell ‚angeborener Auslösemechanismus', abgekürzt AAM.

Auch wenn man weiß, daß die Instinkthandlung auf einen Schlüsselreiz angeboren ist, ist es doch nicht möglich, allein aus der Beobachtung eine Reaktion als angeboren zu bezeichnen, sie könnte ebensogut ganz oder teilweise erlernt sein. Eine sichere Aussage darüber kann man nur in Attrappenversuchen an isoliert aufgezogenen, unerfahrenen Tieren machen. Zum Beispiel reagieren im Brutapparat erbrütete Amseljunge genauso auf Attrappen wie von Eltern aufgezogene, ihre Reaktionen sind also angeboren.

Ein angeborener Auslösemechanismus kann sich durch Erfahrung verändern, er wird dann zum EAAM: durch Erfahrung ergänzter Auslösemechanismus. Zum Beispiel füttern Seeschwalben und Möwen in den ersten Tagen jedes gleichaltrige Küken, nach etwa fünf Tagen aber haben sie ihre eigenen Kinder kennengelernt und füttern nur noch diese, fremde werden dann weggehackt, unter Umständen sogar getötet. Bleibt von dem Auslösemechanismus nur noch der erlernte Anteil übrig, dann ist das ein EAM: ein erworbener Auslösemechanismus. Manche Maulbrüter unter den Buntbarschen werden beim ersten Schlüpfen der Jungen auf deren Bild geprägt. Unterschiebt man ihnen beim ersten Mal artfremde Eier, so nehmen sie die geschlüpften Jungen an, sie können dann aber niemals mehr arteigene Junge großziehen, diese töten sie jedesmal nach dem Schlüpfen. Hier bleibt nur noch das erlernte Bild erhalten. Grundsätzlich läßt sich ein AAM durch eine einfache Attrappe mit wenigen Signalreizen in Gang setzen, bei einem EAM ist das nicht möglich, weil er von verwickelteren Reizkombinationen abhängig ist.

Bienen fliegen auf der Suche nach Nektar und Pollen von einer blauen Blume zur nächsten und von einer gelben wieder zu einer gelben. Sie sehen also Farben. In der berühmten Versuchsanordnung des Nobelpreisträgers K. v. Frisch kann das leicht bewiesen werden. Zwischen grauen Feldern liegt ein blaues, auf dem ein Schälchen mit Zuckerwasser steht. Sobald die Bienen gelernt haben, daß 'Blau' mit Futter gleichbedeutend ist, fliegen sie die Farbe auch an, wenn auf dem blauen Feld kein Zuckerwasser mehr steht. Sie müssen sie also von den Grautönen unterscheiden können.

Sobald der Stichling rot sieht, packt ihn die Angriffswut, und das passiert ihm regelmäßig im Frühling. Dann tragen alle männlichen Stichlinge eine rote Kehle und einen roten Bauch. 'Rote Unterseite' ist dann gleichbedeutend für ihn mit 'Rivale', und jeder Rivale muß schleunigst aus dem eigenen Bereich vertrieben werden. So wie im freien Wasser auch im Aquarium. Im Versuch greift der Stichling jede Attrappe an, die das Merkmal 'unten rot' trägt, auch wenn sie eher wie eine ausgestopfte Wurst oder wie ein Pfannkuchen aussieht (die vier unteren Modelle), eine naturgetreue Attrappe ohne dieses Merkmal (oberstes Modell) läßt ihn dagegen völlig kalt.

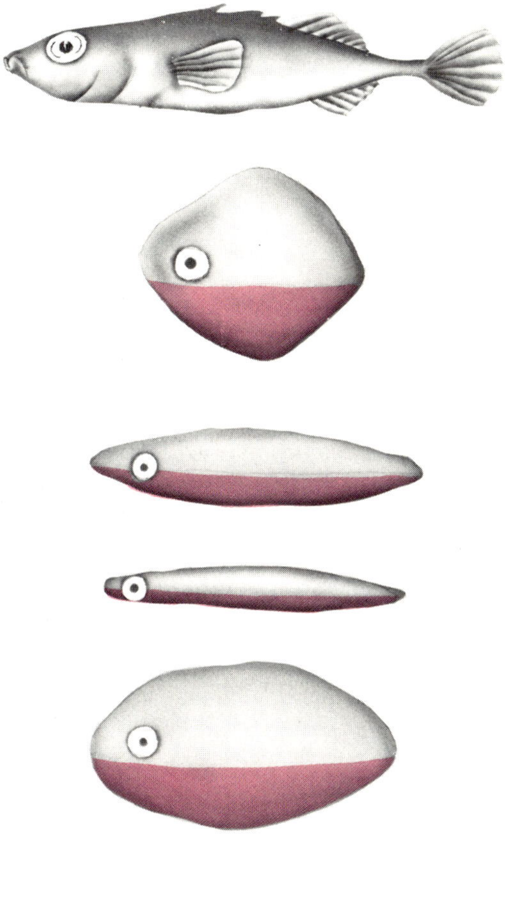

Der fleischfressende Gelbrandkäfer erkennt seine Beute nur am Geruch, obwohl er gut sehen kann. Hier sucht er in einer Wolke aus Fleischduft nach einer nicht vorhandenen Beute. Der Geruch strömt aus dem oben aufgehängten, mit Fleischextrakt gefüllten Beutel. Was er sieht, interessiert ihn nicht, wenn er auf Beutefang ist. So kann man ihm eine zappelnde Kaulquappe in einem Reagenzglas ins Wasser halten, ohne daß er sich darum kümmert.

86 Erbkoordination und Taxis: Eine klassische Untersuchung

In der angeborenen Antworthandlung auf Schlüsselreize stecken zwei Komponenten: eine Instinktbewegung und eine Orientierungsreaktion. Die Reaktionen von Amseljungen im Nest lassen sich daraufhin analysieren: In den ersten acht Tagen fahren die blinden Amseln senkrecht in die Höhe, sobald sie eine Erschütterung am Nest spüren, und sperren den Schnabel nach oben auf. Später, wenn sie sehen können, richten sie die Schnäbel schräg auf den Altvogel, der mit Nahrung im Schnabel vor ihnen erscheint. Solange sie noch blind sind, richten sie ihre Bewegung nach der Schwerkraft aus, später richten sie ihre Bewegung auf das Objekt aus, das sie sehen. In einer kurzen Zwischenzeit wird ihre Sperreaktion schon optisch ausgelöst, die Ausrichtung ihrer Bewegung aber noch nicht. Sie sehen zwar den Elternvogel und fahren hoch, aber sie sperren ihn noch nicht an, sondern recken die Schnäbel an ihm vorbei senkrecht nach oben.

In dieser Phase, in der die Umstellung vom Schlüsselreiz „Erschütterung" auf die komplexe Reizsituation „Elternvogel am Nest" erfolgt, sieht man, daß hier zwei verschiedene Reize zusammenwirken: einer, der die Bewegung auslöst und einer, der sie auf das Objekt ausrichtet. Anfangs löst der Reiz ‚Erschütterung' das Sperren aus, die Richtung wird durch die Schwerkraft bestimmt, später sind beide Reize im Erscheinungsbild der Eltern vereint. Im Versuch lassen sie sich aber trennen. Die Sperreaktion läßt sich optisch auslösen mit Attrappen, die sich bewegen, größer als 3 mm sind und oberhalb der Augenhöhe der Nestlinge erscheinen. Gerichtet wird die Bewegung nur durch ganz bestimmte Attrappen, die stilisierte Körpermerkmale tragen, die annähernd an Kopf und Schnabel eines echten Vogels erinnern.

Der auslösende Reiz ruft die Instinktbewegung hervor, die Erbkoordination genannt wird. Es ist eine angeborene Bewegungsweise, die immer gleich aussieht (sie ist formkonstant oder formstarr), und sie läuft, nachdem sie einmal ausgelöst worden ist, unbeeinflußbar von weiteren Reizen bis zum Ende ab. In diesem Beispiel ist die Erbkoordination die Sperrbewegung: Halsrecken und Schnabelaufreißen.

Die gerichtete Bewegung auf den Elternvogel hin wird Taxis genannt, sie ist ebenfalls angeboren. Unter diesen Begriff fallen alle Bewegungen im Raum, die sich auf ein Ziel richten. Taxien sind beispielsweise: mit der Pfote nach etwas schlagen, auf eine Futterquelle zulaufen, nach einem Korn picken, einem Duft folgen, eine Blume anfliegen, also jede zielgerichtete Bewegung. Zu den Orientierungsbewegungen zählen auch solche, die nicht auf ein bestimmtes Ziel gerichtet sind, wie: das Gleichgewicht halten, die Sonnenkompaßorientierung der Bienen oder die Ausrichtung nach Schwerkraft und Oberlicht bei Fischen. Die Taxis

ist abhängig von Außenreizen, sie erlischt, sobald diese aufhören. Eine Instinktbewegung oder Erbkoordination kann auch von innen her motiviert sein, die Orientierungsreaktion ist allein von äußeren Reizen abhängig.

N. Tinbergen vergleicht das Zusammenspiel von Erbkoordination und Orientierungsreaktion mit einem fahrenden Dampfer: „Die Schraube treibt ihn vorwärts, das Ruder steuert ihn. Die Vorwärtsbewegung kann man auslösen; dann geht sie ohne Außenreize so lange weiter, wie das Heizöl reicht. Das Ruder aber wird ständig bedient". Da das Schiff gleichzeitig fährt und gesteuert wird, fällt es schwer, diese beiden Komponenten in dem einen Vorgang voneinander zu trennen, zumal viele Reize sowohl die Erbkoordination auslösen als auch die Richtung der Bewegung bestimmen. Der rote Fleck an der Schnabelspitze der Silbermöwe löst das Betteln des Kükens aus und bestimmt auch den Punkt, wohin das Küken pickt. Malt man einer Attrappe den roten Fleck auf die Stirn, dann picken die Küken zum Teil auch auf den künstlichen Stirnfleck.

Klassisch sind inzwischen die Beobachtungen von K. Lorenz und N. Tinbergen über die Eirollbewegung der Graugans. Bemerkt sie ein Ei, das aus der Nestmulde geraten ist, dann holt sie es ins Nest zurück. Sie macht dazu den Hals lang, krümmt den Schnabel wie einen Haken über das Ei und rollt es zurück, indem sie ihre Bewegung sorgfältig nach rechts und links ausbalanciert, damit ihr das Ei nicht zur Seite weggleiten kann. Nimmt man ihr das Ei weg, dann fährt sie in der Einziehbewegung fort, als wäre das Ei noch da, nur hört sie mit den seitlich steuernden Ausschlägen des Halses auf. Die Taxis bricht ab, wenn die Graugans den Druck des Eies nicht mehr an ihrem Schnabel fühlt, die Orientierungsreaktion ist abhängig von den richtenden Reizen: „Das Ei kullert nach links oder rechts weg". Die Erbkoordination hingegen läuft unabhängig von den richtenden Reizen bis zum Ende ab, sie ist nur abhängig von dem einmaligen auslösenden Reiz: „Ein Ei ist aus dem Nest gerollt."

Die Taxis funktioniert wie eine von außen gesteuerte Reflexkette. Das Tier orientiert sich ständig am Sollwert, in diesem Fall ist das die gerade Bahn des Eies, und korrigiert laufend die Richtung, sobald das Ei davon abweicht.

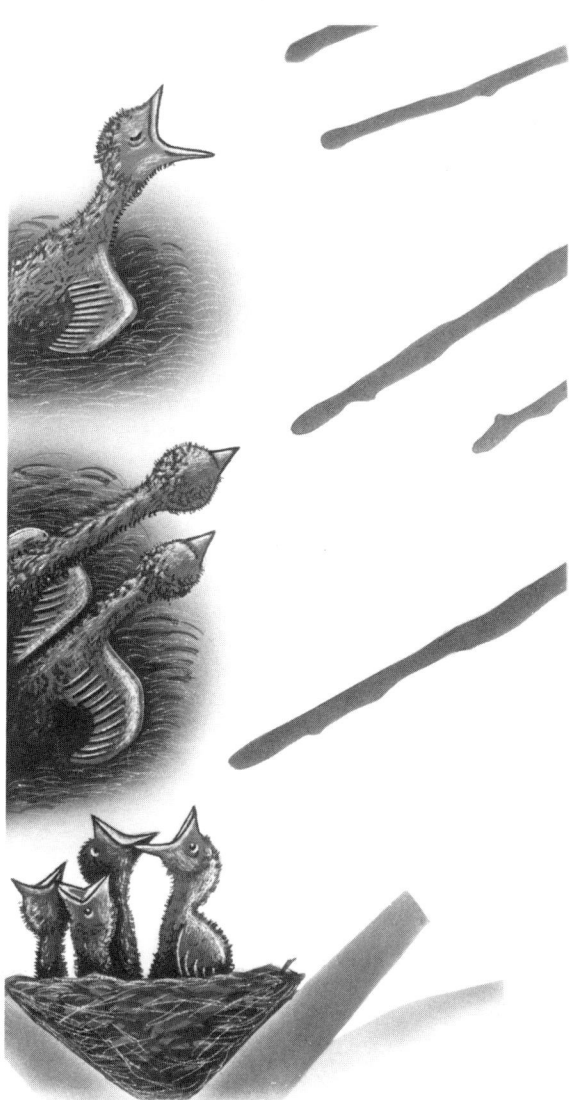

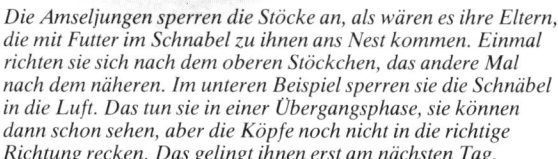

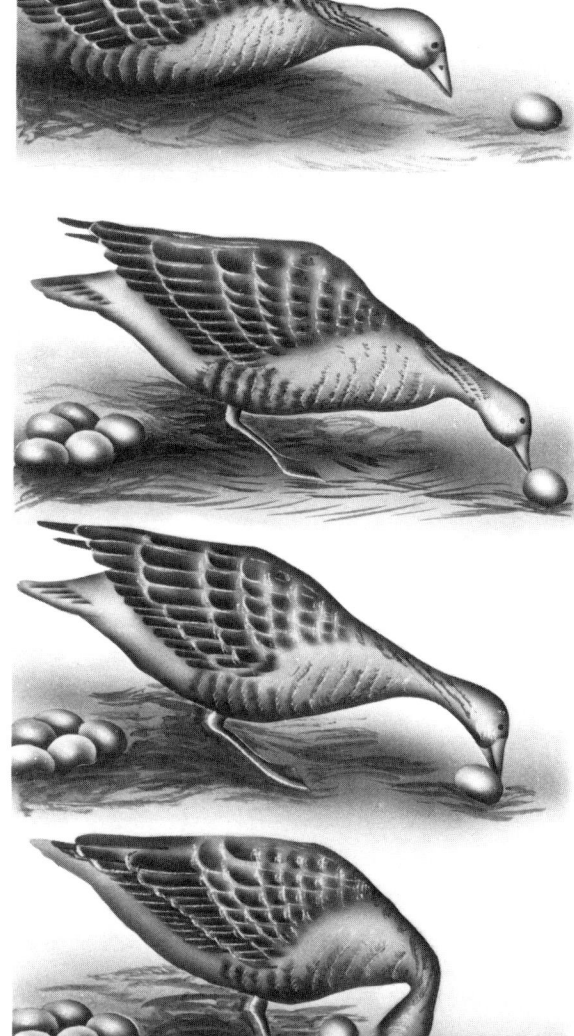

Die Amseljungen sperren die Stöcke an, als wären es ihre Eltern, die mit Futter im Schnabel zu ihnen ans Nest kommen. Einmal richten sie sich nach dem oberen Stöckchen, das andere Mal nach dem näheren. Im unteren Beispiel sperren sie die Schnäbel in die Luft. Das tun sie in einer Übergangsphase, sie können dann schon sehen, aber die Köpfe noch nicht in die richtige Richtung recken. Das gelingt ihnen erst am nächsten Tag.

Wenn die Graugans bemerkt, daß ihr ein Ei aus dem Nest gerollt ist, versucht sie, es zurückzuhohlen, das tun viele andere Vögel, die am Boden brüten, ebenfalls. Aber berühmt geworden ist nur die Eirollbewegung der Graugans, die Wissenschafts-geschichte gemacht hat. K. Lorenz und N. Tinbergen entdeckten an ihr zum ersten Mal, daß Verhaltensweisen sich aus zwei Bestandteilen zusammensetzen: aus der Instinkt-bewegung und der Orientierungsreaktion.

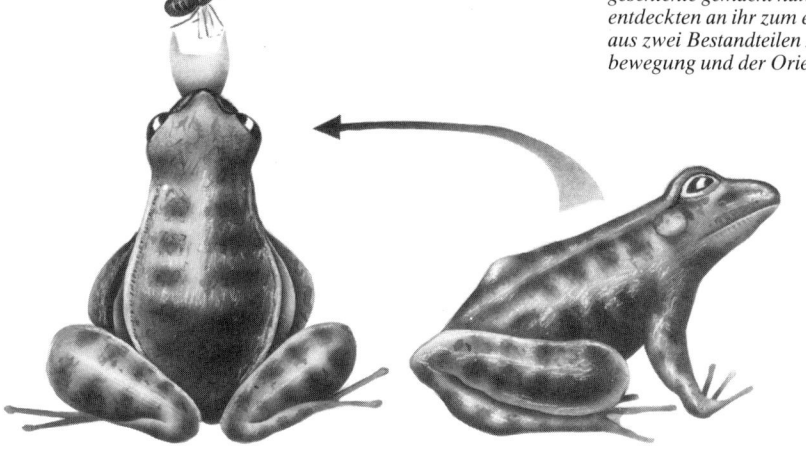

Der Frosch sieht eine Fliege, springt herum und richtet sein Maul auf sie. Das sind Orientierungsbewegungen. Hat er die Fliege knapp vor dem Maul, schleudert er seine Zunge heraus. Das ist die Instinktbewegung. Er kann sie nicht mehr korrigieren, wenn die Fliege sich in dem Augenblick bewegt, dann schnappt er vorbei.

87 Angeboren oder erworben: Angeboren ist, was nicht erworben ist

In dieser Definition, die nicht gerade sehr erhellend klingt, steckt einiger Zündstoff. Erstens will sie sagen, daß die Zweiteilung von Angeborenem und Erworbenem im Verhalten angelegt ist und zweitens, daß diese beiden Anteile zu trennen und für sich nachzuweisen sind. Eine ganze Reihe namhafter Wissenschaftler haben schwerwiegende Bedenken gegen diese Definition angemeldet.

1. Die Definition besitzt keinen analytischen Wert, weil ,angeboren' oder ,erworben' jeweils nur durch den Ausschluß des anderen definiert wird (D. O. Hebb).

2. Es ist nicht möglich, die Anteile am Verhalten, die ,angeboren' beziehungsweise ,erworben' sind, zu erkennen, weil Lernprozesse schon im Ei oder im Mutterleib beginnen können (D. S. Lehrman).

3. Es ist sinnlos, nach den jeweiligen Anteilen von ,erworben' oder ,ererbt' in einer Verhaltensweise zu fragen; genauso sinnlos wäre es, zu fragen, „wieviel einer Fläche von ihrer Länge beziehungsweise von ihrer Breite abhängt" (Hebb). Es gibt zwar angeborene und erworbene Anteile im Verhalten, aber sie vermischen sich so, daß sie weder begrifflich noch experimentell voneinander zu trennen sind.

4. „Keine Versuchsserie kann alle Umwelteinflüsse ausschalten" (R. A. Hinde). Deshalb wird es nicht möglich sein, den angeborenen Anteil an einer Verhaltensweise sauber herauszuarbeiten.

5. Das einzige, was sich nachweisen läßt, ist, „daß ein gewisser Unterschied zwischen den Merkmalen zweier Individuen ererbt ist" (P. R. Marler). Es gibt keine starren Merkmale eines Individuums, sondern nur ein enges Wechselspiel zwischen Vererbung und Umwelt, das sich nicht in seine Bestandteile zerlegen läßt. Ebenso kann man sagen, „daß der Unterschied im Verhalten zwischen einem dressierten und einem undressierten Tier auf einem Lernvorgang beruht." Das heißt aber noch nicht, daß diese bestimmte Verhaltensweise des einzelnen Tieres gelernt ist, diese entsteht aus dem Wechselspiel zwischen Organismus und Umwelt. Lernen ist immer eine Wechselbeziehung mit dem Ererbten.

In den Zitaten spiegeln sich die Meinungen der internationalen Wissenschaft. Keiner der zitierten Forscher leugnet völlig die Zweiteilung von Angeborenem und Erworbenem im Verhalten, aber alle äußern ihre Skepsis, ob es möglich sein wird, diese Anteile im Experiment zu trennen und jeden für sich zu bestimmen.

K. Lorenz hat sich gegen diese Auffassung gewandt und sich leidenschaftlich dafür eingesetzt, diese Zweiteilung experimentell zu erforschen. Er reißt die gesamte Problematik unter einem anderen Aspekt auf. Für ihn stellt sich nicht allgemein die Frage, was angeboren und was umgebungsbedingt ist, sondern sehr viel genauer, ob das angeborene Verhaltenselement völlig funktionsfähig ist „oder ob es zusätzlicher Lernvorgänge bedürfe, um dies zu werden." Lorenz knüpft damit an die ursprüngliche Fragestellung der Verhaltensforschung an, die wissen will, ob ein Verhalten nützlich ist, ob es an die gegebene Umweltsituation angepaßt ist und mit welchen Mitteln das erreicht wird: „Wenn wir vom Verhalten und seinen Problemen sprechen, haben wir seit je angepaßtes Verhalten und die Rätsel der Anpassung im Sinne."

Anpassung kann nur durch die Auseinandersetzung mit der Umwelt zustande kommen, also muß der Organismus Informationen einholen über die Beschaffenheit seiner Umwelt und sich in seinem Verhalten so danach richten, daß er dabei am günstigsten fährt. Anpassung hat das Ziel, das Bestmögliche für den Organismus herauszuholen. Es gibt nur zwei Wege, wie die Informationen über die Umwelt in den Organismus gelangt sein können. Einmal kann es eine zufällige Veränderung von Erbanlagen (Mutation) sein, die sich als so günstig erweist, daß ihre Träger bessere Überlebenschancen haben (Selektion). Diese Information ist dann im Erbgut des Organismus (Genom) verankert und wird weitervererbt. Diese Anpassung durch Erbänderung und Auslese nennt Lorenz stammesgeschichtliche (phylogenetische) Anpassung. Sie formt die Entwicklungsgeschichte der Tierstämme.

Zum anderen kann das Individuum in der aktuellen Auseinandersetzung mit seiner Umwelt Informationen aufnehmen. Das tun alle Organismen, ob sie lernen oder nicht. Lernen beginnt erst dort, wo Lebewesen ihre Verhaltensweisen auf Grund von Umweltinformationen ändern. Tiere neigen dazu, nur das zu lernen, was ihnen Vorteile bringt. Dieses auswählende Lernen des Nützlichen ist selbst eine Anpassung. Lorenz nennt die individuelle Änderung des Verhaltens „adaptive Modifikation" (angepaßte Verhaltensänderung).

Lernen und stammesgeschichtliche Anpassung sind sich insofern „geschwisterlich verwandt", als beide zum Wohl des Organismus arbeiten, aber während ein verbessertes Erbmerkmal hinfort weitervererbt wird, entsteht die individuelle Anpassung an die Umwelt immer wieder neu. Denn Erworbenes wird nicht vererbt. Angeborenes und Erworbenes bezeichnen also nichts anderes als „die Herkunft der die Außenwelt betreffenden Informationen, die Voraussetzung jeder Angepaßtheit sind". Erbmasse und individuelle Erfahrung: das sind die beiden Quellen, aus denen der Organismus alle Informationen über die Umwelt bezieht, die er für sein angepaßtes Leben braucht. Und ändert er sein Verhalten auf Grund individuell gewonnener Informationen, dann lernt er.

Eine Ringeltaube füttert ihr Junges. Tauben füttern ihre Jungen anfangs mit Kropfmilch, die unter dem Einfluß des Hormons Prolaktin entsteht. Die Schleimhaut des Kropfes schwillt an und löst sich in fettigen Schichten ab. Lachtauben erkennen Junge der eigenen Art und sind bereit, sie zu füttern, ohne je zuvor selbst Junge ausgebrütet oder gefüttert zu haben. Auch wenn sie am Anfang der Brutperiode noch keine Kropfmilch absondern können, nehmen sie unterschobene Junge an und füttern sie dann mit einer Mischung aus vorverdauten Körnern und Flüssigkeit. Das tun sie zwar nur dann, wenn sie selbst brüten und wenn die unterschobenen Jungen frisch geschlüpft sind. Aber auf jeden Fall kann man mit solchen Experimenten beweisen, daß Lachtauben Junge der eigenen Art angeborenermaßen erkennen und füttern.

88 Angeboren oder erworben: Können Tauben fliegen?

Ob eine Verhaltensweise angeboren oder durch Erfahrung erworben ist, läßt sich zum Teil durch einfache Überlegungen klären. So gibt es Tiere, die niemals die Möglichkeit hatten, zu lernen und doch das können, was sie brauchen. Ein Kuckuck beispielsweise, der von Grasmückeneltern großgezogen wird, sieht in seinem Nestlingsdasein nie einen anderen Kuckuck. Und doch sucht er sich später keine Grasmücken-, sondern eine Kukkucksfrau. Das Bild des artgemäßen Partners muß ihm also angeboren sein. Die meisten Insekten können von ihren Eltern schon deshalb nichts lernen, weil sie ihnen niemals begegnen. Oder: ein Stichling kann nur aus angeborenem Wissen schöpfen, wenn er das erste brünstige Weibchen – kenntlich an ihrem dicken silbrigen Bauch und der schrägen Stellung im Wasser – umwirbt und seinen Zickzacktanz beginnt. In der Geschwisterschar und im winterlichen Schwarm der Gefährten ist ihm mit Gewißheit nie ein solches Weibchen begegnet, und er hatte auch nie die Möglichkeit, sich bei einem erfahrenen Männchen den Werbungstanz der Stichlinge anzusehen. Trotzdem macht er im Frühjahr, wenn für ihn zum ersten Mal die hohe Zeit der Balz kommt, alles richtig. Oder nehmen wir ein junges Springspinnenmännchen, das zum ersten Mal auf Brautschau geht; es wird sofort gefressen, wenn es irrtümlich eine fremde Spinnenart anbalzt oder wenn es seinen Balztanz fehlerhaft ausführt. In beiden Fällen würden die Weibchen sein Anliegen überhaupt nicht verstehen und ihn wie ein x-beliebiges Opfer fressen.

Der angeborene Auslösemechanismus der männlichen Zebrahüpfspinne beispielsweise reagiert ausschließlich auf die spezifischen Reize arteigener Spinnenweibchen. Ihre Beine müssen ein bestimmtes Längen- und Dickenverhältnis haben, und die Zebrastreifung auf dem Hinterleib darf nicht fehlen. Nur bei dieser Reizkombination beginnt das Männchen den Balztanz, bei weniger naturgetreuen Attrappen reagiert es vorsichtshalber nicht. Erfahrene Männchen nehmen überhaupt keine Attrappe mehr an, ihr Auslösemechanismus funktioniert nur noch bei echten Weibchen. Hier wird also ein angeborenes Schema durch Lernen verfeinert, es muß aber schon beim erstenmal fehlerfrei funktionieren.

Viele einfache Bewegungen, die Tiere ausführen, sehen immer gleich aus, sie lassen sich durch Lernen nicht verändern. Und es gibt viele, sehr komplizierte Systeme, auf die Lernen keinen Einfluß hat, zum Beispiel den Verrechnungsapparat des Stars, der die Himmelsrichtung nach dem Stand der Sonne bestimmt. Einen komplizierten Steuermechanismus beherrscht beispielsweise auch die Gottesanbeterin, wenn sie Beute fängt. Sie mißt mit den Augen den Winkel zwischen ihrer Blickrichtung auf die Beute hin und ihrer eigenen Körperachse, und gibt diese Messung an den Steuermechanismus ihrer Fangbeine weiter, der daraus den Winkel berechnet, in dem die Fangbeine zuzuschlagen haben. Das Ganze geht blitzschnell. Diese komplizierten Mechanismen und viele andere haben Tiere nicht gelernt. „Ich behaupte vielmehr, daß ein solches System als Ganzes gegen jede, auch die kleinste Veränderung durch individuelles Lernen resistent sein muß, weil diese eine lebensnotwendige Präzision zerstören würde" (K. Lorenz).

Andererseits gibt es auch angeborene Verhaltenselemente, die erst durch Lernen funktionstüchtig werden. Junge Eichhörnchen knacken Nüsse anfangs recht ungeschickt. Sie kennen zwar angeborenerweise die Technik des Nagens und Sprengens, die perfekte Anwendung müssen sie jedoch erst lernen. Ein weiteres Beispiel dafür bietet der Nestbau der Ratten. Ihnen sind die Techniken des Nestbaues wie beispielsweise das Zerspleißen von grobem Nistmaterial, das Aufhäufen eines ringförmigen Nestwalls oder das Flachklopfen der inneren Nestwand komplett angeboren, sie beherrschen sie auch dann, wenn sie in leeren Käfigen aufgezogen werden. Was sie erst am Material selbst lernen können, betrifft die Reihenfolge der Bewegungen. Die Test-Ratten arbeiteten oft von oben nach unten und häuften ihr Nest in der Luft an und klopften es innen flach, obwohl ihr Bau noch längst nicht auf diese Höhe angewachsen war.

Die Ratten waren sogenannte Kaspar-Hauser-Tiere, aufgewachsen ohne die Möglichkeit, je auch nur einen Strohhalm herumtragen zu dürfen, geschweige denn ein Nest zu haben oder zu bauen. Die Kaspar-Hauser-Versuche sind benannt nach dem unglücklichen Findelkind gleichen Namens aus Nürnberg, das vor etwa 150 Jahren in totaler Isolation im Kerker aufgewachsen sein soll. In den Versuchen wird Tieren jeweils die Erfahrung vorenthalten, die normalerweise mit den Verhaltensweisen verbunden sind, deren Herkunft man überprüfen will. Will man wissen, ob Nachtigallen ihr Lied auch singen, wenn sie es nie vorher gehört haben, dürfen sie gerade dieses Lied nie hören. (Nachtigallen lernen ihren Gesang vom Zuhören.) Will man wissen, ob Tauben fliegen können, auch wenn sie vorher nie einen Flügelschlag tun konnten, werden sie in engen Käfigen gehalten. (Tauben können ohne jede vorherige Übung fliegen.) Eichhörnchen, die in leeren Käfigen aufwachsen und mit pulverisierter Nahrung gefüttert werden, vergraben trotzdem ihre ersten Nüsse in eine leere Käfigecke in die Luft hinein und klopfen die Luft darüber fest. Das Nüssevergraben ist ihnen angeboren. Die Versuche stellen das wichtigste Instrumentarium des Verhaltensforschers dar, um zwischen angeborenen und erworbenen Verhaltensanteilen zu unterscheiden.

Kreuz und quer hat ein junges Eichhörnchen diese Nüsse benagt, weil es noch nicht so recht wußte, wie man eine Nuß fachmännisch knackt. Was ihm an Technik fehlt, hat es durch Eifer ersetzt und die Nuß solange zerfurcht, bis es sie an irgendeiner Stelle mit den Zähnen aufbrechen konnte.

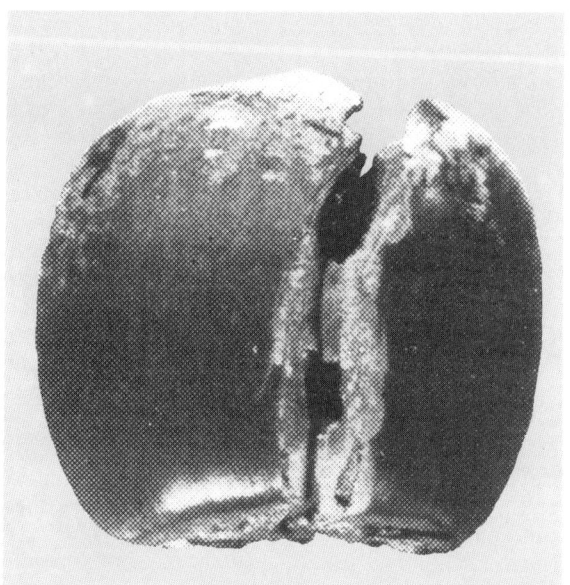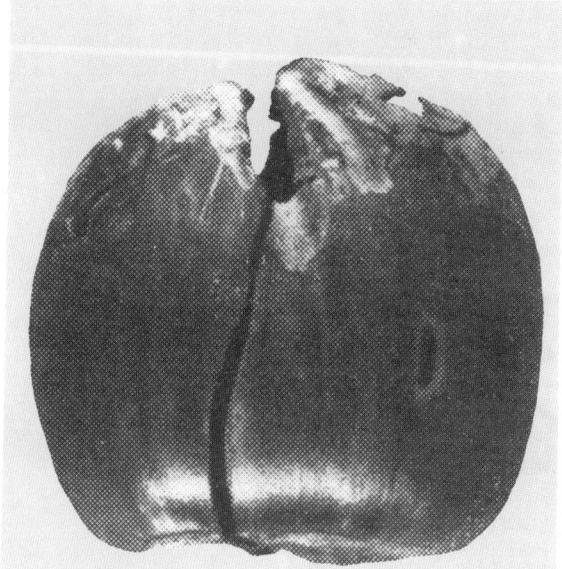

Das Eichhörnchen, das diese Nüsse geknackt hat, hat seine Lehrzeit hinter sich. Sparsam hat es nur noch eine Furche genagt, dann die Unterzähne wie einen Hebel angesetzt und die Nuß in zwei Hälften gesprengt. Die unscheinbaren Nüsse verraten den Werdegang einer Verhaltensweise. Ein Eichhörnchen weiß angeborenermaßen, daß man eine Nuß benagen muß und aufsprengen, aber die Perfektion der Ausführung, die muß es erst lernen.

89 Sozialisierung: Kindheit als Lehrzeit

Eine der wesentlichsten Errungenschaften der Säugetiere ist ihre Fähigkeit, ihre Körpertemperatur regulieren zu können; wechselwarme Tiere dagegen erstarren, wenn es kalt wird. Einen großen Schritt nach vorn bedeutet es auch, daß sie ihre Nachkommen mit der Keimesentwicklung im Mutterleib und der Ernährung durch Muttermilch vielen schädlichen Umwelteinflüssen entzogen haben. Sie haben damit einen Grad von Unabhängigkeit erworben, der ihnen vielfältigere Überlebenschancen einräumt als jeder anderen Tiergruppe. In jeder Klimazone, zu Wasser, zu Lande und in der Luft, in Höhen und Tiefen sind sie zu Hause.

Säugetierkinder sind abhängiger von ihren Müttern als alle anderen Tierkinder. Daraus entsteht eine sehr enge Bindung zwischen Mutter und Kind. Es ist die intensivste Bindung, die es überhaupt gibt, und sie bildet die Grundlage aller sozialen Beziehungen in der Gruppe. Die verlängerte Kindheit wird bei den Säugetieren zur Lehrzeit. Sie haben die Möglichkeit, viele Kenntnisse über Umwelt und Artgenossen zu erwerben, die anderen Tiergruppen angeboren sein müssen. Die Mehrzahl aller Tiere hat zum Lernen keine Zeit oder keine Vorbilder, weil sie ihre Eltern gar nicht oder nur kurz kennenlernen. Die sozialen Verhaltensweisen mancher höheren Säugetiere dagegen sind so reich an Variationen und wechseln so rasch von Situation zu Situation, daß sie nur aus der direkten Beobachtung und dem direkten Erleben erlernt werden können. Mit der Fähigkeit, aus Erfahrung zu lernen, erweitern Säugetiere ihren Handlungsspielraum beträchtlich im Vergleich zu allen anderen Tieren, die an ein starres Verhaltensschema gebunden sind. Das gipfelt schließlich in der Freiheit der höchsten Säugetiere, neues Verhalten zu erfinden und zu erproben. Am weitesten entwickelt ist dies alles bei den Affen. Sie leben in Familien oder größeren Gruppen, und ein wesentlicher Teil des Lernpensums eines kleinen Affen besteht darin, die „Benimm-Regeln" der Affengesellschaft zu lernen.

Am Anfang steht der enge, ununterbrochene Körperkontakt zwischen Mutter und Kind. Mit Händen und Füßen ist das Neugeborene im Fell der Mutter verklammert. Es trinkt häufig an der Mutterbrust und hält auch in den übrigen Zeiten die Brustwarze im Mund, das ist beruhigend und lustvoll für das Affenbaby. Oft beugt sich eine Schimpansenmutter über ihr Kind, streichelt und küßt es. Zum Schlafen legt sie Arme und Beine um es, so daß es vom Körper wie von einer Höhle umschlossen ist. Solange das Kind den Körper der Mutter spürt, ist es in Sicherheit. Es beginnt deshalb sofort zu schreien, wenn es den Körperkontakt verliert, der Verlust ist gleichbedeutend mit einer tödlichen Bedrohung. Das Schreien ist ein Alarmsignal für die Mutter und hilft ihr, ihr eventuell verloren gegangenes Kind wiederzufinden. Der Menschensäugling reagiert genauso auf den Verlust des Körperkontakts und versucht, durch sein Geschrei den beruhigenden Kontakt mit der Mutter wiederherzustellen. Nach diesen Erkenntnissen ist es falsch, das schreiende Kind im Bett liegen zu lassen.

Beginnt das Kind, von der Mutter wegzukrabbeln, dann fängt die Zeit an, in der es seine Umwelt und die Gefährten der Gruppe erforscht. Anfangs verhindert die Mutter mehr oder minder streng alle Freiheitsbestrebungen ihres Kindes, später kontrolliert sie sie. Wie die ersten eigenen Schritte bei einem kleinen Schimpansen überwacht werden, beschreibt J. van Lawick-Goodall: „Bis Flint 19 Wochen alt war, streckte Flo jedes Mal die Hand nach ihm aus oder zog ihn zu sich zurück, wenn er wegwollte. Danach erlaubte sie ihm allmählich, weiter fort zu gehen, aber sie war immer schnell dabei, ihn in ihre Arme zu nehmen, wenn er neben ihr her wackelte und dabei fiel."

Im Leben der Affen ebenso wie im Leben der Menschen scheint es eine Prägungsphase zu geben, in der das Kind seine Mutter erkennt und eine persönliche Bindung zu ihr aufbaut. Nestflüchter wie Enten und Gänse werden unmittelbar nach dem Schlüpfen auf ihre Mutter geprägt, bevor sie sich von ihr fortbewegen können. Auch Affenkinder müssen ihre Mutter kennenlernen, bevor sie das erste Mal von ihr wegkrabbeln. Der Zeitpunkt der Prägung ist von Art zu Art verschieden. Erkennbar ist die Prägung an der Fremdenangst, denn das setzt voraus, daß das Kind zwischen der Mutter und Fremden unterscheiden kann. Für den Rhesusaffen beginnt die Prägung schon am Ende der ersten Woche und dauert bis zur achten Woche. Wird ein acht Tage alter Säugling von einem anderen Weibchen herumgetragen, so folgt er mit den Augen seiner Mutter, er kann sie also schon genau von anderen unterscheiden. Oder er kehrt schon nach kurzer Zeit um, wenn er von der Mutter fortgekrochen ist. Später versucht er, sich aus den liebevoll gemeinten Umarmungen von Gruppengefährten loszuringen. Erschreckt sich das Kind, flüchtet es zur Mutter. Die Prägung und die Angst vor allem Fremden – belebt oder unbelebt – sichern dem Affenkind das Leben. Die einzige Schutzbasis, die es hat, ist die Mutter, und blindes Vertrauen oder schrankenlose Neugier allem Neuen gegenüber würde kein Affenkind überleben.

Die Prägung ist eine Schutzmaßnahme für das Kind, sie muß früh und nachdrücklich erfolgen. Wird die Prägung in dieser Phase verpaßt, ist sie später kaum nachzuholen, und der Erwachsene bleibt sozial und sexuell tiefgreifend gestört, wie es in ausgedehnten Versuchen an Rhesusaffen nachgewiesen werden konnte.

a

b

c

d

Verläßliche Mutter-Kind-Beziehungen
sind für den Affen wie für den Menschen
die Voraussetzung für ein späteres
ausgereiftes Sozialverhalten. Wenn
Rhesusaffen ohne Mutter aufwachsen,
bleibt ihre Fähigkeit zu sozialem Kontakt
für immer verschüttet. Die meisten sind
paarungsunfähig. Entweder greifen sie
den Partner an, oder sie beherrschen die
Kopulationsstellung nicht. (a: normales
Aufsteigen; b: Kopulationsversuche
eines isoliert aufgezogenen Männchens).
Viele Weibchen werden niemals
schwanger, selbst dann nicht, wenn sie
jahrelang in Gemeinschaft mit erfahrenen
und „geduldigen" Männchen leben. Wenn
sie aber doch Kinder zur Welt bringen,
werden sie schlechte Mütter. Sie lehnen
ihre Kinder ab, behandeln sie grob und
stoßen sie von der Brust zurück (c: eine
normale Mutter hält ihr Kind am Körper;
d: isoliert aufgezogenes Rhesusweibchen
läßt ihr Kind allein in der Ecke liegen
oder tut ihm weh). Die berühmten Versuche wurden unter der Leitung
H. F. Harlows an der Universität von
Wisconsin, USA, durchgeführt.
Übereinstimmungen mit dem Menschen
springen dabei ins Auge: Mädchen, die
selbst in Heimen aufgewachsen sind,
entwickeln später keine Beziehung zu
ihrem eigenen Kind. Sie vernachlässigen
es oder geben es wieder ins Heim. Da sie
selbst nie die individuelle Bindung an
eine Mutter erlebt haben, können sie sie
auch nicht zu ihrem Kind aufbauen.

90 Sozialisierung:
Die Lehrjahre des Affen

Vom ersten torkeligen Schritt fort von der Mutter bis zur endgültigen Loslösung des selbständig gewordenen Jugendlichen lernt der junge Affe ununterbrochen; er erkundet das Gebiet, in dem seine Gruppe lebt, übt seine körperliche Geschicklichkeit, eignet sich Futter- oder Jagdtechniken an. Schimpansen lernen den Gebrauch verschiedener Werkzeuge. Das Kind lernt die Gruppenmitglieder persönlich kennen und mit der Zeit auch ihre persönlichen Eigenheiten, ob sie etwa leicht erregbar oder friedlich sind, gutmütig oder streitsüchtig. Wichtig für den jungen Affen ist, daß er bald begreift, wann er einem Gruppenmitglied besser aus dem Weg geht und wann er sich ihm nähern darf, wann er den anderen vielleicht zu einem Spiel auffordern oder sogar am Fell ziepen darf und wann er das lieber läßt. Ablesbar ist das an Gesten, Gesichtsausdruck, Körperhaltung und Lauten. Diese Körpersprache ist die Umgangssprache in Affengesellschaften, sie ist ein sehr feines Verständigungsmittel, mit dem sich Vieles sehr differenziert ausdrücken läßt. Jedes Kind muß diese Umgangssprache lernen; viel davon erwirbt es sich im Spiel.

Junge Hulmans zum Beispiel spielen Präsentieren, Aufreiten, Drohen, Imponieren. In raschem Wechsel übernehmen sie bald die Rolle des Überlegenen, bald die des Unterlegenen. Sie umarmen sich oder putzen sich gegenseitig das Fell. Jede dieser Handlungen hat bestimmte Bedeutungen, die von allen Affen verstanden werden.

Schimpansenkinder müssen in die komplizierten Rangordnungsverhältnisse ihrer Gruppe hineinwachsen, die sich jeweils mit der aktuellen Zusammensetzung der Gruppe verändern. Schimpansen sind launisch, es ist wichtig für die Kleinen, die Stimmung der älteren Tiere richtig einschätzen zu können, um eventuellen Wutausbrüchen rechtzeitig aus dem Weg zu gehen. Es wird später für sie wichtig, den eigenen Rang in der Gruppe zu kennen und ihn - wenn möglich – zu verbessern. Dabei muß man wissen, auf wen man sich verlassen kann. Schimpansen schließen in vielen Konfliktsituationen Bündnisse. Manche haben feste Freundschaften, auf die Hilfe der Freunde können sie dann immer zählen.

Schon früh zeigt ein kleines Schimpansenkind eigene soziale Gesten. Bereits in seinem zweiten Lebenshalbjahr streckt es sein kleines Hinterteil den Großen zur Begrüßung entgegen, es streckt die Hand zum Gruß aus oder gibt Küsse. Es laust schon flüchtig die Mutter oder die Geschwister, und es ahmt mit Grasbüscheln und Erdklumpen das Imponiergehabe der erwachsenen Männer nach. Die älteren Schimpansenmädchen üben spielerisch ,Mutter sein', wenn sie Babys mit sich herumtragen, mit ihnen spielen und sie behüten.

Die Eingliederung in die Gesellschaft wird von der Mutter besonders am Anfang ständig überwacht und gesteuert. Die Mütter spielen selbst viel mit ihren Kindern, und sobald das Kind die ersten Kontakte zu Geschwistern, anderen Kleinkindern oder älteren Artgenossen aufnimmt, versucht sie, ihrem Kind alle gefährlichen Begegnungen zu ersparen. Sie zieht es aus einer Spielgruppe heraus, wenn eine Balgerei zu rauh wird, sie holt ihr Kind sofort, wenn es jammert, sie wehrt fremde Kinder und zudringliche Erwachsene ab und zieht sich mit ihrem Kind von Gruppenmitgliedern zurück, die ihr momentan bedrohlich erscheinen. Bei der sprichwörtlichen Affenliebe zu Kindern muß manche Mutter ihr Kind nicht nur vor Aggressionen, sondern auch vor allzuviel Zuneigung schützen und es immer wieder auch aus den Armen von Jugendlichen oder erwachsenen „Tanten" ziehen.

Die Kinder lernen am Vorbild der Mutter oder anderer Gruppenmitglieder Sozialverhalten. Sie lernen aus der Beobachtung, durch Nachahmung, durch das aktive Eingreifen älterer Gruppengenossen oder die gezielte Erziehung der Mutter: Eine Rhesusmutter erschrak über eine Schlange in einer Kiste. Obwohl ihre Kinder die Schlange selbst nicht sehen konnten, rührten sie die Schachtel, mit der sie vorher gern gespielt hatten, nicht mehr an. Eine Schimpansenmutter, die an Durchfall litt, pflückte eine Handvoll Blätter und putzte sich damit ihr verschmutztes Hinterteil. Ihr kleiner Sohn sah ihr dabei zu, dann machte er es – obwohl völlig sauber – ebenso. Die meisten Affenkinder sind unternehmungslustig und neugierig. Die Älteren bremsen diesen Erkundungsdrang. Die Anführer der Japan-Makaken scheuchen zu forsche Draufgänger zurück oder greifen selbst ein, wenn die Lage bedrohlich aussieht. Mütter ziehen ihre Kinder am Schwanz, an Armen oder Beinen zurück, wenn ihr Kind zu wagemutig von ihnen fortstrebt.

Zuweilen werden Kinder auch bestraft. Eine Schimpansenmutter versetzte ihrer Tochter, die zu aufdringlich um eine Banane bettelte, einen Klaps, nahm sie aber gleich darauf tröstend in die Arme. Die schlimmste Zeit für die Affenkinder ist die Zeit der Entwöhnung. Nach der Zeit des engen Kontakts mit der Mutter muß das wie die Austreibung aus dem Paradies für sie sein. Sie werden zum Teil sanft und freundlich abgewiesen, zum Teil aber auch fortgestoßen und fortgetreten. In dieser Entwöhnungsphase sind Strafen häufiger. Wenn die Kinder probeweise die erste feste Nahrung zu sich nehmen, lernen sie wiederum von der Mutter, was genießbar ist oder gut schmeckt. Sie nehmen der Mutter Früchte oder Blätter aus dem Maul und kosten davon, oder sie pflücken von demselben Strauch, von dem auch die Mutter pflückt.

Zwei Orang-Utan-Kinder spielen. Der Orang lebt hauptsächlich in den Bäumen und bewegt sich kletternd und hangelnd fort. Ein kleiner Orang lernt diese Techniken von seiner Mutter; sie zeigt ihm, wie man sich festhalten muß, stützt ihn und ermuntert ihn bei den ersten Kletterversuchen. Später lernt er in Spielgruppen mit Altersgefährten weiter. Im Spiel lernen Affenkinder ihre Umwelt, sich selbst und ihre jungen und alten Gefährten kennen. In Affengesellschaften gibt es ein reichhaltiges Repertoire an Umgangsformen, die jeder Affe beherrschen muß, wenn er ein anerkanntes Mitglied seiner Gruppe sein will.

91 Tradition:
Jugend macht erfinderisch

Warum fressen die Schimpansen im Budongo-Wald keine Bananen, am Gombe-Fluß aber mit Begeisterung? Warum singen Buchfinken in Thüringen anders als in Schwaben? Und warum legen manche Insekten ihre Eier über Generationen hinweg immer auf die gleiche Pflanze ab? Warum fangen die Ratten auf einer Hallig in der Nordsee Vögel? Nirgends sonst tun Ratten das. Und warum schlafen nur die Löwen im Manyara-Park auf Bäumen, alle anderen aber nicht?

Aus dem Vergleich mit anderen Regionen und deren Bräuchen kann man schließen, daß es sich hier jeweils um lokale Gewohnheiten handelt. Oft entwickelt ein Tier nach dem Prinzip von Versuch und Irrtum ein eigenes Verhalten, das aber in der Regel mit seinem Tod wieder verschwindet. Bei gesellig lebenden Tieren kann eine solche individuell erworbene Handlungsweise von anderen Gruppenmitgliedern nachgeahmt und allmählich in der gesamten Gruppe zur Gewohnheit werden. Die Mütter zeigen es ihren Kindern, oder die Kinder schauen es sich von den Erwachsenen ab und übernehmen das neue Verhalten bereits so selbstverständlich, als wäre es ihnen angeboren. Wenn dieser Stand erreicht ist, hat sich eine gruppeneigene Tradition gebildet.

Ratten lernen von ihrer Mutter, was sie fressen dürfen. Sie entreißen ihr Futterbrocken und fressen dann später nur das, was sie in früher Jugend als genießbar kennengelernt haben. Außerdem lernen sie schnell aus schlechten Erfahrungen. Stoßen sie auf einen neuen Köder, dann fallen die Tiere keineswegs alle darüber her. Zunächst probiert nur eine kleine Gruppe aus dem Rudel den Köder und zwar in so kleinen Mengen, daß das Gift nicht tödlich wirkt. Sie zeigen dann zwar Vergiftungserscheinungen, aber sie überleben. Ab jetzt meiden nicht nur die Ratten den Köder, die als „Vorkoster" am Werk waren, sondern auch alle anderen Rudelmitglieder. So kommt es dazu, daß manche Ködersorten in ganzen Stadtbezirken über Generationen hinweg nicht angerührt werden. Hier hat sich eine sogenannte lokale Tradition gebildet.

Der berühmteste Fall von Traditionsbildung wurde von der japanischen Insel Koshima bekannt, auf der verschiedene Gruppen von Japan-Makaken leben. Dort erfand das junge Weibchen Imo im Jahr 1953 das Waschen von Süßkartoffeln. Eines Tages tauchte sie eine Knolle in das Wasser eines Flüßchens und spülte den Schmutz ab, bevor sie sie aß. Im Laufe der Jahre übernahmen die anderen Gruppenmitglieder dieses Verhalten. Später wuschen sie die Süßkartoffeln auch im Meerwasser und schließlich wurde sogar beobachtet, wie sie während des Essens die Süßkartoffeln immer wieder in das salzige Meerwasser tauchten, um so ihre Nahrung zu würzen. Heute ist es eine feste Gewohnheit der Japan-Makaken auf Koshima, ihre Süßkartoffeln zu waschen, ehe sie sie essen.

Interessant ist, daß Kinder und Jugendliche am ehesten bereit sind, Neuerungen einzuführen oder zu übernehmen. So lernte Imos Mutter von ihrer Tochter das Süßkartoffelwaschen und nicht umgekehrt, und die neue Gewohnheit verbreitete sich zuerst unter den Spielgefährten und den Geschwistern Imos in der jüngeren Generation. Sobald aber eine Mutter das Süßkartoffelwaschen gelernt hatte, brachte sie es auch ihrem Baby bei. Altbewährte Gewohnheiten werden von der Mutter und älteren Gruppengenossen an die Kinder weitergegeben, neue Gewohnheiten dagegen nehmen den umgekehrten Weg. Bei beiden Wegen spielen die Mütter als Vermittler eine wichtige Rolle. Schon in ihrem ersten Lebensjahr probieren die kleinen Makaken das Futter, das ihrer Mutter aus dem Mund fällt, oder sie klauben es ihr sogar aus dem Mund. So lernen sie sehr früh die komplette Speisekarte ihrer Gruppe kennen.

Dies ist sogar der einzige Weg, wie sie mit den üblichen Futtersorten vertraut gemacht werden können, denn aus Laboruntersuchungen weiß man, daß mutterlos aufgezogene Makaken außer Milch kein Futter akzeptieren. Die Mutter erzieht ihr Kind aktiv. Sobald es ihrer Meinung nach Dummheiten macht, zu waghalsig ist, oder eine Gefahr droht, hält sie es an den Beinen fest oder schüttelt es an Schultern und Armen, sie blickt es grimmig an, stößt Warnlaute aus oder entreißt ihm Futter. Auch die Gruppenführer hindern die jungen Tiere an allzu gefährlichen Unternehmungen. Als japanische Wissenschaftler eine Falle aufgestellt hatten, trieb der Anführer alle Tiere zurück, die sich ihr nähern wollten, und griff diejenigen an, die nicht auf ihn hören wollten. In einer anderen Gruppe verjagten die Anführer junge Tiere, die sich für künstlich ausgestreutes Futter interessierten.

Diese strenge Erziehung, die selbstverständlich zum Schutz der jungen unerfahrenen Tiere sehr sinnvoll ist, hemmt natürlich den „Forscher- und Entdeckertrieb" der jungen Makaken. Das macht verständlich, warum die bewährten Traditionen von der älteren Generation, die neuen jedoch von der jungen Generation vermittelt werden. Imo stiftete in ihrer Gruppe noch eine weitere Tradition. Es mutet schon recht kultiviert an, was ihr diesmal einfiel, sie reinigte nämlich Weizenkörner von Sand und Dreck, indem sie sie ins Wasser warf. Sand und Erdkrumen sinken dann ab, die Körner aber schwimmen oben und brauchen nur abgeschöpft zu werden. Anfangs übernahmen die Affen auch diese neue Technik. Später kamen sie jedoch wieder davon ab. Zu oft stibitzte ihnen der Nebenmann die schwimmenden Körner weg. Dafür waschen sie nun die Körner in der geschlossenen Hand. So rasch können Traditionen wechseln, wenn sie sich als unbrauchbar erweisen.

Auf der japanischen Insel Koshima haben die Japanischen Makaken kultivierte Eßgewohnheiten entwickelt: Nicht nur, daß sie ihre Süßkartoffeln gern sauber essen und deshalb vorher abwaschen, sie tauchen sie auch nach jedem Bissen neu ins Meerwasser, um sie zu würzen. Diese Affen haben ihr Leben seit 1952 nahezu völlig umgekrempelt und sind deshalb zum berühmtesten Beispiel für Traditionsbildung im Tierreich geworden. Tradition bedeutet die Weitergabe erworbener Informationen innerhalb einer Gruppe oder an die nächste Generation. Die Affen lebten ursprünglich in den Bergwäldern der Insel. Sie kamen selten zum Strand, und schon gar nicht wären sie einen Schritt ins Wasser gegangen. Heute planschen die jungen Affen an heißen Tagen im Meer herum, sie können schwimmen und tauchen und vergnügen sich damit, Seetang vom Meeresboden heraufzuholen. Einer von ihnen ist inzwischen sogar zu einer benachbarten Insel hinübergeschwommen. Aus eigenem Antrieb taten sie das allerdings alles nicht. Japanische Forscher lockten sie mit ausgestreuten Süßkartoffeln an den Strand. Eines Tages kam das junge Weibchen Imo auf die Idee, die Kartoffeln abzuwaschen. Diese Gewohnheit setzte sich in der Gruppe durch, dabei wurde allen das Meer vertraut. Schon die Säuglinge wurden von den Müttern nun mit ins Meer genommen. Und am Ende dieser schnellen Entwicklung steht nun schon die Erkundung einer neuen Insel. Für ein Affenleben sind das revolutionäre Umwälzungen. Sie wurden alle von jungen Tieren eingeleitet.

92 Lernen:
Die Großen haben es leichter

„Das wird mir eine Lehre sein, das passiert mir nicht wieder", sagen wir und drücken damit bereits in der Umgangssprache exakt aus, was Lernen eigentlich ist: eine Verhaltensänderung auf Grund einer vorausgegangenen Erfahrung. Viele Arten kommen ohne Lernen aus. Ihr Verhalten ist erblich festgelegt und verändert sich im Laufe ihres Lebens durch individuelle Erfahrungen nicht. Das hat seine Vorteile. Solange die Umwelt sich nicht verändert, funktionieren angeborene Verhaltenssysteme fehlerfrei, sie sind bewährt und schließen Irrtümer aus. Und das Tier muß keine Zeit mit Lernen verbringen. Je variabler aber die Umwelt ist, desto beweglicher muß auch das Tier darauf reagieren. Nur das erlernte Verhalten bietet dann die notwendige Freiheit. Wer mehrere Alternativen des Handelns zur Verfügung hat, kann vielleicht noch einen Ausweg aus einem Dilemma finden, in dem ein Tier mit einem starren angeborenen Verhaltensinventar zu Grunde geht. Dafür sind beim Lernen mehr Irrtümer möglich.

Lernvorgänge sind schon von den einfachsten Tieren bekannt. Pantoffeltierchen können sich einen Ort merken, an dem sie wiederholt etwas zu fressen gefunden haben, und ihn wieder aufsuchen. Ein Tintenfisch lernte, ein großes von einem kleinen Quadrat zu unterscheiden und zwei ähnliche Aufgaben. Forellen kannten 14 graphische Zeichen, wie Kreis, Kreuz und anderes, und erwiesen sich damit als ebenso intelligent wie die großen Brahma-Hühner. Ein indischer Elefant und ein Pferd beherrschten zwanzig Merkmalpaare. Im allgemeinen können höher entwickelte Tiere mehr lernen als niedere, aber es gibt sehr viele Ausnahmen von dieser Regel. Bei nah verwandten Tieren lernen die großen Arten besser als die kleinen, beispielsweise große Hühnerrassen besser als kleine. Die Versuche mit Musterwahlen sind geeignet, die Lernleistungen verschiedener Tiergruppen zu vergleichen. Tiere können in solchen Tests allerdings völlig versagen, ohne deshalb dumm zu sein.

Das passiert, wenn der Test die Fähigkeiten, die dieses Tier in seinem freien Leben beherrscht, nicht erfaßt. Lernbegabungen sind erblich festgelegt und angepaßt an die Lebensbedingungen der Art. So wird ein Frosch Mühe haben, den Weg durch ein Labyrinth zu finden, eine Maus dagegen, die in unterirdischen Laufgängen zu Hause ist, lernt hier schnell und behält das Gelernte auch. Man erfährt mehr über das einzelne Tier, wenn man danach fragt, was es in seiner natürlichen Umwelt tatsächlich lernt, und nicht danach, was es theoretisch lernen könnte. Tiere lernen dazu, wenn sie es in ihrem natürlichen Lebensraum zur Bewältigung einer Aufgabe brauchen, sie bleiben aber da völlig unbelehrbar, wo Lernen ihr angeborenes Verhaltensschema nicht verbessern könnte.

Ein schönes Beispiel dafür ist der Bienenwolf. Das ist eine Grabwespe, die Jagd auf Bienen macht und sie ihren künftigen Kindern als Vorratsnahrung mit in die Bruthöhle eingräbt. Sie besitzt einen angeborenen Auslösemechanismus für Bienen, sie erkennt sie am Geruch und macht nie auf irgendwelche anderen Insekten Jagd. In diesem Punkt lernt sie nichts. Was sie dagegen lernt, und zwar schnell und genau, ist die Lage ihres Nestes. Bevor sie abfliegt, kreist sie einige Male darüber und prägt sich die charakteristischen Ortsmerkmale ein, an denen sie ihr Nest beim Rückflug wiedererkennen kann. Den Geruch der Honigbiene muß sie nicht lernen, er ist immer gleich, diese Kenntnis kann ihr also angeboren sein. Die Lage ihres Nestes aber ist jeweils nur an neuen Merkmalen zu erkennen, diese muß sie sich also jedesmal neu einprägen. Während der Bienenwolf im Fall der Nahrungssuche völlig dumm ist, ist er im Fall der Ortsorientierung äußerst intelligent. Man merkt aber schon, daß diese Begriffe hier nicht angebracht sind, Tiere haben artspezifische Begabungen, die genau passend für die jeweiligen Lebensbedingungen entwickelt sind.

So besitzen viele Affen eine sehr hohe soziale Intelligenz. Löwen wenden ausgeklügelte Jagdstrategien an. Bienen prägen sich das Aussehen und den Standort verschiedener Blüten ein und merken sich dies über lange Zeit, in einem Fall wußte eine Biene noch nach sechs Wochen, wo die zuletzt von ihr besuchte Futterstelle lag. Mäuse tragen eine Art Landkarte im Kopf, auf der die Gangsysteme verzeichnet sind, die sie bewohnen. Die geselligen Dohlen „zählen" die ausfliegenden Gefährten und werden unruhig, wenn einer fortbleibt. Sie schneiden deshalb auch in Zählversuchen nicht schlecht ab, aber andere Vögel können es noch besser. Ein Kolkrabe lernte es, von einer Tafel mit unterschiedlich großen und verschieden geformten Plastilinbrocken abzulesen, von welchem Futterschälchen er den Deckel abnehmen durfte, um sich eine Belohnung zu holen. Er mußte dazu aus einer Gruppe verschieden dekorierter Musterdeckel den Deckel mit der gleichen Anzahl (nicht Form, Größe oder Anordnung!) von Plastilinbrocken herausfinden, die die Tafel anzeigte. Der Kolkrabe löste dies Problem meisterhaft. In einer ähnlichen Aufgabenserie schnitten Kolkraben und Menschen gleich gut ab. Streng genommen zählen die Vögel natürlich nicht, „sie zählen unbenannt" (O. Koehler), aber sie können Mengen voneinander unterscheiden und nach der Anzahl der Stücke abschätzen. So wissen natürlich auch die Dohlen im Freileben nicht, daß von zwölf Vögeln drei fortgeflogen sind, aber sie wissen, daß ihre Gruppe nicht vollständig ist und – da sie sich persönlich gut kennen – welche Gefährten noch auswärts sind.

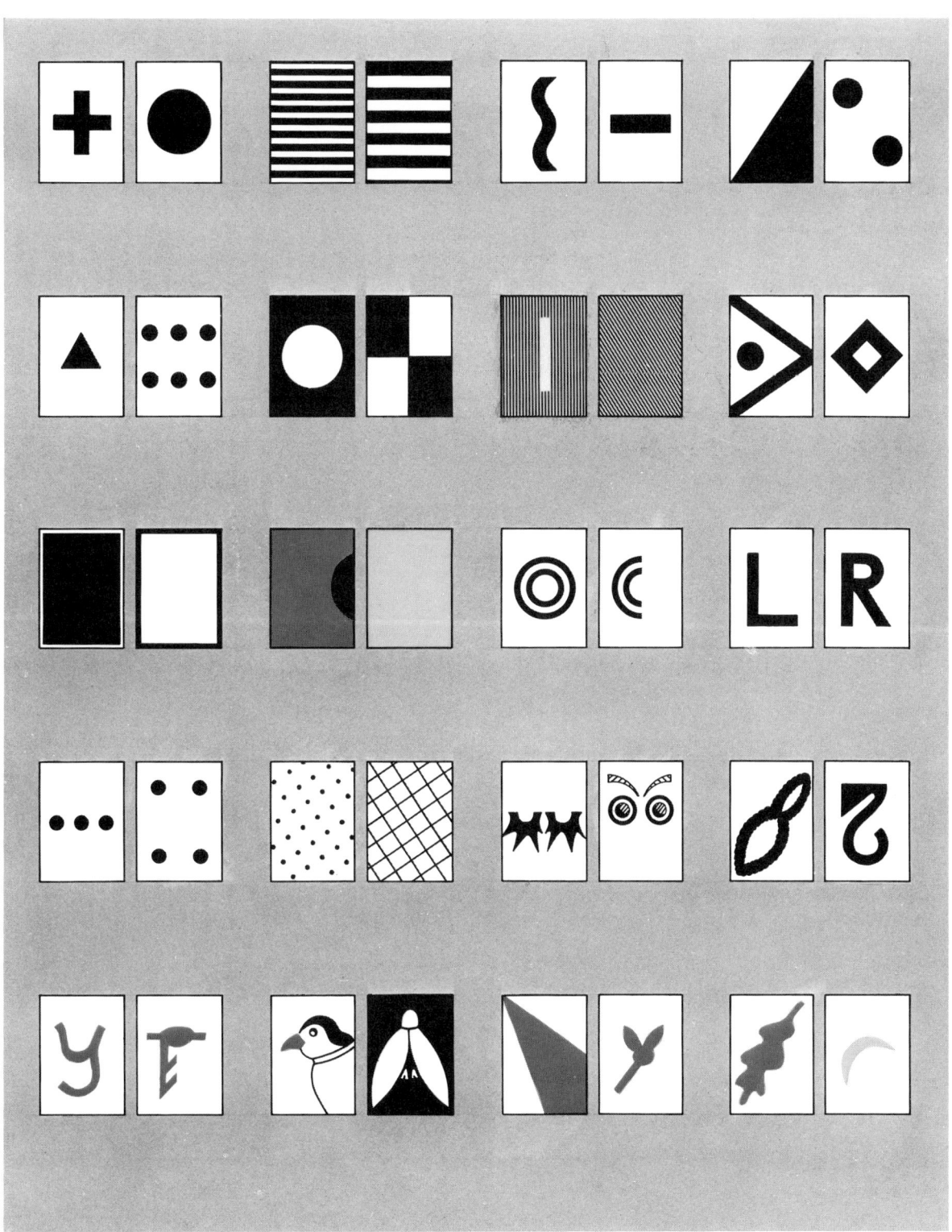

Große Affen lernen mehr als kleine, Pferde mehr als Zebras, große Papageien mehr als Wellensittiche. In bestimmten visuellen Tests schneidet die große von zwei annähernd vergleichbaren Arten immer besser ab als die kleine. Was muß dann ein Elefant für Wunderleistungen vollbringen! Aus einer Testreihe zur 'visuellen Lernkapazität' ging er tatsächlich als Sieger hervor, mit ihm zog allerdings noch ein Pferd gleich, und ganz fair verlief die Konkurrenz auch nicht, weil die anderen Testtiere ihm in der Gewichtsklasse eindeutig unterlegen waren: seine winzigsten Gegner waren Bienen.
Alle Tiere hatten die gleichen Aufgaben zu lösen, sie sollten graphische oder farbliche Muster voneinander unterscheiden lernen und wiedererkennen können. Dem Versuchstier werden dazu jeweils zwei Muster gleichzeitig gezeigt, sie sind auf Behälter aufgemalt, von denen der eine Futter enthält, der andere nicht. Wählt das Tier nach vielen Versuchen immer nur das positive Merkmal, unter dem es gewohnt ist, einen Happen zu finden, dann hat es dieses Zeichen wiedererkannt und von dem anderen, unergiebigen, unterschieden. Die Tafel zeigt die zwanzig Musterpaare, die der Elefant sich einprägen konnte, unter dem linken Muster eines Paares fand er jeweils das Futter.

93 Lernen:
Wie Schimpansen mit Geld umgehen

Erlerntes wird häufig in ein ererbtes Verhaltensmuster eingefügt und macht es erst dadurch funktionstüchtig: Der Rabe kann zwar ein Nest bauen, alle dafür notwendigen Bewegungen sind ihm angeboren, er muß aber lernen, welches Material sich dafür eignet. Anfangs versucht er es recht wahllos mit Glasscherben, Dosen, Stöcken und Zweigen. Da Scherben und ähnliches sich aber nicht befestigen lassen, lernt er sehr schnell, nur noch Äste zu verbauen, die sich fest mit anderen verhaken lassen.

Nicht alle Verhaltensweisen, die ein Tier nicht gleich nach seiner Geburt beherrscht, werden später dazugelernt. Manches braucht nur ein wenig Zeit, um auszureifen. Ein Hühnerküken beispielsweise pickt vom ersten Tag an nach Körnern, anfangs pickt es noch sehr oft daneben, aber mit jedem Tag wächst die Treffsicherheit, sie entwickelt sich allmählich; ein Lernen ist dabei nicht im Spiel. Dies kann man experimentell feststellen. Küken werden dazu Brillen aufgesetzt, die ihr Gesichtsfeld um einige Grade nach der Seite verschieben. Sie picken zwar immer konzentrierter auf einen Fleck – aber immer um diese Verschiebung daneben. Wären sie in diesem Punkt lernfähig, würden sie die Verschiebung mit der Zeit ausgleichen. Schon im vorigen Jahrhundert prüfte der englische Naturforscher Spalding, ob Schwalben das Fliegen lernen müssen. Gleich nach dem Schlüpfen können sie es nicht, haben sie aber das richtige Alter erreicht, dann fliegen sie. Ihr Flugvermögen entwickelt sich im Lauf der Zeit, denn auch Schwalben, die in engen Käfigen gehalten werden, können zur rechten Zeit fliegen.

Ein kleines Stück Wissenschaftsgeschichte ist verknüpft mit der Frage, ob Vögel ein angeborenes Bild des Raubvogels besitzen oder ob sie das Feindbild erlernen müssen. N. Tinbergen und K. Lorenz schnitten verschiedene Vogelattrappen aus Pappe und zogen sie an einem Draht über ihre in Kolonien gehaltenen, frei lebenden Bodenvögel wie Gänse, Enten und Hühner. Ihre Vögel erschraken bei Attrappen mit kurzem Hals, die in diesem Merkmal Raubvögel ähneln. Dabei fiel auf, daß eine spezielle Attrappe, die je nach Zugrichtung einen langen Hals hatte wie eine Gans, oder einen kurzen wie ein Raubvogel, dementsprechend einmal von den Vögeln nicht beachtet wurde, das andere mal aber Schrecken hervorrief. Aus allem schlossen Tinbergen und Lorenz, daß ihre Bodenvögel ein angeborenes Feindbild besitzen. Spätere Versuche mit Küken widerlegten diese Ergebnisse, denn die Küken erschreckten anfangs vor jeder Attrappe, ob einer Gans oder einem Raubvogel ähnlich, nach einer gewissen Zeit aber vor keiner mehr. W. Schleidt nahm sich schließlich der Frage noch einmal an und fand heraus, daß es eine Frage der Gewöhnung ist, ob die Küken erschrecken oder nicht. Da sie im freien Leben häufiger Gänse als Raubvögel sehen, verlieren sie vor diesen die Scheu, vor jenen aber nicht. So ist dieser Gewöhnungsprozeß zum Schutz völlig ausreichend.

Am erstaunlichsten erscheinen uns die Lernleistungen der Affen, allen voran die der Schimpansen. Man vermutet jedoch heute, daß sie nicht intelligenter sind als die anderen Menschenaffen, sondern nur häufiger getestet worden sind. Sie sind schon in ihrem freien Leben neugierig, erfinderisch und lernfähig, aber noch höher sind ihre Leistungen, wenn sie in der Nähe des Menschen leben. Das Leben im Zoo oder in der Versuchsstation stellt ganz neuartige Anforderungen an sie, denen sie zum Teil glänzend gerecht werden.

Schimpansen können zum Beispiel mit Geld umgehen. Sie begreifen den Wert von Münzen, und sie können sogar sparen. Einige Versuchstiere lernten, daß Spielmarken in einem Automaten gegen Futter eingetauscht werden konnten. Für eine weiße Marke gab es eine Weinbeere, für eine blaue zwei und für eine Messingmarke nichts. Es dauerte nicht lange, da waren die blauen Chips am begehrtesten. Dafür waren die Schimpansen sogar bereit zu arbeiten. Später lernten sie noch Chips für Früchte, Wasser und Milch kennen oder für besondere Vergünstigungen wie das Öffnen der Käfigtür oder ein Spiel mit dem Versuchsleiter. Die Schimpansen kauften daraufhin ganz nach ihren persönlichen Wünschen ein. Eine Schimpansin öffnete immer dann mit einer Münze ihre Käfigtür, wenn der Kameramann kam, vor dem sie sich fürchtete. Sie horteten auch oftmals mehrere Spielmarken und gaben sie erst wieder aus, wenn sie Hunger oder Durst hatten oder spielen wollten. Wertbegriffe gelten eigentlich als typisch menschliche, geistige Leistung. Diese Versuche zeigen, daß auch Tiere sie bilden. Vielleicht entstehen sie in freier Natur, wenn ein Affe reife unreifen oder aromatische weniger genießbaren Früchten vorzieht und an ähnlichen, natürlichen Wertunterschieden in seiner Umwelt.

Schimpansen und ein Orang-Utan waren fähig, Formen, die sie sahen, durch Abtasten mit den Fingern wiederzuerkennen. Ihre besondere Leistung dabei besteht darin, optische Eindrücke mit Tasteindrücken gleichzusetzen. Man hält dem Tier einen Spielstein, etwa ein Dreieck, vor die Augen und läßt es aus einem Sack mit vielen verschiedenen Formen, in den es nicht hineinsehen kann, ebenfalls ein Dreieck heraussuchen. Der Orang und zwei Schimpansen brachten es auf vierzig Gegenstände, die sie auf diese Weise ertasten konnten.

Ein Schimpanse angelt mit einem Stecken Termiten aus deren Bau; für ihn sind das Leckerbissen. Es war eine Sensation, als die Nachricht von den termitenangelnden Schimpansen bekannt wurde. In vielen Laborversuchen hatten Schimpansen zwar schon ihre Fähigkeit bewiesen, Werkzeuge wie Stöcke, Stricke, Kisten und vieles andere zu gebrauchen und sich manches auch selbst zusammenzubasteln, aber man wußte nicht, ob sie als besonders lernbegabte Tiere diese Fähigkeiten nicht nur dem Menschen abgeschaut hatten. Die Beobachtung der Schimpansen, die sich aus Halmen und Stöcken lange Angeln herstellen und sie in die Termitenbauten einführen, war nun zum ersten Mal die Bestätigung dafür, daß sie Werkzeuggebrauch und -herstellung auch in ihrem Freileben beherrschen.

94 Einsicht und Plan:
Die Grenzen zum Menschen verwischen sich

Schimpansen sind fähig zusammenzuarbeiten, wenn sie eine Aufgabe nicht allein bewältigen können. Das erinnert stark an die Bündnisse, die sie in der Wildnis schließen, wenn sie ihre Interessen durchsetzen wollen oder sich wehren müssen. In einem Versuch lernten zwei Schimpansen, die denselben Käfig bewohnten, gemeinsam mit Hilfe von Stricken eine Futterkiste an das Gitter heranzuziehen, die für einen allein zu schwer gewesen wäre. Als einer der Affen den Strick bereits in der Hand hatte, forderte er den anderen unmißverständlich auf, ihm zu helfen, er sah zu seinem Gefährten hinüber und berührte ihn mit der Hand. Als der nicht gleich reagierte, stieß und drückte er ihn so zu dem zweiten Strickende, daß der Faulpelz gezwungen war, mit anzufassen und zu ziehen. Versuchsschimpansen, die eine Aufgabe nicht lösen können, bitten gelegentlich auch den Versuchsleiter, ihnen zu helfen.

In zahlreichen Versuchsserien haben Schimpansen gezeigt, daß sie schwierige Probleme zu lösen vermögen. Viele der Versuchsanordnungen sehen sich ähnlich. Bananen oder anderes begehrtes Futter wird so plaziert, daß die Tiere es nicht erreichen können: es liegt zu weit vor den Gitterstäben, oder es hängt zu hoch an der Decke; es steckt in verschlossenen Kästen oder ist an lange Fäden geknotet; es hängt in einem Gewirr von mehreren Fäden an einem bestimmten Faden oder schwebt unerreichbar weit oben an einer einfachen Seilwinde, die von unten zu bedienen ist. In allen Versuchsanordnungen können die Schimpansen aus eigener Kraft auf keinen Fall an die Bananen herankommen. Die Situation muß ihnen zuerst einmal aussichtslos erscheinen. In diesen Versuchen liegen aber in Reichweite der Schimpansen die verschiedensten Hilfsmittel: Stricke, Lappen, Steine, Stöcke, Kisten oder Werkzeuge. Es kommt nun immer darauf an, ob die Tiere den Dreh finden, diese Hilfsmittel so zu benutzen, daß sie die Bananen erreichen können. Möglich ist es mit den vorhandenen Gegenständen immer.

Im einfachsten Falle müssen sie nur mit einem langen Stock die Banane zu sich heranziehen oder eine Schnur mit einer daran geknüpften Banane einholen. In komplizierteren Fällen aber müssen sie sich schon etwas mehr einfallen lassen. Es gibt grundsätzlich zwei Wege, das Problem zu lösen. Einmal spielen sie mit den vorhandenen Gegenständen so lange herum, bis sie zufällig auf eine Lösung kommen, nach dem Prinzip von Versuch und Irrtum. Da Schimpansen grundsätzlich spielfreudig und neugierig sind, liegt ihnen diese Methode besonders. Der zweite Weg führt über die echte Einsicht in das Problem und die schrittweise, gezielte Lösung (Planhandlung).

Bahnbrechend und bis heute richtungweisend sind die Versuche W. Köhlers aus dem Jahr 1914 auf Teneriffa. Sultan, einer der begabtesten Tiere der damaligen preußischen Forschungsstation, ist wegen seiner Intelligenzleistungen weltberühmt geworden. Einmal hatte er zwei Rohre im Käfig, die aber jedes für sich zu kurz waren, um sich die Banane zu holen. W. Köhler erzählt von einem der glücklichen Einfälle Sultans: „Sultan hockt zuerst gleichgültig auf der Kiste, dann erhebt er sich, nimmt die beiden Rohre auf, setzt sich wieder auf die Kiste und spielt mit den Rohren achtlos herum. Dabei kommt es zufällig dazu, daß er vor sich in jeder Hand ein Rohr so hält, daß sie in einer Linie liegen; er steckt das dünnere ein wenig in die Öffnung des dickeren, springt auch schon auf ans Gitter und beginnt, eine Banane mit dem Doppelrohr heranzuziehen."

Hing die Banane an der Decke, dann benutzten Köhlers Schimpansen Stöcke zum Stabhochsprung. Sie stiegen auch auf eine Kiste, um größer zu sein, oder sie holten sich den Wärter und kletterten auf dessen Schultern, um an die Decke gelangen zu können. Und als der Wärter sich nach mehreren solcher Versuchen bückte, um diese bequeme Lösung zu vereiteln, war es wieder Sultan, der sich hervortat. Zuerst beklagte er sich bitter über die unterlassene Hilfeleistung, dann aber packte er den Wärter unter das Gesäß und versuchte, ihn in die Höhe zu stemmen. Die Schimpansen benutzten sich auch gegenseitig als Schemel, aber keiner von ihnen wollte dabei gern der untere sein.

Sultan produzierte auch echte Einfälle, er schien dann die Problemstellung plötzlich zu erfassen und zwar allein aus der genauen Betrachtung der Situation. Und aus seiner Erkenntnis tat er planmäßig die nächsten Schritte. Es gibt hier keinen Unterschied mehr zum einsichtigen, geplanten Handeln des Menschen. In einem Fall kam Sultan darauf, eine Kiste als eine Art Sprungturm aufzubauen, um sich von dort aus mit einem Satz eine Banane von der Decke herabzureißen. In einem anderen Fall türmte er zwei Kisten übereinander, Wolfgang Köhler erzählt: „Sultan schleppt die größere der Kisten zum Ziel, setzt sie flach darunter, stellt sich, hinaufsehend, auf sie, macht Anstalten zum Sprung, steigt herab, ergreift die andere Kiste und galoppiert, sie hinter sich her ziehend, im Raum umher, wobei er gegen die Wände trampelt und sein Unbehagen zu erkennen gibt. Mit einem Mal aber läßt er den Lärm, zieht seine Kiste geradewegs an die andere heran und stellt sie sofort steil auf diese, dann steigt er auf den etwas schwankenden Bau und setzt zum Sprung an."

Der vierjährige Buschi hat Probleme. Oben an der Leine hängt eine Dose, die er gern hätte, aber nicht erreichen kann. Buschi kratzt sich nachdenklich am Kopf. Dann spielt er mit den Eisenstangen, die im Gras verstreut liegen. Dabei glückt es ihm, fünf Stangen zusammenzustecken. Nun hat er den rettenden Einfall: mit dem langen Stock schlägt er die Dose herunter und findet darin eine Schleckerei: bunte Lackritzbonbons. Der klassische Schimpansenversuch wurde im Zoo von Osnabrück zum ersten Mal mit einem Orang-Utan durchgeführt: Orangs sind mindestens so intelligent wie Schimpansen.

95 Intelligenz und Werkzeuggebrauch: Neue Erkenntnisse

„Julia, du bist zauberhaft", schwärmte vor Jahren ein Wissenschaftsjournalist, als aus dem Zoologischen Institut Münster wahre Wundernachrichten über die Schimpansin Julia drangen. Zehnmal hatte sie es geschafft, in einem Intelligenztest die Studenten zu schlagen, die gegen sie angetreten waren. Die Aufgabe war für Mensch wie Schimpanse die gleiche. Ein Eisenring sollte mit Hilfe eines Magneten durch ein äußerst kompliziertes Labyrinth geführt werden. Julia hatte lange geübt, bis sie die letzte Stufe der Vervollkommnung erreicht hatte; angefangen hatte sie mit einfachen Wegen, an deren Ende jeweils eine Belohnung winkte. Dann lernte sie alternative Wege kennen, von denen nur einer zum Ziel führte, der andere war eine Sackgasse. Schritt für Schritt wurde der einzig gangbare Weg wie auch die Irrwege länger und dabei immer verwirrender ineinander verschlungen. Julia betrachtete den Irrgarten gewöhnlich sehr aufmerksam, bevor sie sich entschloß, den Ring auf einem der beiden Wege durch das Labyrinth zu ziehen. Sie suchte mit den Augen zuerst den Ausgang und verfolgte von da aus den Weg rückwärts. Sie überlegte also genau, bevor sie handelte, schätzte die verschiedenen Möglichkeiten gegeneinander ab und entschied sich für den aller Vorraussicht nach erfolgreichsten Weg.

Manchmal, wenn ein neuer Irrweg ihr arges Kopfzerbrechen bereitete, reagierte sie genauso wie ein Mensch, der unter Druck steht, sie kratzte sich hinter den Ohren, am Kopf und am Hals und, weil sie ein Affe war, auch noch am ganzen Körper. Auf der letzten, schwierigsten Stufe trat die Studentengruppe gegen Julia an. Sie erzählten, sie hätten genau denselben Gedankengang verfolgt wie Julia, nämlich von den Ausgängen her die Wege rückwärts verfolgt und auf diese Weise den gangbaren Weg herausgefunden. Für diese Planungsphase brauchten sie allerdings etwa die Hälfte der Zeit, die Julia brauchte. Die zehn Male, die die Schimpansin schneller war, waren die Sternstunden ihrer intellektuellen Karriere.

Dieselbe Julia vollbrachte noch weitere Glanzleistungen. Sie lernte es, mit 14 verschiedenen Werkzeugen umzugehen. Am Ende ihrer Lehrzeit konnte sie 14 Kisten hintereinander öffnen. In jeder lag das Werkzeug für den folgenden Kistenverschluß, und erst in der letzten Kiste fand sie ihre Belohnung. Auch wenn die Kisten wild durcheinander standen, meisterte sie diese Aufgabe. Sie konnte unter anderem mit einem Schraubenzieher Schrauben lösen, Vorhängeschlösser aufschließen, Stemmeisen zum Aufbrechen von zugenagelten Kistendeckeln einsetzen oder mit einer Drahtschere Drähte zerschneiden.

Mußte Julia hier immer nur von Kiste zu Kiste weiterdenken, also eher kurzfristig planen, so wurde mit den gleichen Kisten auch eine Aufgabe aufgebaut, bei der sie langfristig planen mußte, um zum Ziel zu kommen. Außerdem mußte sie – wie beim Labyrinth – vorher allein durch Nachdenken die richtige von der falschen Lösung unterscheiden, denn wenn die erste Entscheidung, die sie traf, falsch war, dann lief die ganze Handlungskette so ab, daß sie nicht an ihre Banane herankam. Julia erhielt zehn Kisten, eine davon war leer, eine enthielt die Futterbelohnung, die restlichen Werkzeug. Zwei weitere Werkzeuge lagen in einem Kästchen zu ihrer Wahl bereit, wählte sie das richtige, konnte sie nacheinander fünf Kisten öffnen und fand in der letzten ihre Belohnung. Im anderen Fall landete sie bei der leeren Kiste. Julia saß nun hoch oben in ihrem Käfig, um einen besseren Überblick zu haben, kratzte sich am Kopf und dachte nach. Sie kam nicht immer, aber doch sehr häufig zu ihrer Banane und B. Rensch und J. Döhl, die Experimentatoren, konnten mit Recht schreiben: „Die Leistungen der Schimpansin kamen den menschlichen Fähigkeiten bei derartigen Planungsaufgaben sogar recht nahe."

Auch wildlebende Schimpansen benutzen eine Vielzahl von Werkzeugen, die sie in der Natur vorfinden. Sie gebrauchen Halme und Stöcke als Angeln, mit denen sie sich Termiten oder Ameisen aus deren Nestern herausholen. Wenn sie die Stöcke in einen Termitenbau hineinbohren, beißen sich die Termiten an der Spitze fest und können dann bequem von den Schimpansen abgeschleckt werden. Sie stellen auch Werkzeuge her. Sie stutzen sich Stöcke zurecht, streifen die Blätter ab oder reißen ein Blatt in schmale Streifen. Sie benutzen außerdem Blätter als Trinkschwämme, die Blätter werden zurechtgekaut und dann in Astlöcher getaucht, in denen Regenwasser steht. Der vollgesogene Blattschwamm wird von ihnen ausgelutscht. Mit Blättern tupfen sie Wunden ab oder wischen sie Schmutz fort.

Früher hat man angenommen, der Mensch sei das einzige Wesen, das Werkzeuge benutzen und herstellen kann. Seit diesen Beobachtungen, sie stammen alle aus dem letzten Jahrzehnt, ist diese Unterscheidung hinfällig. Dafür wurde der Blick frei für eine neue Gemeinsamkeit zwischen Mensch und Tier. Sie ist nicht einmal auf die Menschenaffen beschränkt. Der Spechtfink der Galápagos benutzt einen Kaktusstachel, um Insekten aus ihren Gängen im Holz herauszustochern. Schmutzgeier lassen Steine auf Straußeneier fallen, bis die Schale bricht, um den Inhalt schlürfen zu können. Der Seeotter nimmt Schalentiere in die Pfoten und schlägt sie an einem Stein auf, den er sich eigens dazu vom Meerboden heraufholt und auf die Brust legt, während er dabei auf dem Rücken schwimmt.

Rechts und Mitte: Die Schimpansin Julia führt einen Eisenring mit Hilfe eines Magneten auf der durchgezogenen weißen Bahn zum Ende des Brettes. Sie darf den Ring dann gegen eine Frucht eintauschen. Wählt sie die falsche Bahn – die unterbrochene – dann bleibt der Ring stecken, und sie geht leer aus. Anfangs waren die Labyrinthe noch sehr einfach gestaltet (Photo rechts). Julia lernte es jedoch schnell, auch zunehmend schwierigere Irrgärten (Photo Mitte) zu überblicken und ihre Aufgabe richtig zu meistern. Dabei ging sie planvoll vor und vermied die Sackgassen allein durch Nachdenken, nicht durch Herumprobieren. Bei den kompliziertesten Bahnsystemen brauchte sie 75 Sekunden, um die verschlungenen Pfade mit den Augen zu entwirren und den einzig gangbaren Weg einzuschlagen. (nach Rensch und Döhl 1968)

Unten links: Julia lernte es, eine Reihe von Kisten mit 14 verschiedenen Verschlüssen jeweils mit einem anderen Werkzeug zu öffnen. Hier übt sie gerade, mit einem Haken einen Vierkantschlüssel aus der senkrechten Kiste zu ziehen, um damit die dritte Kiste öffnen zu können. Sie kontrolliert dabei durch das Plexiglasfenster genau, was sie tut. (nach Döhl 1966)

Unten: Julia bricht mit dem Stemmeisen eine vernagelte Kiste auf. Durch den schmalen Deckelspalt hat sie eine Frucht erspäht. Sie benutzt hier das Stemmeisen zum ersten Mal. Trotzdem setzt sie die Hebelkraft völlig richtig ein und hält sich am Gitter fest, um mehr Gegendruck zu erhalten. (nach Rensch und Döhl 1967)

96 Sprache:
Wie Tiere miteinander reden

Tiere können sprechen, zwar nicht so wie in Märchenbüchern und Mickymausfilmen oder in den Fabeln der Weltliteratur, aber sie können sich untereinander jederzeit verständlich machen: Fische reden beispielsweise mit Farbmustern und Bewegungsabläufen. Für den Kampf und die Balz verändern viele ihre Farbkleider, häufig in Sekundenschnelle. Bei einem Buntbarsch tragen die Tiere in Angriffsstimmung Querstreifen, in Fluchtstimmung Längsstreifen. Die Jungfische tragen stets Längsstreifen; erst wenn sie ein Revier gründen und damit auch angriffs- und verteidigungsbereit werden, bekommen sie Querstreifen. Die Mutter dieser Buntbarsche greift ihre längsgestreiften Jungen niemals an. Wohl aber vertreibt sie ihre Sprößlinge, sobald sie Querstreifen bekommen. Diese Signale enthalten also eine Mitteilung für den anderen, die bei ihm eine bestimmte Antwort auslösen soll, sie heißen deshalb Auslöser. Das können sowohl Körpermerkmale als auch Verhaltensweisen sein: Farben, Formen, Laute, Düfte und alle Bewegungsweisen, die dann auch Ausdrucksbewegungen genannt werden. Bekannt ist die Balz des Pfaus. Wenn er sein farbenprächtiges Gefieder spreizt, dann sagt er zu den anwesenden Hennen: „Seht, wie schön ich bin, wählt mich zum Vater eurer Kinder." Und die Hennen verstehen ihn. Ob sie ihn wählt ist dann eine andere Frage.

Im Laufe der Entwicklungsgeschichte der Tiere sind viele Auslöser verbessert worden, damit sie möglichst genau und eindeutig senden und Mißverständnisse vermieden werden. Man nennt diese Verdeutlichung von Signalen Ritualisierung. Die Balz des Pfaus zeigt besonders anschaulich das Ergebnis einer solchen Ritualisierung. Ursprünglich lockte der Hahn die Henne mit einem Futterbrocken zu sich, so wie es heute noch unser Haushahn tut. Dieser scharrt einige Male mit den Füßen, pickt unter Lockrufen gegen den Boden und hebt Steinchen oder einen echten Futterbrokken auf und läßt ihn wieder zu Boden fallen. Die Henne läuft daraufhin herbei und sucht das angebotene Futter. Der Pfau nun schlägt sein Rad aus seinen Schwanzdeckfedern, ohne der Henne Futter anzubieten. Seine Balz ist stark ritualisiert. Trotzdem läuft die Henne genau wie das Haushuhn zu ihm hin und pickt suchend auf dem Boden vor ihm. Darin verrät sich die Herkunft der Balzzeremonie aus der mütterlichen Fürsorge für die Kinder. Denn genau so lockt eine Glucke ihre Küken zum Futter. Zur Ritualisierung gehört häufig ein solcher Motivationswechsel. In diesem Fall ist eine Brutpflegehandlung, das Futterlocken, zur Balzzeremonie geworden und dann auch noch wesentlich vereinfacht worden. In der Balz der Enten ist das Hetzen des Weibchens zur Liebeserklärung für den Partner geworden. Ursprünglich sollte es den Partner zu einem Angriff auf andere Enten auffordern. Sehr häufig werden Signale im Vorgang der Ritualisierung vereinfacht, übertrieben oder in starrer rythmischer Abfolge wiederholt – alles im Dienste einer reibungslosen Verständigung.

Tiere können also miteinander sprechen, sich etwas mitteilen und die Mitteilung verstehen. Ein wichtiger Unterschied zur menschlichen Sprache liegt aber darin, daß die Mitteilungen der Tiere objekt-, ort- und zeitgebunden sind. Ein Fisch kann mit seinen erstrahlenden Farbtupfern zu einem Rivalen sagen: „Wenn du in mein Revier eindringst, werde ich dich angreifen." Er kann mit besonders starkem Farbglanz sogar noch ausdrükken: „Ich bin stark, ich werde dich bestimmt besiegen." In seinen Farbtupfern steht aber schon nicht mehr geschrieben, daß er sich nur deshalb so sicher fühlt, weil er stolzer Besitzer eines eigenen Wohngebietes ist, oder daß er am Vortag einen riesengroßen Burschen in die Flucht geschlagen hat und wie dieser ganz schnell die Flossen angelegt hat und kleinlaut davongeschwommen ist. In der Regel sind Tiere nicht fähig, sich über andere Tiere oder Dinge zu verständigen, die gerade nicht anwesend sind. Aber bereits im Tierreich kommt die Symbolsprache vor, in der Nachrichten über nicht sichtbare Sachverhalte weitergegeben werden können.

Die höchstentwickelte Symbolsprache besitzen die Bienen mit ihrer Tanzsprache. Die Kundschafterinnen unter ihnen ziehen aus, um neue Futterquellen zu finden, während die anderen im Stock darauf warten, daß sie mit guten Nachrichten zurückkommen. Eine Kundschafterin kann ihren Gefährtinnen im Tanz die Richtung, die Entfernung und die Ergiebigkeit einer Futterquelle mitteilen. Daraufhin schwärmen die Sammlerinnen aus. Aber noch viel einzigartiger ist die Debatte der Kundschafterinnen, wenn es um eine neue Wohnung für ein ausgeschwärmtes Bienenvolk geht. Jede Kundschafterin, die einen geeigneten Wohnplatz gefunden zu haben glaubt, berichtet in der Tanzsprache über ihre Entdeckung. So liegen schließlich die verschiedensten Vorschläge zur Abstimmung vor. Und doch bezieht der Schwarm zum Schluß nur eine Wohnung, und der Beschluß ist einstimmig gefaßt worden. Das geht so vor sich: Je besser eine Wohnung geeignet ist, desto stürmischer tanzt die Kundschafterin. Ihre Lebhaftigkeit überzeugt die anderen, die nun diese Wohnung ebenfalls anfliegen und besichtigen. Stimmen auch sie zu, so werben auch sie mit einem besonders temperamentvollen Tanz für das neue Heim. Andere Kundschafterinnen geben daraufhin ihre eigenen Vorschläge auf und verstummen, das heißt, sie tanzen nicht weiter. So herrscht zum Schluß Einigkeit. Dieses Urbild von Demokratie ist einmalig in der Tierwelt.

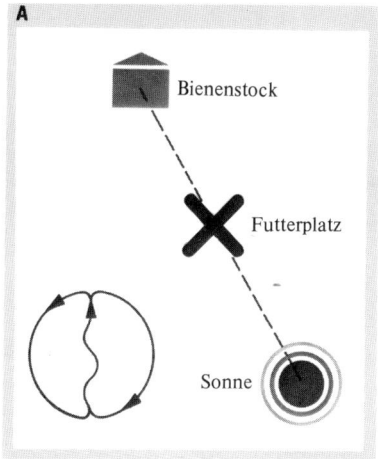

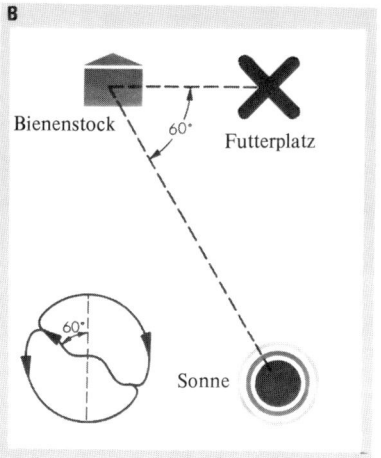

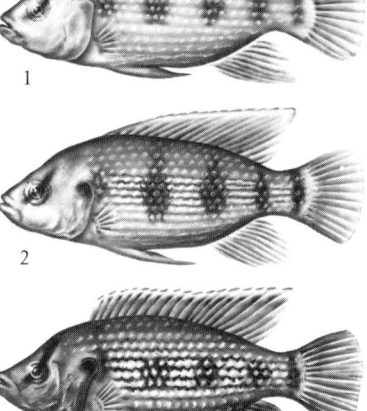

1

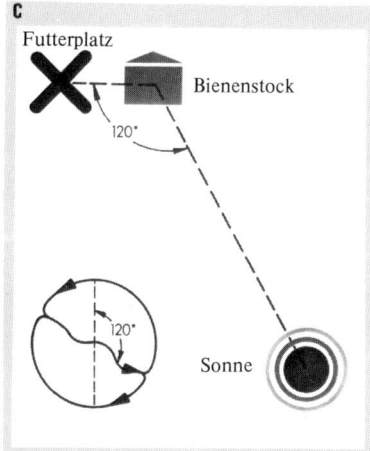

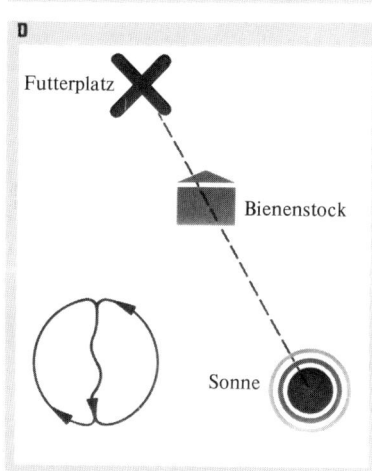

2

3

4

Die Tanzsprache der Bienen ist eine echte Symbolsprache. Kehrt eine Biene heim, nachdem sie eine Blumenwiese oder einen blühenden Baum entdeckt hat, teilt sie ihren Stockgenossinnen dreierlei mit: wo die Blüten zu finden sind, wie weit es dorthin ist und wie reich der Nektar dort fließt. Sie hält beim Rückflug genau den Winkel zwischen Futterplatz und Sonne ein und wiederholt ihn in der Mittelachse ihrer Tanzfigur. Liegt der Futterplatz genau in Richtung der Sonne, so läuft sie auf der vertikal stehenden Wabe genau nach oben, liegt er in einem bestimmten Winkel rechts oder links von der Sonne, so zeigt sie den gleichen Winkel rechts oder links von der vertikalen Richtung an.

5

6

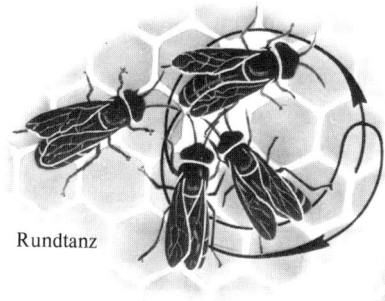

Rundtanz

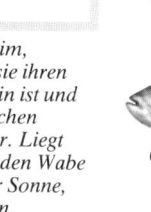

Schwänzeltanz

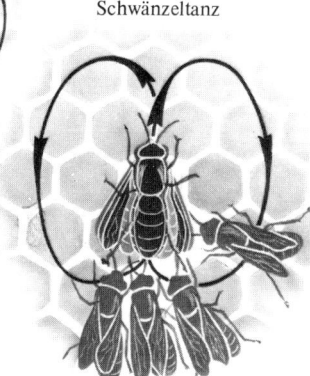

7

8

Rundtänze führen die Bienen auf, wenn der Futterplatz sehr nah liegt. Ist er jedoch weiter als 50 Meter entfernt, dann gehen sie zu Schwänzeltänzen über. Tanzen sie diese in hastigen Wendungen, dann beträgt die Entfernung nicht viel mehr als 100 Meter, langsame Tänze deuten auf größere Entfernungen. Die Stockgenossinnen laufen der Tänzerin hinterher und halten mit den Fühlern engen Kontakt zu ihr. So verstehen sie die Nachrichten.

Das Farbkleid dieses afrikanischen Buntbarsches drückt acht verschiedene Stimmungen aus. 1: der Fisch hat kein Revier. 2–4: er hat ein Revier und ist zunehmend bereiter, es zu verteidigen. 5: er ist erschreckt und kann sich zwischen Pflanzen verstecken. 6: er ist erschreckt, aber er findet kein Versteck. 7: mit Brutpflege beschäftigt. 8: beim Ablaichen.

97 Sprache:
Können Tiere lügen?

Bienen können keine Gerüchte verbreiten. Sie sind nicht fähig von blühenden Lindenbäumen am Dorfrand zu berichten, wenn sie sie nicht selbst gesehen haben. Die Annahme ist weit verbreitet, daß Tiere grundsätzlich nicht zur Lüge fähig seien. Da die meisten nicht imstande sind, über etwas, das abwesend ist, zu informieren, müßten sie theoretisch auch weder über andere klatschen noch Falschmeldungen verbreiten können. In der Praxis können sie es aber doch. Schlägt eine Drossel Alarm, gehen automatisch alle anderen Drosseln in Deckung. Löst sie einen solchen Alarm vor einem fetten Mehlwurm aus, nur um die anderen wegzubekommen und selbst den Happen zu ergattern, dann ist das eine glatte Lüge. Solche Fälle sind beobachtet worden, und ähnliche Täuschungsmanöver kommen häufig im Tierreich vor.

Am auffallendsten sind die Ränkespiele der Affen im Freileben und in der Gefangenschaft. Schimpansen locken zum Beispiel gern Zoobesucher mit scheinheiligen Mienen und freundlichen Gebärden heran, um sie dann mit Wasser naßzuspucken, das sie vorher in den Mund genommen haben. Eine echte Intrige können Steppenpaviane gegen jemanden spinnen, mit dem sie gerade Streit haben. Sie liefern ihn mit einem Trick dem Zorn eines ranghohen Tieres aus. Und das machen sie so: Drohend und kreischend geht der eine gegen seinen Widersacher vor. Dabei stellt er sich geschickt so, daß er selbst dem Ranghöheren sein Hinterteil präsentiert. Das ist die übliche Geste der Unterwürfigkeit, die die Aggression des Ranghohen hemmt. Der Ranghohe, der regelmäßig in solchen Fällen für Ruhe und Frieden zu sorgen hat, kann nun gar nicht anders, als den anzugreifen und wegzuscheuchen, der an dem ganzen Streit unschuldig ist. Denn den eigentlichen Unruhestifter kann er wegen der gezeigten Unterwürfigkeit gerade nicht attackieren.

Schimpansen haben die Angewohnheit, einen Platz gemeinsam zu verlassen, sobald ein beliebiges Gruppenmitglied das Zeichen zum Aufbruch gibt. Ein junger Schimpanse, der normalerweise Schwierigkeiten hatte, an das Futter zu kommen, weil er den Älteren immer den Vortritt lassen mußte, nutzte diese Gepflogenheit für sich aus. Auffällig setzte er sich in Marsch und brachte die Gruppe dazu, ihm zu folgen. War ihm das geglückt, kehrte er wenig später allein zur Futterstelle zurück und holte sich seine Bananen. Es gibt zahlreiche weitere Beispiele für die Verstellungskünste der Schimpansen. Entdecken sie in Gegenwart eines Ranghöheren eine Frucht, dann wenden sie schnell die Augen ab, weil ein langer, begehrlicher Blick auch dem anderen den Leckerbissen verraten könnte und er dann nach den Spielregeln der Schimpansengesellschaft den ersten Anspruch darauf hätte. Geduldig und scheinbar ganz gleichgültig harrt der Jüngere in einer solchen Situation solange

aus, bis der andere das Feld räumt, um sich dann blitzschnell die Frucht zu pflücken.

Und noch in einem anderen Fall trickster junge Schimpansen die allseits privilegierten Älteren aus. Auf einem künstlich angelegten Futterplatz hatten die jungen Schimpansen es gelernt, die Bolzen aus den Hebelverschlüssen der Futterkisten herauszudrehen. Da es ihnen aber überhaupt keinen Vorteil brachte, die Kisten zu öffnen, solange die Älteren in der Nähe waren, weil sie ihnen immer alles wegfraßen, verfielen die Jungen darauf, zwar die Bolzen herauszudrehen, aber nicht mehr die Deckel zu öffnen, solange Ranghöhere anwesend waren. Von ähnlichen Täuschungsmanövern wissen Tierpfleger zu erzählen, denen die Schimpansen zum Beispiel Dinge stehlen und dann betont harmlos tun, als ob nichts gewesen wäre. Ältere Geschwister entführen gelegentlich das Jüngste in ihrer Familie, um die Mutter zu bewegen, mit ihnen von einem langweilig gewordenen Ort fortzuziehen. Das ist ein ziemlich sicher wirkendes Mittel, weil die Mutter ihrem Baby sehr schnell folgt.

Alle Fälle haben eins gemeinsam: die Paviane wie die Schimpansen nutzen die sozialen Regeln ihrer Gesellschaft zu ihrem eigenen Vorteil aus. Mit Tricks überspielen sie die gegebenen Rangordnungsverhältnisse, oder sie mißbrauchen die Demutsgebärde. Das hat die Forschung zu der Schlußfolgerung gebracht, die Intelligenz der Affen habe sich im sozialen Bereich entwickelt. Es mag einen dann nur noch wundern, daß diese intelligenten Wesen nicht sprechen. Dafür sind jedoch weder ihr Gehirn noch ihr Kehlkopf ausgebildet. Das heißt aber nicht, daß sie nicht sprachfähig wären. Sie sind ebenso wie die Bienen – der dritte im Bunde ist der Mensch – in der Lage, eine Symbolsprache zu benutzen. Allerdings tun Affen das nur unter Anleitung des Menschen.

Noch nie konnten Tiere und Menschen miteinander sprechen, bis die Schimpansin Washoe als erste befähigt wurde, die Barriere zu durchbrechen und in den Dialog mit dem Menschen einzutreten. Das begann 1966, als ihr beigebracht wurde, sich in der Zeichensprache verständlich zu machen. Heute sprechen die Schimpansen in zwei amerikanischen Forschungsstationen (Atlanta und Norman) bereits untereinander in einer Zeichensprache, die sie von den Menschen gelernt haben. Und seither wurde der Durchbruch schnell hintereinander auch noch von anderen geschafft – jedesmal auf einem anderen Weg: Die Schimpansin Sarah lernte es ab 1966, mit Plastiksymbolen zu schreiben und zu lesen. Und die Schimpansin Lana wurde seit 1972 in einer Kunstsprache aus graphischen Symbolen unterrichtet, die sie inzwischen vollkommen beherrscht.

Zum ersten Mal können Tier und Mensch miteinander sprechen. Seit vielen Jahren unterrichtet der Psychologe Roger Fouts eine Schimpansengruppe in der amerikanischen Taubstummensprache. Der Kehlkopf der Schimpansen ist für die gesprochene Sprache nicht eingerichtet, aber in der Zeichensprache können sie sich mitteilen. Die erste Schimpansin, die die Zeichensprache erlernt hat, heißt Washoe, sie beherrscht 160 Handzeichen. Die Daumenbeere zwischen die Lippen legen bedeutet beispielsweise „trinken". Den Zeigefinger über den Handrücken ziehen: „kitzeln". Beide Hände vor der Brust kreuzen: „lieben". Die Arme über der Brust verschränken und sich dabei hin und her wiegen: „Baby". Auf dem oberen Photo reibt Fouts mit dem Daumen über alle Finger, vor ihm sitzt Booey, seine begabteste Schülerin. Das Zeichen heißt: „Paß auf, konzentrier dich jetzt, der Unterricht fängt an". Darunter zeigt der Lehrer eine Flasche, die Schülerin soll das Zeichen für Trinken lernen.

98 Sprache:
„Schönes Tier Gorilla"

Die Schimpansin Sarah lernte Lesen und Schreiben mit kleinen bunten Plastiksymbolen, von denen jedes ein Wort bedeutet. Sie waren magnetisiert und hafteten an einer Magnettafel. Ihr Trainingsprogramm begann mit einfachen Begriffen. Wollte sie etwa einen Apfel oder eine Banane haben, dann mußte sie anfangs nur das entsprechende Plastikstückchen gegen die Tafel drücken und erst später auch das Symbol für ‚geben' dazustellen. Über steigende Schwierigkeitsgrade erreichte sie am Schluß des Unterrichts eine ungeahnte Leistungshöhe. Sie begriff den Sinn der logischen Figur „Wenn – dann". Dazu setzte die Trainerin Mary den Satz auf die Magnettafel: „Wenn Sarah nimmt Apfel, dann Mary gibt Sarah Schokolade", und „Wenn Sarah nimmt Banane, dann Mary nicht gibt Sarah Schokolade." Nach einigen Wutanfällen, wenn sie die Banane nahm und keine Schokolade bekam, lernte die Schimpansin den Sinn der Sätze begreifen.

Die Schimpansin Lana sitzt an einem Schaltpult in einer Plastikkabine, auf farbigen Tasten sind geometrische Figuren abgebildet, die Wörter einer Computersprache (Lexigramme) darstellen. Drückt sie die Tasten nacheinander, so kann sie Sätze schreiben; es sind Wünsche, Befehle, Bitten, denn sie kann nur über diese Maschine Kontakt mit der Außenwelt aufnehmen. Seit Jahren lebt sie isoliert in ihrer Kabine. So bittet sie um Saft, Brot, Bonbons, Musik, Dias oder ein Stückchen Film. Am häufigsten jedoch verlangt sie nach ihrem Trainer, möchte sie gekrault, gekitzelt oder gelaust werden – Ausdruck ihrer Sehnsucht nach Zuwendung und Zärtlichkeit. Ihre Einsamkeit vertraute sie eines nachts ihrem Schaltpult mit den Worten an: „Bitte Maschine kitzeln Lana Punkt".

Unter affenwürdigeren Bedingungen lebte die berühmte Washoe bei ihren Pflegeeltern, dem Psychologen-Ehepaar Gardner. Sie brachten Washoe die amerikanische Taubstummensprache (American Sign Language, abgekürzt ASL) bei. Washoe lernte in vier Jahren 160 ASL-Zeichen. Sie lernte zunächst einfache Zeichen: „Komm; komm umarmen; komm schaukeln." Später kamen Objektbezeichnungen hinzu wie Blume, Decke und Hund. Natürlich spricht Washoe am liebsten über das, was ihr am nächsten liegt: Essen, Trinken, Zärtlichkeit. Sie lernte einige Personalpronomen wie „ich" und „du", einige Verben und ein wenig Grammatik. Die Bitte nach Sodawasser zum Beispiel konnte sie auf die verschiedenste Weise ausdrücken: „Bitte süß trinken; mehr süß trinken; mir geben süß trinken; bitte schnell süß trinken; bitte mir geben süß trinken" und so fort. Spannend wurde es, als sie begann, die Zeichen selbständig zu kombinieren, neue zu erfinden oder in neuen Situationen richtig anzuwenden. Von ihr stammen die Wortschöpfungen: „Wasser-Vogel" für Schwan und „Weinen-Wehtun-Frucht" für das ihr

 eklige Radieschen. Besonders eindrucksvoll zeigte sich ihre Fähigkeit zur Abstraktion und zum begrifflichen Denken bei den Wörtern „öffnen/offen/auf". Zuerst lernte sie, daß eine Tür offen sein kann, und daß man dadurch an besonders begehrte Plätze gelangen kann. Dann übertrug sie den Begriff auf eine Menge geöffneter Dinge wie Kühlschränke, Schubladen, Schränke, Gläser und sogar den Wasserhahn. Als Washoe ihre Spielzeugpuppe verloren hatte, die hinter eine Mauer gerutscht war, bedeutete sie ihren Pflegeeltern: „öffnen Baby". In einer eigenen Neuschöpfung hatte sie den Begriff „öffnen" zu dem allgemeineren Begriff „etwas zugänglich machen" erweitert. Manchmal sah sie sich Bilderbücher an und erzählte sich selbst, was sie sah. Sie machte etwa das Zeichen für Hund, wenn sie eine Seite mit einem Hund vor sich aufgeschlagen hatte. Als sie einmal verbotenerweise in einen Teil des Gartens ging, den sie nicht betreten sollte, machte sie sich selbst das Zeichen „leise".

Washoe hat uns gelehrt, daß der Schimpanse fähig ist zu abstrahieren und begrifflich zu denken. Ihr waren die Begriffe unabhängig von den Gegenständen vertraut, und sie konnte sie auf neuartige Situationen übertragen. Auch ohne Worte kann es Begriffe geben. Washoe hätte niemals die Symbole der Zeichensprache lernen können, wenn sie nicht die Anlage besessen hätte, Begriffe zu verstehen und zu bilden und in Symbolen auszudrücken.

Viele Jahrhunderte lang konnte man eigentlich nur darüber rätseln, ob Tiere ein Bewußtsein von sich selbst und ob sie Gefühle haben. Nun haben Washoe und andere eine Antwort darauf gegeben. 1978 bekam Washoe ihr erstes Baby. Das Kind starb nach wenigen Stunden. Es ist typisch für Schimpansenmütter, daß sie nach einem solchen Erlebnis in tiefe Depressionen verfallen, die oft wochenlang anhalten können. Aber zum ersten Mal drückte nun eine Schimpansenmutter ihren Schmerz auch aus. Washoe signalisierte zweimal das Zeichen für Baby und begann dann laut zu schreien. Washoe kann auch andere Gefühle ausdrücken, so zum Beispiel die Verachtung für einen Rhesusaffen, über den sie sich geärgert hatte: „Dreckiger Affe" schimpfte sie ihn. Entschuldigungen, wenn sie etwas falsch gemacht hatte, formulierte sie so: „leidtun Schmerz;" „bitte leidtun brav", oder einfach „sorry".

Von allen sprechenden Affen ist das Gorillamädchen Koko die begabteste. Von ihr stammt eine Aussage, die eine klare Antwort gibt auf die erregende Frage nach dem Bewußtsein des Tiers. Koko jedenfalls hat ein Bewußtsein von sich selbst. Sie drückte es in der stolzen Feststellung aus „Schönes Tier Gorilla". So lautete ihre Antwort auf die Frage, ob sie ein Mensch oder ein Tier sei.

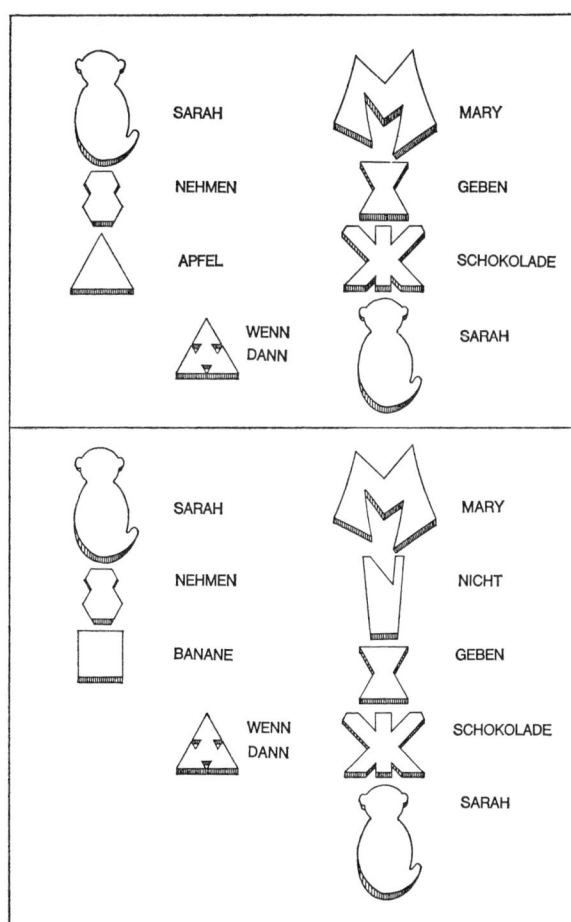

Der Sprachlehrer der Schimpansin Sarah, der Psychologe David Premack, hatte sich vorgenommen, seiner Schülerin einige sprachlogische Konstruktionen beizubringen, und kam dabei zu erstaunlichen Ergebnissen. An der Tafel hinter Sarah steht folgende Anweisung: „Sarah legen Apfel Eimer Banane Teller". Allein aus der Reihenfolge der Plastiksymbole, die jeweils ein Wort bedeuten, muß die Schimpansin entnehmen, was von ihr verlangt wird. Sie soll den Apfel in den Eimer und die Banane auf den Teller legen. Sarah löste solche Aufgaben am Schluß ohne Schwierigkeit. Sie erreichte damit in etwa die Sprachfähigkeit eines zweijährigen Kindes.

Die schwierigste Konstruktion, die Sarah erfassen konnte, ist hier abgebildet. Sie heißt, frei übersetzt, oben: „Sarah, wenn du den Apfel nimmst, gibt Mary dir die Schokolade". Unten: „Sarah, wenn du die Banane nimmst, gibt Mary dir die Schokolade nicht". Mary hieß die Trainerin. Sarah lernte diesen komplizierten Satz nach vielen Fehlschlägen tatsächlich begreifen, weil sie ihre Schokolade so sehr liebte, daß sie sich keinen Fehler leisten wollte.

Von allen Affen, die es gelernt haben, sich in der Zeichensprache mit dem Menschen zu unterhalten, ist das Gorillamädchen Koko die begabteste. Sie verfügt über den größten Wortschatz und ist besonders befähigt, neue Worte zu erfinden. Am aufregendsten aber ist, daß sie über sich selbst spricht und Gefühle, Stimmungen und manches andere ausdrücken kann. Sie ist beispielsweise ein wenig bequem, und verschiebt Unangenehmes gern auf später; sie schwindelt, wenn sie etwas zerbrochen hat; sie hat Mitleid und versucht zu trösten, wenn sie ihre Trainerin bedrückt sieht; sie kann wütend oder verächtlich sein und signalisiert dann Schimpfworte. Und ihr fallen sogar Entschuldigungen ein, wenn sie etwas verbrochen hat.

99 Evolution:
Die Schöpfungsgeschichte geht weiter

Tiere passen sich ihrer Umwelt an, und je besser sie das tun, umso mehr Chancen haben sie zu überleben. Ein frappierendes Beispiel aus neuerer Zeit ist die Entwicklung des Birkenspanners, eines Schmetterlings. Er hatte weiße Flügel mit schwärzlichen Sprenkeln und sah dadurch einem Stück Birkenrinde täuschend ähnlich. Das war eine ausgezeichnete Tarnfärbung. Es gab auch einige schwarze Birkenspanner, aber sie waren bis Mitte des vorigen Jahrhunderts eine ausgesprochene Rarität. Dann begannen sie sich in den englischen Industriegebieten zu vermehren. Auf den rußgeschwärzten Bäumen der Industriezonen kam ihre große Chance, sie waren nun besser geschützt als die weißen Formen, wurden deshalb von den Vögeln übersehen und konnten sich ungestört vermehren, während die weißen Formen rasch weggefressen wurden. Die Schwarzfärbung von Tieren in Industriegebieten hat inzwischen einen Namen: Industriemelanismus (Melanin ist ein schwarzer Farbstoff). Die schwarzen Birkenspanner sind jetzt die Überlegenen im Überlebenskampf und bestimmen solange das Aussehen der Art, wie es vorteilhaft ist, schwarz auszusehen. Solche Änderungen beeinflussen damit die Entwicklungsrichtung einer Art, bis eine neue Bewährungsprobe wieder neue Anpassungen erfordert.

Es gilt für Pflanzen, Tiere und Menschen gleichermaßen: je größer der zeitliche Abstand, desto unähnlicher sind die Nachkommen ihren Vorfahren. Versteinerungen ausgestorbener Tierformen legen Zeugnis davon ab. Der berühmteste Fund dieser Art wurde 1877 in den Plattenkalken des oberen Jura bei Solnhofen entdeckt, es ist der Urvogel Archaeopteryx. Halb Reptil halb Vogel ist er ein echtes Verbindungsglied zwischen Kriechtieren und Vögeln. Der Fund war für das vorige Jahrhundert von unschätzbarem Wert, weil er die damals heiß umstrittene Evolutionstheorie, nach der alle Lebewesen sich wandeln und weiterentwickeln, stützen konnte.

1859 veröffentlichte Charles Darwin sein berühmtes Buch „Die Entstehung der Arten", in dem er die Evolutionstheorie entwickelte und mit einer ungeheuren Fülle von Beobachtungen belegte, die er auf einer fünfjährigen Forschungsreise gesammelt hatte. Zeugen des Artenwandels fand er besonders auf den Galápagos-Inseln. Dort hatten sich, etwa tausend Kilometer von der Westküste Südamerikas entfernt, Tierarten entwickelt, die es sonst nirgends auf der Welt gibt. Die Tiere der Inseln sind – von Wind- oder Meeresströmungen getrieben – von Südamerika aus zu den Galápagos gelangt und haben sich dort zu den heutigen Arten entwickelt, so wie es ihre neue Umwelt erforderte, der sie sich anpassen mußten, um zu überleben. So haben die Schildkröten auf trockenen Inseln mit spärlichem Bodenwuchs lange Hälse, um auch Büsche und Bäume abweiden zu können. Auf den feuchten Inselteilen dagegen mit reichem Pflanzenwuchs am Boden sind die Hälse kurz. Dies entspricht genau Darwins Theorie, daß Arten sich verändern oder sich sogar neue Arten bilden können, indem sie sich ihrer spezifischen Umwelt anpassen.

Am erstaunlichsten aber war für Darwin, wie sich die Tiere verhielten: „Wenn man Tiere jagen wollte, wäre eine Flinte nicht nötig", schreibt er. Einmal habe er einen Falken mit einem Gewehr von einem Baum heruntergestoßen. Vögel, die sich auf den Rand eines zerbrochenen Schildkröteneis niedergelassen hatten, blieben dort auch sitzen, als Darwin die Eierschale mit Wasser füllte, anhob und davontrug. „Eine Taube, die man braten möchte", schreibt er, „könnte man mit der Mütze erschlagen. Aber auch die größten Säugetiere zeigten keinerlei Angst- oder Fluchtreaktionen..." Arglos wie im Paradies waren die Tiere auf den Galápagos damals, weil sie keine Feinde hatten und deshalb die Angst- und Fluchtreaktionen nicht mehr nötig waren.

Man sieht daran: es sind nicht nur körperliche Merkmale, sondern auch Verhaltensmerkmale, die eine Art dazugewinnen oder verlieren kann. Sie werden ebenso vererbt wie körperliche Merkmale. Und häufig sind sie zum „Schrittmacher der Evolution" geworden, so, wenn ein Verhalten sich früher ausbildet als ein Körpermerkmal. Beispielsweise kann ein Vogel sich bereits auf Insekten oder auf Körner spezialisieren, ohne daß seine Schnabelform an die neue Nahrung angepaßt ist. Sie entwickelt sich später und langsamer als die Umstellung des Verhaltens.

Die Evolution läuft ununterbrochen weiter und bringt neue Veränderungen mit sich. Wie aber können überhaupt neue Verhaltensweisen und körperliche Umformungen entstehen? Man muß sich vorstellen, daß in jeder Fortpflanzungsgemeinschaft unterschiedliche Typen mit unterschiedlichen Erbmerkmalen vorhanden sind. Ändert sich nun die Umwelt, werden quasi automatisch neue Typen begünstigt, und die Gemeinschaft paßt sich dadurch der Umweltänderung an. Es sind also verschiedene Variationen vorhanden, zum Beispiel verschieden lange oder spitze Schnäbel, ändert sich die Umwelt, dann kann eine Schnabelform, die bisher unbrauchbar war, auf einmal durchaus brauchbar werden. Oder es kann eine neue, besser geeignete Schnabelform auftreten. In einem fortwährenden Prozeß ändern sich Verhalten und Körperbau, die Umwelt entscheidet darüber, ob die Veränderungen brauchbar sind. Daß dies aber geschehen kann, setzt voraus, daß genügend erbliche Variationen zur Verfügung stehen. Dies leisten Mutation und Rekombination.

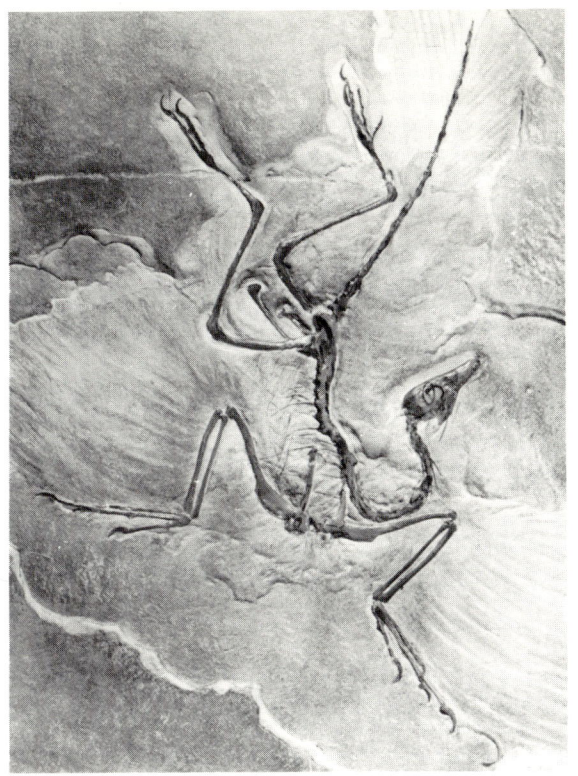

Charles Darwin entdeckte auf den Galápagos-Inseln 13 verschiedene Finkenarten, die ihm zu Ehren heute Darwinfinken heißen. Sie haben sich alle aus einer Finkenart entwickelt, die es von dem südamerikanischen Kontinent über 1000 km weit auf die Inseln verschlagen haben muß. Sie eroberten sich allmählich die gesamte Inselwelt, nutzten alle vorhandenen Nahrungsquellen aus und erschlossen sich neue. Finken fressen eigentlich Körner, aber auf den Galápagos gibt es auch Insektenfresser, und einige, die Mischkost aus Pflanzen und Insekten fressen. Ihre unterschiedliche Ernährungsweise drückt sich heute in der Schnabelform aus. So stammen von einem Urahn 13 verschiedene Arten ab – für Darwin war das ein glänzender Beleg seiner Theorie von der Veränderlichkeit der Arten.

Der Urvogel Archaeopteryx lebte vor annähernd 150 Millionen Jahren und sah noch halb wie ein Kriechtier und halb schon wie ein Vogel aus. Er hatte bereits Flügel und ein Federkleid, aber noch einen langen Kriechtierschwanz, echte Zähne im Kiefer und Krallen an den Fingern. Er ist der berühmteste Zeuge dafür, daß die Tiere nicht immer so ausgesehen haben wie heute, sondern daß sie alle gänzlich anders aussehende Vorfahren haben.

Zuerst spezialisierten sich die Darwinfinken auf bestimmte Futtersorten, dann wuchs ihnen der Schnabel danach. Hier zwei Beispiele: Der mittlere Grundfink (oben) ernährt sich von Sämereien und Insekten. Er hat einen kräftigen breiten Schnabel, der sich zum Zerbeißen harter Samen eignet.
Der Kaktusfink (links) stochert mit seinem langen spitzen Schnabel in den Blüten und Früchten von Kakteen und ernährt sich von Blütennektar und dem saftigen Fruchtfleisch der Kakteenfrüchte. Mit seinem Schnabel kann er auch Borke vom Stamm loshebeln, um Insekten zu erbeuten.

100 Evolution:
Die Selektion verleiht Elternorden

Charles Darwin entfachte mit seiner Theorie von der Entwicklung aller Lebewesen (Evolutionstheorie) zu seiner Zeit einen Sturm der Entrüstung. Denn bis zu jenem Zeitpunkt galt es als unumstößlich, daß Gott die Welt in sechs Tagen erschaffen hatte, wie es in der Bibel stand. Jedes Tier war vom Schöpfer höchstpersönlich so angefertigt, wie es auf der Erde angetroffen wurde, glaubten die Zeitgenossen Darwins. Er aber sagte ihnen: Alle Lebewesen, die es auf Erden gibt, haben sich im Laufe der Jahrmillionen aus einfacher gebauten Vorfahren entwickelt. Darwin war auch der erste, der die bewegenden Kräfte der Evolution erkannte: die Veränderung erblicher Eigenschaften und die Auswahl der Varianten nach ihrer Eignung für die jeweilige Umwelt. Seine Evolutionstheorie ruht auf vier grundsätzlichen Überlegungen:

1. Die Lebewesen auf der Erde produzieren viel mehr Nachkommen, als tatsächlich auf der Erde leben können, viele von ihnen gehen zu Grunde. Es muß also ein Auswahlverfahren geben, das die einen überleben läßt und die anderen nicht.

2. Die Nachkommen der Lebewesen derselben Art unterscheiden sich, viele dieser Variationen sind erblich. Die Unterschiede wirken sich manchmal positiv und manchmal negativ aus. (Das Entstehen von Veränderungen können wir heute durch Mutation und Rekombination erklären.)

3. Im Überlebenskampf bleiben die Individuen am Leben und können sich vermehren, die besser an die jeweils herrschenden Bedingungen angepaßt, das heißt den anderen überlegen sind. Es kommt zu einer natürlichen Auslese (Selektion) unter den Individuen einer Fortpflanzungsgemeinschaft (Population).

4. Auch die Lebensbedingungen wechseln und zwingen die Lebewesen zu Veränderungen.

Im Prinzip kann die Evolution nur verbesserte Lebewesen hervorbringen, denn die ungeeigneten Variationen verschwinden wieder von der Erde. Die Selektion ist aber „zukunftsblind", sie bevorzugt die gegenwärtig günstigste Variation, und das muß nicht heißen, daß diese ausgewählte Variation auch an zukünftige Änderungen der Umgebung am besten angepaßt sein wird. Die Selektion arbeitet nicht auf ein bestimmtes Ziel hin, sie fällt ihren Schiedsspruch immer nur über das Vorhandene. Zuerst entstehen Lebewesen mit neuen Eigenschaften, dann erst wird entschieden, ob sie für ihren Lebensraum geeignet sind oder ob sie künftige Veränderungen zu bewältigen vermögen. Wenn man sagt, Tiere passen sich an, so heißt das eigentlich: Es sind zufällig Tiere mit veränderten Merkmalen aufgetreten, die besser ausgerüstet sind für die bestehenden oder kommenden Lebensbedingungen und die deshalb mehr Nachkommen haben können als die anderen.

Überleben bedeutet dabei stets, die Nachkommenschaft zu sichern. Der Sieger im Kampf ums Dasein ist der kinderreiche Vater oder die kinderreiche Mutter. Die Selektion verleiht sozusagen Elternorden. Mit seinem Begriff „Kampf ums Dasein" ist Darwin allerdings immer wieder gründlich mißverstanden worden. Er hat damit keineswegs das Recht des Stärkeren gemeint, und auch nicht den Kampf mit Zähnen und Klauen, sondern eine Art Konkurrenzkampf, in dem der Überlegene die besseren Überlebensfähigkeiten in seiner Umwelt besitzt. Auch Pflanzen stehen im Kampf ums Dasein, obwohl sie nicht miteinander kämpfen können. Es geht bei der Selektion um den Beitrag, den ein bestimmtes Individuum zum Fortbestand der nächsten Generation leisten kann.

Darwin wußte noch nicht, wie erbliche Veränderungen entstehen. Die erblichen Eigenschaften finden sich in den Genen. Gene können sich verändern, der Vorgang heißt Mutation. Sie ist eine der Ursachen für die Veränderung erblicher Merkmale, die zweite liegt in der Neukombination (Rekombination) von Genen in der sexuellen Fortpflanzung, durch die ständig neue und unterschiedliche Genotypen (die Gesamtheit der Gene eines Organismus) entstehen. Mutationen wie Neukombinationen bleiben immer dem Zufall überlassen. Die meisten Veränderungen erweisen sich als ungünstig.

Es ist aber nicht das einzelne Individuum, an dem sich die Selektion vollzieht – wie noch Darwin es glaubte – sondern es ist die Population. Eine Population definiert sich dadurch, daß alle ihre Mitglieder im gleichen Lebensraum leben und sich miteinander fortpflanzen können. Die Gesamtheit aller Gene einer Population wird „Genpool" genannt. Jedes Individuum verfügt nur über einen Bruchteil der gesamten Gene aus diesem Pool, die es auch nur kurzfristig (weil es sterblich ist), trägt. Durch die natürliche Auslese verschiebt sich allmählich der Typendurchschnitt in einer Population: Steigt die Frequenz neu entstandener Gene mit der Zeit an, dann treten immer häufiger die daran geknüpften neuen Eigenschaften auf und verbreiten sich über die Population. Die Selektion entscheidet dann über das Schicksal dieser Population. Sie ist die eigentliche Evolutionseinheit, die untergeht oder im Wandel Bestand hat.

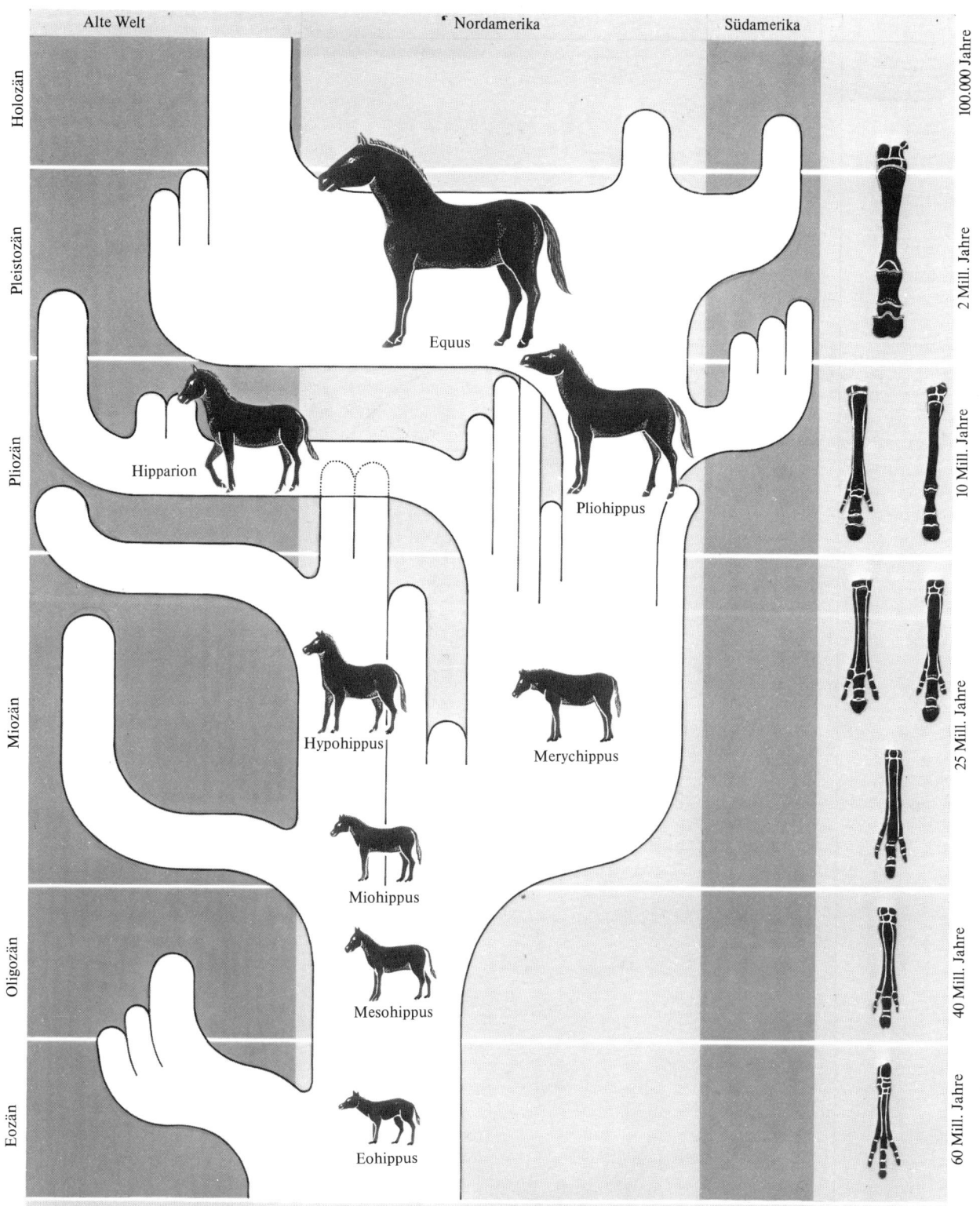

Die Geschichte des Pferdes ist das Paradebeispiel einer stammesgeschichtlichen Entwicklung: der Stammbaum kann bis 60 Millionen Jahre zurück annähernd lückenlos rekonstruiert werden. Die ältesten Pferde in dieser Reihe waren nicht größer als eine Katze, sie lebten im tropischen Wald und fraßen Laub. Die gesamte Entwicklung hat sich in Nordamerika abgespielt, die in Europa lebenden Gattungen sind über die ehemals landverbindende Beringstraße in die Alte Welt eingewandert. Als das Klima in Nordamerika rauher wurde und die Wälder sich zu Grasland lichteten, entwickelte sich das Pferd zu einem typischen Lauftier der Steppe und zum Grasfresser (Gattung Merychippus). Parallel dazu bildete sich der hintere dreizehige und der vordere vierzehige Fuß zum heutigen einzehigen Springfuß, dem Huf, um. (rechte Spalte)

205

13 Kunterbuntes bergauf, bergab

Das bergauf, bergab gerichtete Wandergeschehen ist kunterbunt. Im Kaukasus fügen sich Bären in den allgemeinen Trend, in den Rocky Mountains Elche. Selbst Affen werden zu Berg- und Talwanderern, wenn der Sommer sie in die Höhenwälder lockt und rauher Winter sie daraus vertreibt. So werden beispielsweise im Himalaja während des Sommers Rhesusaffen noch in Höhen zwischen zweitausend und dreitausend Meter angetroffen; den Winter verbringen die possierlichen Tiere, die in Europa seit je von Schaubuden-Affentheatern her bekannt sind, in viel tiefer gelegenen Talwäldern. Freilebende Hulmans – heiligste Affen der Inder – wandern sogar bis auf viertausend Meter hinauf, wo sie sich noch im rauhen Felsgelände wohlfühlen, wenn sie dort nur genügend Wasser und Futterbäume mit Früchten, Knospen und Blättern vorfinden.

Es gibt aber auch Wanderer, die in umgekehrter Richtung ziehen. In manchen Gegenden wurde das an Gebirgsrentieren beobachtet. In Tälern und Wäldern sind für sie alle Nahrungsgründe tief zugeschneit; auf den Höhen dagegen fegt der Wind die Flächen kahl; dort können sie noch an das Moos und die Bodenflechten herankommen. Die Vorliebe der Moschusochsen für Hochflächen und Bergkuppen in schneereichen Wintertagen wurde

fanten aus hoch gelegenen Bergwäldern, die sich bis in 3 000 Meter Höhe über dem Meeresspiegel hinaufdehnen, zu Beginn der Regenzeit ins vorgelagerte Baumsteppen- und Grasland um. Sie weichen vermutlich der hohen Luftfeuchtigkeit und der Insektenplage im Urwald aus. – In Südamerika sind die mit den Kamelen verwandten Guanakos echte Gebirgstiere und Meister im Klettern. Die Rudel ersteigen zur Regenzeit Berge und Höhen bis zur Schneegrenze der Anden, weit über 4 000 Meter hoch. Danach führt der Leithengst seine Schar in die Talwälder, ... ste, die in eige... besonders war... sie von der Kü... und dort von...

Tiergeogra... zonen großer... gebiet zwisch... Südostsibirie... stenland de... Norden ist... gen Pflanze... so dicht, da... lassen. A... Schneedec... noch verb...

34 Blue box und andere technische Tricks

Der Wunsch, beim Filmen mit Tricks zu arbeiten, nur in der Vorstellung vorhandene Zustände zu schaffen, dem Zuschauer Scheinwirklichkeiten zu vermitteln, dieser Wunsch ist so alt wie das Filmen selbst. Aus der Frühzeit der Spielfilme sind schon Trickelemente bekannt wie Zeitlupe, Zeitraffer, die Verwendung von Masken vor der Kamera. All diese Möglichkeiten und noch viele mehr sind auch vom Fernsehen übernommen und weiterentwickelt worden. Doch durch das Fernsehen ist noch ein neuer Bereich erst ermöglicht wurde. Die bekannteste Trickwirkung beim Fernsehen wird durch die sogenannte Blue box erzielt.

Das Verfahren ist sehr einfach. In einer Kamera werden (im allgemeinen durch Verwendung eines Filters) die Blauwerte unterdrückt, das heißt alles, was blau ist, erscheint nicht auf dem Bild. Nimmt man nun eine Person vor einer blauen Kulisse auf, sieht man später nur diese Person. Trägt sie aber noch einen blauen Anzug, sieht man später auf dem Bildschirm nur noch einen frei im Raum schwebenden Kopf. Verbindet man dieses Bild mit einer anderen Aufnahme, beispielsweise einer Landschaftsaufnahme, schwebt nur noch ein Kopf ohne Körper durch diese Landschaft. Der Trick wäre mit den Farben grün oder rot möglich, wird ... lich in blau angewandt, da ...ter einträte.

keit. Bei den elektronischen Kameras, insb... bei Direktübertragungen, ist die Anwendu... weitaus schwieriger, da in der Regel bei ... rektübertragung das Bild nur für den Zei... Übertragung vorhanden ist. Man mußt... besondere Möglichkeit der Speicherung... unabhängig von der Direktübertragu... Man setzte dazu einen zusätzlichen S... Träger ein. Es besteht aus einem Magnetplat... mit zwei umlaufenden Magnetplat... einem Durchmesser von 406 Milli... Umdrehungen in der Minute... Speicherungsmöglichkeit beträgt bei ... Gerät 36 Sekunden. Die Wiedergab... verschiedenen Stufen erfolgen: einfa... lung im Originaltempo, Wiederg... Tempo, im Verhältnis von 1 z... in änderbarer Geschwindigkeit, ... einzelnes Weiterschalten dieser S... diese Möglichkeiten können durc... Mischpult abgerufen werden, ... dergabe im Rückwärts- und Vo...

Für die Gestaltung des Hint... dungen mit Fotos oder Grafi... Nachrichten, gibt es zwei Mög... gend wird dafür heute auch das ... angewandt, aber auch die Diap... eine Rolle. Dabei steht hinter d... eine Mattscheibe. Hinte... cher eine Mattscheibe. Hint... befindet sich ein Projektor, des... ...l zur Mattscheibe zeigt. Ü... ...inten auf die M...

Hulmans (links) und Rhesusaffen (rechts), die subtropischer
Umwelt zugeordnet werden, steigen als Bewohner der Himalaja-
Südränder im Sommer bis in die rauhen Regionen nahe der
Baumgrenze hinauf. Den Winter verbringen sie in den Tal- und
Niederungswäldern.

Staffel

E-Kamera

E-Kamera

Blauwand

Blue box
Blau-
Schalt-
Signal-
Former

Filmgeber

Diageber

Trickmischer

Austast-Impuls

MAZ

Blue-box-Mischbild

Vorschläge zur weiteren Lektüre

Eibl-Eibesfeldt, Irenäus: Grundriß der vergleichenden Verhaltensforschung. Piper, München [4]1974

Grzimeks Tierleben. Enzyklopädie des Tierreichs. 13 Bände. Kindler Verlag, München. Taschenbuchausgabe im Deutschen Taschenbuchverlag, München 1979

Grzimeks Tierleben. Sonderband Verhaltensforschung. Herausgegeben von Immelmann, Klaus. Kindler Verlag, München 1974

Heberer, Gerhard (Hrsg.): Die Evolution der Organismen. Band 1. G. Fischer, Stuttgart [3]1967

Hinde, Robert A.: Das Verhalten der Tiere. 2 Bände. Suhrkamp, Frankfurt 1973

Immelmann, Klaus: Einführung in die Verhaltensforschung. Parey, Berlin Hamburg 1976

Immelmann, Klaus: Wörterbuch der Verhaltensforschung. Kindler Taschenbuch, München 1975

Lamprecht, Jürgen: Verhalten. Grundlagen – Erkenntnisse – Entwicklungen der Ethologie. Studio visuell Herder, Freiburg 1972

Lorenz, Konrad: Über tierisches und menschliches Verhalten. 2 Bände. Piper, München [17]1974

Lorenz, Konrad: Vergleichende Verhaltensforschung. Springer, Wien New York 1978

Marler, Peter R. und Hamilton, William J.: Tierisches Verhalten. BLV München 1972

Osche, Günther: Evolution. Grundlagen – Erkenntnisse – Entwicklungen der Abstammungslehre. Studio visuell Herder, Freiburg 1972

Remane, Adolf: Sozialleben der Tiere. G. Fischer Taschenbuch, Stuttgart [3]1976

Rensch, Bernhard: Gedächtnis, Begriffsbildung und Planhandlungen bei Tieren. Parey, Berlin Hamburg 1973

Tembrock, Günther: Grundriß der Verhaltenswissenschaften. G. Fischer, Stuttgart [2]1973

Tinbergen, Nikolaas: Instinktlehre. Parey, Berlin Hamburg [5]1972

Weismann, Eberhard und Bertsch, Andreas (Hrsg.): Dynamische Biologie. 10 Bände. O. Maier, Ravensburg 1975 bis 1979

Wickler, Wolfgang: Antworten der Verhaltensforschung. Kindler Taschenbuch, München 1974

Wickler, Wolfgang: Sind wir Sünder? Naturgesetze der Ehe. Drömer Knaur, München Zürich 1969

Wickler, Wolfgang: Die Biologie der Zehn Gebote. Piper, München 1971

Wickler, Wolfgang: Verhalten und Umwelt. Hoffmann und Campe, Hamburg 1972

Wickler, Wolfgang und Seibt, Uta (Hrsg.): Vergleichende Verhaltensforschung. Hoffmann und Campe, Hamburg 1973

Wickler, Wolfgang und Seibt, Uta: Das Prinzip Eigennutz. Hoffmann und Campe, Hamburg 1977

Bildnachweis

Register

Die angegebenen Zahlen sind Seitenzahlen